UTB 2415

Eine Arbeitsgemeinschaft der Verlage

Böhlau Verlag · Köln · Weimar · Wien
Verlag Barbara Budrich · Opladen · Farmington Hills
facultas.wuv · Wien
Wilhelm Fink · München
A. Francke Verlag · Tübingen und Basel
Haupt Verlag · Bern · Stuttgart · Wien
Julius Klinkhardt Verlagsbuchhandlung · Bad Heilbrunn
Lucius & Lucius Verlagsgesellschaft · Stuttgart
Mohr Siebeck · Tübingen
C. F. Müller Verlag · Heidelberg
Orell Füssli Verlag · Zürich
Verlag Recht und Wirtschaft · Frankfurt am Main
Ernst Reinhardt Verlag · München · Basel
Ferdinand Schöningh · Paderborn · München · Wien · Zürich
Eugen Ulmer Verlag · Stuttgart
UVK Verlagsgesellschaft · Konstanz
Vandenhoeck & Ruprecht · Göttingen
vdf Hochschulverlag AG an der ETH Zürich

Lothar Mikos

Film- und Fernsehanalyse

2., überarbeitete Auflage

UVK Verlagsgesellschaft mbH

Bibliografische Information der Deutschen Nationalbibliothek
Die Deutsche Nationalbibliothek verzeichnet diese Publikation in der
Deutschen Nationalbibliografie; detaillierte bibliografische Daten
sind im Internet über http://dnb.d-nb.de abrufbar.

ISBN 978-3-8252-2415-8

© UVK Verlagsgesellschaft mbH, Konstanz 2008

Einbandgestaltung: Atelier Reichert, Stuttgart
Einbandabbildung: © 2004 FOX BROADCASTING COMPANY. Cr: Anthony
Mandler/FOX
Satz und Layout: Karin Dirks, Berlin
Lektorat: Anke Beck, Stuttgart
Druck und Bindung: CPI – Ebner & Spiegel, Ulm

UVK Verlagsgesellschaft mbH
Schützenstr. 24 · 78462 Konstanz
Tel. 07531-9053-0 · Fax 07531-9053-98
www.uvk.de

Inhalt

TEIL I: THEORIE UND METHODIK

TEIL II: FILM- UND FERNSEHANALYSE

TEIL III: BEISPIELANALYSEN

ANHANG

Vorwort zur 2. Auflage

Seit dem Erscheinen der ersten Auflage dieses Lehrbuchs sind fünf Jahre vergangen, in denen zahlreiche Publikationen mit Analysen von Filmen und Fernsehsendungen erschienen sind. In der Film- und Fernsehtheorie – Grundlage für die Analysen – sind einige neue Werke erschienen. In ihnen wurden theoretische Erkenntnisse weitergetrieben und auf neue Entwicklungen im Film- und Fernsehbereich durch die Digitalisierung reagiert. Es war also angebracht, das vorliegende Buch zu aktualisieren und dort, wo es notwendig war, zu ergänzen. Der internationale Film- und Fernsehmarkt zeichnet sich zudem durch eine große Dynamik und eine hohe Produktivität aus. Das Universum der Film- und Fernsehtexte erweitert sich ständig. Daher wurden an einigen Stellen neuere Filme und Fernsehsendungen als Beispiele eingefügt, an anderen Stellen wurden die Klassiker beibehalten. Einige Kapitel mussten aufgrund der aktuellen Entwicklung stark überarbeitet werden. Das betrifft die Kapitel II.3.3, II.3.5, II.4.3, II.4.7, III.1 und den Ausblick. Einige Kapitel wurden für diese Auflage neu verfasst: II.5.5 und die Beispielanalysen III.2 und III.3. Alle anderen Kapitel wurden wie der Anhang aktualisiert und ergänzt.

Wissenschaftliche Erkenntnis, die in ein Lehrbuch einfließt, entsteht nur selten in einsamer Lektüre- und Denkarbeit, sondern im kommunikativen Austausch mit Kolleginnen und Kollegen, Studentinnen und Studenten. Daher gebührt mein Dank allen, mit denen ich in den vergangenen Jahren Probleme der Film- und Fernsehanalyse diskutieren durfte. Sie alle namentlich zu erwähnen würde den Rahmen sprengen. Danken möchte ich den Teilnehmern von Workshops der Fachgruppen Philosophisch-Pädagogische Grundfragen und Qualitative Medienforschung in der Gesellschaft für Medienpädagogik und Kommunikationskultur (GMK), Rezeptions- und Wirkungsforschung und Soziologie der Medienkommunikation in der Deutschen Gesellschaft für Publizistik- und Kommunikationsforschung (DGPuK) sowie den Mitgliedern der Popular Communication Division in der International Communication Association (ICA) und den Mitgliedern der Audience and Reception Section der European Communication Research and Education Association (ECREA) für anregende Diskussionen, konstruktive Kritik und weiterführende Fragen.

Die Diskussionen mit der »Babelsberger Crew« im Rahmen verschiedener Studien, namentlich Ulrike Aigte, Stefanie Armbruster, Nadine Baethke, Anke Bergmann, Sabrina Brauer, Tobias Ebbrecht, Sanne Eichner, Anna Tasja Flügel, Doug Gerbode, Valentina Grazzi, Julia Grün, Evelin Haible, Katja Herzog, Patrick Jantke, Jesko Jockenhövel, Jörn Krug, Nicole Kühner, Katrin Moll, Elizabeth Prommer, Lars Rettberg, Thomas Schick, Stefano Semeria, Stefan Tiedemann, Claudia Töpper, Verena Veihl, Lars Verspohl, Lutz Warnicke, Michael Wedel, Claudia Wegener, Dieter Wiedemann und Peter Wuss, haben zahlreiche neue Anregungen gebracht und viel zur Ordnung meiner Gedanken beigetragen. Dies gilt insbesondere auch für die internationalen Kollegen, die an ihren Hochschulen und auf Konferenzen mit mir diskutierten: Martin Barker, Giovanni Bechelloni, Daniel Biltereyst, Göran Bolin, Jonathan Gray, Lawrence Grossberg, Annette Hill, Anne Jerslev, Stan Jones, Richard Kilborn, Giselinde Kuipers, Ernest Mathijs, Philippe Meers, Hugh O'Donnell, Marta Perrotta, Cornel Sandvoss, Christopher Young, Ingela Wadbring und Janet Wasko. Dank gebührt auch den immer hilfsbereiten Mitarbeiterinnen der HFF-Bibliothek, Kirsten Otto und Lydia Wiehring von Wendrin, und den besten Buchhändlern Berlins, Christiane Fritsch-Weith vom Buchladen am Bayerischen Platz und Joachim Weiduschat vom Bücherbogen, die schnell und zuverlässig die benötigte Lektüre besorgten.

Johannes Gawert hat als Redakteur der Zeitschrift MEDIEN PRAKTISCH meine Artikelreihe mit Beiträgen zur strukturfunktionalen Film- und Fernsehanalyse mit konstruktiver Kritik begleitet. Verena Veihl hat einige Kapitel einer kritischen Lektüre unterzogen, Linda Brezinski, Julia Grün, Evelin Haible und Katja Herzog leisteten einen wesentlichen Beitrag zur Fertigstellung des Literaturverzeichnisses sowie des Film- und Sachregisters. Rüdiger Steiner und Sonja Rothländer von UVK haben das Projekt mit Geduld und sachkundiger Kritik begleitet. Besonderer Dank gilt Mariann Gibbon, die alle Kapitel lektorierte, und Karin Dirks, die das Layout besorgte. Ich widme dieses Buch dem Diplomjahrgang 2005 (Alrun, Christian, Julia, Julian, Katharina, Katha, Linda, Marco, Stefanie, Susanne, Wietske und Yvonne). Es war eine schöne und produktive Zeit, danke.

Berlin, im Februar 2008

Einleitung

Die Beschäftigung mit Filmen und Fernsehsendungen erfreut sich immer größerer Beliebtheit, wie die Flut an Publikationen zu diesem Themengebiet zeigt. Essayisten, Journalisten oder Wissenschaftler äußern An- und Einsichten, die sie einerseits aus eigener Anschauung von Filmen und Fernsehsendungen, andererseits aus der Reflexion gewinnen, indem sie über das Gesehene nachdenken und es in theoretische, historische oder pragmatische Zusammenhänge einordnen. Mit anderen Worten: Sie stellen einen Film oder eine Fernsehsendung in einen Kontext. Ähnlich gehen auch die geneigte Kinogängerin und der geneigte Fernsehzuschauer vor, wenn sie sich mit dem, was sie gesehen haben, auseinandersetzen. In Gesprächen nach einem Kinobesuch wird das Gesehene bewertet und eingeordnet. Das Gleiche geschieht beim Austausch über eine Fernsehsendung. Den britischen Medienwissenschaftler Martin Barker hat das zu der Feststellung verleitet: »Jeder analysiert Filme« (Barker 2000, S. 1). Doch wenn jeder Filme analysiert, stellt sich die Frage, worin sich die wissenschaftliche Analyse von der alltäglichen unterscheidet.

Im Fremdwörter-Duden heißt es zum Stichwort »Analyse«: »systematische Untersuchung eines Gegenstandes od. Sachverhalts hinsichtlich aller einzelnen Komponenten od. Faktoren, die ihn bestimmen« (Duden 1990, S. 58). Auf Filme und Fernsehsendungen bezogen bedeutet dies, dass alle Komponenten oder Faktoren, die einen Film oder eine Fernsehsendung ausmachen, untersucht werden müssen, und zwar systematisch. Das unterscheidet die wissenschaftliche Analyse von der alltäglichen, die eher unsystematisch vorgeht und sich häufig auf einen gesamten Film bezieht, nicht aber seine einzelnen Komponenten untersucht. Im Alltag werden Filme und Fernsehsendungen zudem häufig inhaltlich interpretiert. Dabei wird ihnen ein subjektiver Sinn zugewiesen. Wissenschaft sollte aber nicht auf die Bildung von subjektivem Sinn, sondern auf die Produktion von objektivierter Erkenntnis, die intersubjektiv nachvollziehbar ist, abzielen. Ziel dieses Buches ist es daher, theoretisches Rüstzeug und methodisches Handwerkszeug für die systematische Untersuchung von Filmen und Fernsehsendungen zur Verfügung zu stellen.

Damit ist ein weiteres Ziel verbunden: Die Fähigkeit zur Analyse von Filmen und Fernsehsendungen trägt zur Entwicklung von Medienkompetenz in weiterem Sinn bei (vgl. Bienk 2006, S. 23 ff.; Frederking 2006; Mikos 2005 sowie die Beiträge in Barg u.a. 2006; Marotzki/Niesyto 2006). Sie ist nicht nur eine »Schule des Sehens« (Schnell 2000, S. 1 ff.), sondern fördert auch »Prozesse des Mitbedenkens« (Boeckmann 1996, S. 37). Dazu gehört die Erkenntnis, dass »jede mediale Repräsentation eine subjektive Konstruktion ist, die aus einer Fülle möglicher Darstellungen herausgewählt wurde und die auch von Interessen bestimmt ist« (ebd., S. 36). Außerdem gehört die Einsicht dazu, dass sich Filme und Fernsehsendungen immer an ein Publikum richten, mal an ein unspezifisches, mal an ein genau definiertes in Form einer speziellen Zielgruppe. Bei Filmen und Fernsehsendungen sind die Prozesse des Mitbedenkens in dreifacher Weise zu leisten: erstens im Hinblick auf die Intentionen, die von Produzentenseite oder institutionell (z.B. Fernsehsender, Hollywoodstudio) hinter den Medienprodukten stehen, zweitens – die Struktur der Filme und Fernsehsendungen betreffend – im Hinblick darauf, welche Funktion die einzelnen Komponenten in Bezug auf den gesamten Film oder die gesamte Fernsehsendung haben, und drittens, welche Funktion diese Komponenten für das Publikum haben. Dieser letzte Aspekt weist darauf hin, dass die in diesem Buch vorgestellten Grundlagen der Film- und Fernsehanalyse auf einem Verständnis von Film und Fernsehen als Kommunikationsmedien basieren. Filme und Fernsehsendungen entstehen in diesem Sinn erst im Kopf ihrer Zuschauer. Denn nur wenn sie gesehen werden, treten sie in einen Kommunikationsprozess ein. *Die Analyse zielt daher darauf ab, die Strukturen von Filmen und Fernsehsendungen funktional im Rahmen der Kommunikationsprozesse zu betrachten, in die sie eingebunden sind.* Es geht also um eine kommunikationswissenschaftliche Fundierung der Film- und Fernsehanalyse. Das unterscheidet die hier vorgestellte Film- und Fernsehanalyse von anderen Einführungen und Lehrbüchern.

In den siebziger Jahren des 20. Jahrhunderts erschienen die ersten Bücher zur Einführung in die Film- und Fernsehanalyse (vgl. Faulstich 1976; Faulstich/ Faulstich 1977; Hickethier/Paech 1979; Knilli/Reiss 1971; Kuchenbuch 1978/2005; Silbermann u.a. 1980). Angeregt durch die seit den sechziger Jahren starke theoretische Beschäftigung mit Film, vor allem aus der wissenschaftlichen Perspektive der Semiotik, wurde in Anlehnung an die Linguistik versucht, grammatikalische, syntaktische und semantische Strukturen des Films – die »Sprache des Films« – zu untersuchen. Bereits frühe Filmtheoretiker wie Wsewolod Pudowkin (1928, S. 9) hatten die Art des Zusammenfügens der Filmbilder, die Montage, als »Sprache des Filmregisseurs« bezeichnet und verglichen die Kombination der Filmbilder mit dem Satz in der Sprache (ebd.). Dieser Ansatz wurde in den sechziger und siebziger Jahren durch Semiotiker wie Christian Metz (1972) weiterentwickelt und dann in den Einführungen zur Filmanalyse aufgegriffen. Von einer derartigen Filmsprache gehen auch populäre Anleitungen für die Filmpraxis aus, die sich an junge Filmemacher richten (vgl. Arijon 2000; Katz 1998/2002). Ähnlich kreisen die aktuellen Überlegungen zur Filmanalyse im Kontext der Bild- und Kunstwissenschaft (vgl. Koebner/Meder 2006; Sachs-Hombach 2003) um die Beschreibung einer Filmsprache. Auch die Filmsemiotik erlebt aktuell eine Renaissance (vgl. Kanzog 2007). Allerdings hatte Metz (1972, S. 148) bereits darauf hingewiesen, dass die filmischen Strukturen lediglich denen der Sprache ähneln. Von einer »Filmsprache« oder »Sprache des Films« zu sprechen hat dann lediglich metaphorischen Charakter. Der Literaturwissenschaftler Ralf Schnell folgert daraus: »Die Erzählformen des Films beruhen nicht auf linguistischen Strukturen, sondern entstehen aus technischen Mitteln, die ihrerseits Stiltraditionen generieren« (Schnell 2000, S. 183). Dennoch hat die Rede von der »Filmsprache« weiterhin Konjunktur (vgl. Bienk 2006; Wharton/Grant 2007), und es wird davon ausgegangen, dass die Verwendung filmischer Codes auf Sprache basiert (Kuchenbuch 2005, S. 98 ff.) und die Beschreibung von filmischen Darstellungsweisen auf linguistische Strukturen zurückgreift (Branigan 2006).

Im vorliegenden Buch geht es nicht darum, die »Filmsprache« oder die »Fernsehsprache« zu analysieren, sondern die Mittel, die ein Film oder eine Fernsehsendung einsetzt, um mit den Zuschauern zu kommunizieren. Dabei spielen inhaltliche, darstellerische, dramaturgische, erzählerische und ästhetisch-gestalterische Mittel ebenso eine Rolle wie die Kontexte, in die filmische Strukturen und Zuschauer eingebunden sind. Filmische Strukturen sind während einer Analyse immer auf dreifache Weise zu befragen: erstens im Hinblick auf die inhaltliche und erzählerische Kohärenz eines Films, zweitens im Hinblick auf die gestalterischen Mittel, die auf die Aufmerksamkeit und Wahrnehmung der Zuschauer zielen, und drittens im Hinblick auf den kommunikativen Prozess und dessen Kontexte, denn der Sinn eines Films oder einer Fernsehsendung realisiert sich erst in der Rezeption durch Zuschauer. Die »Sinnhaftigkeit« von Filmen und Fernsehsendungen existiert nicht als quasi objektive faktische Gegebenheit, sondern wird erst während des Zuschauens vom Zuschauer hergestellt.

Die wenigen Bücher zur Filmanalyse, die seit den achtziger Jahren des 20. Jahrhunderts erschienen sind (vgl. Hickethier 1993/2007; Faulstich 1988; Faulstich

13

2002; Korte/Faulstich 1988; Korte 1999/2004; Kuchenbuch 2005; Monaco 1980/1995), verfolgen zwar einen etwas weiteren Ansatz und greifen auch auf neuere Filmtheorien aus dem angelsächsischen Raum zurück (vgl. Kuchenbuch 2005), doch der kommunikative Aspekt des Films wird nur am Rand berücksichtigt. Während es bei Faulstich (1988) um die Darstellung der Filminterpretation aus der Sicht verschiedener Disziplinen geht, orientiert sich Korte (1999/2004) bei seiner systematischen Filmanalyse an dem von ihm entwickelten computergestützten Verfahren der Analyse, das sich auf quantifizierbare und visualisierbare Daten des Ablaufs eines Films stützt. Während Monaco (1980/1995) auf die frühen semiotisch geprägten Filmtheorien zurückgreift, geht Hickethier (1993/2007) zwar weiter, indem er auch auf narrative Strukturen und das Schauspielen und Darstellen in Film und Fernsehen eingeht, doch stehen auch hier die gestalterischen Mittel im Zentrum des Interesses. Die Analyse von Schauspiel und Darstellung in Film und Fernsehen ist jedoch lediglich aus theaterwissenschaftlicher Perspektive interessant und spielt für eine Film- und Fernsehanalyse, die den Kommunikationsprozess in den Mittelpunkt stellt, keine Rolle. In der angelsächsischen Literatur orientieren sich die Einführungen in erster Linie an theoretischen Positionen, die eine Filmanalyse leiten können (vgl. Berger 1982/1998; Gledhill/Williams 2000; Hill/Church Gibson 1998; Hollows/Jancovich 1995; Nelmes 1996), sie stellen Einzelanalysen von Filmen in den Mittelpunkt, die verschiedene Aspekte der Analyse betonen (vgl. Barker 2000; Carroll 1998; Elsaesser/Buckland 2002), oder sie gehen von unterschiedlichen theoretischen Standpunkten aus auf die Filme ein (vgl. exempl. die Beiträge in Collins u.a. 1993; Geiger/Rutsky 2005; Gibbs/Pye 2005). Die wenigen Ausnahmen, in denen die Techniken des Filmemachens auch im Hinblick auf die Konsequenzen für die Zuschauer genauer dargestellt werden, bestätigen die Regel (vgl. Bordwell/Thompson 1979/1993; Phillips 1999; Wharton/Grant 2007 und zum Teil Salt 1983/1992; Salt 2006). Im romanischen Raum steht weiterhin die Semiotik hoch im Kurs (vgl. Bellour 1979/1995). Allerdings gibt es auch Ausnahmen (Casetti/di Chio 1990/1994).

Die Fernsehanalyse hat im Gegensatz zur Filmanalyse bisher kaum Interesse gefunden und schlägt sich dementsprechend selten in einführenden Publikationen nieder. Die einzige deutschsprachige Publikation zur Fernsehanalyse (Hickethier 1994) versammelt Aufsätze, die sich aus verschiedenen theoretischen Perspektiven auf Einzelaspekte des Fernsehens konzentrieren. Das trifft auch auf die in Großbritannien und Italien erschienenen Bücher zu (Allen/Hill 2004; Casetti/di Chio 1997/1998; Creeber 2006; Geraghty/Lusted 1998; McQueen 1998; Miller

2002). Lediglich Hickethier geht in seinem Buch »Film- und Fernsehanalyse« (1993/2007) neben dem Film explizit auf das Fernsehen ein. Im englischsprachigen Raum bieten Bignell (2004), Burton (2000), Lury (2005) und Wickham (2007) eine umfassende Einführung in die Fernsehanalyse. Letztere geht dabei auf Bild und Ton sowie Zeit und Raum ein.

Auch wenn zu Beginn des 21. Jahrhunderts etwa 90 Prozent aller Filme für das Fernsehen produziert werden, müssen Film und Fernsehen als zwei Medien betrachtet werden, die unterschiedlich strukturiert sind. Gemeinsam haben sie, dass sie mit bewegten Bildern arbeiten. Aber bereits die bildliche Auflösung einer Szene ist bei einem Kinofilm anders als bei einem Fernsehfilm. Daher werden Film und Fernsehen im vorliegenden Buch auch nicht gleich behandelt, sondern dort, wo es Konsequenzen für die Analyse hat, werden die Unterschiede hervorgehoben.

Ausgangspunkt für die hier vorgestellten Grundlagen der Film- und Fernsehanalyse ist die Auffassung, dass Filme und Fernsehsendungen als Kommunikationsmedien zu begreifen sind: Sie kommunizieren mit dem Publikum, wobei ihre Gestaltungsmittel und Techniken die kognitiven und emotionalen Aktivitäten der Zuschauer vorstrukturieren. Um diesem gedanklichen Ausgangspunkt gerecht zu werden, wird nicht von einer einzigen theoretischen Perspektive aus auf die Filme und Fernsehsendungen geschaut, sondern in einer inter- und transdisziplinären Zugangsweise werden theoretische Ansätze aus unterschiedlichen Disziplinen berücksichtigt (Interdisziplinarität) und im Hinblick auf die Analyse zusammengeführt (Transdisziplinarität).

In Teil I werden die theoretischen und methodischen Grundlagen gelegt, wobei in Kapitel 1 das Verstehen und Erleben von Filmen und Fernsehsendungen als Zielhorizont der Analyse begründet wird. Kapitel 2 behandelt die Frage, wie ein Erkenntnisinteresse der Untersuchung gewonnen werden kann. Dabei wird auf fünf Ebenen eingegangen, die eine Analyse leiten können: Inhalt und Repräsentation, Narration und Dramaturgie, Figuren und Akteure, Ästhetik und Gestaltung sowie Kontexte. In Kapitel 3 werden die Arbeitsschritte der Analyse von der Operationalisierung des Erkenntnisinteresses in konkrete Analysewege über die Datensammlung und Auswertung bis hin zur Präsentation der Ergebnisse beschrieben und die möglichen Hilfsmittel vorgestellt. In Teil II steht die eigentliche Film- und Fernsehanalyse im Mittelpunkt, d.h. die Techniken und Gestaltungsmittel in ihrer Struktur und ihrem funktionalen Bezug sowohl zum Film bzw. zur Fernsehsendung als Ganzes als auch zu den Zuschauern. Es gliedert sich nach den in Kapitel I.2 beschriebenen Ebenen, die das Erkenntnisinteresse der Analyse leiten. Das hat den Vorteil, dass Leser, die sich grundlegend in alle Aspekte der Film- und Fernsehanalyse einarbeiten möchten, den gesamten Teil II lesen können; wer z.B. lediglich Hinweise sucht für die dramaturgische Analyse eines Films, braucht sich nur mit Kapitel II.2 zu beschäftigen. Die Kontexte, in die Filme und Fernsehsendungen und ihre Zuschauer eingebunden sind, bilden den Schwerpunkt in Kapitel II.5. Denn im Gegensatz zu Hans Jürgen Wulff (1999, S. 18), der »eine klare Gegenposition gegen einen Kontextualismus« einnimmt, weil er auf dem Sinn einer Mitteilung und auf der Autorität des Textes besteht, wird hier davon ausgegangen, dass der Sinn eines Films erst im Zusammenspiel von Text, Zuschauer und den Kontexten, in die beide eingebunden sind, entsteht. Dazu gehören sicher ein als sinnhaftes Ganzes konzipierter Film (oder eine Fernsehsendung) und ein Zuschauer, der als ein sinnhaft Handelnder zu begreifen ist. Daneben spielen die Produktionsbedingungen, die institutionellen Strukturen der Film- bzw. Fernsehindustrie ebenso eine Rolle wie die Biografie, soziale Situation und psychische Befindlichkeit sowohl des Regisseurs oder der Regisseurin als auch des Zuschauers oder der Zuschauerin sowie der kulturelle Kontext, in dem Film und Zuschauer stehen. In Teil III werden kurze Beispielanalysen von Filmen und Fernsehsendungen vorgestellt, die einem spezifischen Erkenntnisinteresse folgen. Ein Ausblick auf die Film- und Fernsehanalyse in Zeiten zunehmender Medienkonvergenz rundet den inhaltlichen Teil des Buches ab.

Thematisch geordnete Hinweise zur zitierten und weiterführenden Literatur sowie Register mit wichtigen Sachbegriffen und den erwähnten Filmen und Fernsehsendungen dienen zur Erleichterung der Arbeit mit diesem Buch.

Abschließend sei noch auf einige formale Dinge hingewiesen. Wenn hier von Filmen und Fernsehsendungen die Rede ist, dann sind in der Regel einzelne Filme oder Fernsehsendungen gemeint (zu Letzteren zählen auch Serien). Auch wenn sich die zu analysierenden Texte als diskrete, d.h. von anderen unterscheidbare Werke im Hinblick auf die Lektüren des Publikums immer schwerer bestimmen lassen, da oft von Filmen nicht nur eine, sondern mehrere Versionen auf DVD zugänglich sind, muss weiterhin in der Analyse von einzelnen Werken ausgegangen werden (vgl. Mikos u.a. 2007, S. 79 ff.; Mikos 2008). Denn es geht hier nicht darum, die Besonderheiten von Film oder Fernsehen als (Massen-) Medium herauszuarbeiten, sondern eine Anleitung für die konkrete Film- und Fernsehanalyse zu bieten, indem deren Grundlagen systematisch dargestellt werden. Im Wesentlichen wird bei den Beispielen, die in den einzelnen Kapiteln genannt werden, sowie bei den Beispielanalysen auf populäre Filme und Fernsehsendungen eingegangen, die leicht zugänglich sind, sei es über die Verfügbarkeit auf Video bzw. DVD oder im Fernsehen. Wenn im Folgenden manchmal von Filmen und Fernsehsendungen als Texten die Rede ist, so ist damit nicht gemeint, dass ihre Struktur mit der von geschriebenen Texten identisch ist. Stattdessen wird davon ausgegangen, dass in der Folge der poststrukturalistischen Debatte in den Geisteswissenschaften Kulturprodukte und -objekte generell als »Texte« bezeichnet werden, die produziert und rezipiert werden und für die Produktion von Bedeutung wichtig sind (vgl. McKee 2003, S. 4). Dem Lehrbuchcharakter des Buches wird dadurch Rechnung getragen, dass die Sprache zwar wissenschaftlich, aber möglichst leicht verständlich ist. Außerdem finden sich am Ende jedes Kapitels Fragen, die einerseits auf das Verständnis des jeweiligen Kapitels zielen und die andererseits die Analyse der im jeweiligen Kapitel behandelten Aspekte leiten können. Darüber hinaus wird am Ende jedes Kapitels die zitierte Literatur aufgeführt. Die Nummerierung der zitierten Literatur von einzelnen Autoren aus dem gleichen Erscheinungsjahr (z.B. Meier 1988a; Meier 1988b) in den Kapiteln bezieht sich lediglich auf das Verzeichnis der zitierten Literatur am Ende des jeweiligen Kapitels, nicht aber auf das thematisch geordnete weiterführende Literaturverzeichnis im Anhang.

Das hier vorliegende Buch geht in einigen Abschnitten (Kapitel I.1, II.2.1, II.3.1, II.4, II.5.2) auf eine neunteilige Artikelserie zur strukturfunktionalen Film- und Fernsehanalyse zurück, die zwischen 1996 und 2000 in der medienpädagogischen Fachzeitschrift MEDIEN PRAKTISCH erschienen ist. Kapitel I.2.1, I.2.2, I.3, I.3.1, I.4.1, I.4.3 und I.5.1 liegen teilweise Ausführungen zugrunde, die bereits in einem Studienbrief für die Fernuniversität Hagen verarbeitet wurden.

Zitierte Literatur

Allen, Robert/Hill, Annette (Hrsg.) (2004): The Television Studies Reader. London/New York

Arijon, Daniel (2000): Grammatik der Filmsprache. Frankfurt a.M. (Originalausgabe 1976)

Barg, Werner/Niesyto, Horst/Schmolling, Jan (Hrsg.) (2006): Jugend:Film:Kultur. Grundlagen und Praxishilfen für die Filmbildung. München

Barker, Martin (2000): From Antz to Titanic. Reinventing Film Analysis. London/Sterling, VA

Bellour, Raymond (1995): L'analyse du film. Paris (Erstausgabe 1979)

Berger, Arthur Asa (1998): Media Analysis Techniques. Second Edition. Thousand Oaks/London/New Delhi (Erstausgabe 1982)

Bienk, Alice (2006): Filmsprache. Einführung in die interaktive Filmanalyse. Marburg

Bignell, Jonathan (2004): An Introduction to Television Studies. London/New York

Boeckmann, Klaus (1996): Naive Medienexperten. Ergebnisse einer qualitativen Studie. In: Medien Praktisch, 20/3, S. 36–40

Bordwell, David/Thompson, Kristin (1993): Film Art. An Introduction. Fourth Edition. New York u.a. (Erstausgabe 1979)

Branigan, Edward (2006): Projecting a Camera. Language-Games in Film Theory. New York/London

Burton, Graeme (2000): Talking Television. An Introduction to the Study of Television. London/New York

Carroll, Noël (1998): Interpreting the Moving Image. Cambridge/New York/Melbourne

Casetti, Francesco/di Chio, Federico (1994): Analisi del Film. Milano (6. Auflage, Erstausgabe 1990)

Casetti, Francesco/di Chio, Federico (1998): Analisi della Televisione. Milano (2. Auflage, Erstausgabe 1997)

Collins, Jim/Radner, Hilary/Collins, Ava Preacher (1993) (Hrsg.): Film Theory Goes to the Movies. New York/London

Creeber, Glen (Hrsg.) (2006): Tele-Visions. An Introduction to Studying Television. London

Duden (1990): Das Fremdwörterbuch. Mannheim

Elsaesser, Thomas/Buckland, Warren (2002): Studying Contemporary American Film. London u.a.

Faulstich, Werner (1976): Einführung in die Filmanalyse. Tübingen

Faulstich, Werner (1988): Die Filminterpretation. Göttingen

Faulstich, Werner (2002): Grundkurs Filmanalyse. München

Faulstich, Werner/Faulstich, Ingeborg (1977): Modelle der Filmanalyse. München

Frederking, Volker (Hrsg.) (2006): Filmdidaktik und Filmästhetik. Jahrbuch Medien im Deutschunterricht 2005. München

Geiger, Jeffrey/Rutsky, R. L. (Hrsg.) (2005): Film Analysis. A Norton Reader. New York/London

Geraghty, Christine/Lusted, David (1998) (Hrsg.): The Television Studies Book. London/New York

Gibbs, John/Pye, Douglas (Hrsg.) (2005): Style and Meaning. Studies in the Detailed Analysis of Film. Manchester/New York

Gledhill, Christine/Williams, Linda (2000) (Hrsg.): Reinventing Film Studies. London/ New York

Hickethier, Knut (1994) (Hrsg.): Aspekte der Fernsehanalyse. Methoden und Modelle. Münster/Hamburg

Hickethier, Knut (2007): Film- und Fernsehanalyse. Stuttgart/Weimar (4., aktualisierte und erweiterte Auflage; Erstausgabe 1993)

Hickethier, Knut/Paech, Joachim (1979): Methoden der Film- und Fernsehanalyse. Stuttgart

Hill, John/Church Gibson, Pamela (1998): The Oxford Guide to Film Studies. Oxford u.a.

Hollows, Joanne/Jancovich, Mark (1995) (Hrsg.): Approaches to Popular Film. Manchester/New York

Kanzog, Klaus (2007): Grundkurs Filmsemiotik. München

Katz, Steven D. (2002): Shot by Shot: Die richtige Einstellung. Zur Bildsprache des Films. Frankfurt a.M. (4. Auflage, Erstausgabe 1998, Originalausgabe 1991)

Knilli, Friedrich/Reiss, Erwin (1971): Einführung in die Film- und Fernsehanalyse. Ein ABC für Zuschauer. Steinbach

Koebner, Thomas/Meder, Thomas (Hrsg.) (2006): Bildtheorie und Film. München

Korte, Helmut (2004): Einführung in die Systematische Filmanalyse. Ein Arbeitsbuch. Berlin (3., überarbeitete und erweiterte Auflage; Erstausgabe 1999)

Korte, Helmut/Faulstich, Werner (1988) (Hrsg.): Filmanalyse interdisziplinär. Göttingen

Kuchenbuch, Thomas (2005): Filmanalyse. Theorien – Modelle – Kritik. Wien u.a. (2. Auflage; Erstausgabe 1978)

Lury, Karen (2005): Interpreting Television. London/New York

Marotzki, Winfried/Niesyto, Horst (Hrsg.) (2006): Bildinterpretation und Bildverstehen. Methodische Ansätze aus sozialwissenschaftlicher, kunst- und medienpädagogischer Perspektive. Wiesbaden

McKee, Alan (2003): Textual Analysis. A Beginner's Guide. London u.a.

McQueen, David (1998): Television. A Media Student's Guide. London u.a.

Metz, Christian (1972): Semiologie des Films. München (Originalausgabe 1968)

Mikos, Lothar (2005): Der Faszination auf der Spur. Zur Bedeutung der Film- und Fernsehanalyse in der Medienpädagogik. In: Medien Concret, 9, S. 64–67

Mikos, Lothar (2008): Understanding Text as Cultural Practice and Dynamic Process of Making Meaning. In: Barker, Martin/Mathijs, Ernest (Hrsg.): Watching the »Lord of the Rings«. Tolkien's World Audiences. New York u.a., S. 207–212

Mikos, Lothar/Eichner, Susanne/Prommer, Elizabeth/Wedel, Michael (2007): Die »Herr der Ringe«-Trilogie. Attraktion und Faszination eines populärkulturellen Phänomens. Konstanz

Miller, Toby (2002): Television Studies. London

Monaco, James (1995): Film verstehen. Kunst, Technik, Sprache, Geschichte und Theorie des Films und der Medien. Mit einer Einführung in Multimedia. Reinbek (Erstausgabe 1980, Originalausgabe 1977)

Nelmes, Jill (1996) (Hrsg.): An Introduction to Film Studies. London/New York

Phillips, William H. (1999): Film. An Introduction. Boston/New York

Pudowkin, Wsewolod (1928): Filmregie und Filmmanuskript. Berlin

Sachs-Hombach, Klaus (2003): Das Bild als kommunikatives Medium. Elemente einer allgemeinen Bildwissenschaft. Köln

Salt, Barry (1992): Film Style and Technology: History and Analysis. London (2. Auflage; Erstausgabe 1983)

Salt, Barry (2006): Moving into Pictures. More on Film History, Style, and Analysis. London

Schnell, Ralf (2000): Medienästhetik. Zu Geschichte und Theorie audiovisueller Wahrnehmungsformen. Stuttgart/Weimar

Silbermann, Alphons/Schaaf, Michael/Adam, Gerhard (1980): Filmanalyse. Grundlagen – Methoden – Didaktik. München

Wharton, David/Grant, Jeremy (2007): Teaching Analysis of Film Language. London

Wickham, Phil (2007): Understanding Television Texts. London

Wulff, Hans J. (1999): Darstellen und Mitteilen. Elemente der Pragmasemiotik des Films. Tübingen

Teil I: Theorie und Methodik

1. Die Kommunikationsmedien Film und Fernsehen

Die Analyse von Filmen und Fernsehsendungen wird in einer mediatisierten Gesellschaft immer wichtiger. Als Medien der Kommunikation sind sie in die gesellschaftlichen Kommunikations- und Interaktionsverhältnisse eingebettet. Filme und Fernsehsendungen müssen daher grundsätzlich als Kommunikationsmedien verstanden werden. Ein Film ist zwar zunächst das Ergebnis eines künstlerischen Produktionsprozesses und in diesem Sinn als Werk zu sehen, doch verfolgen selbst Filmkünstler, die sich als Autoren verstehen, die Absicht, mit einem Publikum in Kommunikation zu treten, sei es, weil sie etwas mitzuteilen haben, sei es, weil sie von der Arbeit des Filmemachens leben und ihren Lebensunterhalt nur verdienen können, wenn ein zahlendes Publikum den Film zu einem mehr oder minder kommerziellen Erfolg macht. Soll die Kommunikation mit dem Publikum gelingen, muss im Prozess des Filmemachens bereits auf mögliche Erwartungen des Publikums sowie auf kognitive und emotionale Fähigkeiten der Zuschauer Bezug genommen werden. Eine Fernsehsendung kann zwar als pure Unterhaltung genutzt werden, dennoch wird der Zuschauer die Sendung vielleicht langweilig finden und sich Gedanken über die Absicht der Produzenten machen. Die Beispiele zeigen, dass Filme und Fernsehsendungen als bedeutungsvolles symbolisches Material gesehen werden müssen, das nur im Rahmen bedeutungsvoller Diskurse Sinn macht. Sie dienen der indirekten Kommunikation zwischen Menschen. Von der direkten, sogenannten Face-to-Face-Kommunikation unterscheidet sich die indirekte Kommunikation dadurch, dass sie über technische Medien vermittelt ist: Medien, die sich an eine anonyme, heterogene Masse richten (Massenmedien), und Medien, die sich an einzelne Personen richten (Individualmedien). Film und Fernsehen sind den Massenmedien zuzuordnen. Einzelne Filme und Fernsehsendungen sind dann Bedeutungsträger in der indirekten Kommunikation. Sie machen sowohl für den oder die Produzenten als auch für den oder die Zuschauer Sinn.

Dabei ist zu berücksichtigen, dass es in der Kommunikation zwischen audio-visuellen Werken und Zuschauern nicht nur um Bedeutungsbildung geht. Darauf hat auch James B. Twitchell (1992, S. 203) hingewiesen, der in Bezug auf das Fernsehen kritisch angemerkt hat, dass sich die Auseinandersetzung mit diesem Medium vor allem auf die Inhalte konzentriert hat, nicht aber auf das Fernsehen als Erlebnis. Rituelles Fernsehen als Tätigkeit eines zuschauenden Subjekts erschöpft sich im Akt des Sehens selbst und zielt nicht auf eine Bedeutungsproduktion anhand gesendeter Inhalte ab. Das Sinnhafte der Tätigkeit ist nur aus den sozialen Kontexten zu erschließen, in die sie eingebettet ist. Allerdings sind frühere Erfahrungen mit dem Fernsehen bereits im Ritual selbst kondensiert.

Eine Film- und Fernsehanalyse muss anerkennen, dass die zu untersuchenden Gegenstände (Filme und Fernsehsendungen) eine Kommunikation mit ihren Zuschauern eingehen. Das geschieht auf zweifache Weise: Einerseits werden sie von Zuschauern betrachtet bzw. rezipiert, andererseits werden sie von Zuschauern benutzt bzw. angeeignet. Meines Erachtens ist es wichtig, diese Unterscheidung zwischen Rezeption und Aneignung zu treffen, denn dadurch wird ermöglicht, die konkrete Interaktion zwischen einem Film und seinen Zuschauern analytisch von der weiteren Aneignung des Films, z.B. im Gespräch mit Freunden und Bekannten, zu trennen. Mit Rezeption ist die konkrete Zuwendung zu einem Film oder einer Fernsehsendung gemeint. In der Rezeption verschränken sich die Strukturen des Film- oder Fernsehtextes und die Bedeutungszuweisung sowie das Erleben durch die Zuschauer. Der aktive Rezipient erschafft in der Rezeption den sogenannten rezipierten Text (vgl. auch Mikos 2001a, S. 71 ff.; Mikos 2001b, S. 59 f.), der gewissermaßen die konkretisierte Bedeutung des »Originaltextes« darstellt. Der rezipierte Text ist der Film, den der Zuschauer gesehen hat, der mit seinen Bedeutungszuweisungen und seinen Erlebnisstrukturen angereicherte Film. Er ist das Ergebnis der Interaktion zwischen Film- oder Fernsehtext und Zuschauer. Mit Aneignung ist dagegen die Übernahme des rezipierten Textes in den alltags- und lebensweltlichen Diskurs und die soziokulturelle Praxis der Zuschauer gemeint. Eine Fernsehsendung kann Gegenstand weiterer Interaktionen und Handlungen sein, wenn sie z.B. dazu dient, in der Mittagspause am Arbeitsplatz ein Gespräch zu eröffnen. Menschen benutzen Filme und Fernsehsendungen sowohl zur Gestaltung ihrer eigenen Identität als auch zur Gestaltung ihre sozialen Beziehungen. Die Unterscheidung zwischen Rezeption und Aneignung ist analytischer Natur, empirisch sind sie als Handlungen der Zuschauer nicht zu trennen. Warum nun sind Rezeption und Aneignung für die Analyse von Filmen und Fernsehsendungen wichtig?

Für die Beantwortung dieser Frage muss man sich über die Beschaffenheit der Film- und Fernsehtexte klar werden. Wenn sich, wie es Angela Keppler (2001, S. 131) formuliert hat, im medialen Produkt »die Perspektiven der Produktion und der Rezeption auf eine bestimmte Weise« treffen, ist es Aufgabe der Analyse herauszufinden, auf welche Weise dies genau geschieht. Aus einer rezeptionsästhetischen Perspektive können dann nicht nur die »Medieninhalte als Kommunikationsangebote« (ebd.) verstanden werden, sondern das gesamte symbolische Material der Fernsehsendungen und Filme, also auch Narration und Dramaturgie sowie die gestalterischen Mittel, mit denen die Aufmerksamkeit der Zuschauer erregt werden soll. Film- und Fernsehtexte werden in diesem Zusammenhang als Anweisungen zur Rezeption und Aneignung verstanden. Die Texte enthalten Handlungsanweisungen für die Zuschauer (vgl. Mikos 2001a, S. 177 ff.) und strukturieren auf diese Weise deren Aktivitäten vor. »Nicht das Medium ist die Message, sondern seine Rolle in der sozialen Anwendung« (Hienzsch/Prommer 2004, S. 148). Film – und auch Fernsehen – kann daher als soziale Praxis gesehen werden (vgl. Turner 1993). Das heißt nicht, dass Film- und Fernsehtexte die Rezeption durch die Zuschauer determinieren. Sie machen lediglich Angebote, die von den Zuschauern genutzt werden können, indem sie sich auf eine Interaktion mit dem jeweiligen Text einlassen. John Fiske (1987, S. 95 f.) spricht aus diesem Grund auch nicht von Texten, sondern von ihrer »Textualität« bzw. von produzierbaren Texten. Damit ist gemeint, dass die Film- und Fernsehtexte nach einer Vervollständigung durch die Zuschauer verlangen, sie werden erst im Akt der Rezeption und Aneignung produziert. Nach diesem Verständnis können Filme und Fernsehsendungen auch keine abgeschlossenen Bedeutungen an sich haben, die z.B. Film- oder Fernsehwissenschaftler in einer Analyse »objektiv« freilegen könnten, sondern sie entfalten ihr semantisches und symbolisches Potenzial erst durch die aktiven Zuschauer, d.h., sie können lediglich potenzielle Bedeutungen haben, sie bilden eine »semiotische Ressource« (Fiske).

> »Vielleicht favorisiert ein Text manche Bedeutungen, er kann auch Grenzen ziehen, und er kann sein Potential einschränken. Andererseits kann es auch sein, daß er diese Präferenzen und Grenzen nicht allzu effektiv festschreibt« (Fiske 1993, S. 12 f.).

Film- und Fernsehtexte können also nur Angebote machen und mögliche Lesarten inszenieren, über die sie die Aktivitäten der Zuschauer vorstrukturieren.

23

Eines können sie aber nicht: Sie können nicht die Bedeutung festlegen. Sie funktionieren als Agenten in der sozialen Zirkulation von Bedeutung und Vergnügen, denn sie können ihr Sinnpotenzial nur in den sozialen und kulturellen Beziehungen entfalten, in die sie integriert sind: »Texte funktionieren immer im gesellschaftlichen Kontext« (ebd., S. 13). Erst da kommt ihre strukturierende Kraft zum Tragen. Die Aneignung von populären Texten wie Filmen und Fernsehsendungen ist nach Fiske am Schnittpunkt von sozialer und textueller Determination lokalisiert. Damit wird auch deutlich, dass sich Texte immer im Feld sozialer Auseinandersetzung befinden (vgl. Mikos 2001c, S. 362). Für die Analyse heißt dies, dass die Struktur von Filmen und Fernsehsendungen zu den Rezeptions- und Aneignungsaktivitäten in Bezug gesetzt werden muss. Dabei ist allerdings zu beachten, dass die strukturierende Kraft der Film- und Fernsehtexte in der Rezeption stärker ist als in der Aneignung, denn hier sind die soziokulturellen Kontexte, in die die Zuschauer eingebunden sind, wirksamer. Daher stehen die Rezeptionsaktivitäten im Vordergrund der folgenden Ausführungen, Aneignungsaktivitäten werden dort, wo es sinnvoll erscheint, in die Betrachtungen einbezogen.

Film- und Fernsehtexte sind grundsätzlich an ein Publikum gerichtet. Daher sind sie zum Wissen, zu den Emotionen und Affekten, zum praktischen Sinn und zur sozialen Kommunikation der Rezipienten hin geöffnet. Es lassen sich also vier Arten von Aktivitäten unterscheiden, die in der Rezeption und Aneignung eine Rolle spielen: (1) kognitive Aktivitäten, (2) emotionale und affektive Aktivitäten, (3) habituelle und rituelle Aktivitäten, (4) sozial-kommunikative Aktivitäten. Sie alle sind an zwei grundlegende Modi Operandi gebunden, die den Umgang mit den Film- und Fernsehtexten ausmachen: das Film- und Fernsehverstehen und das Film- und Fernseherleben. Daher geht es in der Analyse vor allem darum, diese Prozesse des Verstehens und Erlebens herauszuarbeiten. Film- und Fernsehverstehen meint, anhand eines audiovisuellen Produkts zu untersuchen, wie es sich als bedeutungsvoller Text, der in den kulturellen Kreislauf von Produktion und Rezeption eingebunden ist, konstituiert (vgl. Mikos 1998, S. 3). Dazu müssen jedoch auch die lebensweltlichen Verweisungszusammenhänge einbezogen werden. Film- und Fernseherleben meint eine eigene Zeitform mit eigenen Höhepunkten, »in denen das zu kulminieren scheint – sowohl das, das es auf der Leinwand zu besichtigen gilt, wie auch das Erleben selbst« (Neumann/Wulff 1999, S. 4). Die Zuschauer gehen selbstvergessen im Erlebnis auf (vgl. Renner 2002, S. 153). Film- und Fernseherleben schafft eigene Sinnstrukturen, die mit der Alltagswelt und den lebensweltlichen Verweisungszusammenhängen der Zuschauer verknüpft sind.

1.1 Film- und Fernsehverstehen

Filme und Fernsehsendungen machen Sinn, denn sie sind sowohl in der Produktion als auch in der Rezeption an sinnhaftes soziales Handeln gebunden (vgl. dazu auch Hall 1980, S. 130; Keppler 2001, S. 129). Darüber treten sie in einen bedeutungsvollen Diskurs ein. Sie prägen die Lebensverhältnisse in der gegenwärtigen Gesellschaft (vgl. Keppler 2006, S. 19 ff.). Wie bereits erwähnt, sind Film- und Fernsehtexte grundsätzlich zum Wissen der Rezipienten hin geöffnet (vgl. Wulff 1985, S. 13). Um eine Filmszene zu verstehen, muss ein Zuschauer zunächst einmal Informationen verarbeiten und sie in einen bedeutungsvollen Kontext bringen. Auf diese Weise erhält die Szene einen Sinn. Ein einfaches Beispiel mag das verdeutlichen: Um zu erkennen, dass es sich bei den Figuren auf der Leinwand oder dem Bildschirm um Menschen handelt, die in einem Restaurant an einem Tisch sitzen, muss der Zuschauer die ihm dargebotene Bildinformation verarbeiten. Er muss wissen, was Menschen sind, was ein Restaurant ist und was ein Tisch ist. Darüber hinaus wissen wir, dass Menschen immer in bedeutungsvollen Strukturen handeln, aus ihnen können sie nicht heraustreten. Das heißt in diesem konkreten Fall, dass der Zuschauer auch um die Bedeutung von Menschen, Tischen und Restaurants weiß. Anhand des Settings Mensch – Tisch – Restaurant werden Kontexte des Wissens aufgerufen, die deren Bedeutung im Rahmen sinnhaften sozialen Handelns an lebensweltliche Verweisungszusammenhänge zurückbinden. Dazu zählt z.B. das Wissen, dass Menschen nicht immer zu Hause essen, sondern sich auch mal in Restaurants von Köchen bekochen und von Kellnern bedienen lassen. Auf dieser Ebene nimmt der Zuschauer zunächst lediglich Informationen aus dem Film- oder Fernsehbild auf und evaluiert sie im Rahmen von sinnhaften Handlungskontexten. Die Bedeutung der beschriebenen Restaurantszene im Film bzw. in der Fernsehsendung ergibt sich außerdem daraus, dass sie in einem narrativen Kontext steht. Der Zuschauer kann aus der bisherigen Erzählung an dieser Stelle schließen, dass es in der dargebotenen Szene nicht in erster Linie um den Zusammenhang von Hunger und Essen, also die reine Nahrungsaufnahme geht, sondern dass das Gespräch, das die Personen beim Essen führen, bedeutsam ist. Es könnte sich beispielsweise um einen letzten Versöhnungsversuch eines Ehepaares handeln, das kurz vor der Scheidung steht. Die Bedeutung dieser Szene ergibt sich aber nicht nur aus dem narrativen Kontext, sondern auch daraus, dass der Zuschauer um diese Möglichkeiten weiß, weil sie sinnhaftes Handeln darstellt – in diesem Fall, dass Gespräche beim Essen eine besondere Bedeutung haben können und Mittelpunkt der Aktivität »Essen im Restaurant« sein können. Damit ist klar, dass es in der Szene nicht nur um die abgebildete Nahrungsaufnahme im Restaurant geht, sondern um das Gespräch, das bei Tisch geführt wird. Der Zuschauer hat ein Wissen um die soziale Bedeutung von Restaurants, das er nun in der Rezeption aktivieren kann, um die Szene nicht nur zu verstehen, sondern sie auch mit Bedeutung zu füllen. Dies ist möglich, weil der Filmtext zu seinem Wissen hin geöffnet ist. Es ist leicht vorstellbar, wie komplex diese Bezüge werden, wenn es nicht um so einfache Alltagsbegebenheiten wie Restaurantbesuche und Gespräche geht, sondern z.B. um politische Macht, Hierarchien, Geschlechterverhältnisse, religiöse Praktiken und Ähnliches mehr.

Die Rolle des Wissens der Zuschauer wird noch deutlicher, wenn es nicht nur um die Informationsverarbeitung des Abgebildeten oder Repräsentierten und die Bedeutungszuweisung des Erzählten geht, sondern wenn die textuellen Strategien nach der kognitiven Aktivität der Zuschauer verlangen. Hierbei spielen die sogenannten Leerstellen eine wichtige Rolle, die aus rezeptionsästhetischen Arbeiten der Literatur- und Kunstwissenschaft bekannt sind (vgl. dazu Mikos 2001a, S. 15 ff.; Neuß 2002, S. 17 ff.). In ihnen zeigt sich die Appellstruktur der Texte (vgl. Iser 1979b; Mikos 2001a, S. 177 ff.). Leerstellen bilden gewissermaßen Lücken im Erzählfluss oder in der Repräsentation von Wirklichkeit. Diese Lücken müssen die Zuschauer mit ihrem Wissen füllen. In diesem Sinn sind sie Handlungsanweisungen an die Zuschauer, ihr Wissen zu aktivieren und bedeutungsbildend und sinngenerierend tätig zu werden. Norbert Neuß (2002, S. 19 ff.) hat eine erste Typologie von Leerstellen am Beispiel von Kinderfilmen entwickelt. Danach entstehen Leerstellen im Film durch imaginäre Zeiten und Räume, durch Sprachbilder und Metaphern, durch bildliche Symbole, durch die aktive Ansprache des Rezipienten und das Herstellen von »Wir-Gemeinsamkeit«, durch Fantasie öffnende Tätigkeiten, durch die Wahl der Perspektive und durch Abstraktion. Letzteres macht er am Beispiel von animierten Filmen deutlich, in denen abstrakte Bilder und Geräusche die Aktivitäten der Rezipienten anregen können. Das trifft auch auf die dargestellten Figuren zu. Je weniger detailreich z.B. die Zeichnung einer Figur ist, desto mehr Raum ist vorhanden, um sie mit eigenem Wissen und eigenen Interpretationen zu füllen.

> »So wird z.B. Wickie von ›Wickie und die starken Männer‹ von Kindern mal als Junge und mal als Mädchen interpretiert. Je nachdem, wie man diese Figur füllt, entstehen in dem Film ganz neue Perspektiven und Beziehungskonstellationen« (ebd., S. 22).

Wenn in einem Western z.B. ein Indianer auf einem Berg steht und in die Ferne schaut, werden die Zuschauer dazu angeregt, ihr Wissen zu aktivieren, um sich vorstellen zu können, was der Indianer wohl sieht und welche Gedanken ihm möglicherweise dabei durch den Kopf gehen. Zwar kann die Kamera noch zeigen, wohin der Blick schweift, aber die Gedanken lassen sich bildlich höchstens mit einer Nahaufnahme des Gesichts andeuten. Der Zuschauer ist an dieser Stelle gefragt, sein Wissen einzusetzen, um die Bedeutung dieser Bilder im Rahmen des Erzählkontextes zu verstehen. Leerstellen entstehen in Film und Fernsehen auch durch Auslassungen. So sind in Nachrichtensendungen häufig stereotype Bilder von politischen Treffen zu sehen. Nachdem einige Staatsmänner und Staatsfrauen zunächst einzeln beim Verlassen eines Flugzeugs gezeigt werden, sieht man sie anschließend in trauter Runde versammelt an einem riesigen Konferenztisch sitzen. Da es sich bei dieser Darstellung nicht um die filmische Dokumentation eines Ereignisses in Echtzeit handelt, sondern um die mediale Bearbeitung des dokumentarischen Ausgangsmaterials, das das Ereignis im Medium (re)präsentiert, wird nicht gezeigt, wie die Staatsmänner und -frauen vom Flughafen in den Konferenzraum gelangt sind. Diese Lücke muss der Zuschauer aufgrund der gezeigten Hinweise in dem Nachrichtenfilm mit seinem Wissen schließen: Er muss kognitiv aktiv werden.

Filme und Fernsehsendungen sind nicht nur zum Wissen der Zuschauer hin geöffnet, sondern auch zur sozialen Kommunikation. Sie werden im Alltag benutzt, z.B. indem sie Gegenstand von Gesprächen mit Freunden und Bekannten werden, sie als »kommunikative Ressource« dienen (Keppler 1994, S. 211). Der Gebrauch der Medien im Alltag wird als kommunikative Aneignung bezeichnet (vgl. Faber 2001; Hepp 1998, S. 23 ff.; Holly 2001, S. 13 ff.; Klemm 2000, S. 72 ff.). Dabei werden Filme und Fernsehsendungen nicht nur bewertet, sondern im Rahmen der Kommunikation wird auch ihre Bedeutung ausgehandelt, z.B. in Familiengesprächen (vgl. Keppler 1994, S. 220 ff.). In direkter Kommunikation wird geprüft, ob und wie sie im Alltag und in der Lebenswelt Sinn machen und sinnhaft in die alltäglichen Lebens- und Kommunikationsverhältnisse integriert werden können. Die textuellen Strukturen von Filmen und Fernsehsendungen können Hinweise darauf enthalten. Sie generieren Vorschläge, wie sie mit den Lebensverhältnissen des Publikums in Beziehung treten können. Martin Barker (2000, S. 37) hat dies ihre »Modalitäten des Gebrauchs« genannt. Ein Film kann so über seine textuellen Strukturen anzeigen, wie er vom Publikum benutzt werden und kommunikativ angeeignet werden will. Wenn z.B. in Horrorfilmkomödien für Teenager, den sogenannten »Teen Scream«-

Filmen (vgl. Dirk/Sowa 2000; Mikos 2002, S. 14; Westphal/Lukas 2000, S. 270 ff.) wie der »Scream«-Trilogie oder »The Faculty« zahlreiche visuelle und narrative Anspielungen auf frühere Filme des Genres inszeniert werden, ist das u.a. eine Handlungsanweisung auf eine kommunikative Aneignung im Kreis von Fans dieses Genres. Sie werden sich mit Freunden über die erkannten Anspielungen austauschen und so nach und nach die intertextuellen Bezüge des Films erschließen. Ratgebersendungen im Fernsehen bieten nicht nur Informationen zu bestimmten Themen, die das Wissen der Zuschauer erweitern, sondern sie sind auch auf die kommunikative Aneignung und den Gebrauch im Alltag gerichtet. Wenn z.B. Tipps für das Katerfrühstück am Neujahrstag gegeben werden, ist damit einerseits strukturell die Anregung für die Zuschauer verbunden, sie am betreffenden Tag in die Tat umzusetzen, andererseits können sie auch im Rahmen des sozialen Umfelds als Meinungsführer auftreten und die Tipps an Freunde, Nachbarn, Kollegen und Familienmitglieder weitergeben (vgl. zum Konzept des Meinungsführers exempl. Schenk 2002, S. 320 ff.). In diesem Sinn können Film- und Fernsehtexte ihre Zuschauer anregen, sozialkommunikativ aktiv zu werden und sie in die soziale Zirkulation von Bedeutung einzuspeisen.

In der Analyse können die Strukturen der Film- und Fernsehtexte herausgearbeitet werden, die sie zum Wissen und der sozialen Kommunikation der Zuschauer hin öffnen. Allerdings müssen dabei Differenzierungen vorgenommen werden. So gibt es verschiedene Wissensformen, zu denen die Texte hin geöffnet sind. Peter Ohler (1994, S. 32 ff.) hat zwischen generellem Weltwissen, narrativem Wissen und dem Wissen um filmische Darbietungsformen unterschieden. Der »Rezipient muß mit Hilfe seines generellen Weltwissens aus den gezeigten Szenen Schlußfolgerungen hinsichtlich des nicht gezeigten Geschehens ziehen« (ebd., S. 35). Weltwissen ist also nötig, um z.B. Leerstellen zu füllen. Das Wissen darum, dass man im Restaurant nach dem Essen bezahlen muss und der Bedienung ein Trinkgeld geben sollte, gehört diesem generellen Weltwissen an. Des Weiteren weist Ohler dem narrativen Wissen bei der Verarbeitung filmischer Geschichten eine zentrale Rolle zu. Dabei handelt es sich um Wissen über typische Plots, Rollen von Protagonisten, Handlungssequenzen und Handlungssettings im Rahmen typischer Genres. Zum narrativen Wissen gehört z.B., dass ein Überfall, der von Polizisten beobachtet wird, eine Verfolgungsjagd nach sich ziehen kann und dass hier Gut gegen Böse kämpft. Dazu gehört das Wissen um die Rolle des Moderators in einer Gameshow ebenso wie das Wissen um den typischen Handlungsverlauf eines Fußballspiels, bei dem zwei Mannschaften in einem Stadion gegeneinander antreten, oder das Wissen darum, dass in einem Korrespondentenbericht in einer Nachrichtensendung der Korrespondent selbst irgendwann im Bild zu sehen sein wird. Dieses Wissen ist abstrakt und unabhängig von einem konkreten Moderator oder einem konkreten Korrespondenten, einem konkreten Stadion und den beiden konkreten Mannschaften. Die dritte Form des Wissens nach Ohler ist das Wissen über filmische Darbietungsformen. Einstellungsgrößen, Schnitte, Kameraperspektiven, Toneffekte, Musik und Montage sind einige »dieser formalen Mittel, die dem Rezipienten als Cues (Hinweise, L.M.) dienen, die das Verständnis der filmischen Narration erleichtern und narrationsbezogene Erwartungen generieren helfen« (ebd., S. 36). Hierzu gehört z.B. das Wissen, dass zwei Personen, die im Schnitt-Gegenschnitt-Verfahren aneinandergeschnitten sind, sich offenbar in einem Dialog befinden oder dass dramatische Musik ein spannendes Ereignis ankündigt. Das narrative Wissen und das Wissen um die filmischen Darbietungsformen sind miteinander verknüpft.

In diesem Zusammenhang spricht Dieter Wiedemann (1993, S. 49) auch von »mentalen Dramaturgien«. In der Analyse kann nun herausgearbeitet werden, welches narrative Wissen erforderlich ist, um die Geschichte eines Films oder einer Fernsehsendung im Kopf entstehen zu lassen, und welches Wissen um filmische Darbietungsformen dabei eine Rolle spielt. Beide Wissensbestände stehen in Bezug zum Weltwissen. Es geht also nicht nur darum, was erzählt wird, sondern wie es erzählt wird und welche Rolle das für die Geschichte im Kopf spielt. Die Wissensformen sind nicht naturgegeben vorhanden, sondern müssen erst erworben werden. Der Umgang mit audiovisuellen Medien ist für jeden Menschen ein Lernprozess. In der audiovisuellen Sozialisation werden die Konventionen und Regeln von Film und Fernsehen erlernt. Daraus folgt, dass die Geschichten im Kopf unterschiedlich ausfallen, weil jeder Mensch eine andere mediale Lerngeschichte erlebt und erfahren hat. So hat z.B. jede Generation ihre eigenen Medienerfahrungen. Die Fernsehgeneration, die mit diesem Medium aufgewachsen ist, entwickelt andere Geschichten im Kopf als die Mitglieder der Generation, die ohne Radio und Fernsehen und nur mit dem Film als Medium aufgewachsen sind. Ebenso hängt z.B. das Verständnis eines Horrorfilms auch vom Wissen um die typischen Gestaltungs- und Erzählmuster des Genres ab. Wer dieses Wissen hat, wird eine andere Geschichte sehen als jemand, der keine entsprechenden Seherfahrungen aufweisen kann.

Gegenstand der Film- und Fernsehanalyse müssen die textuellen Strategien sein, mit denen die kognitiven Aktivitäten der Zuschauer den Film im Kopf entstehen lassen. Ebenfalls analysiert werden müssen die Textstrategien, die die sozial-kommunikative Aneignung der Filme und Fernsehsendungen vorstrukturieren. Man kann sagen, dass über die sozial-kommunikativen Aktivitäten der Zuschauer die Filme aus dem Kopf wieder heraustreten und zu einem Bestandteil des sozialen Lebens werden, indem sie sich in die soziale Zirkulation von Bedeutungen in den gesellschaftlichen Diskursen einklinken.

1.2 Film- und Fernseherleben

Filme und Fernsehsendungen stellen für Zuschauer auch ein Erlebnispotenzial dar. Sie werden aus Vergnügen angeschaut, weil man lachen oder auch weinen kann. Möglicherweise werden sie aber auch angeschaut, weil ihre Inhalte sich gerade mit spezifischen Lebensthemen der Zuschauer verbinden. Erlebnisse sind für den einzelnen Zuschauer im Kino- oder Fernsehsessel nur möglich, wenn sich der Film oder die Fernsehsendung in seine subjektiven Sinnhorizonte einfügt. Norbert Neumann und Hans Jürgen Wulff haben auf diese »Zwischenstellung des Erlebnisses« hingewiesen:

> »Nun ist gerade die Zwischenstellung des Erlebnisses zwischen den Strukturen des Textes und den aus ihm stimulierten Bedeutungsproduktionen des Subjekts eine methodisch außerordentlich widerspenstige Tatsache. Das Erlebnis ist erst in der Erinnerung abgeschlossen, ist selbst aber eine offene geistige Tätigkeit. Das Erleben ist ein Prozess, eine aktualgenetische Austausch- und Wechselbeziehung zwischen Subjekt und Text. Erleben ist Übersetzen, weil das Bedeutungsangebot des Textes vermittelt werden muss mit den Sinnhorizonten des Erlebenden« (Neumann/Wulff 1999, S. 4).

Im Film- und Fernseherleben vermischt sich das Soziale mit dem Subjektiven, denn sowohl die Texte als auch die Zuschauer sind in soziale und kulturelle Kontexte eingebunden. Das zeigt sich u.a. schon an der Abhängigkeit des Erlebnisses von der Rezeptionssituation: Während man sich im dunklen Kinosaal selbstvergessen dem Geschehen auf der Leinwand widmen und gegebenenfalls den kommunikativen Kontakt zu den Begleitern suchen kann, findet das Fernsehen im häuslichen Ambiente statt, wo zahlreiche Varianten von Störfaktoren bestehen können, die nicht vom Fernsehenden beeinflussbar sind, aber die involvierte, konzentrierte Hinwendung zum Bildschirm behindern – einmal abgesehen davon, dass die Aktivität »Fernsehen« häufig von anderen Tätigkeiten begleitet werden kann. Allerdings hängt das Erlebnis nicht nur von der Intensität der Zuwendung und dem Involvement ab, sondern vor allem von der Verbindung mit den subjektiven Sinnhorizonten. Es findet seinen Ausdruck im Subjekt: »Manchmal aber erfasst der Prozess des Erlebens die ganze Person, vermag Tiefenschichten der Erfahrung, des Wünschens oder der Moral zu aktivieren« (ebd., S. 5). Der Zuschauer ist bewegt und die Zuschauerin kann sich vor Lachen kaum noch halten. In diesem Sinn sind Film- und Fernsehtexte nicht nur zum Wissen und zur sozialen Kommunikation der Zuschauer hin geöffnet, sondern auch zu den Emotionen und Affekten sowie zum praktischen Sinn.

Emotionen und Affekte spielen für das Film- und Fernseherleben eine entscheidende Rolle. »Das Kino ist seit jeher ein privilegierter Ort für Emotionen, und wer über Film und Filmerleben redet, schließt dabei im Grunde stets die emotiven Wirkungen ein, denn sie gehören essenziell dazu« (Wuss 2002, S. 123). Zuschauer gehen schließlich ins Kino, »um sich den Emotionen auszusetzen« (Wulff 2002, S. 109). Das stellte auch schon Hugo Münsterberg im Jahr 1916 in seiner psychologischen Studie »Das Lichtspiel« fest. Dort heißt es: »Die Darstellung von Emotionen muß das Hauptanliegen des Lichtspiels sein« (Münsterberg 1996, S. 65). Emotionen und Affekte treten jedoch in Verbindung mit kognitiven Aktivitäten der Zuschauer auf, denn eine Szene muss verstanden und mit Bedeutung gefüllt werden, bevor die Zuschauenden affektiv berührt sein und Emotionen entwickeln können. Genauso müssen sie die Gefühle der Figuren verstehen können, bevor sie möglicherweise in einem Akt der Empathie mitfühlen. Emotionen sind ohne Kognitionen nicht denkbar. In der Psychologie wird in der Regel zwischen Affekt, Emotion und Mood unterschieden (vgl. dazu Kaczmarek 2000, S. 260). Während Emotionen als innere mentale Zustände gesehen werden, sind Affekte auf ein Objekt gerichtet und »Aspekte der Ereignisbewertungen durch das Subjekt« (ebd., S. 261). Unter Mood (Stimmung) wird ein diffuser Zustand eines Subjekts verstanden, der bestimmte emotionale Bewertungen wahrscheinlicher erscheinen lässt als andere. Wenn ein Zuschauer in einer diffusen Stimmung der Unlust ist, wird es wahrscheinlicher, dass er verschiedene Fernsehsendungen, durch die er gerade zappt, kritisiert, als dass er sich beispielsweise für eine neue Gameshow vollauf begeistern könnte. Wenn er jedoch in einer diffusen Stimmung freudiger Erwartung ist, wird er wahrscheinlich auch noch dem langweiligsten Gespräch in einer Talkshow etwas abgewinnen können und eben nicht entnervt den Fernseher ausschalten.

Um Filme und Fernsehsendungen in ihrem kommunikativen Verhältnis zu den Zuschauern zu analysieren, muss nicht im obigen Sinn zwischen Affekt,

31

Emotion und Mood unterschieden werden. Stattdessen reicht es meines Erachtens aus, zwei grundlegende Arten von Emotionen zu unterscheiden (vgl. Mikos 2001a, S. 110 ff.): sogenannte Erwartungsaffekte, die in einem engen Zusammenhang mit Kognitionen stehen, und Emotionen als situative Erlebnisqualität und sinnliche Erfahrung, die auf früheren, lebensgeschichtlich bedeutsamen Erfahrungen der Zuschauer beruhen. Dies geht weiter als die rein psychologischen Bestimmungen, da Emotionen hier nicht als isolierte, intraindividuelle Erregungsstufen angesehen werden, sondern in Beziehung zur sozialen Realität der Rezipienten gesehen werden. Denn Emotionen können nur im situativen Rahmen sozialer Interaktionen auftauchen. Sie sind ebenso wie die Kognitionen notwendiger Bestandteil der Interpretation von Situationen; ohne sie kann das Subjekt nicht handeln. Die »je aktuellen Gefühle sind ein relevanter und unverzichtbarer Teil dafür, daß der Mensch aktiv handelt und erlebt, wie er es tut, also ein inhärenter Bestandteil seiner Interpretation« (Krotz 1993, S. 112). Das wird auch in Bezug zur Film- und Fernsehrezeption deutlich. So hat Ed S. Tan (1996, S. 195 ff.) ein Modell des Emotionsprozesses in Bezug auf die Spielfilmrezeption vorgelegt. Er geht davon aus, dass die narrative Struktur eines Filmtextes ein Situationsmodell aufbaut, in dem eine emotionale Bedeutungsstruktur aufgehoben ist, und erst dadurch kommt es zu einer emotionalen Reaktion bzw. Antwort. Das ist nur möglich, weil Handlungssituationen – ob im Film oder im Alltag – grundsätzlich eine emotionale Bedeutungsstruktur aufweisen. Deutlich wird so, dass die Emotionen nicht nur von Figuren und Charakteren im Film oder der Fernsehsendung angeregt werden (vgl. Smith 1995), sondern auch von dramatischen Konflikten, die z.B. zu einer emotionalen Anspannung der Zuschauer führen können (vgl. Wuss 1999, S. 318 f.), sowie von den Interaktionsbeziehungen, die sich im »sozialen Kleinsystem« (Wulff) der Handlung eines Films ergeben. In diesem Sinn geht Hans J. Wulff (2002, S. 110) davon aus, dass sich z.B. Empathie nicht einfach auf einzelne Figuren richtet, sondern dass Spielfilme ein »empathisches Feld« aufbauen. Darunter versteht er imaginierte Szenarien, die als ein symbolischer Kontext »des sozialen Lebens, des Genres, der besonderen Handlung und des besonderen dramatischen Konflikts« (ebd.) gesehen werden, der sowohl in Geschichten als auch in Personenkonstellationen integriert ist. Figuren und Charaktere werden dann im Rahmen dieses symbolischen Kontextes wahrgenommen. Erst so kann sich Empathie entwickeln.

Man kann zwischen positiven und negativen Erwartungsaffekten unterscheiden (vgl. Bloch 1985, S. 121 ff.). Angst, Schrecken und Verzweiflung zählen nach Bloch zu den negativen, Hoffnung und Zuversicht zu den positiven Erwartungsaffekten. Sie sind in der Regel unbestimmt, denn sie verweisen auf die Zukunft. In der Film- und Fernsehrezeption werden im Rahmen von filmischen und fernsehspezifischen Konventionen, Genremustern und narrativen Strukturen Situationen aufgebaut, die den Zuschauer in die Erwartung von Angst und Schrecken versetzen. Die Situation wird mit Hilfe der kognitiven Wissensbestände als eine interpretiert, die im Rahmen der künftigen Handlung Bedrohliches erwarten lässt. Erst wenn dies gelingt, werden die Zuschauer affektiv vereinnahmt. Die positiven Erwartungsaffekte Hoffnung und Zuversicht gehen nach Bloch auch mit der Erwartung von sogenannten »gefüllten« Affekten einher, die an Erinnerungsvorstellungen gebunden sind (ebd., S. 122). Die aufgebaute Erwartung zielt darauf ab, einen Möglichkeitsraum zu schaffen, in dem die Zuschauer aufgrund ihrer Erinnerungsvorstellung mit der Wiederbelebung vergangener Gefühle wie Freude, Liebe, Glück, Neid, Eifersucht usw. rechnen können. Da diese Gefühle generell an Situationen sozialer Interaktion gebunden sind, können sie anhand entsprechender Situationen in den Film- und Fernsehtexten wieder belebt und aus der Erinnerung heraus erneut empfunden werden. Darin gründet die Rolle von Emotionen als situative Erlebnisqualität. Deutlich wird, dass Erwartungsaffekte und Emotionen durch die in den Film- und Fernsehtexten dargestellten Handlungssituationen im Kontext von Konventionen der Darstellung, Genremustern sowie narrativen und dramaturgischen Strukturen vorstrukturiert und angeregt werden. Die textuellen Strategien zielen damit auf die emotionalen Aktivitäten der Zuschauer ab. Filme und Fernsehsendungen sind in diesem Sinn zu den Affekten und Emotionen der Zuschauer hin geöffnet. In der Analyse können diese Strukturen in ihrer Funktionalität für die Zuschauer herausgearbeitet werden.

Daneben sind Film- und Fernsehtexte aber auch zum praktischen Sinn der Rezipienten hin geöffnet. Der praktische Sinn regelt die routinisierten und rituellen Handlungen des Alltags, er ist an soziale Praktiken gebunden. Pierre Bourdieu (1976, S. 228 ff.) hat diese Praxisform durch die Analyse der kabylischen Gesellschaft entdeckt und später zu einer Kritik der theoretischen Vernunft weiterentwickelt, indem er dem praktischen Sinn eine eigene »Logik der Praxis« zuweist (vgl. Bourdieu 1987, S. 147 ff.), die völlig »in der Gegenwart und in den praktischen Funktionen« aufgeht (ebd., S. 167). Der praktische Sinn eines Objekts ist durch den Zusammenhang, den es in einer Handlung hat, bestimmt (vgl. auch Weiß 2001, S. 41 ff.). Auf diese Weise kann z.B. das Kino im Rahmen des praktischen Sinns dadurch bestimmt sein, dass man immer nur am Wochenende mit Freunden in ein Multiplex geht. Das wird zu einer routinisierten und rituellen Handlung, die vollzogen wird, ohne unbedingt ein Bewusstsein von ihr erlangen zu müssen. Genauso kann z.b. das Fernsehen als rituelles Objekt der Entspannung und Zerstreuung Bestandteil des praktischen Sinns sein. Da die Objekte aber an konkrete Praxisformen gebunden sind, können sie »in verschiedenen Praxiswelten Verschiedenes zum Komplement haben und daher je nach Art der Welt verschiedene, sogar entgegengesetzte Eigenschaften annehmen« (Bourdieu 1987, S. 158) und Bedeutungen haben. Im praktischen Sinn des alltäglichen Handelns in unterschiedlichen Situationen zeigt sich die Transformation der gesellschaftlichen Strukturen in subjektives Handeln nach den Prinzipien des Lebenssinns (vgl. Weiß 2000, S. 45). Der lebenspraktische Sinn von Film und Fernsehen ergibt sich aus den routinisierten und rituellen Handlungen der Menschen mit ihnen (vgl. Meyen 2006; die Beiträge in Huber/Meyen 2006; Pfaff-Rüdiger/Meyen 2007; Röser 2007; zum Fernsehen im Alltag Mikos 2004, Mikos 2005). Der praktische Sinn des sozialen Handelns umfasst dabei »eine Art ›implizites Wissen‹ von der Relevanz, Bedeutung und Geeignetheit bestimmter Handlungsweisen, das sich im Akteur durch soziale Einübung und Erfahrung im fortlaufenden Handlungsvollzug eingelebt hat« (Hörning 2001, S. 162). Da Filme Schauen und Fernsehen als eingeübte Handlungen gelten können, die im Verlauf der Mediensozialisation routinisiert und ritualisiert wurden, offenbart sich der praktische Sinn gerade in den Gewohnheiten, die damit verbunden sind. Die Rezeption von Filmen und Fernsehsendungen wird zu einer gewohnheitsmäßigen performativen Praxis. Dabei spielt besonders der lebensweltliche Wissenshorizont als kulturelles Hintergrundwissen eine Rolle, allerdings nur in der Form, in der er sich in der sozialen Praxis zeigt.

> »Den regelmäßigen Handlungspraktiken unterliegen damit indirekt kulturelle Schemata, die in routinisierten Interpretationen und Sinnzuschreibungen der Akteure Eingang ins Handlungsgeschehen finden und dort als implizite Unterscheidungsraster wirken, die bestimmte Gebrauchsformen nahelegen und andere als unpassend ausschließen« (ebd., S. 165).

Eine Form, in der sich der lebensweltliche Wissenshorizont in der Praxis zeigt, sind die handlungsleitenden Themen der Menschen. In ihnen zeigt sich »die spezifische soziale Prägung der *Lebensphase*« (Weiß 2000, S. 57; H.i.O.). Sie beziehen sich auf die gesamte Lebenssituation einer Person (vgl. Charlton/Neumann 1986, S. 31; Mikos 2001a, S. 89). Film- und Fernsehtexte sind sowohl zum praktischen Sinn der Menschen allgemein als auch zu ihren kulturell geprägten handlungsleitenden Themen hin geöffnet. Ihre textuelle Struktur bietet Raum für routinisierte und rituelle Aktivitäten in den lebensweltlichen

Zusammenhängen und kulturellen Kontexten der Zuschauer. In der Analyse muss diese Struktur ebenso herausgearbeitet werden wie jene, die die kognitiven, emotionalen und sozial-kommunikativen Aktivitäten des Publikums vorstrukturieren. In der textuellen Struktur zeigt sich das implizite Publikum (Barker 2000, S. 48 ff.) oder der Zuschauer im Text, der aus der Literaturwissenschaft als impliziter Leser (Iser 1979a) und aus der Kunstwissenschaft als impliziter Betrachter (Kemp 1992) bekannt ist.

Gegenstand der Film- und Fernsehanalyse ist aus rezeptionsästhetischer Sicht die textuelle Struktur von Filmen und Fernsehsendungen, weil durch sie die Rezeptions- und Aneignungsaktivitäten vorstrukturiert werden. Alle Formen der Darstellung, alle Zeichensysteme, die in diesen beiden audiovisuellen Medien benutzt werden, sind sowohl im Rahmen der Struktur der Texte als auch im Rahmen ihrer Funktion für die kognitiven, affektiven und emotionalen, sozial-kommunikativen, routinisierten und rituellen Aktivitäten des Publikums zu untersuchen. In diesem Sinn muss die Analyse immer mögliche und faktische Rezeptionen und Aneignungen im Blick haben, denn: »Mediale Produkte sind nicht unabhängig von genutzten und ungenutzten Möglichkeiten ihrer rezeptiven Aneignung zu verstehen« (Keppler 2001, S. 142). Allerdings ist dabei zu berücksichtigen, dass auf allen Ebenen der Publikumsaktivitäten in der Rezeption und Aneignung die kulturellen und sozialen Kontexte zu berücksichtigen sind, in die sowohl die Film- und Fernsehtexte als auch die Aktivitäten der Zuschauer eingebunden sind.

> »Was einen Text ausmacht, können wir erst dann ganz begreifen, wenn wir untersuchen, wie sich die Texte an ihre Leser oder Zuschauer wenden und wie die Leser, für sich oder als Gruppe betrachtet, Texte interpretieren und in ihre alltägliche Lebenspraxis integrieren, d.h.: wenn wir analysieren, wie Texte in einem bestimmten gesellschaftlichen Raum zirkulieren und Wirkung entfalten« (Casetti 2001, S. 156).

Fragen zum Verständnis

- Warum kann man Filme und Fernsehsendungen nicht nur als audiovisuelle Produkte, sondern als Kommunikationsmedien verstehen?
- Wodurch ist Film- und Fernsehverstehen gekennzeichnet und was versteht man unter Film- und Fernseherleben?
- Welche Wissensformen spielen in der Rezeption und Aneignung von Filmen und Fernsehsendungen eine Rolle?
- Welche Emotionen spielen in der Rezeption und Aneignung von Filmen und Fernsehsendungen eine Rolle?
- Was ist unter dem praktischen Sinn als eine Rezeptions- und Aneignungsaktivität zu verstehen?
- Was wird unter der Textualität von Filmen und Fernsehsendungen verstanden?
- Welche Zuschaueraktivitäten werden von den Film- und Fernsehtexten vorstrukturiert?

1.3 Zitierte Literatur

Barker, Martin (2000): From Antz to Titanic. Reinventing Film Analysis. London/Sterling, VA

Bloch, Ernst (1985): Das Prinzip Hoffnung. Band 1. Frankfurt a.M. (Erstausgabe 1959)

Bourdieu, Pierre (1976): Entwurf einer Theorie der Praxis auf der ethnologischen Grundlage der kabylischen Gesellschaft. Frankfurt a.M. (Originalausgabe 1972)

Bourdieu, Pierre (1987): Sozialer Sinn. Kritik der theoretischen Vernunft. Frankfurt a.M. (Originalausgabe 1980)

Casetti, Francesco (2001): Filmgenres, Verständigungsvorgänge und kommunikativer Vertrag. In: Montage/AV, 10/2, S. 155–173

Charlton, Michael/Neumann, Klaus (1986): Medienkonsum und Lebensbewältigung in der Familie. Methode und Ergebnisse der strukturanalytischen Rezeptionsforschung – mit fünf Falldarstellungen. München/Weinheim

Dirk, Rüdiger/Sowa, Claudius (2000): Teen Scream. Titten und Terror im neuen amerikanischen Kino. Hamburg/Wien

Faber, Marlene (2001): Medienrezeption als Aneignung. In: Holly, Werner/Püschel, Ulrich/Bergmann, Jörg (Hrsg.): Der sprechende Zuschauer. Wie wir uns Fernsehen kommunikativ aneignen. Wiesbaden, S. 25–40

Fiske, John (1987): Television Culture. London/New York

Fiske, John (1993): Populärkultur. Erfahrungshorizont im 20. Jahrhundert. Ein Gespräch mit John Fiske. In: Montage/AV, 2/1, S. 5–18

Hall, Stuart (1980): Encoding/Decoding. In: Ders./Hobson, Dorothy/Lowe, Andrew/ Willis, Paul (Hrsg.): Culture, Media, Language. Working Papers in Cultural Studies, 1972–79. London u.a., S. 128–138

Hepp, Andreas (1998): Fernsehaneignung und Alltagsgespräche. Fernsehnutzung aus der Perspektive der Cultural Studies. Opladen/Wiesbaden

Hienzsch, Ulrich/Prommer, Elizabeth (2004): Die Dean-Netroots: Die Organisation von interpersonaler Kommunikation durch das Web. In: Hasebrink, Uwe/Mikos, Lothar/ Dies. (Hrsg.): Mediennutzung in konvergierenden Medienumgebungen. München, S. 147–169

Hörning, Karl H. (2001): Experten des Alltags. Die Wiederentdeckung des praktischen Wissens. Weilerswist

Holly, Werner (2001): Der sprechende Zuschauer. In: Ders./Püschel, Ulrich/Bergmann, Jörg (Hrsg.): Der sprechende Zuschauer. Wie wir uns Fernsehen kommunikativ aneignen. Wiesbaden, S. 11–24

Huber, Nathalie/Meyen, Michael (Hrsg.) (2006): Medien im Alltag. Qualitative Studien zu Nutzungsmotiven und zur Bedeutung von Medienangeboten. Berlin

Iser, Wolfgang (1979a): Der implizite Leser. Kommunikationsformen des Romans von Bunyan bis Beckett. München (Erstausgabe 1972)

Iser, Wolfgang (1979b): Die Appellstruktur der Texte. In: Warning, Rainer (Hrsg.): Rezeptionsästhetik. Theorie und Praxis. München (Erstausgabe 1975), S. 228–252

Kaczmarek, Ludger (2000): Affektuelle Steuerung der Rezeption von TV-Movies: Begriffserklärungen und theoretische Grundlagen. In: Wulff, Hans J. (Hrsg.): TV-Movies »Made in Germany«. Struktur, Gesellschaftsbild, Kinder- und Jugendschutz. Teil 1: Historische, inhaltsanalytische und theoretische Studien. Kiel, S. 257–271

Kemp, Wolfgang (1992): Kunstwissenschaft und Rezeptionsästhetik. In: Ders. (Hrsg.): Der Betrachter ist im Bild. Kunstwissenschaft und Rezeptionsästhetik. Berlin, S. 7–27

Keppler, Angela (1994): Tischgespräche. Über Formen kommunikativer Vergemeinschaftung am Beispiel der Konversation in Familien. Frankfurt a.M.

Keppler, Angela (2001): Mediales Produkt und sozialer Gebrauch. Stichworte zu einer inklusiven Medienforschung. In: Sutter, Tilmann/Charlton, Michael (Hrsg.): Massenkommunikation, Interaktion und soziales Handeln. Wiesbaden, S. 125–145

Keppler, Angela (2006): Mediale Gegenwart. Eine Theorie des Fernsehens am Beispiel der Darstellung von Gewalt. Frankfurt a.M.

Klemm, Michael (2000): Zuschauerkommunikation. Formen und Funktionen der alltäglichen kommunikativen Fernsehaneignung. Frankfurt a.M. u.a.

Krotz, Friedrich (1993): Emotionale Aspekte der Fernsehaneignung. Konzeptionelle Überlegungen zu einem vernachlässigten Thema. In: Hügel, Hans-Otto/Müller, Eggo (Hrsg.): Fernsehshows. Form- und Rezeptionsanalyse. Hildesheim, S. 91–119

Meyen, Michael (2006): Wir Mediensklaven. Warum die Deutschen ihr halbes Leben auf Empfang sind. Hamburg

Mikos, Lothar (1998): Filmverstehen. Annäherung an ein Problem der Medienforschung. In: Medien Praktisch, Sonderheft Texte 1, S. 3–8

Mikos, Lothar (2001a): Fern-Sehen. Bausteine zu einer Rezeptionsästhetik des Fernsehens. Berlin

Mikos, Lothar (2001b): Rezeption und Aneignung – eine handlungstheoretische Perspektive. In: Rössler, Patrick/Hasebrink, Uwe/Jäckel, Michael (Hrsg.): Theoretische Perspektiven der Rezeptionsforschung. München, S. 59–71

Mikos, Lothar (2001c): Fernsehen, Populärkultur und aktive Konsumenten. Die Bedeutung John Fiskes für die Rezeptionstheorie in Deutschland. In: Winter, Rainer/Mikos, Lothar (Hrsg.): Die Fabrikation des Populären. Der John Fiske-Reader. Bielefeld, S. 361–371

Mikos, Lothar (2002): Monster und Zombies im Blutrausch. Ästhetik der Gewaltdarstellung im Horrorfilm. In: tv diskurs, 19, S. 12–17

Mikos, Lothar (2004): Medienhandeln im Alltag – Alltagshandeln mit Medienbezug. In: Hasebrink, Uwe/Ders./Prommer, Elizabeth (Hrsg.): Mediennutzung in konvergierenden Medienumgebungen. München, S. 21–40

Mikos, Lothar (2005): Alltag und Mediatisierung. In: Ders./Wegener, Claudia (Hrsg.): Qualitative Medienforschung. Konstanz, S. 80–94

Münsterberg, Hugo (1996): Das Lichtspiel. Eine psychologische Studie (1916) und andere Schriften zum Kino. Wien (Erstausgabe 1916)

Neumann, Norbert/Wulff, Hans J. (1999): Filmerleben. Annäherung an ein Problem der Medienforschung. In: Medien Praktisch, Sonderheft Texte 2, S. 3–7

Neuß, Norbert (2002): Leerstellen für die Fantasie in Kinderfilmen – Fernsehen und Rezeptionsästhetik. In: TelevIZIon, 15/1, S. 17–23

Ohler, Peter (1994): Kognitive Filmpsychologie. Verarbeitung und mentale Repräsentation narrativer Filme. Münster

Pfaff-Rüdiger, Senta/Meyen, Michael (Hrsg.) (2007): Alltag, Lebenswelt und Medien. Qualitative Studien zum subjektiven Sinn von Medienangeboten. Berlin

Renner, Karl N. (2002): Handlung und Erlebnis. Zur Funktion der Handlung für das Erleben von Filmen. In: Sellmer, Jan/Wulff, Hans J. (Hrsg.): Film und Psychologie – nach der kognitiven Phase? Marburg, S. 153–173

Röser, Jutta (Hrsg.) (2007): MedienAlltag. Domestizierungsprozesse alter und neuer Medien. Wiesbaden

Schenk, Michael (2002): Medienwirkungsforschung. Tübingen (2., vollständig überarbeitete Auflage; Erstausgabe 1987)

Smith, Murray (1995): Engaging Characters. Fiction, Emotion, and the Cinema. Oxford u.a.

Tan, Ed S. (1996): Emotion and the Structure of Narrative Film. Film as an Emotion Machine. Mahwah, NJ

Turner, Graeme (1993): Film as Social Practice. London/New York (2. Auflage; Erstausgabe 1988)

Twitchell, James B. (1992): Carnival Culture. The Trashing of Taste in America. New York

Weiß, Ralph (2000): »Praktischer Sinn«, soziale Identität und Fern-Sehen. Ein Konzept für die Analyse der Einbettung kulturellen Handelns in die Alltagswelt. In: Medien und Kommunikationswissenschaft, 48/1, S. 42–62

Weiß, Ralph (2001): Fern-Sehen im Alltag. Zur Sozialpsychologie der Medienrezeption. Wiesbaden

Westphal, Sascha/Lukas, Christian (2000): Die Scream Trilogie. … und die Geschichte des Teen-Horrorfilms. München

Wiedemann, Dieter (1993): »Mentale Fernsehprogramme« – eine Reaktion der Zuschauer auf die neue Unübersichtlichkeit in den Programmen? In: GMK- Rundbrief, 35, S. 48–49

Wulff, Hans J. (1985): Die Erzählung der Gewalt. Untersuchungen zu den Konventionen der Darstellung gewalttätiger Interaktion. Münster

Wulff, Hans J. (1999): Darstellen und Mitteilen. Elemente der Pragmasemiotik des Films. Tübingen

Wulff, Hans J. (2002): Das empathische Feld. In: Sellmer, Jan/Ders. (Hrsg.): Film und Psychologie – nach der kognitiven Phase? Marburg, S. 109–121

Wuss, Peter (1999): Filmanalyse und Psychologie. Strukturen des Films im Wahrnehmungsprozeß. Berlin (2., durchgesehene und erweiterte Auflage; Erstausgabe 1993)

Wuss, Peter (2002): »Das Leben ist schön« – aber wie lassen sich die Emotionen des Films objektivieren? In: Sellmer, Jan/Wulff, Hans J. (Hrsg.): Film und Psychologie – nach der kognitiven Phase? Marburg, S. 123–142

2. Erkenntnisinteresse

Film- und Fernsehanalyse genügt sich nicht selbst, sondern mit ihr ist immer ein Erkenntnisinteresse verbunden. Eine Analyse kann verschiedenen Zwecken dienen: Sie kann erfolgen, um ganz pragmatisch anhand der Strukturen eines einzelnen Films seinen Erfolg bei einer bestimmten Zielgruppe erklären zu können; sie kann auch erfolgen, um theoretische Überlegungen zur Rolle und Funktion von Moderatoren im Fernsehen anhand der Adressierungsformen weiterzuentwickeln; sie kann sich in den Dienst struktureller Überlegungen zur Montagetheorie stellen; sie kann aber auch dazu dienen, theoretische Annahmen über Film und Fernsehen anhand konkreter Fallbeispiele zu bestätigen oder zu widerlegen. Diese Beispiele mögen genügen, um zu zeigen, dass die Film- und Fernsehanalyse ein komplexes Unterfangen ist. Einerseits steht sie immer im Zusammenhang mit theoretischen Erkenntnissen über die beiden Medien, andererseits erfolgt sie in der Regel aus einer bestimmten Perspektive heraus. Es macht z.B. einen Unterschied, ob ein Film wie »Pulp Fiction« aus der Perspektive einer feministischen Film- und Fernsehwissenschaft analysiert wird oder ob der Film Gegenstand einer Analyse ist, die im Rahmen eines Drehbuchworkshops die narrative und dramaturgische Struktur rherausarbeitet. Dieses Beispiel macht auch deutlich, dass Analysen in der Regel in einem Verwendungszusammenhang stehen, der nicht nur wissenschaftlicher Art sein muss.

Darüber hinaus muss jede Analyse, die nicht nur Einzelaspekte an Filmen und Fernsehsendungen untersucht, je nach Erkenntnisinteresse Theorien aus verschiedenen Disziplinen berücksichtigen. In diesem Sinn ist Film- und Fernsehanalyse notwendigerweise inter- und transdisziplinär: interdisziplinär, weil sie theoretische Annahmen verschiedener Disziplinen in einer Analyse zusammenführt; transdisziplinär, weil sie aus dem Wechselspiel zwischen Analyse und Theorie zu einer Transformation von Disziplingrenzen beitragen kann. Generell gilt der Satz von Hans J. Wulff (1999, S. 11): »Analyse ohne Theorie ist [...] sinnlos, selbst dann, wenn sie die Eigenständigkeit des Beispiels gegen die Theorie zu verteidigen sucht.«

Den Königsweg der Analyse gibt es nicht (vgl. auch Salt 1992, S. 27). Sie bedient sich verschiedener theoretischer Annahmen aus unterschiedlichen Disziplinen und verschiedener Methoden, die sich am Erkenntnisinteresse orientieren.

Eine Film- und Fernsehanalyse ist nicht unabhängig von den Kontexten, in denen sie steht:

>>So ist also der analytische Zugang zum Film davon abhängig, welcher sozialen Praxis er dienen soll, welchen theoretischen Aspekt er favorisiert, im Rahmen welcher Forschungstendenzen er erfolgt, auf welche Phasen des schöpferischen, bedeutungsbildenden Prozesses er sich bezieht, welchen Ausschnitt innerhalb der medienkulturellen Beziehungen er wählt usw. Innerhalb jedes Bezugssystems findet sich jeweils ein Spektrum unterschiedlicher Möglichkeiten, so daß die analytischen Aufschlüsse bezüglich ihres Inhalts und Charakters variieren können<< (Wuss 1999, S. 22).

Jede Film- und Fernsehanalyse ist deshalb eingebunden in wissenschaftliche Diskurse, >>sie steht genau in deren diskursiven Rahmenbedingungen<< (Wulff 1998, S. 25), und sie ist eingebunden in die diskursiven Kontexte der jeweiligen Bezugsdisziplinen, aus denen heraus der perspektivische Zugriff auf ihren Gegenstand erfolgt. Was aber genau ist eigentlich der Gegenstand der Film- und Fernsehanalyse?

Im Rahmen der vorgenommenen theoretischen Einordnung von Film und Fernsehen als Kommunikationsmedien können Gegenstand der Film- und Fernsehanalyse nur konkrete Filme und Fernsehsendungen sein, deren textuelle Struktur im Hinblick auf die Interaktion mit Zuschauern untersucht wird. Dabei kann es sich um ein Korpus von Filmen oder Fernsehsendungen handeln, das auf gemeinsame Merkmale oder differente Strukturen hin untersucht wird. Im Mittelpunkt der Analyse kann aber auch lediglich eine einzelne Szene aus einem Autorenfilm oder einer Gameshow stehen, an der exemplarisch textuelle Strukturen unter einem spezifischen Gesichtspunkt herausgearbeitet werden. Einzelne Film- oder Fernsehbilder sind – einmal abgesehen von Pausenzeichen, Senderlogos oder Wetterkarten – nicht Gegenstand der Analyse, weil es sich bei Film und Fernsehen um Medien des bewegten Bildes handelt. Das grenzt die hier vorgeschlagene Art der Analyse auch von bildwissenschaftlichen Verfahren ab (vgl. die Beiträge in Koebner/Meder 2006). Die Abfolge von Einzelbildern, die in ihrer chronologischen, linearen Reihung das Wesen von Film und Fernsehen ausmachen, steht im Zentrum der Analyse. Dabei können zwar Einzelbilder eine Rolle spielen, sie sind aber immer im Kontext der Bilder davor und der Bilder danach zu sehen. Gegenstand einer konkreten Analyse können z.B. einzelne Szenen oder Sequenzen eines Films, typische Szenen eines Samples von Genrefilmen, typische Eröffnungssequenzen von Autorenfilmen, einzelne Episoden von Gameshows, die Adaption einer britischen Reality-Show für das deutsche Fernsehen, Beiträge von Magazin- oder Nachrichtensendungen, ganze Filme und Fernsehsendungen sowie eine Gruppe von Filmen und Fernsehsendungen sein. Letztere kann nach verschiedenen Kriterien gebildet werden, z.B. können alle Filme eines Regisseurs, alle Krimis öffentlich-rechtlicher Sender, alle Western zwischen 1930 und 1960, alle adaptierten Reality-Shows, alle HBO-Serien, die im deutschen Fernsehen zu sehen waren, oder alle Fußballsendungen einer Woche als Gruppen untersucht werden. Die Bestimmung des Gegenstands einer konkreten Analyse hängt eng mit dem Erkenntnisinteresse zusammen.

Wenn davon ausgegangen werden kann, dass in der Analyse das allgemeine Interesse leitend ist, die Film- und Fernsehtexte in ihrer strukturfunktionalen Bedeutung für die Rezeption zu sehen, kann das konkrete Erkenntnisinteresse sich auf fünf Ebenen richten:

- Inhalt und Repräsentation
- Narration und Dramaturgie
- Figuren und Akteure
- Ästhetik und Gestaltung
- Kontexte

Jeder Film und jede Fernsehsendung kann auf diesen Ebenen untersucht werden. Dabei kann sich die Analyse auf eine einzelne Ebene beschränken, sie kann aber auch mehrere berücksichtigen. Jede Ebene steht in Bezug zu den anderen: Die Kontexte sind z.B. auf der Ebene der Narration und der Dramaturgie wirksam; die Ebene der Ästhetik und Gestaltung spielt eine wichtige Rolle für die Ebene des Inhalts und der Repräsentation; die Ebene der Figuren und Akteure ist eng mit der Ebene der Narration und der Dramaturgie verknüpft.

Die genannten Ebenen lassen sich sowohl bei der Analyse fiktionaler wie dokumentarischer Filme und Fernsehsendungen untersuchen wie auch bei den Fernsehformen, bei denen ein Ereignis im Studio oder an einem anderen Ort für das Fernsehen inszeniert wird. Fiktionale und dokumentarische Filme sowie für das Fernsehen inszenierte Ereignisse haben einen Inhalt, sie repräsentieren reale oder mögliche Welten, sie erzählen Geschichten, die dramaturgisch gestaltet sind, in ihnen sind Figuren und Akteure aktiv, sie sind medial bearbeitet und ästhetisch gestaltet, schließlich stehen sie in textuellen, kulturellen, sozialen und gesellschaftlichen Kontexten. So sind z.B. nicht nur fiktionale Filme, die von Drehbuchautoren erfundene Geschichten erzählen, narrativ, sondern auch Dokumentarfilme (vgl. Kiener 1999, S. 157 ff.), und selbst in Nachrichtensendungen werden Geschichten erzählt.

43

Im Folgenden wird kurz dargestellt, welche allgemeinen Erkenntnisinteressen mit den genannten fünf Ebenen verbunden sind, die in späteren Kapiteln konkretisiert werden.

2.1 Inhalt und Repräsentation

Diese erste Ebene, auf der Filme und Fernsehsendungen analysiert werden können, ist eng mit der Bedeutungsbildung verknüpft. Gemeinhin kann angenommen werden, dass Filme und Fernsehsendungen einen Inhalt haben und eine soziale Welt repräsentieren. Doch was genau ist der Inhalt und wie genau funktioniert Repräsentation?

In Diskussionen zur Inhaltsanalyse wird in der Regel nicht explizit darauf eingegangen, was zum Inhalt z.B. einer Nachrichtensendung gehört. Implizit wird allerdings angenommen, dass es sich um Information und nicht um Unterhaltung handelt. Genauer wird der Inhalt in diesem Fall über Themen bestimmt (vgl. Wegener 2005; die Beiträge in Wirth/Lauf 2001 sowie zur qualitativen Inhaltsanalyse Mayring 2007; Mayring/Hurst 2005). Zunächst einmal kann ganz allgemein festgehalten werden, dass alles, was gesagt und gezeigt wird, den Inhalt darstellt. Um beim Beispiel der Nachrichtensendung zu bleiben, bilden alle Nachrichten, die in Wort und Bild vermittelt werden, den Inhalt der Sendung. Dabei ergibt sich die Frage, ob der Nachrichtensprecher, der schriftliche Nachrichten verliest und Bildbeiträge ankündigt, auch zum Inhalt gehört. Auf einer allgemeinen Ebene könnte man sagen: Der Inhalt einer Nachrichtensendung besteht darin, dass ein Nachrichtensprecher oder eine Nachrichtensprecherin Nachrichten verliest und Bildnachrichten in kurzen Filmbeiträgen (die in der Regel elektronisch aufgenommen und geschnitten wurden) gezeigt werden. Auf einer konkreteren Ebene können die Themen, die in den Wort- und Bildbeiträgen der Nachrichten abgehandelt werden, als Inhalt verstanden werden. Um diese Inhalte zu erforschen, werden im Rahmen der sogenannten Inhaltsanalyse methodisch Kategorien gebildet, nach denen sie klassifiziert werden können (vgl. Mayring 2007; Wegener 2005). Die Art und Weise, wie Nachrichten präsentiert werden, spielt dabei keine Rolle. Das wiederum kann Gegenstand der Film- und Fernsehanalyse sein.

Allerdings interessiert der Inhalt eines Films oder einer Fernsehsendung in dem beschriebenen Sinn nicht. Stattdessen ist für die Film- und Fernsehanalyse interessant, wie der Inhalt präsentiert wird und damit zur Produktion von Bedeutung und der sozialen Konstruktion von gesellschaftlicher Wirklichkeit beiträgt: »Der auszusagende Inhalt – ein Gedanke, eine Geschichte, ein Thema – wird mit einem *Darstellungsformat* vereinigt. Erst in dieser Gestalt kann er zum Element des kommunikativen Verkehrs werden« (Wulff 1999, S. 32; H.i.O.). Dabei ist grundsätzlich davon auszugehen, dass alles, was die Kamera zeigt, wichtig und bedeutsam ist. Wenn Film- und Fernsehtexte zum Wissen, zu den Emotionen, zur sozialen Kommunikation und zum praktischen Sinn der Zuschauer hin geöffnet sind, steht im Mittelpunkt der Analyse, wie diese Texte zum »sinnhaften Aufbau der sozialen Welt« (Schütz 1991) beitragen, und zwar in Bezug auf die strukturelle Rolle der Medien in der gesellschaftlichen Kommunikation sowie in Bezug auf die konkrete Rolle einzelner Medien und Medieninhalte für die Subjektkonstitution und Identitätsbildung konkreter Zuschauer und Zuschauergruppen.

Repräsentation meint »die Produktion von Bedeutung durch Sprache« (Hall 1997, S. 28). Dies ist kein unpersönlicher Prozess, sondern es gibt Akteure der Bedeutungsproduktion. Repräsentation ist daher genauer »der Prozess, bei dem Mitglieder einer Kultur Sprache benutzen, um Bedeutung zu produzieren« (ebd., S. 61). Als Sprache gilt dabei jede Art von Zeichensystem, also auch Medien wie Film und Fernsehen. Es werden Zeichen benutzt, »die in verschiedenen Arten von Sprachen organisiert sind, um bedeutungsvoll mit anderen kommunizieren zu können« (ebd., S. 28), im Fall von Film und Fernsehen sind dies Bilder, Töne, Schrift, Sprache, Grafik und Musik (vgl. auch Hartley 1994, S. 265). Die Zeichen können für Objekte in der sogenannten realen Welt stehen, sie können aber auch für abstrakte Ideen und Fantasiewelten stehen. Nach Hall gibt es zwei Repräsentationssysteme: das Zeichensystem, in dem die Artikulation stattfindet, und mentale Konzepte, die »die Welt in bedeutungsvolle Kategorien klassifizieren und organisieren« (Hall 1997, S. 28). Es existiert keine Realität außerhalb der Repräsentation. In diesem Sinn können die kognitiven Aktivitäten, zu denen die Film- und Fernsehtexte als Zeichen- und damit als Repräsentationssystem hin geöffnet sind, als mentale Repräsentationssysteme gesehen werden. Filme und Fernsehsendungen können als Zeichensysteme betrachtet werden, die reale Welten und abstrakte Ideen, die der gesellschaftlichen Wirklichkeit entstammen, oder mögliche Welten, wie sie in Geschichten erzählt werden, repräsentieren. Als Zeichensysteme stehen sie in Bezug zum »historischen, kulturellen und sozialen Wandel. Repräsentationen sind daher ein Ort des Kampfes um Bedeutung« (Taylor/Willis 1999, S. 40). In der Film- und Fernsehanalyse geht es jedoch nicht nur um das, was gezeigt wird, sondern vor allem auch darum, wie es gezeigt wird.

An dieser Stelle wird deutlich, welche theoretischen Bezüge für die Analyse von Inhalt und Repräsentation bedeutsam sind. Für die medialen Repräsentationssysteme ist dies die Semiotik (vgl. Bruhn Jensen 1995, S. 55 ff.; Danesi 2002; Fiske 1990, S. 39 ff.; Fiske/Hartley 1996, S. 37 ff.; Grossberg u.a. 1998, S. 121 ff.; Hepp 1999, S. 25 ff.; Hodge/Kress 1988; Kanzog 2007; Kessler 2002; Metz 1972; Sottong/Müller 1998; Stam u.a. 1992; Tolson 1996, S. 3 ff.) einerseits und die Diskurstheorie andererseits (vgl. Fiske 1987, S. 14 f.; Foucault 1977; Hall 1997, S. 41 ff.; Tolson 1996, S. 185 ff.; Winter 1997); für die mentalen Repräsentationssysteme sind dies die kognitive Filmtheorie (vgl. Bordwell 1990, S. 30 ff.; Bordwell 1992; Wuss 1992; Wuss 1999, S. 53 ff.), die Filmpsychologie (vgl. Nieding 1997, S. 41 ff.; Ohler 1994, S. 125 ff.; Ohler/Nieding 2002; Schwan 2001) und die pragmatische Film- und Fernsehtheorie (vgl. Casetti 1986; Casetti 1994; Hippel 1998, S. 13 ff.; Odin 1994; Wulff 1999, S. 19 ff.). Einzelne Aspekte dieser theoretischen Bezüge werden im ersten Kapitel von Teil II dargestellt, soweit sie für die Anleitung zur Analyse von Inhalt und Repräsentation relevant sind.

Die Analyse des Inhalts und der Repräsentation von Fernsehsendungen und Filmen hat einen besonderen Stellenwert. Sie ist wichtig, um die Prozesse des sinnhaften Aufbaus der sozialen Welt zu verstehen, weil sich darüber die Subjekte in der Gesellschaft positionieren. Als Repräsentationen korrespondieren Film- und Fernsehtexte mit gesellschaftlichen Strukturen, »wodurch in Texten auch Herrschaftsverhältnisse manifest werden« (Jurga 1997, S. 131). Darin liegt ihre ideologische Komponente. Zugleich beziehen sie sich auf den gesellschaftlichen Wissensvorrat, der die Positionierung des Individuums in der Gesellschaft bestimmt (vgl. Berger/Luckmann 1980, S. 43). Da die Texte aber zugleich zu den Aktivitäten der Zuschauer hin geöffnet sind, spielen sie für Identität und Subjektivität eine wichtige Rolle (vgl. Bachmair 1996, S. 238 ff.; Fiske 1987, S. 4 ff.; Fritzsche 2003; Gauntlett 2002; Grossberg u.a. 1998, S. 205 ff.; Mikos 1999a; Sandvoss 2005, S. 95 ff.; Wierth-Heining 2004 sowie die Beiträge in Mikos/Hoffmann u.a. 2007 und Winter u.a. 2003). Auf dieser Basis reflektieren die Menschen »ihre Erfahrungen und ihren Platz in der Welt« (Grossberg u.a. 1998, S. 227). Im Rahmen eines Verständnisses von Film und Fernsehen als Kommunikationsmedien wird die Rezeption und Aneignung von Film- und Fernsehtexten »zu einer kontextuell verankerten gesellschaftlichen Praxis«, in der die Texte »erst auf der Basis sozialer Erfahrung produziert werden« (Winter 1997, S. 54), indem Zuschauer mit ihnen im Alltag und ihrer Lebenswelt sinnvoll handeln. Daraus resultiert die Relevanz von Film- und Fernsehanalysen, die sich z.B. mit der Darstellung der Frau, der Verwendung von ethnischen Stereotypen oder der Rolle von Kindheit auseinandersetzen.

2.2 Narration und Dramaturgie

Die zweite Ebene, auf der Filme und Fernsehsendungen analysiert werden können, ist zwar eng mit der ersten verknüpft, aber nicht mit ihr identisch. Geht es auf der zweiten Ebene doch um die Art und Weise der Repräsentation von sozialen Welten, sowohl von Aspekten der gesellschaftlichen Wirklichkeit als auch von möglichen Welten, die der Imagination entsprungen sind. Was aber ist unter Narration und Dramaturgie in Bezug auf Filme und Fernsehsendungen zu verstehen?

Auf eine knappe Formel gebracht kann man sagen: Die Narration oder Erzählung besteht in der kausalen Verknüpfung von Situationen, Akteuren und Handlungen zu einer Geschichte; die Dramaturgie ist die Art und Weise, wie diese Geschichte dem Medium entsprechend aufgebaut ist, um sie im Kopf und im Bauch der Zuschauer entstehen zu lassen. Genauer kann Erzählung zunächst als eine Form der kommunikativen Mitteilung verstanden werden, die sich von anderen Formen unterscheidet, z.B. von der Beschreibung oder der Argumentation (vgl. Chatman 1990, S. 6 ff.). Sie ist das Resultat einer kommunikativen Handlung: des Erzählens. Diese Tätigkeit wird von einem Akteur ausgeübt, dem Erzähler, der seine Erzählung an einen Adressaten, das Publikum, richtet. Eine Erzählung entsteht so immer durch die Positionierung und Perspektive des Erzählers und seinen Blick auf das Erzählte bzw. auf die Geschichte vor dem Hintergrund der Publikumsadressierung. Grundsätzlich kann das Erzählen als eine »alltägliche kommunikative Handlung« (Schülein/Stückrath 1997, S. 55; Ehlich 1980) begriffen werden. Der Erzähler kann sich beim Erzählen verschiedener medialer Formen bedienen, z.B. der Sprache, der Schrift, des Films, des Fernsehens oder des Hypertextes. Dabei benutzt er verschiedene Strategien des Erzählens, die den Zuschauer einbeziehen:

> »Narration ist folglich nicht substantiell, sondern prozessual zu verstehen, als kommunikativer Akt, in dem eine Geschichte entfaltet wird, deren Erschließung Aufgabe eines interpretierenden Zuschauers ist. Narration ist damit zugleich eine Aktivität, die das Wissen des Rezipienten und seine Eingeweihtheit in das Geschehen reguliert« (Hartmann/Wulff 1997, S. 81; vgl. auch Bordwell 1990, S. XI).

47

Der prozessurale Charakter der Erzählung verweist bereits auf ihre zeitliche Dimension, die doppelt konstituiert ist: einerseits über die Dauer der Präsentation des Films oder der Fernsehsendung und andererseits über die Dauer des Erzählten, genauer ausgedrückt, der erzählten Zeit der Geschichte (vgl. dazu Chatman 1990, S. 9). In diesem Sinn wird zwischen der Erzählzeit, z.B. den 100 Minuten eines Spielfilms, und der erzählten Zeit, z.B. den fünf Tagen, in denen sich die Geschichte dieses Films ereignet, unterschieden. Zugleich muss differenziert werden zwischen dem, was der Film oder die Fernsehsendung zeigt (Plot oder Sujet) und der erzählten Geschichte (Story oder Fabel), die erst im Kopf der Zuschauer entsteht (vgl. dazu Kapitel II.1.1 und II.2.1). Durch die Erzählung entsteht eine diegetische Welt, die als eine in sich konsistente mögliche Welt erscheint. Sie wird in der erzählten Geschichte geschaffen, sowohl mit dem Inhalt, den man nach Wulff (1999, S. 26 ff.) auch als stoffliche Bindung begreifen kann, als auch mit der Repräsentation, die in einem Verhältnis zur sozialen Welt außerhalb des Films und des Fernsehens steht.

Film- und Fernsehtexte sind in der Regel Erzählungen. Das trifft nicht nur auf fiktionale Texte zu, sondern auch auf dokumentarische wie Nachrichtensendungen und für das Fernsehen inszenierte Ereignisse wie Shows. Die meisten Formen der Unterhaltung sind um Erzählungen herum strukturiert. Sie sind eine der »grundlegenden Quellen des Vergnügens« in den Medien (Casey u.a. 2002, S. 138). Allen Erzählungen ist gemeinsam, dass sie Geschichten erzählen. Eine Erzählung kann als »Verkettung von Situationen, in der sich Ereignisse realisieren und in der Personen in spezifischen Umgebungen handeln«, bezeichnet werden (Casetti/di Chio 1994, S. 165; vgl. auch Berger 1997, S. 4 f.; Eder 1999, S. 5). In der Analyse sind die Situationen und Ereignisse herauszuarbeiten, die miteinander verknüpft werden, sowie die Personen und die Umgebungen, in denen diese Personen handeln. Erzählungen bedienen sich bestimmter Erzählstrategien, um das Publikum in die Geschichte einzubeziehen. Erzählstrategien sind daher immer mit Aktivitäten der Zuschauer verknüpft, die im Verlauf ihrer Mediensozialisation auch ein narratives Wissen erworben haben. Dieses narrative Wissen umfasst typische Handlungsstrukturen und -episoden, typische Protagonistenrollen, typische Erzählkonventionen und typische Plots (vgl. Ohler 1994, S. 34 f.). Peter Wuss hat drei Formen filmischer Strukturen herausgearbeitet, die einerseits mit Wahrnehmungsformen (Wuss 1999, S. 52 ff.) und andererseits mit sogenannten Basisformen filmischen Erzählens (ebd., S. 97 ff.) korrespondieren. Bei diesem »PKS-Modell« handelt es sich um perzeptionsgeleitete Strukturen, die auf Topikreihen in offenen Erzählformen basieren, um konzeptgeleitete Strukturen, die auf Kausalketten in geschlossenen Erzählformen beruhen, und um stereotypengeleitete Strukturen, die auf Story-Schemata und Erzählkonventionen basieren. Erzählformen und -strategien machen deutlich, dass Erzählungen nicht einfach eine Ereignis- und Handlungsabfolge chronologisch darbieten, sondern dass sie dramaturgisch gestaltet sind: »Dramaturgie ist eine strukturelle Eigenschaft von Erzählungen« (Eder 1999, S. 10), sie liegt dem »Aufbau des Werkes« zugrunde (Eick 2006, S. 37).

Film und Fernsehen haben eigene Strukturen des Erzählens und der Dramaturgie ausgebildet, die sich teilweise von literarischen und theatralen Strukturen des Erzählens unterscheiden. Grundsätzlich geht Dramaturgie auf die dramatische Gestaltung einer Erzählung zurück. Als grundlegendes Prinzip der Filmdramaturgie nennt Peter Rabenalt (1999, S. 17) die »sichtbare Erzählung in zeitlichem Verlauf, bildliche Narration«. Dramaturgie steht so zunächst offensichtlich in Beziehung zu dem, was ein Film auf der Leinwand oder eine Fernsehsendung auf dem Bildschirm zeigt. Doch tatsächlich steckt mehr dahinter. Sie ist nicht nur »das System des Handlungsaufbaus einer Erzählung«, dessen Elemente Ereignisse der erzählten Geschichte sind, wie Jens Eder (1999, S. 12) meint, sondern Dramaturgie hat eine grundlegende Aufgabe, »die Strukturierung der Ereignisabläufe, das heißt der Handlungen und Begebenheiten in der Fabel oder Story zu dem Zweck, beim Zuschauer ein Interesse auf den Ausgang und das Ergebnis der Handlungen zu erregen« (Rabenalt 1999, S. 25). Im Zentrum der Dramaturgie stehen Konflikte, die Figuren aktiv werden lassen und die Handlung vorantreiben.

Dramaturgie hat also die Aufgabe, die Kette von Ereignissen, in denen Personen handeln, so zu gestalten, dass bestimmte kognitive und emotionale Aktivitäten bei den Zuschauern angeregt werden. Es wird Wissen aufgebaut, und es werden Gefühle hervorgerufen. Die dramaturgische Gestaltung einer Erzählung macht diese z.B. spannend, komisch oder bedrohlich. Die Film- und Fernsehanalyse muss daher herausarbeiten, wie die Ereignisabläufe der Erzählung strukturiert sind. Denn nur so kann gezeigt werden, wie die Film- und Fernsehtexte die Rezeptionsaktivitäten der Zuschauer vorstrukturieren und die Geschichten in deren Köpfen entstehen lassen. Die dramaturgische Strukturierung der Erzählung legt fest, auf welche Art und Weise Informationen das Publikum erreichen und wie diese Informationen kognitiv und emotional verarbeitet werden (vgl. Elsaesser/Buckland 2002, S. 37).

Für die Analyse von Narration und Dramaturgie sind mehrere theoretische Bezüge bedeutsam. Auch wenn literatur- und sprachwissenschaftliche Erzähltheorien nur begrenzt auf Film und Fernsehen angewendet werden können, spielen sie doch eine nicht unwesentliche Rolle (vgl. Eco 1977; Eco 1987; Genette 1994; Lämmert 1991; Pfister 1988; Ricœur 1988–1991; Schülein/Stückrath 1997). Wichtiger sind die narrationstheoretischen Arbeiten, die in der kognitiven Filmtheorie und deren Umfeld entstanden sind (vgl. Bordwell 1990; Bordwell 2006; Branigan 1992; Chatman 1990; Chatman 1993; Thompson 2003a; Wuss 1999 sowie die Darstellung in Elsaesser/Buckland 2002, S. 168 ff.), die sich grundsätzlich mit dem Erzählen auseinandersetzen (vgl. Ehlich 1980) und sich dabei explizit auf den Film und andere populäre Medien beziehen (vgl. Berger 1997), die sich unter Rückgriff auf literaturwissenschaftliche und filmtheoretische Arbeiten dem Thema nähern (vgl. Eder 1999; Kiener 1999) oder die sich dem Erzählen in digitalen Medienumgebungen widmen (vgl. Montfort 2003; Murray 1999). Darüber hinaus müssen Arbeiten zur Dramaturgie (vorwiegend) von Filmen Berücksichtigung finden (vgl. Armes 1994; Bildhauer 2007; Hiltunen 1999; Krützen 2004; Mothes 2001; Rabenalt 1999), auch wenn es sich dabei in erster Linie um Anleitungen zum Verfassen von Drehbüchern und zur dramaturgischen Gestaltung handelt (vgl. Appeldorn 1995; Eick 2006; Field u.a. 1987; Hant 1992; Howard/Mabley 1996; Knauss 1995; Parker 2005; Seger 1997; Vale 1992). In Kapitel 2 des zweiten Teils wird auf einzelne Aspekte dieser theoretischen Arbeiten genauer eingegangen, wenn dies für die Darstellung analytischer Schritte notwendig ist.

Die Analyse von Narration und Dramaturgie ist wichtig, weil sie die Grundlage für die Geschichten in den Köpfen der Zuschauer bilden und deren kognitives und emotionales Verhältnis zur Leinwand oder dem Bildschirm regeln. Das Erkenntnisinteresse in der Analyse kann sich dann z.B. darauf richten, wie Spannung in einem Thriller erzeugt wird, wie das empathische Feld in einem Melodram aufgebaut wird, wie die Komik in einer Situation Comedy (Sitcom) entsteht oder wie der Konflikt zwischen Protagonisten und Antagonisten in einer Krankenhausserie aufgebaut und gelöst wird. Wenn Dramaturgie die Handlungs- und Ereignisabläufe einer Erzählung strukturiert und Erzählung als Verkettung von Situationen gesehen werden kann, in der Personen agieren, dann wird deutlich, wie eng Narration und Dramaturgie von Film- und Fernsehtexten mit Figuren und Akteuren verbunden sind.

2.3 Figuren und Akteure

Personen spielen in Filmen und Fernsehsendungen eine im wahrsten Sinn des Wortes wichtige Rolle. Nur in Natur- und Tierfilmen werden sie zu Randerscheinungen, wenn sie denn überhaupt vorkommen. In Spielfilmen und TV-Movies haben sie eine wesentliche Funktion als Handlungsträger. Game- und Rateshows sind ohne Showmaster und Kandidaten nicht denkbar. Nachrichten und Magazine werden von Moderatoren präsentiert, und in den Beiträgen geht es häufig um menschliche Schicksale. Vor allem Talkshows wären ohne die Moderatoren und die auftretenden Gäste nicht denkbar.

Die Analyse der Personen, Charaktere und Figuren in den audiovisuellen Medienprodukten ist aus zwei Gründen besonders bedeutsam: Zum einen sind die auftretenden Personen als Handlungs- und Funktionsträger für die Dramaturgie und die narrative Struktur der Film- und Fernsehtexte wichtig, denn die zu erzählende Geschichte wird oft aus der Perspektive einer der Figuren dargestellt, und es sind gerade die Interaktionsstrukturen und Rollenzuweisungen, die im Zentrum von Game- und Talkshows stehen. Zum anderen hängt die Wahrnehmung der auftretenden Personen durch die Zuschauer von den in der Gesellschaft und der Lebenswelt der Zuschauer kursierenden Bedeutungen und Konzepten von Selbst, Person und Identität ab. Mit und durch die Film- und Fernsehfiguren verständigt sich die Gesellschaft u.a. über ihre Identitäts- und Rollenkonzepte. In diesem Sinn haben die Figuren und Akteure eine wesentliche Funktion im Rahmen der Repräsentation für die Subjektpositionierung und Identitätsbildung der Zuschauer.

Grundsätzlich muss unterschieden werden zwischen Figuren und Charakteren, die in fiktionalen Film- und Fernsehtexten auftreten, und Akteuren, die vor allem im Fernsehen spezifische mediale Funktionsrollen wie Moderator oder Showmaster übernehmen oder in dokumentarischen Film- und Fernsehformen vorkommen. Die Inszenierung von Figuren und Akteuren ist grundsätzlich zu dem Wissen und den Emotionen, der kommunikativen Aneignung und dem praktischen Sinn der Zuschauer hin geöffnet. Die kulturellen, lebensweltlichen Konzepte, die in der Wahrnehmung von menschlichen Wesen als Personen eine Rolle spielen, sind auch für die Wahrnehmung von Figuren und Akteuren in Film- und Fernsehtexten bedeutsam. Anhand welcher Kriterien und Merkmale werden menschliche Lebewesen als Personen wahrgenommen? Bereits in dieser Formulierung ist ein Kriterium enthalten: Es handelt sich bei Personen offenbar um menschliche Lebewesen. Doch allein das genügt nicht, denn auch künstliche

Menschen, Außerirdische, Cyborgs und Roboter, die in Filmen oder Fernsehsendungen auftreten, werden als Personen wahrgenommen und identifiziert.

Um ein Wesen als Mensch wahrzunehmen, muss es einen individuellen,
menschlichen Körper haben, der durch Zeit und Raum einheitlich bleibt – es sei
denn, er verändert sich durch biologische, chemische oder technische Prozesse,
die auch im Film erklärt werden. Es muss ferner ein wahrnehmendes Wesen
sein, das Gefühle und intentionale Zustände wie Überzeugungen oder Wünsche
hat und zur Selbstwahrnehmung fähig ist. Außerdem muss es eine natürliche
Sprache benutzen und verstehen können und die Fähigkeit zu eigenen Handlungen und zur Selbstinterpretation haben. Schließlich muss es ein Potenzial an
Charaktereigenschaften und unveränderbaren Merkmalen besitzen (vgl. Smith
1995, S. 21). Um diesen Menschen als eine Person wahrzunehmen, bedarf es
weiterer Kriterien: Er oder sie muss einen Namen haben, ein Geschlecht und ein
Alter, eine Herkunft und eine Nationalität. All dies macht ihn oder sie von
anderen unterscheidbar und identifizierbar, eben in der Differenz zu anderen.
Diese Differenz macht sich auch in einigen der allgemeinen Kriterien für
menschliche Wesen bemerkbar, z.B. in unterschiedlichen Charaktereigenschaften, Gefühlen und Wünschen und nicht zuletzt in unterschiedlichen Körpern.

Lebensweltliches Wissen über soziale Typen, Persönlichkeitsprofile, Lebensstile usw. stellt die Muster bereit, die zur Interpretation der Figuren und Akteure
sowie ihrer Einordnung in lebensweltliche Verweisungszusammenhänge beitragen. Wenn beispielsweise davon die Rede ist, dass Fernsehzuschauer das ständige
Personal von Familienserien und Daily Soaps als Nachbarn oder »gute Freunde«
(Gleich 1996, S. 128 ff.) betrachten, muss vorausgesetzt werden, dass die Zuschauer genau wissen, was gute Freunde oder Nachbarn auszeichnet, und dass
sich in dem Verhältnis zu den Serienfiguren offenbar ähnliche Merkmale wiederfinden. Es gibt ein lebensweltliches Wissen darüber, was die soziale Rolle
»Nachbar« bzw. »guter Freund« in einem bestimmten kulturellen Kontext aus-
macht. Dieses Wissen wird sowohl von Zuschauern, die Serienfiguren als Nachbarn oder gute Freunde bezeichnen, angewendet als auch von Kritikern und
Wissenschaftlern, die das Verhältnis von Zuschauern zu den Fernsehfiguren mit
diesen Begriffen kennzeichnen. David Bordwell (1992, S. 13 f.) hat Personen-
und Rollenschemata, die auf Handlungsträger im Film bezogen werden, als ein
wesentliches Element von Kognition und Verstehen herausgearbeitet. Das Personal in Film- und Fernsehtexten steht immer in Bezug zu den jeweiligen Vorstellungen von Selbst und Identität sowie zu dem Wissen über Personen- und
Rollentypisierungen, das im Rahmen spezifischer kultureller Kontexte in den
lebensweltlichen Zusammenhängen zirkuliert.

Wenn von einem Verständnis von Film und Fernsehen als Kommunikationsmedien ausgegangen wird, dann ist für die Film- und Fernsehanalyse ein entscheidendes Moment, dass die Inszenierung von Figuren und Akteuren nicht nur für Kognition und Verstehen von Bedeutung ist, sondern gerade auch für die emotionalen Prozesse in der Rezeption und Aneignung. Dafür müssen sowohl Aspekte kognitiver Filmtheorien als auch psychologischer, psychoanalytischer, soziologischer und sozialpsychologischer Rezeptionstheorien herangezogen werden (vgl. Bordwell 1992; Branigan 1992, S. 161 ff.; Doane 1991; Döveling 2005; Eder 2006; Eder 2008; Fiske 1987, S. 149 ff.; Grodal 1997, S. 81 ff.; Haubl 1994; Hermes 1999; Hippel 1992; Hippel 1993; Horton/Wohl 1956; Keppler 1995; Krützen 2007; Mayne 1993; Mikos 1994, S. 74 ff.; Mikos 2001a, S. 117 ff.; Smith 1995; Tan 1996, S. 153 ff.; Tröhler 2007; Vernet 2006; Wilson 1993, S. 44 ff. sowie die Beiträge in Bartsch u.a. 2007; Brütsch u.a. 2005; Grau/Keil 2005; Plantinga/Smith 1999; Schick/Ebbrecht 2008; Sellmer/Wulff 2002; Vorderer 1996). Die für die Analyse wichtigen Ansätze und Aspekte werden in Kapitel 3 des zweiten Teils ausführlicher dargestellt.

Vor allem über die Figuren und Akteure wird das Verhältnis von Nähe und Distanz der Zuschauer zum Geschehen auf der Leinwand oder dem Bildschirm bestimmt. In der Analyse muss daher herausgearbeitet werden, über welche Beziehungsangebote die Film- und Fernsehtexte dieses Verhältnis zwischen Figuren bzw. Akteuren und Zuschauern vorstrukturieren. Denn die Beziehungen, die Zuschauer zu Filmfiguren und Fernsehakteuren aufbauen, spielen nicht nur bei der Identitätsbildung eine wesentliche Rolle, sondern sind auch für das Fanverhalten und die sozial-kommunikative Konstruktion von Filmstars und Fernsehpersönlichkeiten bedeutsam.

2.4 Ästhetik und Gestaltung

Die Faszination von Filmen und Fernsehsendungen gründet vor allem auch darin, dass es sich um Medien des bewegten Bildes handelt. Einzelbilder werden auf spezifische Weise gestaltet und zu einem Bilderstrom zusammengefügt. Die Geschichten, die in den Köpfen der Zuschauer entstehen, basieren mit auf dem Wissen um filmische und televisionäre Darstellungsmittel und Gestaltungsweisen (vgl. Ohler 1994, S. 36 f.), das eng mit dem narrativen Wissen verknüpft ist. Es ist also nicht nur wichtig, was dargestellt wird, sondern auch wie es dargestellt wird. In der Filmwissenschaft wird in diesem Zusammenhang vom Diskurs des

Films (vgl. Chatman 1993, S. 146 ff.; Tolson 1996, S. 41 f.), von der Filmform (vgl. Rowe 1996), vom Stil (vgl. Belton 1994, S. 41 ff.; Bordwell/Thompson 1993, S. 145 ff.) oder – im Zusammenhang mit dem Fernsehen – auch von Rhetorik (vgl. Mikos 1994, S. 134 ff.; Mikos 2001a, S. 186 ff.; Silverstone 1988) gesprochen. Die spezifischen filmischen und televisionären Darstellungsmittel binden die Zuschauer während der Rezeption eines Films oder einer Fernsehsendung an das Geschehen auf der Leinwand oder dem Bildschirm. Über sie werden die Zuschauer vor allem emotional durch die Erzählung geführt, sie werden in bestimmte Stimmungen versetzt, ihre Aufmerksamkeit wird auf einzelne Aspekte im Film- oder Fernsehbild gelenkt, ohne dass ihnen dies immer bewusst ist. Auf diese Weise werden sie in die Perspektiven der Erzählung und der Repräsentation eingebunden. Im Rahmen einer Analyse gilt es nun, gerade diese Aspekte herauszuarbeiten und sie in Beziehung zum Wissen der Zuschauer über filmische Darstellungsweisen zu setzen, um zur Bewusstmachung dieses Prozesses beizutragen. Die Gestaltungsmittel können auch für die Analyse von Inhalt und Repräsentation, Narration und Dramaturgie sowie der Figuren und Akteure zentral werden. Denn die formalen und stilistischen Gestaltungsmittel bewegter Bilder positionieren die Zuschauer zum Geschehen und machen die Erlebnisqualität von Filmen und Fernsehsendungen aus.

Die Gestaltungsweisen beruhen auf Konventionen der Darstellung. Das bedeutet, dass sie gelernt werden können und das Wissen um sie zur Routine, zum Teil des praktischen Sinns werden kann. Die Prozesse, die bei der Film- und Fernsehrezeption in Bezug auf die Darstellungsweisen ablaufen, können vorbewusst und teilweise unbewusst sein. Eine Analyse kann diese Prozesse bewusst machen, doch wird dies nicht dazu führen, dass sie auch in der konkreten Rezeptionssituation bewusst werden. Wer sich mit seinem Wissen auf einen Film oder eine Fernsehsendung einlässt, wird sich weiterhin emotional durch das Geschehen leiten lassen, im Nachhinein jedoch genauer sagen können, warum der Film eine gewisse Faszination ausgeübt hat.

Filmische Darstellungs- und Gestaltungsweisen dienen vor allem dazu, die Zuschauer in bestimmte Stimmungen zu versetzen. So spielen beispielsweise Komödien in hellen, großzügigen Räumen, während sich die Figuren in Psychothrillern in engen, dunklen Räumen bewegen müssen. Zugleich werden mit den Gestaltungsmitteln bei den Zuschauern Erwartungen hinsichtlich des weiteren Geschehens geweckt. Konventionen der Darstellung und Gestaltung beruhen auf ihrem häufigen Einsatz in Filmen und Fernsehsendungen und den damit verbundenen Lernerfahrungen der Zuschauer. Wenn z.B. der Moderator Thomas Gottschalk in der Show »Wetten, dass ..?« einen neuen Gast als Wettpaten ankündigt, ist im nächsten Augenblick die bekannte Showtür zu sehen, durch die sowohl Gottschalk selbst zu Beginn der Sendung als auch die berühmten Wettpaten den Bühnenraum der Show betreten. Die Zuschauer erwarten nun, dass der neue Gast durch diese Tür kommen wird. Oder es ist z.B. in einer Filmszene eine Frau zu sehen, die eine Straße entlangläuft, sie schaut sich manchmal um und macht einen gehetzten Eindruck, sie wird offenbar verfolgt. Die Kamera zeigt sie zunächst schräg von hinten, dann von der Seite; sie schaut zurück, und die Kamera folgt ihrem Blick. Schließlich übernimmt die Kamera ihren Blick nach vorn, und der Zuschauer sieht aus ihrer Sicht, wie sie auf eine Hausecke zuläuft. Nun erwartet er, dass hinter der Hausecke jemand erscheint, den sie dort nicht erwartet. Ist die Frau vorher als Identifikationsfigur aufgebaut worden, wird der Zuschauer in diesem Moment Angst empfinden, da er mit ihr mitfühlt. Mit dieser durch die Darstellungsweise erzeugten gespannten Erwartung werden die Zuschauer in psycho-physiologische Erregung versetzt, der Film zieht sie in seinen Bann. Ein »guter« Film lässt die Zuschauer kognitiv und emotional aktiv werden. Er gönnt ihnen zwar auch mal Ruhepausen, doch am Ende gibt er ihnen das Gefühl, zum Filmerlebnis ihren Teil beigetragen zu haben. Dabei kann die Gestaltungsweise des Films auch zu Überbeanspruchung und damit verbundenen Erschöpfungszuständen führen. Als Beispiele mögen hier »Batman Forever«, die »Herr der Ringe«-Trilogie und »Natural Born Killers« dienen, ein Film, der mit grellen Farben, schnellen Schnitten, zahlreichen Spezialeffekten und lauter Musik arbeitet und damit an die Grenzen der gewohnten Wahrnehmungsweisen geht.

Die Feststellung, dass Filme und Fernsehsendungen aus bewegten Bildern bestehen, ist nicht ganz richtig, denn tatsächlich setzen sie sich aus unbeweglichen Einzelbildern zusammen, die von den Zuschauern als bewegte Bilder wahrgenommen werden. Jedes einzelne Film- oder Fernsehbild bildet nicht nur etwas ab und stellt etwas dar, sondern ist in einer ganz spezifischen Art und Weise gestaltet. Das trifft nicht nur auf erfundene, fiktionale Geschichten zu, sondern auch auf abgebildete Realität. Jede Wiedergabe von Realität stellt nur einen Ausschnitt dar und ist durch die Technik und die spezifischen Darstellungsmöglichkeiten der Medien geformt. Auf diese Weise wird nicht nur »gesamtgesellschaftliche Komplexität [...] auf das durch die Medien vermittelbare Maß reduziert« (Eurich 1980, S. 136), in einzelnen Film- und Fernsehbildern wird auch die Komplexität des Dargestellten auf das Darstellbare reduziert, es bleibt ein Rest, das Unsichtbare, das jedem Bild anhaftet. Dieses Unsichtbare kann aber wiederum durch spezifische Gestaltungsweisen wahrnehmbar gemacht werden. Darauf zielten bereits der Bühnenaufbau beim Theater und auch die Inszenierung von Filmen oder Fernsehsendungen ab. Seit der Erfindung des Tonfilms können den Bildern Töne, Geräusche, Sprache, Musik hinzugefügt werden. Die Kamera kann durch verschiedene Einstellungsgrößen und Bewegungen das Ihre zur Inszenierung beitragen. Für den Gesamteindruck eines Films ist wichtig, wie die einzelnen Filmbilder montiert sind, und für eine Fernsehsendung ist es nicht unerheblich, wie die Bildregie die einzelnen Kamerabilder zusammenfügt. Doch auch wenn die Medien die Komplexität der wirklichen Welt reduzieren, sind Film- und Fernsehbilder an sich ausgesprochen komplex.

Aufgrund dieser Komplexität sind die Zuschauer in der Rezeption genötigt, das Bild auf die wichtigen Informationen für ihre Aktivitäten abzutasten. Dabei geht es allerdings nicht darum, einzelne Bildinformationen gewissermaßen herauszupicken und als relevant anzusehen, sondern die Aktivität des Zuschauers liegt darin, die verschiedenen Aspekte des Bildes zueinander in Beziehung zu setzen (vgl. Ellis 1992, S. 54). Dabei kommt den einzelnen gestalterischen Mitteln besondere Bedeutung zu, denn sie lenken die Aufmerksamkeit der Zuschauer. Außerdem haben sie eine narrative Funktion, da sie den Plot unterstützen. Sie dienen als Hinweise, die zum Verständnis der Filmerzählung beitragen und Erwartungen auf den Fortgang hervorrufen können (vgl. Ohler 1994, S. 36). Daher sind sie für die Geschichte im Kopf der Zuschauer unentbehrlich.

Für eine Analyse der formalen, stilistischen Mittel müssen diese sowohl einzeln betrachtet als auch in ihrem Zusammenwirken untersucht werden. Letzteres wird bereits dann deutlich, wenn die Einzelelemente in ihrer narrativen Funktion herausgearbeitet werden. In den Mittelpunkt der Analyse rücken dabei folgende Aspekte eines Films oder einer Fernsehsendung: die Kamera, die Ausstattung, das Licht, der Ton, die Musik, die Spezialeffekte, die Montage bzw. der Schnitt. Abgesehen vom Schnitt gehören alle Elemente zu dem, was in der Filmwissenschaft auch als »Mise-en-Scène« bezeichnet wird. Hickethier (2007, S. 48 f.) spricht in diesem Zusammenhang von »Bildkomposition«. Manche Wissenschaftler rechnen die Kamera nicht dazu (vgl. dazu auch Rowe 1996, S. 93 f.). Generell umfasst Mise-en-Scène alle Elemente, die in die Szene gebracht werden. Wichtig ist dabei ihre Beziehung zueinander (vgl. Belton 1994, S. 43 f.) sowie zu Inhalt und Repräsentation, Narration und Dramaturgie, Figuren und Akteuren. Das Zusammenspiel der gestalterischen Mittel regt die Aktivitäten der Zuschauer an und bindet sie in den Prozess des Verstehens und Erlebens von Film und Fernsehen ein.

Neben der kognitiven Filmtheorie und Theorien der Rezeption müssen für die Analyse der Gestaltung Theorien und Anleitungen zur Regie (Armer 2000), zur Kamera (Prümm u.a. 1999; Vineyard 2001), zum Licht (Dunker 2007; Gans 1999), zum Ton und zur Musik (Bullerjahn 2001; Flückiger 2007; Keller 1996; Lack 1997, S. 264 ff.; Leeuwen 1999; Smith 1998, S. 1 ff.; Solbach 2004 sowie die Beiträge in Bartel/Kock 2006; Maye u.a. 2007; Neubauer/Wenzel 2001; Segeberg/Schätzlein 2005), zur Ausstattung (Affron/Affron 1995; Weihsmann 1988), zu Schnitt und Montage (Beller 1993; Bordwell 2001; Dancyger 2007; Fairservice 2001; Murch 2004; Ondaatje 2005; Reisz/Millar 1988; Schmige o.J.; Schumm 1989) und zu den visuellen Effekten und den Spezialeffekten (Baker 1993; Bertram 2005; Bukatman 2003; Giesen 1985; Kohlmann 2007; McClean 2007; Pierson 2002) berücksichtigt werden (vgl. auch Bordwell/Thompson 1993, S. 145 ff.; Rowe 1996). Welche Rolle die einzelnen Gestaltungsmittel spielen, wird in Kapitel 4 in Teil II ausführlich dargestellt.

Die konventionellen Darstellungs- und Gestaltungsmittel, auch filmische oder televisuelle Codes genannt, lenken die Aufmerksamkeit der Zuschauer und haben einen wesentlichen Anteil an der Produktion von Bedeutung. In diesem Sinn können sie als die ästhetischen Mittel von Film und Fernsehen begriffen werden, die in der sinnlichen Wahrnehmung der Film- und Fernsehtexte durch die Zuschauer konkretisiert werden. Daher kann ein Erkenntnisinteresse, das sich auf diese formalästhetischen Mittel richtet, sehr fruchtbar sein. So ist es beispielsweise möglich, in der Analyse die Rolle der Kamera beim Aufbau der emotionalen Beziehung zwischen einer Filmfigur und dem Zuschauer herauszuarbeiten oder die Bedeutung der Montage für den Aufbau dramaturgischer Spannung zu untersuchen.

2.5 Kontexte

Film- und Fernsehtexte erhalten ihre Bedeutung erst in der Interaktion mit ihren Zuschauern. Diese Interaktion steht nicht in einem gesellschaftsfreien Raum, sondern findet in Kontexten statt: in historischen, ökonomischen, juristischen, technischen, kulturellen und sozial-gesellschaftlichen. Für die Analyse von Filmen und Fernsehsendungen sind in ihrer Funktion für die Bedeutungsproduktion der Zuschauer vor allem fünf Kontexte zentral, die sich auf die textuelle, die mediale und die kulturell-gesellschaftliche Ebene von Film- und Fernsehtexten beziehen:

- Gattungen und Genres
- Intertextualität
- Diskurs
- Lebenswelten
- Produktion und Markt

Historische, juristische und gesellschaftliche Kontexte werden hier nur berücksichtigt, insofern sie einen der fünf genannten Kontexte beeinflussen. Diese Kontexte sind für die Analyse in zweierlei Hinsicht bedeutsam: Einerseits spielen sie bei den bisher genannten Ebenen der Analyse (Inhalt und Repräsentation, Narration und Dramaturgie, Figuren und Akteure, Ästhetik und Gestaltung) eine wichtige Rolle, indem sie sich konkret auf die Film- und Fernsehtexte auswirken. Andererseits findet die Produktion von Bedeutung nicht unabhängig von ihnen statt.

Je nach Kontext können Zuschauer mit demselben Film oder derselben Fernsehsendung unterschiedliche Bedeutungen produzieren. Denn: »Kulturelle Texte sind immer kontextuell artikuliert, in unterschiedlichem Maße polysem strukturiert, haben widersprüchliche, instabile und bestreitbare Bedeutungen« (Winter 2001, S. 347). Je nach Genre sind Figuren und Akteure z.B. anders gestaltet, und die Narration korrespondiert auf je andere Weise mit der Ästhetik. So spielen – wie bereits erwähnt – Komödien meist in hellen Räumen, Horrorfilme dagegen sind in dunklen, unübersichtlichen Häusern lokalisiert. Polizisten spielen in Gangsterfilmen und Thrillern als Antagonisten der Gangster und Nebenfiguren eine andere Rolle als in Polizeifilmen, in denen sie die Protagonisten und Helden sind. Je nach den Diskursen, die zu einer bestimmten Zeit in einer Gesellschaft zirkulieren, fällt die Produktion von Bedeutung bei einzelnen Filmen und Fernsehsendungen unterschiedlich aus. Dazu muss nicht erst auf die Bedeutungsproduktion bei den Filmen von Leni Riefenstahl während der Zeit des Nationalsozialismus und in der Zeit danach hingewiesen werden. Filme greifen auch zeitbedingte gesellschaftliche Diskurse auf, die sie bereits in einer bestimmten Epoche verorten, in der sie sich auch für die Zuschauer ganz wesentlich in die Zirkulation von Bedeutung einfügen. Während z.B. die Science-Fiction-Filme der fünfziger und sechziger Jahre sich in den Diskurs des Kalten Krieges einfügten, ist die »Star Trek«-Serie in Film und Fernsehen eher in einem Diskurs des technologischen Aufbruchs und der multikulturellen Gesellschaft verortet. Auch James Bond hatte zu Zeiten des Kalten Krieges andere Aufgaben als in den achtziger Jahren (vgl. Bennett/Woollacott 1987). Im Folgenden werden die fünf für die Analyse relevanten Kontexte kurz in ihrer Bedeutung für die Film-

und Fernsehtexte und deren Zuschauer geschildert, bevor dann in Kapitel 5 im zweiten Teil des Buches ausführlicher auf die damit verbundenen theoretischen Ansätze eingegangen wird.

Da narratives Wissen und das Wissen um die filmischen Darstellungsformen eine wichtige Rolle im Prozess des Filmverstehens und der Entwicklung der individuellen Geschichte im Kopf spielen, ist es wichtig, in der Analyse das Genre des zu analysierenden Films zu bestimmen und die Konventionen der Erzählung und der Darstellung herauszuarbeiten. Denn die Zugehörigkeit eines Films oder einer Fernsehsendung zu einem bestimmten Genre strukturiert bereits die Erwartungen des Publikums vor. Ein Genre ist in diesem Sinn gewissermaßen ein Gebrauchswertversprechen. Jeder wird von einer Gameshow die Darbietung von Spielen erwarten und nicht den Bericht über soziale Missstände in Großstädten. Niemand wird von einer Nachrichtensendung erwarten, dass dort ein Kunstturnwettbewerb stattfindet, aber jeder wird von einem Western erwarten, dass dort galoppierende Pferde und schießende Männer vorkommen. Die Inszenierung von Figuren, Beziehungen, Handlungsräumen oder Interaktionsmustern hängt u.a. vom Genre ab. So wird z.B. Gewalt je nach Genre unterschiedlich inszeniert (vgl. Mikos 2001b). Unter dem Begriff »Genre« werden hier Muster und Konventionen der Erzählung bezeichnet, die als »Systeme von Orientierungen, Erwartungen und Konventionen, die zwischen Industrie, Text und Subjekt zirkulieren« (Neale 1981, S. 6), verstanden werden.

Ohne die Genrezuordnung und die Kenntnis der Genrekonventionen können Probleme beim Verständnis des Films oder der Fernsehsendung auftauchen. Die Geschichte im Kopf lässt sich nicht mehr so recht zusammenfügen. Wenn z.B. in einem Film zeitweise Gegenstände durch die Luft schwirren, weil die Gesetze der Schwerkraft nicht gelten, werden die Zuschauer eine andere Geschichte im Kopf bilden, wenn sie wissen, dass es sich um einen Science-Fiction-Film handelt, als wenn sie von einem Melodram ausgehen und die entsprechenden Szenen als symbolischen Ausdruck der Innenwelt der Protagonistin ansehen. Nur wer die Genrekonventionen des Western kennt, wird die komischen und zum Teil ironischen Elemente in einem Film wie »Erbarmungslos« verstehen können und an dem Spiel mit den Genrekonventionen und der damit verbundenen Thematisierung des Western-Mythos seine Freude haben (vgl. Monsees 1996, S. 61 ff.). Die Kenntnis des Genres und seiner Konventionen schafft eine Art kommunikatives Vertrauen, die Zuschauer können sich ihrer Erwartungen sicher sein. Zugleich kann der Text darauf vertrauen, dass die Zuschauer ihr Wissen aktivieren und so ihren Teil zur Geschichte beitragen. Das gilt auch für die Hollywood-Blockbuster zu Beginn des 21. Jahrhunderts, die verschiedene

Genreelemente mischen, um ein möglichst großes Publikum zu erreichen (vgl. Mikos u.a. 2007, S. 19 ff.; Schweinitz 2006, S. 90 ff.; Thompson 2003b). Wer nicht um die Genrekonventionen eines Films weiß, wird keine entsprechenden Erwartungen an den Film haben und demzufolge eine andere Geschichte im Kopf entwickeln als ein Zuschauer mit Genrekenntnissen.

Intertextualität spielt als Kontext eine wichtige Rolle. Zunächst einmal muss festgehalten werden, dass mit Intertextualität die Beziehung eines Film- oder Fernsehtextes zu anderen Texten gemeint ist (vgl. Mikos 1999b). Das können andere Film- und Fernsehtexte sein, aber auch andere mediale Texte wie ein Roman oder ein Gemälde. Intertextualität ist für die Film- und Fernsehanalyse vor allem dann wichtig, wenn die Bedeutung eines Film- oder Fernsehtextes über und durch die Referenzen zu anderen Texten produziert wird.

Jeder neue Film und jede neue Fernsehsendung tritt in ein bereits vorhandenes Universum von Texten ein, das alle bisher produzierten Filme und Fernsehsendungen umfasst. Das ist die produktionsästhetische Perspektive der Intertextualität. Jeder neue Film von Claude Chabrol steht nicht nur im Kontext aller früheren Filme dieses französischen Regisseurs, sondern auch im Kontext aller anderen französischen Filme, aller europäischen Filme, aller Thriller usw. Jede neue Quizshow im Fernsehen steht im Kontext aller anderen Quizshows, aber auch im Kontext aller anderen Shows mit dem jeweiligen Moderator. Jeder Film- und Fernsehtext steht also in einer Vielzahl von kontextuellen Bezügen zu anderen Texten. Andererseits wird kein Text unabhängig von den Erfahrungen und Erlebnissen mit anderen Texten rezipiert (vgl. Eco 1987, S. 101), d.h., dass Filme und Fernsehsendungen immer in dem Kontext der Rezeption anderer Filme, Fernsehsendungen und weiterer Medien der Populärkultur gesehen werden. Das ist die rezeptionsästhetische Seite der Intertextualität. Jede neue Episode einer Krimireihe wie »CSI« oder »Monk« wird vor dem Hintergrund aller anderen Folgen dieser Reihe sowie vor dem Hintergrund aller anderen Kriminalserien betrachtet, die der jeweilige Zuschauer in seinem bisherigen Leben rezipiert hat. Jede romantische Komödie mit Julia Roberts in der Hauptrolle wird vor dem Hintergrund aller Filme mit dieser Schauspielerin, aller romantischen Komödien, aber z.B. auch aller Melodramen, die der jeweilige Zuschauer bisher gesehen hat, angeschaut.

Die im Verlauf der sogenannten Mediensozialisation gesammelten Erfahrungen und Erlebnisse mit Medientexten gehen in die intertextuelle Enzyklopädie ein, die den kontextuellen Rahmen für die Produktion von Bedeutungen bildet. Intertextualität ist kein statischer Zustand, sondern ein dynamischer Prozess, der sich erst in der Interaktion der Zuschauer mit Film- und Fernsehtexten realisiert. Jede neue Rezeptionserfahrung erweitert die Enzyklopädie. Jeder neue Film und jede neue Fernsehsendung erweitert das Universum der Texte. Dadurch ist auch die Position eines einzelnen Films oder einer einzelnen Fernsehsendung nicht statisch, sondern verschiebt sich im Verlauf der Produktions- und Rezeptionsgeschichte. Jeder neue Thriller bedeutet z.B. eine Verschiebung der Bedeutung von »alten« Thrillern des Regisseurs Alfred Hitchcock, jede neue Show mit dem Moderator Jörg Pilawa lässt seine alten Shows in einem neuen Licht erscheinen, ebenso wie die alten Hitchcock-Filme und die alten Pilawa-Shows die Bedeutungsproduktion des neuen Thrillers und der neuen Show beeinflussen.

Da das Universum der Texte, in dem sich alle Film- und Fernsehtexte verorten, nicht nur aus Filmen und Fernsehsendungen besteht, spielt Intermedialität als ein Typus von Intertextualität (vgl. Hess-Lüttich 1997, S. 131) eine nicht unwichtige Rolle. Mit Intermedialität ist die Reproduktion eines Textes aus einem Medium in einem anderen Medium gemeint. So kann z.B. jede Literaturverfilmung unter dem Gesichtspunkt der Intermedialität analysiert werden, indem untersucht wird, wie sich die spezifischen ästhetischen Codes des jeweiligen Mediums auf die Narration oder die Repräsentation auswirken und wie dadurch unterschiedliche Lesarten möglich werden. Als ein weiterer Typus von Intertextualität ist Multimedialität (vgl. dazu Dölling 2001) bedeutsam, die sich in sogenannten Cross-Media-Texten zeigt. In Bezug auf Film- und Fernsehtexte kann davon ausgegangen werden, dass z.B. ein Film oder eine Fernsehsendung nicht mehr als einzelnes mediales Produkt gesehen werden kann, sondern in Beziehung zu den anderen um ihn oder sie herum produzierten medialen Texten, die komplementär die Interaktion mit den Rezipienten begleiten und unterstützen. So gibt es inzwischen zu Fernsehsendungen wie »Wer wird Millionär?«, »Lindenstraße«, »Big Brother«, »Popstars« oder »Gute Zeiten, schlechte Zeiten« Internetauftritte, Zeitschriften und Bücher. Sie haben zwar andere Inhalte als die Fernsehsendungen, beziehen sich aber auf dieselben Figuren und Akteure und ergänzen so die Narration, wobei sie allerdings mit jeweils anderen ästhetischen Codes arbeiten. In der Analyse kann z.B. untersucht werden, ob die Repräsentation von Geschlecht in der Soap eine andere ist als in der begleitenden Zeitschrift oder wie sich aus dem Zusammenwirken aller cross-medialen Texte die Gesamtnarration ergibt.

Die Bedeutungen, die Zuschauer mit Film- und Fernsehtexten produzieren, sind eng mit den in einer Gesellschaft zirkulierenden Diskursen verknüpft. Daher spielt die Kategorie »Diskurs« als Kontext eine wichtige Rolle. Als Diskurs wird eine Praxis verstanden, in der Zeichensysteme benutzt werden, um eine soziale Praxis aus einem bestimmten Blickwinkel darzustellen (vgl. Fairclough 1995, S. 1 ff.). Daher ist es angebracht, von diskursiven Praktiken zu sprechen, die auf Formationen von Aussagen und Sets von textuellen Arrangements beruhen. Die enge Verbindung der diskursiven Praxis zu Repräsentationen wird an dieser Stelle bereits deutlich. Diskurse vermitteln einen bestimmten Blick auf die soziale Wirklichkeit und auf soziale Praktiken. Sie sind an Medien gebunden. Dabei ist zu bedenken, dass mediale Repräsentationen selbst Diskursereignisse sind, die Realität erst verfügbar machen (vgl. Fiske 1994, S. 4; Winter 1997, S. 56). Diskurse sind zentral, weil sie den Subjekten helfen, Sinn in die Konstruktion der sozialen Realität zu bringen (vgl. Casey u.a. 2002, S. 64), denn sie entfalten strukturierende Kraft. Zugleich sind sie von Macht und Herrschaft durchdrungen. Die ausdifferenzierten Gesellschaften der westlichen Welt sind von einer Multidiskursivität gekennzeichnet (vgl. Fiske 1994, S. 4). Verschiedene Diskurse konkurrieren miteinander um die Vorherrschaft in der gesellschaftlichen Diskursordnung.

Film- und Fernsehtexte als diskursive Praktiken fügen sich in die in der Gesellschaft zirkulierenden Diskurse ein. Damit werden sie selbst zu einem umkämpften Feld. Romantische Komödien wie »Pretty Woman« können im Rahmen diskursiver Praktiken gesehen werden, die romantische Liebe zum Gegenstand haben, stehen damit aber zugleich in Konkurrenz zum Diskurs, der eine Beziehung rein ökonomisch-materiell sieht. Ein Film wie »Jurassic Park« greift den Diskurs um Gentechnologie auf. Ein erfolgreicher Film wie »Titanic« greift nicht nur den Diskurs um Liebe auf, sondern auch Diskurse um Klassengesellschaft, Fortschritt durch Technik und Naturgewalten. Ein Film wie »I, Robot« greift die Diskurse über künstliche Intelligenz auf. Fernsehshows wie »Wetten, dass ..?« greifen Diskurse um die Leistungsgesellschaft, um Wetten und Glücksspiel, um Musikstile, um die Rolle von Prominenten in der Öffentlichkeit und um die Rolle von Moderatoren in Fernsehshows auf. Die Reality-Show »Big Brother« greift Diskurse um Jugendschutz, um den Schutz der Menschenwürde und der Privatsphäre, um Generationenverhältnisse oder um Bildung auf (vgl. Mikos u.a. 2000, S. 183 ff.). In Ärzte-Dramen wie »Emergency Room« oder »Grey's Anatomy« spielen Diskurse über Liebe am Arbeitsplatz, Ausbildung, Sterbehilfe, ethisches Handeln, Karriere, Altenpflege usw. eine wichtige Rolle. In Filmen und Fernsehsendungen überlagern sich verschiedene Diskurse. Sie werden damit selbst zum Feld der Auseinandersetzung um die Durchsetzung von Bedeutungen. Dadurch sind auch verschiedene Lesarten möglich.

In der Film- und Fernsehanalyse kann herausgearbeitet werden, welche Diskurse in einem Film- oder Fernsehtext eine Rolle spielen und wie die Texte sich dadurch im diskursiven Feld der Gesellschaft verorten. Damit wird u.a. möglich, verschiedene Lesarten zu bestimmen, die im Text, der selbst als diskursive Praxis gilt, angelegt sind. Die Diskurse der Texte stehen aber immer in Bezug zu den Diskursen, die in der sozialen Praxis der Zuschauer zirkulieren. Daher muss die Lebenswelt als ein weiterer Kontext in den Analysen berücksichtigt werden.

Die Lebenswelt ist als Kontext für die Film- und Fernsehtexte von Bedeutung, weil sie das Bezugssystem darstellt, auf das sich Produzenten und Rezipienten beziehen. Sie ist »die subjektiv sinnhafte Erscheinungsform des Wissens von Welt, die als Rahmen der täglichen Lebenspraxis intentional die Handlungen der Subjekte steuert« (Mikos 1992, S. 532). Dieses Wissen von Welt ist allerdings nicht nur kognitiv vermittelt, sondern auch emotional und über den praktischen Sinn. Die Menschen handeln grundsätzlich nur innerhalb ihres lebensweltlichen Horizonts, »aus ihm können sie nicht heraustreten« (Habermas 1988, S. 192). Das liegt u.a. daran, dass die Menschen in kollektiven Lebensformen, die kulturell geprägt sind, sozialisiert und in sie integriert werden. Dadurch sind sie in der Lage, sich in der Interaktion mit anderen handlungsfähig zu erweisen und über die kommunikative Aneignung den sinnhaften Aufbau der sozialen Welt zu betreiben. »Die Strukturen der Lebenswelt legen die Formen der Intersubjektivität möglicher Verständigung fest« (ebd.). Daher sind Medien wie Film und Fernsehen den lebensweltlichen Kontexten verhaftet (vgl. ebd., S. 573), nur so können sie ihr kommunikatives Potenzial entfalten. Denn Film- und Fernsehtexte sind – wie bereits in Kapitel 1 beschrieben – zum Wissen, zu den Affekten und Emotionen, zur sozialen Kommunikation und zum praktischen Sinn der Zuschauer hin geöffnet. Mit ihrem Wissen, ihren Emotionen, ihren sozial-kommunikativen Aktivitäten und ihrem praktischen Sinn sind die Zuschauer in ihrer Lebenswelt situiert. Die Bedeutungsproduktion, die zum sinnhaften Aufbau ihrer sozialen Welt beiträgt, ist jedoch nicht statisch in den lebensweltlichen Horizonten gefangen, sondern ein dynamischer Prozess, der aus der individuellen Sicht der Akteure als Lerngeschichte verstanden werden kann.

In den ausdifferenzierten westlichen Gesellschaften kann nicht mehr von *der* Lebenswelt gesprochen werden. Es muss konstatiert werden, dass es eine Vielzahl von Lebenswelten gibt. Die Lebenswelt eines Landwirtes in einem kleinen Dorf ist sicher eine andere als die eines Barkeepers in einem großstädtischen Nachtclub. In diesen ausdifferenzierten Gesellschaften übernehmen die Medien – vor allem das Fernsehen, aber auch der Film – eine Vermittlerrolle zwischen den verschiedenen Lebenswelten (vgl. Mikos 2002). In den Medien werden verschiedene Lebensauffassungen thematisiert und sind damit der Bedeutungsproduktion zugänglich. Die Zuschauer werden jedoch entsprechend ihren lebensweltlichen Kontexten jeweils andere Bedeutungen produzieren, denn die rezipierten Film- und Fernsehtexte stellen eine lebensweltliche Manifestation des Zuschauerwissens dar. So entstehen unterschiedliche Lesarten von Filmen und Fernsehsendungen. Während ein Film wie »Trainspotting« von manchen Zuschauern als Verherrlichung des Drogenkonsums und damit als amoralischer Film gesehen wird, bietet er für andere einen authentischen Einblick in das Lebensgefühl und die Lebenswelt von Junkies (vgl. Winter 1998, S. 42 ff.). Lebenswelt ist also eine wichtige Kontextkategorie für die Film- und Fernsehanalyse, denn die Film- und Fernsehtexte stehen in Beziehung zu den lebensweltlichen Horizonten der Zuschauer. In der Analyse müssen daher die alltäglichen Erfahrungsmuster, die in die Film- und Fernsehtexte eingegangen sind, herausgearbeitet werden. Auf diese Weise kann die Positionierung von Filmen und Fernsehsendungen in der sozialen Praxis der Zuschauer bestimmt werden.

Für die Analyse von Filmen und Fernsehsendungen haben die Produktion und der internationale Fernsehmarkt als Kontexte eine nicht zu unterschätzende Bedeutung. Denn einerseits hat z.B. der internationale Formathandel erst zahlreiche Adaptionen von Fernsehformaten vor allem aus Australien, Brasilien, Großbritannien, Kolumbien, den Niederlanden, Schweden und den USA auf dem deutschen Fernsehmarkt möglich gemacht (vgl. Moran 2006). Andererseits schreiben sie sich in die Produkte, die Film- und Fernsehtexte, ein. So hat das Studiosystem in Hollywood eine eigene Erzählweise und einen eigenen Stil entwickelt (vgl. Bordwell u.a. 1988; Jewell 2007, S. 155 ff.), die sich international durchgesetzt haben. In der Entwicklung immer neuer computergenerierter Spezialeffekte zeigt sich ebenso wie im Marketing die ökonomische Kapazität von Hollywood. Die Dominanz der USA auf dem globalen Unterhaltungsmarkt liegt vor allem in der Filmindustrie begründet, denn Hollywood-Filme werden in mehr als 150 Ländern der Welt gezeigt und dominieren oft den Filmmarkt in diesen Ländern (vgl. Thussu 2007b, S. 18 f.). Die Arbeitsweise von Hollywood (vgl. Wasko 2003) macht eine globale Vermarktung der Produkte notwendig (vgl. Miller u.a. 2001). Auf dem deutschen Film- und Fernsehmarkt sind seit Beginn des 21. Jahrhunderts aber auch sogenannte Bollywood-Filme populär geworden. Diese aus Indien stammenden Filme haben ebenfalls eine eigene Erzählweise und einen eigenen Stil entwickelt, in dem Musik und Tanz eine wichtige Rolle spielen (vgl. Alexowitz 2003, S. 72 ff.; Kabir 2001 sowie die Beiträge in Kaur/Sinha 2005 und Marschall 2006). Im Hongkong-Kino wurde eine eigene Form des Actionfilms mit einer eigenen Ästhetik entwickelt (vgl. Bordwell 2000; Teo 1997, S. 87 ff.), die international zahlreiche Nachahmungen gefunden hat (vgl. die Beiträge in Morris u.a. 2005).

Die veränderten Marktbedingungen auf einem zunehmend konvergenten Medienmarkt, auf dem multimediale Konzerne die Entwicklungen vorantreiben, haben einen wesentlichen Einfluss auf die Filme und Fernsehsendungen. So wurden vor allem in amerikanischen Serien wie »24«, »Lost« oder »Heroes« sehr dichte und komplexe Erzählstrukturen entwickelt, um die Zuschauer stärker an das Medium zu binden. Zugleich wurden sie mit Internetanwendungen, mobilen Adaptionen oder Computerspielen gekoppelt. Zahlreiche Hollywood-Filme wie »Batman«, »Sin City« oder »Spiderman« entstehen als Adaptionen von Comics, andere wie »Resident Evil« oder »Tomb Raider« beruhen auf Computerspielen. Erfolgreiche Filmserien wie »Blade« werden als Fernsehserien adaptiert. Die Medienkonzerne sind bemüht, die einmal erfolgreichen Erzählungen auf möglichst vielen medialen Plattformen zu vermarkten. Film- und Fernsehtexte werden so Teil einer konvergenten Medienwelt (vgl. Jenkins 2006; Keane 2007), in der sie zwar noch als diskrete Werke von den Zuschauern genutzt werden und der Analyse zugänglich sind, ihre soziale Bedeutung aber zunehmend im Kontext der konvergenten Medienumgebungen gesehen werden muss. Da Medienkonzerne auf eine internationale Vermarktung ihrer Filme und Fernsehformate zielen, muss von einem globalen Markt ausgegangen werden, auf dem es »Flüsse« und »Gegen-Flüsse« gibt (vgl. die Beiträge in Thussu 2007a). Die Globalisierung der Medien ist von durchaus widersprüchlichen Tendenzen geprägt.

In der Analyse kann herausgearbeitet werden, im Kontext welcher anderen medialen Ausprägungen eine bestimmte Erzählung als Film oder Fernsehsendung steht. Es können die typischen Muster der Narration, der Figurenzeichnung, des Einsatzes von Musik und Tanz im Rahmen der Produktionsbedingungen in einem kulturell geprägten Markt wie Bollywood, Hollywood oder Europa analysiert werden. Es macht z.B. einen Unterschied, ob das Setting einer Show wie »Ich bin ein Star – Holt mich hier raus!« nur für die deutsche Produktion gebaut wurde oder ob es sich um ein Setting handelt, das von der englischen Produktionsfirma für das englische Originalformat geschaffen wurde und in dem nun die internationalen Adaptionen produziert werden.

Die Erkenntnisse, die aus einer Film- und Fernsehanalyse gewonnen werden sollen, können sich auf eine der fünf genannten Ebenen – Inhalt und Repräsentation, Narration und Dramaturgie, Figuren und Akteure, Ästhetik und Gestaltung sowie die Kontexte – richten. Alle Ebenen und Kontexte sind empirisch nicht voneinander zu trennen, in der konkreten Kommunikation von Film- und

Fernsehtexten mit Zuschauern bedingen sie sich gegenseitig. In ihrem Zusammenwirken zeigt sich die Komplexität der Film- und Fernsehkommunikation. Für die Analyse ist es wichtig, die einzelnen Ebenen und die Kontexte zu trennen, um so den jeweiligen Beitrag zum Gelingen (oder Misslingen) der Kommunikation herausarbeiten zu können.

Fragen zum Verständnis

- Warum ist eine Film- und Fernsehanalyse ohne theoretische Annahmen sinnlos?
- Was macht die Spezifik von Film- und Fernsehbildern im Gegensatz zur Fotografie oder Kunst aus?
- Auf welche fünf Ebenen kann sich das Erkenntnisinteresse der Analyse richten?
- Wie ist das Verhältnis von Inhalt und Repräsentation zu beschreiben?
- Was kennzeichnet eine Erzählung?
- Welche Aufgabe hat die Dramaturgie?
- Welche Rolle spielen Narration und Dramaturgie für die Aktivitäten der Zuschauer?
- Worin unterscheiden sich Figuren und Charaktere auf der einen Seite und Akteure auf der anderen Seite?
- Wie werden Personen wahrgenommen?
- Welche Rolle spielen Ästhetik und Gestaltung bei der Film- und Fernsehkommunikation?
- Welche Gestaltungsmittel kann man bei Film und Fernsehen unterscheiden?
- Wie wirken sich die Kontexte Gattungen und Genres, Intertextualität, Diskurs, Lebenswelten sowie Produktion und Markt auf die Film- und Fernsehtexte als Kommunikationsmedien aus?

2.6   Zitierte Literatur

Affron, Charles/Affron, Mirella Jona (1995): Sets in Motion. Art Direction and Film Narrative. New Brunswick, NJ

Alexowitz, Myriam (2003): Traumfabrik Bollywood. Indisches Mainstream-Kino. Bad Honnef

Appeldorn, Werner van (1995): Programme für Zuschauer. Eine moderne Dramaturgie. Köln

Armer, Alan A. (2000): Lehrbuch der Film- und Fernsehregie. Frankfurt a.M. (Erstausgabe 1997; Originalausgabe 1986)

Armes, Roy (1994): Action and Image. Dramatic Structure in Cinema. Manchester/New York

Bachmair, Ben (1996): Fernsehkultur. Subjektivität in einer Welt bewegter Bilder. Opladen

Baker, Robin (1993): Computer Technology and Special Effects in Contemporary Cinema. In: Hayward, Philip/Wollen, Tana (Hrsg.): Future Visions. New Technologies of the Screen. London, S. 31–45

Bartel, Frank/Kock, Ingo (Hrsg.) (2006): Tonkunst. Filmkunst und Sound Design. Berlin

Bartsch, Anne/Eder, Jens/Fahlenbrach, Kathrin (Hrsg.) (2007): Audiovisuelle Emotionen. Emotionsdarstellung und Emotionsvermittlung durch audiovisuelle Medienangebote. Köln

Beller, Hans (Hrsg.) (1993): Handbuch der Filmmontage. München

Belton, John (1994): American Cinema/American Culture. New York u.a.

Bennett, Tony/Woollacott, Janet (1987): Bond and Beyond. The Political Career of a Popular Hero. London

Berger, Arthur Asa (1997): Narratives in Popular Culture, Media, and Everyday Life. Thousand Oaks u.a.

Berger, Peter L./Luckmann, Thomas (1980): Die gesellschaftliche Konstruktion der Wirklichkeit. Eine Theorie der Wissenssoziologie. Frankfurt a.M. (Originalausgabe 1966)

Bertram, Sacha (2005): VFX. Konstanz

Bildhauer, Katharina (2007): Drehbuch reloaded. Erzählen im Kino des 21. Jahrhunderts. Konstanz

Bordwell, David (1990): Narration in the Fiction Film. London (Erstausgabe 1985)

Bordwell, David (1992): Kognition und Verstehen. Sehen und Vergessen in »Mildred Pierce«. In: Montage/AV, 1/1, S. 5–24

Bordwell, David (2000): Planet Hong Kong. Popular Cinema and the Art of Entertainment. Cambridge, MA/London

Bordwell, David (2001): Visual Style in Cinema. Vier Kapitel Filmgeschichte. Frankfurt a.M.

Bordwell, David (2006): The Way Hollywood Tell It. Story and Style in Modern Movies. Berkeley u.a.

Bordwell, David/Staiger, Janet/Thompson, Kristin (1988): The Classical Hollywood Cinema. Film Style & Mode of Production to 1960. London

Bordwell, David/Thompson, Kristin (1993): Film Art. An Introduction. New York u.a. (4. Auflage; Erstausgabe 1979)

Branigan, Edward (1992): Narrative Comprehension and Film. London

Brütsch, Matthias/Hediger, Vinzenz/Keitz, Ursula von/Schneider, Alexandra/Tröhler, Margrit (Hrsg.): Kinogefühle. Emotionalität und Film. Marburg

Bruhn Jensen, Klaus (1995): The Social Semiotics of Mass Communication. London u.a.

Bukatman, Scott (2003): Matters of Gravity. Special Effects and Supermen in the 20th Century. Durham/London

Bullerjahn, Claudia (2001): Grundlagen der Wirkung von Filmmusik. Augsburg

Casetti, Francesco (1986): Dentro lo Sguardo. Il Film e il suo Spettatore. Milano

Casetti, Francesco (1994): The Communicative Pact. In: Müller, Jürgen E. (Hrsg.): Towards a Pragmatics of the Audiovisual. Theory and History. Volume 1. Münster, S. 21–31

Casetti, Francesco/di Chio, Federico (1994): Analisi del Film. Milano (6. Auflage; Erstausgabe 1990)

Casey, Bernadette/Casey, Neil/Calvert, Ben/French, Liam/Lewis, Justin (2002): Television Studies. The Key Concepts. London/New York

Chatman, Seymour (1990): Coming to Terms. The Rhetoric of Narrative in Fiction and Film. Ithaka/London

Chatman, Seymour (1993): Story and Discourse. Narrative Structure in Fiction and Film. Ithaka/London (Erstausgabe 1978)

Danesi, Marcel (2002): Understanding Media Semiotics. London/New York

Dancyger, Ken (2007): The Technique of Film and Video Editing. History, Theory, and Practice. Amsterdam u.a. (4. Auflage; Erstausgabe 1993)

Doane, Mary Ann (1991): Femmes Fatales. Feminism, Film Theory, Psychoanalysis. New York/London

Dölling, Evelyn (2001): Multimediale Texte: Multimodalität und Multicodalität. In: Hess-Lüttich, Ernest W. B. (Hrsg.): Medien, Texte und Maschinen. Angewandte Mediensemiotik. Wiesbaden, S. 35–49

Döveling, Katrin (2005): Emotionen – Medien – Gemeinschaft. Eine kommunikationssoziologische Analyse. Wiesbaden

Dunker, Achim (2007): »Die chinesische Sonne scheint immer von unten.« Licht- und Schattengestaltung im Film. Konstanz (4., aktualisierte und erweiterte Auflage; Erstausgabe 1993)

Eco, Umberto (1977): Das offene Kunstwerk. Frankfurt a.M. (Originalausgabe 1962)

Eco, Umberto (1987): Lector in fabula. Die Mitarbeit der Interpretation in erzählenden Texten. München/Wien (Originalausgabe 1979)

Eder, Jens (1999): Dramaturgie des populären Films. Drehbuchpraxis und Filmtheorie. Hamburg

Eder, Jens (2006): Imaginative Nähe zu Figuren. In: Montage/AV, 15, 2, S. 135–160

Eder, Jens (2008): Die Figur im Film. Grundlagen der Figurenanalyse. Marburg

Ehlich, Konrad (Hrsg.) (1980): Erzählen im Alltag. Frankfurt a.M.

Eick, Dennis (2006): Drehbuchtheorien. Eine vergleichende Analyse. Konstanz

Ellis, John (1992): Visible Fictions. Cinema, Television, Video. London/New York (Erstausgabe 1982)

Elsaesser, Thomas/Buckland, Warren (2002): Studying Contemporary American Film. A Guide to Movie Analysis. London/New York

Eurich, Claus (1980): Kommunikative Partizipation und partizipative Kommunikationsforschung. Frankfurt a.M.

Fairclough, Norman (1995): Media Discourse. London u.a.

Fairservice, Don (2001): Film Editing. History, Theory and Practice. Manchester/New York

Field, Syd/Märtesheimer, Peter/Längsfeld, Wolfgang u.a. (1987): Drehbuchschreiben für Film und Fernsehen. Ein Handbuch für Ausbildung und Praxis. München

Fiske, John (1987): Television Culture. London/New York

Fiske, John (1990): Introduction to Communication Studies. London/New York (Erstausgabe 1982)

Fiske, John (1994): Media Matters. Everyday Culture and Political Change. Minneapolis/London

Fiske, John/Hartley, John (1996): Reading Television. London/New York (Erstausgabe 1978)

Flückiger, Barbara (2007): Sound Design. Die virtuelle Klangwelt des Films. Marburg (3. Auflage; Erstausgabe 2001)

Foucault, Michel (1977): Die Ordnung des Diskurses. Frankfurt a.M. u.a. (Originalausgabe 1971)

Fritzsche, Bettina (2003): Pop-Fans. Studie einer Mädchenkultur. Opladen

Gans, Thomas (1999): Filmlicht. Handbuch der Beleuchtung im dramatischen Film. Aachen

Gauntlett, David (2002): Media, Gender and Identity. London/New York

Genette, Gérard (1994): Die Erzählung. München (Originalausgabe 1972)

Giesen, Rolf (1985): Special Effects. Die Tricks im Film. Vom Spiegeleffekt bis zur Computeranimation. Ebersberg

Gleich, Uli (1996): Sind Fernsehpersonen die »Freunde« des Zuschauers? Ein Vergleich zwischen parasozialen und realen sozialen Beziehungen. In: Vorderer, Peter (Hrsg.): Fernsehen als »Beziehungskiste«. Parasoziale Beziehungen und Interaktionen mit TV-Personen. Opladen, S. 113–144

Grau, Oliver/Keil, Andreas (2005): Mediale Emotionen. Zur Lenkung von Gefühlen durch Bild und Sound. Frankfurt a.M.

Grodal, Torben (1997): Moving Pictures. A New Theory of Film Genres, Feelings, and Cognition. Oxford/New York

Grossberg, Lawrence/Wartella, Ellen/Whitney, D. Charles (1998): Media Making. Mass Media in a Popular Culture. Thousand Oaks u.a.

Habermas, Jürgen (1988): Theorie des kommunikativen Handelns. Band 2: Zur Kritik der funktionalistischen Vernunft. Frankfurt a.M. (Erstausgabe 1981)

Hall, Stuart (1997): The Work of Representation. In: Ders. (Hrsg.): Representation. Cultural Representations and Signifying Practices. London u.a., S. 13–74

Hant, Peter (1992): Das Drehbuch. Praktische Filmdramaturgie. Waldeck

Hartley, John (1994): Representation. In: O'Sullivan, Tim/Ders./Saunders, Danny/ Montgomery, Martin/Fiske, John (Hrsg.): Key Concepts in Communication and Cultural Studies. London/New York, S. 265–266

Hartmann, Britta/Wulff, Hans. J. (1997): Erzählung. In: Rother, Rainer (Hrsg.): Sachlexikon Film. Reinbek, S. 79–81

Haubl, Rolf (1994): Psychoanalytische Medientheorie. Ein Beitrag zu einer interdisziplinären kritischen Medienwissenschaft und Medienpädagogik. In: Medien Praktisch, 18/1, S. 4–11

Hepp, Andreas (1999): Cultural Studies und Medienanalyse. Eine Einführung. Opladen/ Wiesbaden

Hermes, Joke (1999): Media Figures in Identity Construction. In: Alasuutari, Pertti (Hrsg.): Rethinking the Media Audience. London u.a., S. 69–85

Hess-Lüttich, Ernest W. B. (1997): Text, Intertext, Hypertext – Zur Texttheorie der Hypertextualität. In: Klein, Josef/Fix, Ulla (Hrsg.): Textbeziehungen. Linguistische und literaturwissenschaftliche Beiträge zur Intertextualität. Tübingen, S. 125–148

Hickethier, Knut (2007): Film- und Fernsehanalyse. Stuttgart/Weimar (4., aktualisierte und erweiterte Auflage; Erstausgabe 1993)

Hiltunen, Ari (1999): Aristoteles in Hollywood. Das neue Standardwerk der Dramaturgie. Bergisch Gladbach

Hippel, Klemens (1992): Parasoziale Interaktion. Bericht und Bibliographie. In: Montage/ AV, 1/1, S. 135–150

Hippel, Klemens (1993): Parasoziale Interaktion als Spiel. Bemerkungen zu einer interaktionistischen Fernsehtheorie. In: Montage/AV, 2/2, S. 127–145

Hippel, Klemens (1998): Prolegomena zu einer pragmatischen Fernsehtheorie. Dissertation. Berlin

Hodge, Robert/Kress, Gunther (1988): Social Semiotics. Ithaka/New York

Horton, Donald/Wohl, R. Richard (1956): Mass Communication and Para-Social Interaction. Observations on Intimacy at a Distance. In: Psychiatry, 19, S. 215–229

Howard, David/Mabley, Edward (1996): Drehbuch Handwerk. Techniken und Grundlagen mit Analysen erfolgreicher Filme. Köln (Originalausgabe 1993)

Jenkins, Henry (2006): Convergence Culture. Where Old and New Media Collide. New York/London

Jewell, Richard B. (2007): The Golden Age of Cinema. Hollywood 1929–1945. Malden, MA u.a.

Jurga, Martin (1997): Texte als (mehrdeutige) Manifestationen von Kultur: Konzepte von Polysemie und Offenheit in den Cultural Studies. In: Hepp, Andreas/Winter, Rainer (Hrsg.): Kultur, Medien, Macht. Cultural Studies und Medienanalyse. Opladen, S. 127–142

Kabir, Nasreen Munni (2001): Bollywood. The Indian Cinema Story. London u.a.

Kanzog, Klaus (2007): Grundkurs Filmsemiotik. München

Kaur, Raminder/Sinha, Ajay J. (Hrsg.) (2005): Bollywood. Popular Indian Cinema through a Transnational Lens. New Delhi u.a.

Keane, Stephen (2007): CineTech. Film, Convergence and New Media. Basingstoke/New York

Keller, Matthias (1996): Stars and Sounds. Filmmusik – Die dritte Kinodimension. Kassel

Keppler, Angela (1995): Person und Figur. Identifikationsangebote in Fernsehserien. In: Montage/AV, 4/2, S. 85–99

Kessler, Frank (2002): Filmsemiotik. In: Felix, Jürgen (Hrsg.): Moderne Film Theorie. Mainz, S. 104–125

Kiener, Wilma (1999): Die Kunst des Erzählens. Narrativität in dokumentarischen und ethnographischen Filmen. Konstanz

Koebner, Thomas/Meder, Thomas (Hrsg.) (2006): Bildtheorie und Film. München

Kohlmann, Klaus (2007): Der computeranimierte Spielfilm. Forschungen zur Inszenierung und Klassifizierung des 3-D-Computer-Trickfilms. Bielefeld

Knauss, Sibylle (1995): Schule des Erzählens. Ein Leitfaden. Frankfurt a.M.

Krützen, Michaela (2004): Dramaturgie des Films. Wie Hollywood erzählt. Frankfurt a.M.

Krützen, Michaela (2007): Väter, Engel, Kannibalen. Figuren des Hollywoodkinos. Frankfurt a.M.

Lack, Russell (1997): Twenty Four Frames Under. A Buried History of Film Music. London

Lämmert, Eberhart (1991): Bauformen des Erzählens. Stuttgart (Erstausgabe 1955)

Leeuwen, Theo van (1999): Speech, Music, Sound. Basingstoke/London

Marschall, Susanne (Hrsg.) 2006: Indien. Film-Konzepte 4. München

Maye, Harun/Reiber, Cornelius/Wegmann, Nikolaus (Hrsg.) (2007): Original/Ton. Zur Mediengeschichte des O-Tons. Konstanz

Mayne, Judith (1993): Cinema and Spectatorship. London/New York

Mayring, Philipp (2007): Qualitative Inhaltsanalyse. Grundlagen und Techniken. Weinheim (9. Auflage; Erstausgabe 1983)

Mayring, Philipp/Hurst, Alfred (2005): Qualitative Inhaltsanalyse. In: Mikos, Lothar/ Wegener, Claudia (Hrsg.): Qualitative Medienforschung. Ein Handbuch. Konstanz, S. 436–444

McClean, Shilo T. (2007): Digital Storytelling. The Narrative Power of Visual Effects in Film. Cambridge, MA/London

Metz, Christian (1972): Semiologie des Films. München (Originalausgabe 1978)

Mikos, Lothar (1992): Fernsehen im Kontext von Alltag, Lebenswelt und Kultur. In: Rundfunk und Fernsehen, 40/4, S. 528–543

Mikos, Lothar (1994): Fernsehen im Erleben der Zuschauer. Vom lustvollen Umgang mit einem populären Medium. Berlin/München

Mikos, Lothar (1999a): Erinnerung, Populärkultur und Lebensentwurf. Identität in der multimedialen Gesellschaft. In: Medien Praktisch, 23/1, S. 4–8

Mikos, Lothar (1999b): Zwischen den Bildern – Intertextualität in der Medienkultur. In: Ammann, Daniel/Moser, Heinz/Vaissière, Roger (Hrsg.): Medien lesen. Der Textbegriff in der Medienwissenschaft. Zürich, S. 61–85

Mikos, Lothar (2001a): Fern-Sehen. Bausteine zu einer Rezeptionsästhetik des Fernsehens. Berlin

Mikos, Lothar (2001b): Ästhetik der Gewaltdarstellung in Film und Fernsehen. Genrespezifik und Faszination für Zuschauer. In: tv diskurs, 16, S. 16–21

Mikos, Lothar (2002): Fernsehkultur: Vermittler zwischen Lebenswelten. In: Haller, Michael (Hrsg.): Die Kultur der Medien. Untersuchungen zum Rollen- und Funktionswandel des Kulturjournalismus in der Mediengesellschaft. Münster, S. 93–106

Mikos, Lothar/Eichner, Susanne/Prommer, Elizabeth/Wedel, Michael (2007): Die »Herr der Ringe«-Trilogie. Attraktion und Faszination eines populärkulturellen Phänomens. Konstanz

Mikos, Lothar/Feise, Patricia/Herzog, Katja/Prommer, Elizabeth/Veihl, Verena (2000): Im Auge der Kamera. Das Fernsehereignis Big Brother. Berlin (2., neu bearbeitete und erweiterte Auflage)

Mikos, Lothar/Hoffmann, Dagmar/Winter, Rainer (Hrsg.) (2007): Mediennutzung, Identität und Identifikationen. Die Sozialisationsrelevanz der Medien im Selbstfindungsprozess von Jugendlichen. Weinheim/München

Miller, Toby/Govil, Nitin/McMurria, John/Maxwell, Richard (2001): Global Hollywood. London

Monsees, Michaela (1996): Broncho Billy's Erben: Die Westernhelden der 90er Jahre. Berlin: M.A.-Arbeit an der Freien Universität Berlin

Montfort, Nick (2003): Twisty Little Passages. An Approach to Interactive Fiction. Cambridge, MA/London

Moran, Albert (2006): Understanding the Global TV Format. Bristol/Portland, OR

Morris, Meaghan/Li, Siu Leung/Ching-kiu, Stephen Chan (Hrsg.) (2005): Hong Kong Connections. Transnational Imagination in Action Cinema. Durham u.a.

Mothes, Ulla (2001): Dramaturgie für Spielfilm, Hörspiel und Feature. Konstanz

Murch, Walter (2004): Ein Lidschlag, ein Schnitt. Die Kunst der Filmmontage. Berlin (Originalausgabe 1995)

Murray, Janet H. (1999): Hamlet on the Holodeck. The Future of Narrative in Cyberspace. Cambridge, MA (2. Auflage, Erstausgabe 1997)

Neale, Stephen (1981): Genre and Cinema. In: Bennett, Tony/Boyd-Bowman, Susan/Mercer, Colin/Woollacott, Janet (Hrsg.): Popular Television and Film. London

Neubauer, Jan/Wenzel, Silke (Hrsg.) (2001): Nebensache Musik. Beiträge zur Musik in Film und Fernsehen. Hamburg

Nieding, Gerhild (1997): Ereignisstrukturen im Film und die Entwicklung des räumlichen Denkens. Berlin

Odin, Roger (1994): Sémio-pragmatique du cinéma et de l'audiovisuel. Modes et institutions. In: Müller, Jürgen E. (Hrsg.): Towards a Pragmatics of the Audiovisual. Theory and History. Volume 1. Münster, S. 33–46

Ohler, Peter (1994): Kognitive Filmpsychologie. Verarbeitung und mentale Repräsentation narrativer Filme. Münster

Ohler, Peter/Nieding, Gerhild (2002): Kognitive Filmpsychologie zwischen 1990 und 2001. In: Sellmer, Jan/Wulff, Hans J. (Hrsg.): Film und Psychologie – nach der kognitiven Phase? Marburg, S. 9–40

Ondaatje, Michael (2005): Die Kunst des Filmschnitts. Gespräche mit Walter Murch. München/Wien (Originalausgabe 2002)

Parker, Philip (2005): Die Kreative Matrix. Kunst und Handwerk des Drehbuchschreibens. Konstanz

Pfister, Manfred (1988): Das Drama. Theorie und Analyse. München (Erstausgabe 1982)

Pierson, Michele (2002): Special Effects. Still in Search of Wonder. New York

Plantinga, Carl/Smith, Greg M. (Hrsg.) (1999): Passionate Views. Film, Cognition, and Emotion. Baltimore/London

Prümm, Karl/Bierhoff, Silke/Körnich, Matthias (Hrsg.) (1999): Kamerastile im aktuellen Film. Berichte und Analysen. Marburg

Rabenalt, Peter (1999): Filmdramaturgie. Berlin

Reisz, Karel/Millar, Gavin (1988): Geschichte und Technik der Filmmontage. München (Originalausgabe 1953)

Ricœur, Paul (1988–1991): Zeit und Erzählung. 3 Bände. München

Rowe, Allan (1996): Film Form and Narrative. In: Nelmes, Jill (Hrsg.): An Introduction to Film Studies. London/New York, S. 87–120

Salt, Barry (1992): Film Style and Technology. History and Analysis. London (2. Auflage; Erstausgabe 1983)

Sandvoss, Cornel (2005): Fans. The Mirror of Consumption. Cambridge/Malden, MA

Schick, Thomas/Ebbrecht, Tobias (Hrsg.) (2008): Emotion – Empathie – Figur: Spielformen der Filmwahrnehmung. Berlin

Schmige, Hartmann (o.J.): Eisenstein, Bazin, Kracauer. Zur Theorie der Filmmontage. Hamburg

Schülein, Frieder/Stückrath, Jörn (1997): Erzählen. In: Brackert, Helmut/Stückrath, Jörn (Hrsg.): Literaturwissenschaft. Ein Grundkurs. Reinbek, S. 54–71 (Erstausgabe 1992)

Schütz, Alfred (1991): Der sinnhafte Aufbau der sozialen Welt. Eine Einleitung in die verstehende Soziologie. Frankfurt a.M. (Erstausgabe 1932)

Schumm, Gerhard (1989: Der Film verliert sein Handwerk. Montagetechnik und Filmsprache auf dem Weg zur elektronischen Postproduktion. Münster

Schwan, Stephan (2001): Filmverstehen und Alltagserfahrung. Grundzüge einer kognitiven Psychologie des Mediums Film. Wiesbaden

Schweinitz, Jörg (2006): Film und Stereotyp. Eine Herausforderung für das Kino und die Filmtheorie. Zur Geschichte eines Mediendiskurses. Berlin

Segeberg, Harro/Schätzlein, Frank (Hrsg.) (2005): Sound. Zur Technologie und Ästhetik des Akustischen in den Medien. Marburg

Seger, Linda (1997): Das Geheimnis guter Drehbücher. Berlin (Originalausgabe 1987)

Sellmer, Jan/Wulff, Hans J. (Hrsg.) (2002): Film und Psychologie – nach der kognitiven Phase? Marburg

Silverstone, Roger (1988): Television Myth and Culture. In: Carey, James W. (Hrsg.): Media, Myths, and Narratives. Television and the Press. Newbury Park u.a., S. 20–47

Smith, Jeff (1998): The Sounds of Commerce. Marketing Popular Film Music. New York

Smith, Murray (1995): Engaging Characters. Fiction, Emotion, and the Cinema. Oxford/New York

Solbach, Andreas (2004): Film und Musik: Ein klassifikatorischer Versuch in narratologischer Absicht. In: Augen-Blick, 35, S. 8–21

Sottong, Hermann/Müller, Michael (1998): Zwischen Sender und Empfänger. Eine Einführung in die Semiotik der Kommunikationsgesellschaft. Berlin

Stam, Robert/Burgoyne, Robert/Flitterman-Lewis, Sandy (1992): New Vocabularies in Film Semiotics. Structuralism, Post-Structuralism and Beyond. London/New York

Tan, Ed S. (1996): Emotion and the Structure of Narrative Film. Film as an Emotion Machine. Mahwah, NJ

Taylor, Lisa/Willis, Andrew (1999): Media Studies. Texts, Institutions and Audiences. Oxford/Malden, MA

Teo, Stephen (1997): Hong Kong Cinema. The Extra Dimensions. London

Thompson, Kristin (2003a): Storytelling in Film and Television. Cambridge, MA/London

Thompson, Kristin (2003b): Fantasy, Franchises, and Frodo Baggins. »The Lord of the Rings« and Modern Hollywood. In: The Velvet Light Trap, 52, S. 45–63

Thussu, Daya Kishan (Hrsg.) (2007a): Media on the Move. Global Flow and Contra-flow. London/New York

Thussu, Daya Kishan (2007b): Mapping Global Media Flow and Contra-flow. In: Ders. (Hrsg.): Media on the Move. Global Flow and Contra-flow. London/New York, S. 11–32

Tolson, Andrew (1996): Mediations. Text and Discourse in Media Studies. London u.a.

Tröhler, Margrit (2007): Offene Welten ohne Helden. Plurale Figurenkonstellationen in Film. Marburg

Vale, Eugene (1992): Die Technik des Drehbuchschreibens für Film und Fernsehen. München (Erstausgabe 1987, Originalausgabe 1982)

Vernet, Marc (2006): Die Figur im Film. In: Montage/AV, 15/2, S. 11–44

Vineyard, Jeremy (2001): Crashkurs Filmauflösung. Kameratechniken und Bildsprache des Kinos. Frankfurt a.M. (Originalausgabe 1999)

Vorderer, Peter (Hrsg.) (1996): Fernsehen als »Beziehungskiste«. Parasoziale Beziehungen und Interaktionen mit TV-Personen. Opladen

Wasko, Janet (2003): How Hollywood Works. London u.a.

Wegener, Claudia (2005): Inhaltsanalyse. In: Mikos, Lothar/Dies. (Hrsg.): Qualitative Medienforschung. Ein Handbuch. Konstanz, S. 200–208

Weihsmann, Helmut (1988): Gebaute Illusionen. Architektur im Film. Wien

Wierth-Heining, Mathias (2004): Filmrezeption und Mädchencliquen. Medienhandeln als sinnstiftender Prozess. München

Wilson, Tony (1993): Watching Television. Hermeneutics, Reception and Popular Culture. Oxford/Cambridge, MA

Winter, Carsten/Thomas, Tanja/Hepp, Andreas (Hrsg.) (2003): Medienidentitäten. Identität im Kontext von Globalisierung und Medienkultur. Köln

Winter, Rainer (1997): Cultural Studies als kritische Medienanalyse. Vom »encoding/decoding«-Modell zur Diskursanalyse. In: Hepp, Andreas/Ders. (Hrsg.): Kultur, Medien, Macht. Cultural Studies und Medienanalyse. Opladen, S. 47–63

Winter, Rainer (1998): Dekonstruktion von »Trainspotting«. Filmanalyse als Kulturanalyse. In: Medien Praktisch, Sonderheft Texte 1, S. 38–49

Winter, Rainer (2001): Die Kunst des Eigensinns. Cultural Studies als Kritik der Macht. Weilerswist

Wirth, Werner/Lauf, Edmund (Hrsg.) (2001): Inhaltsanalyse. Perspektiven, Probleme, Potentiale. Köln

Wulff, Hans J. (1998): Semiotik der Filmanalyse. Ein Beitrag zur Methodologie und Kritik filmischer Werkanalyse. In: Kodikas/Code, 21/1–2, S. 19–36

Wulff, Hans J. (1999): Darstellen und Mitteilen. Elemente einer Pragmasemiotik des Films. Tübingen

Wuss, Peter (1992): Der Rote Faden der Filmgeschichten und seine unbewußten Komponenten. Topik-Reihen, Kausal-Ketten und Story-Schemata – drei Ebenen der filmischen Narration. In: Montage/AV, 1/1, S. 25–35

Wuss, Peter (1999): Filmanalyse und Psychologie. Strukturen des Films im Wahrnehmungsprozeß. Berlin (2., durchgesehene und erweiterte Auflage; Erstausgabe 1993)

3. Systematik der Analyse

Wenn Filme und Fernsehsendungen als Kommunikationsmedien verstanden werden, dann tritt auch der analysierende Wissenschaftler mit ihnen in ein kommunikatives Verhältnis. Allerdings ist dieses Verhältnis auf eine andere Art und Weise konstituiert als bei einer »normalen« Rezeption eines Medienkonsumenten. Die Unterschiede betreffen sowohl die Rezeptionssituation als auch den Umgang mit den Filmen und Fernsehsendungen. Filme im Kino werden meistens in Gegenwart anderer Kinobesucher in einem abgedunkelten Raum konsumiert, und die Zuschauer können sich vom Film auf der Leinwand überwältigen lassen. Die Fernsehrezeption findet in der Regel im häuslichen Ambiente, je nach Aufstellungsort des Fernsehers vielleicht auf der Wohnzimmercouch, auf dem Küchenstuhl oder im Bett statt, und die Zuschauer wenden sich neben anderen Tätigkeiten möglicherweise nur gelegentlich dem Bildschirm zu. Der Analysierende richtet jedoch seine ganze Aufmerksamkeit auf das Objekt seiner Arbeit, sei es in einem Seminarraum oder am heimischen Schreibtisch. Das trifft auch dann zu, wenn es sich nicht um das wiederholte Anschauen einer aus der alltäglichen Rezeption bekannten Fernsehsendung handelt, sondern wenn im Seminar erstmals vor der kontrollierten Kulisse eines Dozenten-Studenten-Verhältnisses ein bisher unbekannter Film angeschaut wird.

Während es in der Rezeptionssituation im Kino oder vor dem Fernsehgerät zu einer Interaktion zwischen Film- oder Fernsehtext und Zuschauer kommt, bei der eine gewisse Autorität des Textes gewahrt bleibt, ändert sich dieses Verhältnis in der Analysesituation. Hier kommt es aufgrund des Erkenntnisinteresses, das aus verschiedenen theoretischen Annahmen gespeist wird, zu einer Autorität der Analysierenden gegenüber dem Film- oder Fernsehtext (vgl. auch Elsaesser/Buckland 2002, S. 287). Während in der Rezeptionssituation der Film oder die Fernsehsendung die Aktivitäten der Zuschauer vorstrukturiert, strukturieren in der Analysesituation die Wissenschaftler die Analyseaktivitäten vor, mit denen der Film- oder Fernsehtext untersucht wird. Man könnte sagen, dass in der Analyse die Wissenschaftler als besondere Zuschauer dem Film ein theoretisches Vorverständnis entgegenbringen und sich damit auf eine metakommunikative Ebene begeben, die das kommunikative Verhältnis zwischen Film- oder

Fernsehtext und »normalen« Zuschauern reflektiert. Die Analysierenden folgen in ihrer Arbeit einer paradoxen Doppelbewegung: Einerseits müssen sie sich der Bedingungen und Strukturen der »normalen« Rezeption bewusst sein, andererseits müssen sie aber genau von diesen Bedingungen und Strukturen abstrahieren, um einer methodisch kontrollierten Analyse nachzugehen. Diese Abstraktion ist notwendig, um zum Gegenstand der Untersuchung eine passende Distanz aufzubauen (vgl. Casetti/di Chio 1994, S. 8 ff.). Aber was ist nun eigentlich unter einer Analyse zu verstehen und was macht sie aus?

Generell kann festgestellt werden, dass es sich bei der Film- und Fernsehanalyse um eine systematische, methodisch kontrollierte und reflektierte Beschäftigung mit einem Film oder einer Fernsehsendung bzw. einer Gruppe von Filmen oder Fernsehsendungen (vgl. Faulstich 1988, S. 7; Wulff 1998, S. 23) als Kommunikat (Kuchenbuch 2005, S. 27) handelt, deren Ziel es ist, herauszuarbeiten, wie Film- oder Fernsehtexte im kontextuellen Rahmen das kommunikative Verhältnis mit ihren Zuschauern gestalten (vgl. auch Barker 2000, S. 175) und wie sie Bedeutung bilden (vgl. auch Elsaesser/Buckland 2002, S. 13; Geiger/ Rutsky 2005, S. 18), sowohl in Bezug auf die Kohärenz der Erzählung und der Repräsentation als auch in Bezug auf mögliche Lesarten der Zuschauer.

Grundsätzlich muss zwischen Analyse, Beschreibung und Interpretation unterschieden werden. Bei der Analyse gilt es, die Komponenten eines Films oder einer Fernsehsendung systematisch herauszuarbeiten und diese in einem zweiten Arbeitsschritt in Beziehung zum gesamten Text, also dem Film oder der Fernsehsendung als Gesamtwerk, sowie zu den Kontexten zu stellen. Die Beschreibung ist eine sprachliche Operation, in der das auf der Leinwand oder dem Bildschirm Sichtbare in Worte gefasst wird. Es handelt sich gewissermaßen um die sprachliche Sicherung der Datenbasis, die der Analyse zugänglich sein soll. Die Interpretation folgt letztlich auf eine Analyse, denn sie stellt die Ergebnisse der Analyse in einen theoretischen und historischen Kontext. Beschreibung und Interpretation können mit Wuss (1999, S. 22) als Grundoperationen der Analyse angesehen werden.

Damit unterscheidet sich dieses Verständnis von Interpretation deutlich von jenem, das versucht, Analyse durch Interpretation zu ersetzen, indem in der Regel auf einzelne Aspekte des Inhalts und der Repräsentation eines Film- oder Fernsehtextes eingegangen wird, um sie im Sinne außerfilmischer theoretischer Annahmen zu deuten (vgl. zur Kritik daran Bordwell 1989). Dabei wird u.a. davon ausgegangen, dass ein Film oder eine Fernsehsendung gesellschaftliche Wirklichkeit spiegelt. Nach dem Maßstab der soziologischen Filminterpretation (vgl. Faulstich 1988, S. 56 ff.) erfolgt die Interpretation eines Films »unter dem Aspekt der Wiedergabe von Wirklichkeit« (Flicker 1998, S. 77). Es sollte jedoch klar sein, dass es bei Spielfilmen nicht um die Wiedergabe von Wirklichkeit geht, sondern um die Repräsentation von Wirklichkeit, die dramaturgisch und ästhetisch gestaltet ist. In Spielfilmen werden Geschichten erzählt, die auf Wirklichkeitseindrücken beruhen, aber nicht Wirklichkeit sind. Derartige Interpretationen zeigen nur, dass »der filmische Text als Ausdrucksfläche von Konstruktionen, Theorien und auch ›alltagswissenschaftlichen Annahmen‹ angesehen wird, die nicht spezifisch auf die filmischen Aussageformen hin konzipiert worden sind« (Wulff 1998, S. 29), und dass Film- und Fernsehtexte nicht als Medien der Kommunikation begriffen werden, weil sie lediglich darauf aus sind, die interpretativen Fähigkeiten des jeweiligen Wissenschaftlers unter Beweis zu stellen. Dazu zählen z.B. zahlreiche psychoanalytische Interpretationen von Filmen, die vor allem etwas über die psychoanalytischen Kenntnisse der Wissenschaftler aussagen, aber wenig über die Struktur der Filme (vgl. exempl. Doane 1991; Indick 2004; Lippert 2002; Wohlrab 2006). Die auf außerfilmischen Kategorien beruhenden Prozesse der Konstruktion von Bedeutungen sind nicht bewusst und werden auch nicht selbstreflexiv thematisiert. Derartige Interpretationen sind Bestandteil des Diskurses über Filme in den jeweiligen Gesellschaften und damit selbst Ausdruck der Ideologie, die sie vermeintlich am Film untersucht haben (vgl. dazu Mikos 1998, S. 4). Sie sind von Film- und Fernsehanalysen zu unterscheiden, die von einzelnen Fernsehsendungen oder Gruppen von Filmen ausgehen und diese systematisch vor dem Hintergrund film- und fernsehtheoretischer Annahmen untersuchen. Beschreibung und Interpretation sind für die Analyse unentbehrlich, ersetzen sie aber nicht.

Bei der Analyse sollten vor allem drei Probleme vergegenwärtigt werden: (1) die Flüchtigkeit des Gegenstandes (vgl. Bellour 1999a, S. 15; Blüher u.a. 1999, S. 5), (2) die prinzipielle Endlosigkeit (vgl. Wulff 1998, S. 22) bzw. Unabschließbarkeit (vgl. Bellour 1999a, S. 16) der Analysearbeit und (3) der Mangel an einer universellen Methode (vgl. Wulff 1998, S. 22). Letzterer führt zu einem Pluralismus an Methoden, die angemessen sowohl in Bezug zu den theoretischen Annahmen als auch zum jeweiligen Gegenstand, dem konkreten Film oder der konkreten Fernsehsendung sein müssen. Es gibt keinen Königsweg der Analyse, sehr wohl aber eine Systematik der Arbeitsschritte, die eine Analyse leiten und zu einer pragmatischen Lösung der genannten Probleme beitragen kann. Dazu bedarf es einer Operationalisierung, der Bestimmung von Hilfsmitteln für die Datensammlung und -auswertung sowie Überlegungen zur Darstellung der Analyseergebnisse.

3.1 Operationalisierung

Vor Beginn einer Analyse sind die Arbeitsschritte und die Arbeitsweise im Rahmen der zur Verfügung stehenden Zeit und des Analysezweckes festzulegen. Es macht einen Unterschied, ob die Analyse für ein mündliches Referat, eine schriftliche Hausarbeit, einen wissenschaftlichen Aufsatz, eine Diplom- oder Magisterarbeit, Dissertation, Habilitation oder im Rahmen eines größeren Forschungsprojekts, das zeitlich limitiert ist, angefertigt werden soll. Außerdem macht es einen Unterschied, ob die Analyse der wesentliche Gegenstand der Arbeit ist oder ob sie lediglich als Hilfsmittel dient, um beispielsweise im Rahmen einer Forschungsarbeit anhand einiger ausgewählter Filme das populäre Kino der fünfziger Jahre zu untersuchen. Aus Gründen der Forschungsökonomie ist eine Operationalisierung notwendig. Die Festlegung der Arbeitsschritte und der Arbeitsweise erfolgt auf der Grundlage der Beantwortung folgender Frage: *Was ist in einer gegebenen Zeit an welchem Gegenstand in welcher Weise zu leisten, um dem Erkenntnisinteresse und den sich daraus ableitenden Fragestellungen gerecht zu werden?*

Die Operationalisierung hat das Ziel, die prinzipiell endlose Analyse unter den gegebenen Bedingungen endlich und durchführbar zu machen. Es wird festgelegt, was in ihr geleistet werden soll, und zwar im Hinblick auf das Erkenntnisinteresse (vgl. Kapitel I.2). »Man muss daher Entscheidungen darüber treffen, welche Aspekte eines Films für eine aufschlussreiche Analyse relevant sind« (Geiger/Rutsky 2005, S. 29). Das lässt sich am besten durch konkrete Fragestellungen bewerkstelligen, die durch das Wechselspiel von Anschauung und theoretischer Reflexion gewonnen werden. Wenn z.B. die ästhetischen Strukturen postmoderner Hollywood-Filme der neunziger Jahre untersucht werden sollen, muss zunächst das Korpus der Filme, die diesem Kriterium genügen, bestimmt werden. Dann werden die Filme angeschaut, und es wird über sie im Rahmen theoretischer Bezüge nachgedacht. Daraus entwickeln sich die konkreten Fragestellungen. Bei dem genannten Beispiel könnte interessieren, wie verschiedene Genreaspekte miteinander verwoben werden oder wie Sexualität präsentiert wird. Anschließend wird das Korpus der Filme, die eingehend analysiert werden sollen, festgelegt. Dabei kann es sich möglicherweise auch nur um einen einzelnen Film handeln, der exemplarischen Charakter hat (z.B. im Rahmen eines Referats). Man muss sich darüber im Klaren sein, was man von den Filmen wissen will. Nur so kann die Analyse in Bezug auf ihr Erkenntnisinteresse eingegrenzt werden. Wie im vorangegangenen Kapitel 2 erläutert, kann es sich um einen oder mehrere folgender Aspekte handeln: Inhalt und Repräsentation, Dramaturgie und Narration, Figuren und Akteure, Ästhetik und Gestaltung oder Kontexte. Das ist notwendig, weil eine sogenannte »exhaustive Analyse«, in der ein Film nach allen nur erdenklichen Aspekten so vollständig wie möglich analysiert wird (vgl. dazu Wulff 1998, S. 23), in der Regel aus forschungsökonomischen Gründen nicht praktizierbar ist.

In der Literatur zur Film- und Fernsehanalyse sind verschiedene Systematiken für die Analyse vorgeschlagen worden: Einmal werden sie »Arbeitsschritte« genannt (vgl. Hickethier 2007, S. 32), einmal »Grundmuster der Analyse« (vgl. Schaaf 1980, S. 112) oder »Grundoperationen der Analyse« (vgl. Wuss 1999, S. 22), andere nennen es »Strecken der Analyse« (vgl. Casetti/di Chio 1994, S. 7) oder einfach »Systematik« (vgl. Korte 2004, S. 68). Einige Vorschläge sollen hier kurz dargestellt werden. Auf eine Kritik im Einzelnen wird dabei verzichtet.

Der umfangreichste Vorschlag stammt von Michael Schaaf (1980, S. 112 f.), der zehn Arbeitsschritte unterscheidet: (1) Analyseziel, (2) Bedeutung – damit ist »eine kurze filmgeschichtliche Charakteristik« gemeint, (3) Einführung – dazu zählen Daten über den Regisseur, die Entstehung des Films etc., (4) Inhalt, (5) Thema, (6) Darstellungsweise, (7) Gestaltung, (8) Wirkung – dabei geht es um die Rezeption des Films, (9) Auswertung, in der die Ergebnisse der verschiedenen Analysestufen zusammengefasst werden, und (10) Kritik, die eine abschließende Bewertung enthält.

Knut Hickethier (2007, S. 32 f.) geht davon aus, dass das erste subjektive Verständnis eines Films oder einer Fernsehsendung der erste Arbeitsschritt ist. Dem folgen als weitere Schritte die Bewusstmachung des Kontextes der eigenen Lesart bzw. Wahrnehmung, danach die Analyse, »in der nun die Struktur des Produkts und seine film- bzw. fernsehästhetische Gestaltung untersucht wird, seine Ausdrucksformen ermittelt und der Bezug des Films zu den filmischen und fernseheigenen Traditionen und die in ihm vorhandenen Bedeutungspotentiale entschlüsselt werden« (ebd., S. 32). Auf diese eigentliche Analyse folgt die Erschließung der Kontexte, zu denen der Autor die Entstehung, Produktion, Distribution und Rezeption zählt, bevor letztendlich alle bisherigen Arbeitsschritte in einen Zusammenhang gebracht und zueinander in Beziehung gesetzt werden.

Auch Francesco Casetti und Federico di Chio (1994, S. 14 ff.) schlagen vor, die Analyse mit einem vorläufigen Verständnis des Films zu beginnen. Es folgen die Entwicklung explorativer Hypothesen, die Begrenzung des Korpus und die Wahl der Methode. Danach geht es darum, die Aspekte der Analyse zu bestimmen (z.B. die Repräsentation, die Narration etc.), bevor sie in vier Schritten durchgeführt wird (vgl. ebd., S. 11 ff.): (1) Erkennen der Einzelteile, (2) Verstehen durch Zusammenfügen der Einzelteile, (3) Beschreiben und (4) Interpretieren der Ergebnisse. Die wesentlichen Operationen der Analyse sind das Segmentieren (das Zerlegen in Einzelteile) und das Stratifizieren (die Bildung von Ebenen), das Nummerieren und das Ordnen.

Für Helmut Korte (2004, S. 68) hingegen beginnt die Analyse mit einer kurzen »Inhaltsbeschreibung des Handlungsablaufs als Erinnerungshilfe« (ebd.), bevor es zu einer Problematisierung und der Entwicklung einer Fragestellung kommt. Dem folgt eine formal-inhaltliche Bestandsaufnahme, die in einer weiteren Konkretisierung der Fragestellung mündet. Es schließt sich die eigentliche Analyse an, der die Interpretation folgt. Diese führt zu einer historischen Verankerung des Films und zur »Ermittlung der potentiellen Lesarten und zeitgenössisch dominanten Rezeptionsangebote« (ebd.). Die »Verallgemeinerung« stellt den letzten Arbeitsschritt dar, in dem die wichtigsten Ergebnisse zusammengefasst und vor dem Hintergrund theoretischer und historischer Zusammenhänge bewertet werden. Die genannten Arbeitsschritte beziehen sich auf vier Dimensionen der Filmanalyse, die Korte bestimmt (vgl. ebd., S. 23 ff.): (1) die Filmrealität, zu der die Ermittlung aller am Film selbst feststellbaren Daten gehört, (2) die Bedingungsrealität, zu der die Kontextfaktoren der Produktion zählen, (3) die Bezugsrealität, zu der die »Erarbeitung der inhaltlichen, historischen Problematik, die im Film thematisiert wird« (ebd., S. 24), gehört, und (4) die Wirkungsrealität, zu der die Aufarbeitung der Rezeptionsgeschichte zählt. Allerdings muss sich eine Analyse meines Erachtens nicht zwangsläufig auf alle vier der von Korte genannten Dimensionen erstrecken. Das Erkenntnisinteresse kann sich z.B. auch nur auf Teilaspekte der Filmrealität beziehen.

3.2   Arbeitsschritte

Unabhängig von Umfang und Art der Analyseschritte besteht weitgehend Einigkeit darüber, dass vier Tätigkeiten grundlegend für die Film- und Fernsehanalyse sind: (1) Beschreiben, (2) Analysieren, (3) Interpretieren und (4) Bewerten (vgl. Branigan 1993, S. 8; Casetti/di Chio 1994, S. 11 ff.; Elsaesser/Buckland 2002, S. 284 ff.; Korte 2004, S. 68; Wuss 1999, S. 22 f.). Sie können als Grundoperationen angesehen werden und müssen sich in der Abfolge der Arbeitsschritte wiederfinden lassen, die bei der Operationalisierung für eine konkret durchzuführende Analyse festgelegt werden. Hier sollen konkrete Schritte zur

Analysearbeit empfohlen werden, die letztlich unabhängig von Erkenntnisinteressen und Zwecken die Analyse einer einzelnen Fernsehsendung oder einer Gruppe von Filmen erleichtern sollen.

Meines Erachtens sind vierzehn Arbeitsschritte sinnvoll:

1. Entwicklung eines allgemeinen Erkenntnisinteresses
2. Anschauung des Materials
3. Theoretische und historische Reflexion
4. Konkretisierung des Erkenntnisinteresses
5. Entwicklung der Fragestellung(en)
6. Eingrenzung des Materials bzw. Bildung des Analysekorpus
7. Festlegung der Hilfsmittel
8. Datensammlung
9. Beschreibung der Datenbasis
10. Analyse der Daten – Bestandsaufnahme der Komponenten der Filme oder Fernsehsendungen
11. Auswertung – Interpretation und Kontextualisierung der analysierten Daten
12. Evaluation I – Bewertung der analysierten und interpretierten Daten
13. Evaluation II – Bewertung der eigenen Ergebnisse gemessen am Erkenntnisinteresse und der Operationalisierung
14. Präsentation der Ergebnisse

Im Folgenden werden diese Arbeitsschritte genauer beschrieben.

1. Entwicklung eines allgemeinen Erkenntnisinteresses

Bevor mit einer Analyse begonnen wird, sollte aus dem weiten Feld theoretischer oder historischer Ansätze und Annahmen ein allgemeines Erkenntnisinteresse entwickelt werden. Das kann sich sowohl auf eine Gruppe von Filmen als auch auf eine einzelne Fernsehsendung beziehen. So können die Filme des italienischen Neorealismus oder die Science-Fiction-Filme der sechziger Jahre ebenso interessieren wie die Quizshow »Wer wird Millionär?« oder die Krankenhaus-Serie »Grey's Anatomy«. Eine Annäherung von allgemeinen theoretischen Überlegungen an ein Korpus von Fernsehsendungen könnte beispielsweise die Repräsentation von Ausländern im deutschen Fernsehkrimi beinhalten, und ein filmhistorischer Ansatz könnte sich z.B. auf die Entwicklung der Soundtechnik im Actionfilm der neunziger Jahre beziehen. Das allgemeine Erkenntnisinteresse muss sich nicht, kann sich aber auch bereits an den in Kapitel 2 genannten fünf Ebenen orientieren. Deutlich wird bereits, dass es bei der Analyse darum geht,

»sich auf das Exemplarische, das Besondere« einzulassen (Wulff 1998, S. 19). Es wird in diesem Sinn davon ausgegangen, dass sich z.B. die Entwicklung der Soundtechnik im Actionfilm der neunziger Jahre besser beobachten lässt als im Liebesfilm und dass sie für dieses Genre zu dieser Zeit charakteristisch ist oder dass »Wetten, dass ..?« eine besonders typische Samstagabend-Show ist.

2.   Anschauung des Materials

Eine Film- und Fernsehanalyse ohne Anschauung des Materials ist undenkbar. Geht es in der Analyse doch auch darum, die an sich flüchtige Seherfahrung festzuhalten und zu reflektieren. Das bewegte Bild wird in Worte übersetzt, um es gewissermaßen anzuhalten (vgl. Bellour 1999b, S. 19) und es dem Verstehen zugänglich zu machen. Wulff (1998, S. 20) spricht im Anschluss an Jakobson auch davon, dass die Analyse »als eine besondere Strategie, eine besondere, kontrollierte und explizite Form des ›Übersetzens‹ lokalisiert werden kann«. Denn im Zentrum der Analyse steht der Versuch, die Strukturiertheit und die Funktion des bewegten Bildes zu verstehen. Daher ist Film- und Fernsehanalyse auch als hermeneutisches Unterfangen zu begreifen. Dazu ist es jedoch unerlässlich, die bewegten Bilder anzuschauen, und zwar nicht nur einmal, sondern je nach Arbeitsschritt mehrfach. Ist das allgemeine Erkenntnisinteresse entwickelt, reicht es in der Regel aus, die Fernsehsendungen oder Filme einmal anzuschauen. Soll es z.B. um die Science-Fiction-Filme der sechziger Jahre gehen, sollten möglichst viele Filme dieses Genres angeschaut werden, um das Besondere an ihnen zu verstehen und im nächsten Arbeitsschritt zu reflektieren. Steht die Quizshow »Wer wird Millionär?« im Mittelpunkt der Aufmerksamkeit, sollten nicht nur mehrere Ausgaben dieser Show aus verschiedenen Jahren angeschaut werden, sondern auch andere Shows, um so einen ersten Eindruck von der Besonderheit bzw. Exemplarität von »Wer wird Millionär?« zu gewinnen.

Die Anschauung des Materials ist hier zwar als zweiter Arbeitsschritt aufgeführt, sie begleitet jedoch alle anderen Arbeitsschritte bis hin zur Präsentation der Analyse. Vom ersten bis zum letzten Arbeitsschritt ist die wiederholte Anschauung des Film- und Fernsehmaterials notwendig. Denn es geht nicht nur darum, das Besondere an dem jeweiligen Korpus von Filmen oder der einzelnen Fernsehsendung zu entdecken, sondern sich auch immer wieder der Analysearbeit, des Verstehens zu versichern. Die Analyse steht in einer doppelten Beziehung zum Material der bewegten Bilder: Einerseits werden ihre Erkenntnisse aus der Anschauung des Materials gewonnen, andererseits müssen diese gewonnenen Erkenntnisse immer wieder durch Anschauung überprüft werden.

Grundsätzlich gilt, dass Filme und Fernsehsendungen nicht nur in Ausschnitten, sondern immer in voller Länge angesehen werden müssen. Wenn Gegenstand der Analyse ist, die Komponenten des Films oder der Fernsehsendung herauszuarbeiten, die in ihrer Funktionalität sowohl für die Repräsentation und die Narration als auch für das kommunikative Verhältnis zu den Zuschauern verstanden werden sollen, dann müssen die strukturellen Komponenten auch in Bezug zur Gesamtheit des Films gesetzt werden können. Dazu muss der gesamte Film oder die gesamte Fernsehsendung gekannt werden. Vor allem im vierten Arbeitsschritt, wenn es um die Konkretisierung des Erkenntnisinteresses geht, ist dies besonders wichtig. In der späteren, konkreten Analyse können dann auch einzelne Bilder, Szenen oder Sequenzen genauer betrachtet werden – allerdings immer vor dem Hintergrund des gesamten Films.

3. Theoretische und historische Reflexion

Die Sichtung der Filme und Fernsehsendungen geht einher mit der Lektüre theoretischer oder historischer Abhandlungen, die im Rahmen des allgemeinen Erkenntnisinteresses relevant sind. Vor dem Hintergrund der gesichteten Filme und Fernsehsendungen wird nun Literatur recherchiert und gelesen. So können z.B. aus Büchern und Aufsätzen, die sich mit dem Genre des Science-Fiction-Films befassen, Anregungen für die Analyse gewonnen werden. Die Literatur zu Fernsehshows und Fernsehunterhaltung birgt z.B. manche Hinweise, die für die Konkretisierung des Erkenntnisinteresses bei einer Analyse von »Wer wird Millionär?« hilfreich sein können. Aus der gegenseitigen Befruchtung von Anschauung des Materials und der theoretischen sowie historischen Reflexion lässt sich das konkrete Erkenntnisinteresse entwickeln.

4. Konkretisierung des Erkenntnisinteresses

Mit dem konkreten Erkenntnisinteresse (vgl. Kapitel I.2) ist auch das Ziel der Analyse benannt. Es kann sich ebenso auf Inhalt und Repräsentation oder Narration und Dramaturgie eines einzelnen Films oder einer Gruppe von Filmen richten wie auf Figuren und Akteure oder die Gestaltung einer Fernsehsendung. Im Mittelpunkt der Analyse kann z.B. die Repräsentation des Fremden in den Science-Fiction-Filmen der sechziger Jahre stehen oder die Rolle des Moderators oder der Kandidaten in einer Quizshow wie »Wer wird Millionär?«. Ebenso können die Kontexte der Filme und Fernsehsendungen ins Zentrum des Erkenntnisinteresses rücken. So können beispielsweise die typischen Genremerkmale der Science-Fiction-Filme bestimmt oder die intertextuellen Bezüge zu anderen Fernsehsendungen und zu anderen medialen Texten der Populärkultur in »Wer wird Millionär?« herausgearbeitet werden. Die Untersuchung der Repräsentation des Fremden in den Science-Fiction-Filmen kann z.B. noch kontextualisiert werden, indem sie in Bezug zu den Diskursen über Fremdsein und Fremdheit, die in den sechziger Jahren zirkulierten, gesetzt werden. Das konkrete Erkenntnisinteresse entwickelt sich aus dem doppelten Zugriff auf die Film- und Fernsehtexte: aus der Anschauung und der theoretischen oder historischen Reflexion. Die eigene alltägliche Rezeptionserfahrung wird mit theoretischer oder historischer Lektüre verbunden. Nun kann von der alltäglichen Erfahrung abstrahiert und eine theoriegeleitete Sichtung des Materials durchgeführt werden. Daraus ergibt sich fast zwangsläufig das konkrete Erkenntnisinteresse für die Analyse und die damit verbundenen Fragestellungen.

5.   Entwicklung der Fragestellung(en)

Steht das konkrete Erkenntnisinteresse fest, lassen sich Fragestellungen entwickeln, die für die Analyse leitend sind. Für das genannte Beispiel der Repräsentation des Fremden in den Science-Fiction-Filmen der sechziger Jahre können sich folgende Fragen ergeben: Welche Werte vertreten die Außerirdischen? Welche Werte kennzeichnen das Leben auf der Erde? In welchem Verhältnis stehen diese Werte zu denen der Außerirdischen? Zielt die Kommunikation zwischen beiden auf Verständigung oder auf Ausgrenzung? In welchen Belangen sind die Außerirdischen den Terranern überlegen? Mit welchen Kamerapositionen und -einstellungen werden die Außerirdischen präsentiert? Werden die Außerirdischen durch Spezialeffekte verfremdet? Repräsentieren die Außerirdischen das Fremde oder wird es z.B. auch durch Technik repräsentiert? Die Liste ließe sich fortsetzen. Für die Analyse der Rolle des Moderators in »Wer wird Millionär?« können folgende Fragen leitend sein: Welches kommunikative Verhältnis baut er zu den Wettkandidaten und zum Saalpublikum auf? Wie gestaltet er die Gespräche mit den Kandidaten? Welche Funktionen übt der Moderator im Verlauf der Sendung aus? Welche Funktion erfüllt er bei Pannen im Ablauf? Wie wird er von der Kamera inszeniert? Spricht er die Zuschauer am heimischen Bildschirm direkt an? Wenn ja, in welchen Situationen tut er es? Welche Rolle spielt er für die Dramaturgie der Sendung? Steigert oder senkt der Moderator die Spannung? In der Analyse werden Antworten auf diese und ähnliche Fragen gesucht. Sie alle zielen darauf ab, das Exemplarische der Beispielsendungen oder -filme, auf die sich das konkrete Erkenntnisinteresse richtet, herauszuarbeiten.

6. Eingrenzung des Materials bzw. Bildung des Analysekorpus   10 Tage

Aus forschungsökonomischen Gründen wird es in der Regel nicht möglich sein, alle »Wer wird Millionär?«-Sendungen, die jemals ausgestrahlt wurden, oder alle Science-Fiction-Filme der sechziger Jahre zu untersuchen. Folglich muss eine Auswahl aus dem gesamten audiovisuellen Material, das sozialwissenschaftlich gesprochen die Grundgesamtheit darstellt, getroffen werden. Es wird eine Stichprobe (Sample) gebildet. Dazu können verschiedene Verfahren angewendet werden, die sich grob in eine gezielte Auswahl und eine Zufallsauswahl unterscheiden lassen (vgl. dazu Kromrey 1995, S. 198 ff.). Die gezielte Auswahl kann willkürlich erfolgen, d.h., der Analysierende legt aufs Geratewohl fest, welche Sendungen von »Wer wird Millionär?« analytisch bearbeitet werden sollen. Dieses Verfahren entspricht jedoch nicht den Anforderungen, die in der Sozialwissenschaft allgemein an Stichproben gestellt werden. Dazu gehört, dass zunächst einmal die Stichprobe ein »verkleinertes Abbild« (ebd., S. 196) einer darstellbaren Grundgesamtheit darstellt. Die Grundgesamtheit bilden im Fall der Quizshow alle Sendungen von »Wer wird Millionär?«, die seit 1999 ausgestrahlt wurden. Ferner müssen die Einheiten der Stichprobe klar definiert sein, d.h., »es muss eindeutig festgelegt sein, ob ein Element der Grundgesamtheit zur Stichprobe gehört oder nicht« (ebd., S. 197). Letztlich muss das Auswahlverfahren dargestellt werden können. Wird z.B. eine gezielte Auswahl getroffen, müssen die vorher festgelegten Kriterien, nach denen die Stichprobe ausgewählt wird, angegeben werden. Das Kriterium kann hier sein, dass Sendungen mit den alten und solche mit den veränderten Regeln in die Stichprobe aufgenommen werden. Außerdem besteht die Möglichkeit der Quotenauswahl, d.h., es werden mehrere Merkmale vorgegeben, die die Sendungen aufweisen müssen. Sollen z.B. nur »Wer wird Millionär?«-Sendungen analysiert werden, bei denen mindestens einer der Kandidaten mehr als 64.000 Euro gewonnen hat oder bei denen alle Kandidaten früh gescheitert sind, dann werden nur die Sendungen, die diese Kriterien erfüllen, in die Stichprobe aufgenommen.

Wird die Stichprobe per Zufall bestimmt, kann zwischen einfacher und komplexer Wahrscheinlichkeitsauswahl unterschieden werden (vgl. ebd., S. 199). Die reine Zufallsauswahl liegt z.B. vor, wenn alle Science-Fiction-Filme der sechziger Jahre die gleiche Chance haben, in die Stichprobe einzugehen. Der Analysierende nummeriert alle Filme durch, um anschließend möglicherweise in einem Glücksspielverfahren wie dem Roulettespiel Nummern zu erspielen. Die den Nummern entsprechenden Filme gehen dann in die Stichprobe ein. Dieses Verfahren bietet sich bei kleineren Grundgesamtheiten an. So listet J.P. Telotte

(2001, S. 225 ff.) für die sechziger Jahre 14 Science-Fiction-Filme auf. Wenn aus forschungsökonomischen Gründen lediglich drei analysiert werden können, bietet sich die reine Zufallsauswahl an. Bei größeren Grundgesamtheiten ist eine systematische Zufallsstichprobe angebracht. Wenn zehn »Wer wird Millionär?«-Ausgaben aus den insgesamt ca. 700 Sendungen (Stand: November 2007) ausgewählt werden sollen, kann per Zufall eine aus dem ersten Ausstrahlungsjahr bestimmt werden, die weiteren neun Ausgaben werden dann nach einem bestimmten System ausgewählt, z.B. jede zwölfte Sendung in der chronologischen Abfolge.

Bei der komplexen Wahrscheinlichkeitsauswahl werden bestimmte Verfahren der reinen oder systematischen Zufallsauswahl vorgeschaltet. Man kann ein »cluster sample« (Klumpenauswahl) bilden (vgl. dazu auch Wulff 1998, S. 36). Dabei wird aus der Grundgesamtheit zunächst eine Gruppe ausgewählt, z.B. alle »Wer wird Millionär?«-Sendungen mit Millionengewinnern oder alle Science-Fiction-Filme, die in Europa produziert wurden. Nun werden alle auf diese Weise ausgewählten Sendungen oder Filme analysiert. Soll aus diesem »Klumpen« noch einmal mit den beschriebenen Verfahren der reinen oder systematischen Zufallsauswahl eine Auswahl getroffen werden, weil die Stichprobe immer noch zu groß ist, nimmt man eine sogenannte mehrstufige Auswahl vor.

Allen Auswahlverfahren liegt die Auffassung zugrunde, dass jeder Film oder jede Fernsehsendung, die aus einer Grundgesamtheit in die Stichprobe aufgenommen wird, exemplarisch ist. Die zu analysierenden Strukturen und Funktionen lassen sich an ihnen stellvertretend für die Grundgesamtheit untersuchen. Die Bildung von Stichproben ist bei der Film- und Fernsehanalyse immer dann erforderlich, wenn sich das konkrete Erkenntnisinteresse nicht von vornherein auf einen einzelnen, prototypischen Film richtet, sondern auf eine Gruppe von Filmen oder Fernsehsendungen. Denn aus forschungsökonomischen Gründen lassen sich in der Regel nicht alle Filme oder Fernsehsendungen der jeweiligen Gruppe analysieren. Doch selbst bei der Analyse einzelner Filme können noch Auswahlverfahren notwendig sein. Wenn beispielsweise die Montage in einem Science-Fiction-Film der sechziger Jahre anhand von »2001 – Odyssee im Weltraum« analysiert werden soll, können aus der Grundgesamtheit aller Schnitte in dem Film einige Szenen ausgewählt werden, die besonders typisch für die Montage sind und daher eingehender analysiert werden. Bei der Eingrenzung des Materials bzw. der Auswahl des Analysekorpus müssen der Zweck der Analyse und die zur Verfügung stehende Zeit berücksichtigt werden. Es kann sich als nützlich erweisen, einen sogenannten »qualitativen Stichprobenplan« zu erstellen (vgl. Kelle 2007, S. 247 ff.), bei dem verschiedene Methoden des Sampling miteinander kombiniert werden.

Das ist ein erster Schritt, um das Problem der prinzipiellen Endlosigkeit der Analyse zu lösen. Steht die Auswahl der zu analysierenden Film- und Fernsehtexte fest, müssen die Hilfsmittel für die Analyse bestimmt werden.

7. Festlegung der Hilfsmittel

Grundsätzlich lassen sich zwei Arten von Hilfsmitteln unterscheiden: technische Hilfsmittel, die für die Sichtung der Filme und Fernsehsendungen unentbehrlich sind, und Hilfsmittel, die zur Umsetzung des audiovisuellen Materials in Sprache oder grafische Darstellungen dienen. Noch in den sechziger und siebziger Jahren waren die flüchtigen Bilder des Films und des Fernsehens nur sehr mühsam der Analyse zugänglich. Da im Fernsehen noch keine magnetische Bildaufzeichnung verwendet wurde, konnten Sendungen lediglich einmal angeschaut werden. Für die Analyse von Filmen benötigte man eine Kopie, die sich die Wissenschaftler am Schneidetisch auch mehrmals anschauen konnten. Inzwischen ist es erheblich einfacher, das audiovisuelle Material mehrmals zu betrachten, denn die technische Entwicklung hat den Videorekorder, den DVD-Player und den Festplattenrekorder hervorgebracht. Außerdem lassen sich Filme bereits in digitalisierter Form auf dem Computer anschauen. Zu den Hilfsmitteln, die zu einer Erleichterung der Analysearbeit beitragen, weil sie Beschreibungsverfahren von Filmen und Fernsehsendungen darstellen, gehören das Filmprotokoll in seinen verschiedenen Varianten und die unterschiedlichen Verfahren der computergestützten Filmanalyse (vgl. dazu ausführlich Kapitel I.3.2.1).

8. Datensammlung

Steht fest, welche Filme und Fernsehsendungen analysiert werden sollen, müssen sie dokumentiert werden. Viele Filme und Fernsehserien sind auf Video oder DVD verfügbar und können entweder in Videotheken und manchen Bibliotheken ausgeliehen werden, oder sie können im entsprechenden Fachhandel gekauft werden. Inzwischen lassen sich einige Episoden von Fernsehserien online betrachten oder aus dem Internet herunterladen. Fernsehsendungen können mit dem Festplatten- oder Videorekorder aufgezeichnet und auf DVD gebrannt werden. Während die Beschaffung von Filmen in den meisten Fällen relativ einfach ist, da sie auf Video oder DVD in großer Zahl zur Verfügung stehen, bereitet die Zugänglichkeit vor allem von historischen Fernsehsendungen eher Probleme. Zwar gibt es einige Fernsehserien und -spiele auf Videokassetten oder DVDs, doch wenn es sich um Sendeformen wie z.B. Fernsehshows, Kulturma-

gazine oder Nachrichtensendungen handelt, sind die Wissenschaftler darauf
angewiesen, im Deutschen Rundfunk Archiv oder bei der Rundfunkanstalt, die
die Sendung ausgestrahlt hat, nachzuforschen. In der Regel ist die Beschaffung
des Materials auf diese Weise mit zum Teil erheblichen Kosten verbunden.

9. Beschreibung der Datenbasis

In einem nächsten Schritt muss die Datenbasis – die Grundlage der Analyse –
beschrieben werden. Dazu sollten Ablauf, Inhalt und Plot von Filmen oder
Fernsehsendungen in Worte gefasst werden. Die Beschreibung dient dazu, »sich
der empirischen Datenbasis zu versichern« (Wuss 1999, S. 22). Dabei reicht es
allerdings nicht, sich auf den Inhalt der zu analysierenden Fernsehsendungen
oder Filme zu beschränken (vgl. Korte 2004, S. 68), sondern die Beschreibung
orientiert sich bereits am Erkenntnisinteresse. Stehen die Figuren und Akteure
im Mittelpunkt der Analyse, muss die Beschreibung darauf eingehen. Wenn z.B.
die Rolle der Moderation in »Wer wird Millionär?« untersucht werden soll,
müssen die ausgewählten Ausgaben der Show so beschrieben werden, dass die
Aktivitäten des Moderators berücksichtigt werden. Geht es z.B. um die Repräsentation des Fremden in den Science-Fiction-Filmen, muss die Beschreibung
alle Elemente der Filme aus der Stichprobe enthalten, die dazu beitragen können: Inhalt und Plot, Narration, Figuren und ästhetische Inszenierung. Denn in
der Beschreibung muss bereits deutlich werden, welche Sinnangebote die Film-
und Fernsehtexte machen und wie sie Bedeutung bilden, sowohl in Bezug auf
die Kohärenz der Erzählung als auch in Bezug auf die Kommunikation mit
potenziellen Zuschauern. Da der filmische Text ein »ungreifbarer und unzitier-
barer Text« ist (Blüher u.a. 1999, S. 5), versucht die Beschreibung als Übersetz-
zung der Bilder in Sprache die audiovisuellen Texte zumindest auf dieser Ebene
greifbar und zitierbar zu machen, sie werden mit sprachlichen Mitteln fixiert
(vgl. Kuchenbuch 2005, S. 37). Allerdings ist bei der Beschreibung darauf zu
achten, dass es nicht bereits zur Interpretation, d.h. Bewertung der Daten
kommt; denn letztlich geht es in diesem Arbeitsschritt nur darum zu beschreiben, was zu sehen ist bzw. was gesehen werden kann, aber bei der einmaligen
Sichtung vielleicht nicht gesehen wurde.

10. Analyse der Daten

Dieser Arbeitsschritt stellt die eigentliche Grundlagenarbeit dar: die Bestandsaufnahme der Komponenten der Filme und Fernsehsendungen. Mit dem theoretischen oder historischen Vorverständnis wird eine Perspektive auf die Bestandsaufnahme der Komponenten von Filmen und Fernsehsendungen geschaffen, ohne

die eine Analyse nicht durchgeführt werden kann. Das trifft nicht nur auf soge-nannte applikative Analysen zu, bei denen theoretische Annahmen an Film- und Fernsehtexten überprüft werden, sondern auch auf sogenannte explorative Ana-lysen, bei denen »aus der genauen Beschreibung von Einzeltexten oder Gruppen von Einzeltexten Kriterien und Charakteristiken gewonnen werden, die theorie-fähig sind, also in einer Theorie interpretiert werden können« (Wulff 1998, S. 22). Denn auch Letztere sind ohne ein theoretisches Vorverständnis nicht möglich.

Die Theorie leistet bei der Bestandsaufnahme der Komponenten Wesentli-ches. Sie macht die unsichtbaren Strukturen des Films bzw. der Fernsehsendung sichtbar (vgl. Elsaesser/Buckland 2002, S. 5). Im Rahmen der Analyse des au-diovisuellen Materials aus einer Stichprobe müssen alle Komponenten herausge-arbeitet werden, die zur Bedeutungsbildung und Gestaltung des kommunikati-ven Verhältnisses mit den Zuschauern beitragen. Dabei muss immer auf das Exemplarische und das Besondere geachtet werden, und zwar in Bezug auf die einzelnen Komponenten der Film- und Fernsehtexte und deren Rolle bei der Gestaltung des gesamten Textes. In der Analyse werden die Filme und Fernseh-sendungen gewissermaßen zerlegt, um ihre Strukturen offenzulegen. Das kann je nach Erkenntnisinteresse von den Handlungssequenzen bis zu den Einzelbildern reichen, sofern es die Forschungsökonomie zulässt.

Filme und Fernsehsendungen bestehen aus vielen Einzelbildern. Da es sich um Medien des bewegten Bildes handelt, interessiert vor allem die Aneinander-reihung von Einzelbildern und deren Verknüpfung. Daher gilt in der Regel die Einstellung als kleinste der Analyse zugängliche Einheit. Eine Einstellung kann mehrere Einzelbilder umfassen. Sie ist definiert durch den Bildausschnitt und die Nähe bzw. Entfernung der Kamera zu den abgebildeten Objekten und Per-sonen (vgl. Kapitel II.4.1). Der Bildraum ist durch den Bildausschnitt, den die Kamera zeigt, begrenzt. Mit dem Schnitt endet eine Einstellung und eine neue beginnt, d.h., Beginn und Ende einer Einstellung werden durch die Schnitte gesetzt (vgl. Korte 2004, S. 27; Kuchenbuch 2005, S. 37; Phillips 1999, S. 127; Schaaf 1980, S. 50). Eine Sonderform der Einstellung stellt die Plansequenz dar, in der eine vollständige Handlungseinheit in einer Einstellung ohne Schnitt gezeigt wird. Dabei kann die Kamera sich bewegen, um das Geschehen zu dra-matisieren oder um einer Figur zu folgen.

Eine weitere Komponente des Films oder der Fernsehsendung ist die Szene. Sie bildet eine Einheit von Ort und Zeit, in der sich eine kontinuierliche Hand-lung vollzieht. Allerdings kann sie durch Veränderung des Kamerastandpunktes aus verschiedenen räumlichen Perspektiven gezeigt werden (vgl. Bordwell/

Thompson 1993, S. 86; Phillips 1999, S. 128; Schaaf 1980, S. 50). Nach Arijon (2000, S. 27) werden drei Arten von Szenen unterschieden: (1) Dialogszenen ohne Aktion, (2) Dialogszenen mit Aktion und (3) Aktionsszenen ohne Dialog. Als vierte Art können meines Erachtens deskriptive Szenen ohne Dialog hinzugefügt werden. Dazu gehören Szenen, in denen z.B. atmosphärische Eindrücke von einer Landschaft oder dem Großstadtleben vermittelt werden.

Die größte Komponente bei der Segmentierung eines Films oder narrativen Fernsehsendungen stellt die Sequenz dar. Darunter wird in der Regel eine Gruppe von miteinander verbundenen Szenen verstanden (vgl. Phillips 1999, S. 128), die eine Handlungseinheit bilden »und sich durch ein Handlungskontinuum von anderen Handlungseinheiten« unterscheiden (Hickethier 2007, S. 35). Teilweise wird in der Filmwissenschaft der Begriff »Sequenz« synonym mit »Szene« verwendet (vgl. Bordwell/Thompson 1993, S. 496). In der Filmpraxis bezeichnet der Begriff Sequenz die »kleineren Bausteine« einer Szene, die als »Szenen innerhalb von Szenen« beschrieben werden (vgl. Armer 2000, S. 142). Als eine Komponente, die zur Bedeutungsbildung und zur Gestaltung des kommunikativen Verhältnisses mit den Zuschauern beiträgt, soll unter Sequenz hier im beschriebenen Sinn eine Gruppe von Szenen verstanden werden, die eine Handlungseinheit bilden. Bei Fernsehshows kann als Äquivalent zu Sequenzen von Episoden gesprochen werden, die eine Spieleinheit bilden. So wären z.B. in »Wetten, dass ..?« das Gespräch mit einer Wettpatin und die Durchführung einer Wette als eine Episode anzusehen, die aus zwei Szenen besteht: dem Gespräch des Moderators mit der Wettpatin und der Durchführung der Wette selbst. Die Szenen sind wiederum in mehrere Einstellungen aufgelöst. Bei Nachrichten- oder Magazinsendungen macht es dagegen wenig Sinn, den Fernsehtext für die Analyse in Sequenzen oder Episoden zu segmentieren. Hier grenzen sich die einzelnen Einheiten dadurch ab, dass in ihnen ein Thema behandelt wird. Dabei spielen allerdings verschiedene Elemente wie Moderation, Interview, Bildbericht oder Kommentar eine Rolle, die in unterschiedlichen Einstellungen präsentiert werden. Als größte Einheit können hier die einzelnen Themen gesehen werden, die dann allerdings kleinere Einheiten wie Szenen und Einstellungen enthalten. Sie alle fügen sich zur Struktur des Film- und Fernsehtextes zusammen.

Neben den Strukturen des Textes muss die Analyse auch die »Beschreibung der Operationen, die der Zuschauer am Text vollzieht« (Wulff 1998, S. 21), leisten. Wissenschaftler müssen in der Analyse offen sein für Unerwartetes, für Besonderes, d.h., sie müssen ihre methodisch kontrollierte Aufmerksamkeit und Sensibilität gegenüber dem Gegenstand aktivieren, um zu sehen, was in der

»normalen« Rezeption nicht ohne weiteres zu sehen ist. Dazu gehört auch, sich das audiovisuelle Material wieder und wieder anzuschauen, denn nur dabei können die unsichtbaren Strukturen der Film- und Fernsehtexte sichtbar werden. Dann kann z.B. bemerkt werden, dass die Außerirdischen in den Science-Fiction-Filmen meist im Halbschatten agieren und ihre Aktivitäten durch bestimmte immer wiederkehrende Kameraperspektiven etwas Bedrohliches erhalten. Erst dann fällt möglicherweise auf, dass die »billigen« Fragen in den »Wer wird Millionär?«-Sendungen häufig auf Sprachspielen und kulturellen Traditionen Deutschlands beruhen oder dass der Moderator Günther Jauch für manche Kandidaten Sympathie entwickelt und für andere nicht.

Sind die Komponenten der Film- und Fernsehtexte in der Analyse erfasst, folgt als nächster Arbeitsschritt die Auswertung des analysierten Materials.

11. Auswertung

Mit der Auswertung der analysierten Daten kommt man dem Analyseziel näher. Hier werden die strukturellen Komponenten der Film- und Fernsehtexte im Hinblick auf die Bedeutungsbildung und die Gestaltung des kommunikativen Verhältnisses mit den Zuschauern interpretiert und in die Kontexte eingeordnet (vgl. dazu ausführlich Kapitel I.3.2.2). Sie werden in Bezug auf das konkrete Erkenntnisinteresse interpretiert. Auf diese Weise lässt sich z.B. feststellen, dass die Repräsentation des Fremden in den Science-Fiction-Filmen vor allem durch die als bedrohlich inszenierten Außerirdischen geschieht, die einen äußeren Feind darstellen. Zugleich mag sich zeigen, dass sich dieses Repräsentationsmuster mit einem außerfilmischen Diskurs über Feindbilder in Zeiten des Kalten Krieges verbindet. Im Verhalten von Günther Jauch in »Wer wird Millionär?« lässt sich z.B. herausarbeiten, mit welcher Gestik und Mimik er die Raterunden mit den Kandidaten begleitet und mit welchen fernsehspezifischen Gestaltungsmitteln dies inszeniert wird, oder die Analyse der Fragen des darin abgefragten Wissens kann ergeben, dass vor allem Fragen in den mittleren Gewinnstufen sich auf das Wissen um populärkulturelle Phänomene beziehen.

12. Evaluation I

In diesem Schritt werden die Ergebnisse der eigenen Analyse vor dem Hintergrund der film- und fernsehtheoretischen und film- und fernsehhistorischen Literatur sowie den bisherigen analytischen Studien bewertet. Es wird überprüft, ob die Ergebnisse wirklich neu sind oder ob bereits andere Wissenschaftler zu ähnlichen Ergebnissen gekommen sind, möglicherweise jedoch in einem anderen Kontext. Die Bewertung bezieht sich bei applikativen Analysen darauf, ob

theoretische Annahmen sich tatsächlich an dem analysierten Fernsehtext überprüfen lassen. Bei explorativen Analysen ist zu bewerten, inwieweit die gewonnenen Erkenntnisse theoriefähig sind oder neue Einsichten in filmhistorische
Zusammenhänge ermöglichen. Diese Bewertungen sind notwendig, weil die
Film- und Fernsehanalyse als eine Grundlagenarbeit für die Weiterentwicklung
von film- und fernsehtheoretischen Annahmen und film- und fernsehhistorischen Erkenntnissen begriffen werden muss. Eine Ausnahme bilden lediglich
Analysen, die aus didaktischen Gründen in pädagogischen Zusammenhängen
(universitäre Ausbildung, schulische und außerschulische Bildungsarbeit) durchgeführt werden. Wer im Rahmen eines Seminars zur Film- und Fernsehanalyse
eine eigenständige Filmanalyse anfertigt, muss keine neuen Erkenntnisse gewinnen, sondern nur zeigen, dass die Systematik und Methodiken der Analyse beherrscht werden.

13. Evaluation II

In diesem vorletzten Arbeitsschritt werden die eigenen Ergebnisse vor dem Hintergrund des Erkenntnisinteresses und der Operationalisierung bewertet. Es geht
also darum, ob sich der Aufwand gelohnt hat und ob der gewählte Weg der
Analyse der angemessene war, um auf die Fragestellungen eine Antwort zu finden. Da kann z.B. festgestellt werden, dass die systematische Zufallsauswahl von
»Wer wird Millionär?«-Sendungen eine Stichprobe ergeben hat, in der die
Grundgesamtheit nicht angemessen repräsentiert war, weil sich nur Sendungen
mit den alten Spielregeln in der Stichprobe befanden, aber keine mit den veränderten. Es kann sich auch ergeben, dass das Sample von Science-Fiction-Filmen
in der zur Verfügung stehenden Zeit nicht ausreichend analysiert werden konnte, um sinnvolle Aussagen über die Repräsentation des Fremden machen zu
können. Für die Durchführung weiterer Analysen im Rahmen der wissenschaftlichen Ausbildung oder Forschung ist es wichtig, die eigene Analysearbeit zu
reflektieren und zu bewerten. Nur so lassen sich beim nächsten Mal Fehler vermeiden und Erkenntnisinteresse und Operationalisierung der Analyse in einer
Weise gestalten, die den Zweck der Analyse und forschungsökonomische Kriterien angemessen berücksichtigt.

14. Präsentation der Ergebnisse

Den Abschluss jeder Analyse bildet die Präsentation der Ergebnisse, sei es in
einer mündlichen Fassung als Referat in einem Seminar, in einer schriftlichen
Form als Hausarbeit in einer Lehrveranstaltung, als Aufsatz für eine Publikation
bzw. als Kapitel in einem Buch, sei es als Vortrag im Rahmen einer Tagung. Die

Präsentation muss generell darauf abzielen, Lesern oder Zuhörern das audiovisuelle Material, das der Analyse zugrunde lag, in sprachlicher Form so nahezubringen, dass sie die Ergebnisse der Analyse nachvollziehen können, auch wenn sie
den oder die betreffenden Filme nicht gesehen haben (vgl. dazu ausführlich
Kapitel I.3.2.3).

3.2.1 Hilfsmittel

Generell gilt, dass die Auswahl und der Einsatz der Hilfsmittel den forschungs-
ökonomischen Bedingungen, den Zwecken und den Erkenntnisinteressen der
Analyse angepasst werden müssen. Die technischen Hilfsmittel zur Sichtung der
Filme und Fernsehsendungen stellen dabei ein geringes Problem dar. Bei der
Arbeit mit Videorekordern ist darauf zu achten, dass sie ein sogenanntes Echtzeit-
Zählwerk besitzen, bei Festplattenrekordern ist dies grundsätzlich vorhanden.
Daran lässt sich einerseits die Länge des Films und einzelner Sequenzen ablesen,
andererseits ist es recht hilfreich, wenn während der Analyse bestimmte Szenen
im Film oder Episoden in der Fernsehshow gezielt gesucht werden müssen.
DVDs sind in Sequenzen oder Kapitel aufgeteilt, über die sich die entsprechenden Stellen des Films direkt ansteuern lassen. Darüber hinaus bieten fast alle
DVD-Player die Möglichkeit, über einen Timecode nach bestimmten Szenen zu
suchen sowie die für die Analyse wichtigen Stellen des Films zu markieren, so
dass sie später leichter auffindbar sind.

Das Filmprotokoll stammt aus einer Zeit, als es noch nicht die Möglichkeit
gab, sich einen Film per Videorekorder oder DVD so oft anzuschauen, wie es
die Analyse erforderte. Es diente dazu, möglichst viele Informationen über den
Film in sprachlicher Form zu sichern und dabei den Ablauf in grafischer Form
sichtbar zu machen (vgl. Kuchenbuch 2005, S. 37 ff.). Filmprotokolle zergliedern einen Film in Segmente. Diese Segmente können auf verschiedenen Einheiten beruhen: auf einzelnen Einstellungen, auf Szenen und auf Sequenzen.

Die geläufigsten Protokollierungsformen sind das Sequenz- und das Einstellungsprotokoll; Szenenprotokolle spielen eine untergeordnete Rolle. Grundsätzlich wird versucht, jede auditive und visuelle Information schriftlich festzuhalten. Beim Einstellungsprotokoll ist die Grundeinheit der Segmentierung die
einzelne Einstellung. Die kürzeste Einstellung ist das Einzelbild. Prinzipiell kann
ein Film aus nur einer Einstellung bestehen, dann zeigt er das Geschehen jedoch
aus einer einzigen Kameraperspektive und ohne Schnitt. Das ist in der Regel
jedoch nicht der Fall. Die Zahl der Einstellungen schwankt, abhängig von der
Länge des Films und der formalen Dynamik, die durch häufige Schnitte herge-

stellt wird. Ein mit 153 Minuten relativ langer Film wie »Apocalypse Now« kommt z.B. auf 1180 Einstellungen. Ein mittellanger Film, der in ruhigen Bildern erzählt, wie »Die verlorene Ehre der Katharina Blum« kommt dagegen nur auf 368 Einstellungen (vgl. Faulstich 2002, S. 66). Ein kurzer dynamischer Film wie »Toy Story« mit einer Länge von 81 Minuten besteht aus 1623 Einstellungen (vgl. Phillips 1999, S. 128), ein Roadmovie wie »Wild at Heart – Die Geschichte von Sailor und Lula« enthält bei einer Länge von 119 Minuten 896 Einstellungen (vgl. Rodenberg 1995, S. 265 ff.). Allein die Anzahl der Einstellungen in den genannten Filmen deutet darauf hin, wie mühsam die Anfertigung eines Einstellungsprotokolls ist. Faulstich (2002, S. 66 ff.) schlägt ein tabellarisches Protokoll mit sechs Spalten vor. Die erste Spalte enthält die Nummer der Einstellung, die zweite die Handlung, die dritte den Dialog, die vierte die Geräusche, die fünfte die sogenannten Kamerahandlungen (Einstellungsgröße, Perspektive, Bewegung) sowie die Arten der Einstellungswechsel (z.B. harter Schnitt, Überblendung usw.) und die sechste Spalte schließlich enthält die Zeitangaben in Sekunden zur Dauer der jeweiligen Einstellung. Korte (2004, S. 45) empfiehlt lediglich fünf Spalten: die Nummerierung der Einstellungen, ihre Länge in Sekunden, die Kameraaktivitäten, die Beschreibung des Bildinhalts und des Handlungsablaufs sowie den »Tontrakt« (Dialoge, Kommentare, Geräusche und Musik). Ebenfalls fünf Spalten empfiehlt Kuchenbuch (2005, S. 40): eine Spalte mit der Nummerierung und Dauer der Einstellung, eine mit den Kameraoperationen (Einstellungsgröße und Kamerabewegung), eine mit einer Inhaltsbeschreibung, eine mit einem Screenshot und eine mit den Angaben zu Ton und Sprache. Keppler (2006, S. 109) schlägt ein dreispaltiges Filmprotokoll vor: Eine Spalte mit Nummer und Dauer der Einstellung, eine mit der Beschreibung des Bildes und eine mit der Beschreibung der Tonebene.

Allein aus forschungsökonomischen Gründen lässt sich ein Einstellungsprotokoll von dem ganzen Film oder allen zu untersuchenden Filmen oft nicht anfertigen, auch wenn Kuchenbuch (2005, S. 37) und Keppler (2006, S. 105) davon ausgehen, dass es eine wichtige Basis für die Analyse ist. Faulstich (2002, S. 72) hat errechnet, dass es etwa vier Wochen mit jeweils acht Arbeitsstunden an fünf Tagen dauert, um ein Einstellungsprotokoll eines durchschnittlichen, 90-minütigen Films anzufertigen. Das sprengt häufig nicht nur den zeitlichen Rahmen der Analyse, sondern ist oft auch ihrem Zweck nicht angemessen. Ein Student, der für ein Seminarreferat über einen Actionfilm, der sich durch eine große formale Dynamik auszeichnet, ein Einstellungsprotokoll anfertigen soll (eine fünfminütige Verfolgungsszene in »The Rock – Fels der Entscheidung«

besteht beispielsweise aus etwa 250 Einstellungen), wäre mit dieser Aufgabe eindeutig überfordert, es sei denn, er ließe alle anderen Lehrveranstaltungen in dem Semester ausfallen und konzentrierte sich auf die Protokollierung von Einstellungen eines einzigen Films. Andererseits schult die genaue, detailreiche Arbeit am Einstellungsprotokoll das Sehen. Dabei können ästhetische Details ans Licht kommen, die selbst bei mehrmaliger Betrachtung eines Films leicht übersehen werden. Daher empfiehlt es sich, lediglich einzelne Szenen oder Sequenzen, die für die Ziele der Analyse im Rahmen des Erkenntnisinteresses wichtig sind, genauer in einem Einstellungsprotokoll festzuhalten:

> »Einstellungsprotokolle sollten deshalb dort angefertigt werden, wo Irritationen über das filmische Erzählen entstanden sind, wo bereits eine präzise Frage formuliert ist und Strukturmomente des Films im Detail genauer untersucht und erörtert werden sollen« (Hickethier 2007, S. 36).

Grundsätzlich muss überlegt werden, wann und für welchen Zweck der Analyse ein Einstellungsprotokoll für welche Sequenzen oder Szenen eines Films oder mehrerer Filme sinnvoll ist, weil es entscheidend zur Erkenntnisgewinnung beiträgt. Denn Protokolle sind lediglich ein Hilfsmittel bei der Analyse, nicht aber deren eigentlicher Zweck.

Das gilt auch für Sequenzprotokolle, die Korte (2004, S. 51) »als Minimalvoraussetzung für eine wissenschaftliche Analyse« für unverzichtbar hält und Faulstich (2002, S. 73) als »Pflichtaufgabe« ansieht. In ihnen werden Handlungseinheiten eines Films aufgelistet. Eine Sequenz beginnt bzw. endet in der Regel mit einem Ortswechsel, einer veränderten Figurenkonstellation oder einer Veränderung in der Zeitstruktur der Erzählung. Die einfache Variante des Sequenzprotokolls enthält eine Spalte mit der Nummer der Sequenz, eine Spalte mit den Angaben zur Handlung sowie eine Spalte mit der Dauer der Sequenz bzw. mit der Laufzeit des Films, die sich am Echtzeit-Zählwerk des Video- oder Festplattenrekorders oder des DVD-Players ablesen lässt. Daneben können je nach Erkenntnisinteresse weitere Spalten aufgenommen werden. So kann z.B. in einer Spalte die Anzahl der Einstellungen eingetragen werden, wenn die Dynamik des Films per Schnitt bestimmt werden soll. Eine andere Spalte kann die Art der Musik enthalten, falls ihre Bedeutung für die Dramaturgie und Narration analysiert werden soll. Oder es werden die auftretenden Personen notiert, die für eine Analyse der Identifikationsangebote wichtig sind. Entsprechend dem Sequenzprotokoll bei Filmen kann bei Fernsehshows ein Ablaufprotokoll erstellt werden, in dem eine Spalte die Nummer der Episode enthält, die zweite die Handlung bzw. das Spiel und die dritte Spalte die Länge der Episode festhält. Je nach Erkenntnisinteresse können weitere Spalten hinzugefügt werden, z.B. für die Zuschauerbeteiligung, wenn es um die Analyse von Partizipationsformen in Spielshows geht. Oder es werden die Einblendungen von Zuschauern und deren mimische oder gestische Reaktion in einer Spalte festgehalten, um in der Analyse die Kommentierung der Äußerungen von Talkshowgästen durch die Kamera zu untersuchen.

Film- und Fernsehprotokolle zergliedern das audiovisuelle Material der Film- und Fernsehtexte in einzelne Segmente: Einstellungen, Szenen, Sequenzen, Episoden. Die Komponenten eines Films oder einer Fernsehsendung können so genau herausgearbeitet werden. Allerdings muss jedes Protokoll den individuellen Erkenntniszielen und Zwecken einer Analyse angepasst werden. Es kann den analytischen Blick für die einzelnen Komponenten eines Films schärfen, die für das Erkenntnisinteresse von besonderer Bedeutung sind. Denn allein durch die tabellarische Form legt es Strukturen der Film- und Fernsehtexte offen, die weder bei einer »normalen« noch bei einer theoriegeleiteten einmaligen Rezeption auffallen. Zugleich zwingt die Anfertigung eines Protokolls zum mehrmaligen Anschauen des audiovisuellen Materials aus der Stichprobe. Film- und Fernsehprotokolle stellen jedoch lediglich eine Notationsform dar, mit der Film- und Fernsehtexte in Sprache und grafische Darstellung übersetzt werden. Sie dürfen nicht mit den Filmen und Fernsehsendungen selbst verwechselt werden, die ja das eigentliche Objekt der Analyse sind. Es geht in der Analyse schließlich darum, das Zusammenwirken der audiovisuellen Darstellungsmittel in ihrer Funktion für die Zuschaueraktivitäten herauszuarbeiten, und nicht darum, ein Filmprotokoll, sei es ein Einstellungs- oder Sequenzprotokoll, zu analysieren. Daher muss bei jeder Analyse abgewogen werden, ob die Erstellung eines Einstellungs-, Sequenz- oder Ablaufprotokolls Sinn macht und wirklich notwendig ist.

Das gilt auch für die computergestützten Verfahren der Film- und Fernsehanalyse. Sie sind lediglich Hilfsmittel bei der Analyse und können in erster Linie die grafische Aufbereitung von Strukturen der Film- und Fernsehtexte erleichtern. Sie setzen eine Digitalisierung des audiovisuellen Ausgangsmaterials voraus, da sie teilweise nicht mit DVDs verbunden werden können. Die Vorteile solcher Verfahren wie »Filmprot«, das an der Universität Marburg von Günter Giesenfeld entwickelt wurde, »Computergestützte Notation filmischer Abläufe (CNfA)«, von Helmut Korte an der Hochschule der Künste in Braunschweig entwickelt, »Cavas«, von Werner Faulstich und Holger Poggel an den Universitäten Lüneburg und Siegen erstellt, »VideoAS«, von Thomas Olbrecht und Jens Woelke an der Universität Jena realisiert, oder »Akira«, das von Rolf Kloepfer in Mannheim entwickelt und von Peter Wuss in Potsdam in seinen Möglichkeiten ausgelotet wurde, liegen in der Quantität. Sie erleichtern das Protokollieren (vgl. Hickethier 2007, S. 36). Ihre Stärke liegt darin, dass sie die Daten grafisch präsentieren können. Mit dem Programm CNfA können auch Sequenz- und Einstellungsgrafiken, Schnittfrequenzgrafiken sowie die Darstellung der Zeitachse eines Films erstellt werden (vgl. Korte 2004, S. 52 ff.). Daher eignen sich computergestützte Verfahren zur Film- und Fernsehanalyse insbesondere zur grafischen Veranschaulichung von filmischen Strukturen. Diese müssen dann aber am audiovisuellen Material selbst nachvollzogen werden, eine Möglichkeit, die »Akira« bietet. Eine Analyse können sie nicht ersetzen. Das gilt auch für das Programm »Videana«, das im Kulturwissenschaftlichen Forschungskolleg »Medienumbrüche« entwickelt wurde. Das Programm beinhaltet eine automatische Erkennung von Schnitten, Kamerabewegungen und Gesichtern auf der Basis von in MPEG-7 digitalisierten Filmen und Fernsehsendungen (vgl. Ewerth/ Freisleben 2007). Zwar besteht hier die Möglichkeit festzustellen, welches Gesicht in Kombination mit welchen Kamerabewegungen gezeigt wurde, doch die Bedeutung dieser automatisch erfassten Elemente kann erst in der Analyse festgestellt werden.

3.2.2 Auswertung

Nachdem in der Analyse die Film- und Fernsehtexte in ihre Komponenten zerlegt worden sind, werden die Teile in der Auswertung wieder zusammengesetzt. Im Zentrum der Arbeit steht hier die Interpretation der Analysedaten in ihrer Funktion für die Bedeutungsbildung. Die Strukturelemente müssen in ihren Beziehungen und unter Berücksichtigung ihrer gegenseitigen Abhängigkeit wieder zu einem systematischen Ganzen gefügt und in die Kontexte eingeordnet werden. Die Auswertung erfolgt theoriegeleitet und am Erkenntnisinteresse orientiert. Dadurch wird auch ein Kontext der Auswertung generiert. Erst auf dieser Basis lässt sich die besondere Bedeutung einzelner struktureller Komponenten der Filme und Fernsehsendungen bestimmen. Denn gewisse Beobachtungen sind nur dann möglich, »wenn ein Kontext gegeben ist, in dem sie sinnvoll sein können« (Wulff 1998, S. 30). Die Bedeutung der Strukturelemente der Film- und Fernsehtexte wird nur für die Wissenschaftler sichtbar, für die sie auch mit Bedeutungen besetzt sind. Die Besonderheit eines kommentierenden Zwischenschnitts ist nur für denjenigen sichtbar, der weiß, dass manche Zwischenschnitte eine kommentierende Funktion haben.

In diesem Sinn verbindet sich das film- und fernsehtheoretische Verständnis mit der Anschauung und der Analyse. Nur so lassen sich Interpretationen vermeiden, die lediglich die subjektiven Fähigkeiten des Wissenschaftlers verdeutlichen, aber den Bezug zu den strukturellen Komponenten der Filme verloren haben. Es geht in der Auswertung um eine Balance zwischen Theorie und Interpretation: »Die besten Beispiele der Textanalyse sind […] oft auch Gratwanderungen, die jedoch durch die Kraft ihrer theoretischen Reflexion abgesichert und vor dem Absturz in die Willkür der Interpretation bewahrt werden« (Blüher u.a. 1999, S. 6). Dadurch kann die Gefahr der Überinterpretation gebannt werden. Entscheidend ist, dass die Interpretation der Strukturelemente im Hinblick auf die Bedeutungsbildung und das kommunikative Verhältnis mit den Zuschauern plausibel bleibt, d.h., sie muss für den Zuhörer oder Leser der präsentierten Analyseergebnisse nachvollziehbar sein.

Dabei geht es jedoch nicht darum, *die* Bedeutungsbildung und *das* kommunikative Verhältnis herauszuarbeiten. Wenn Film- und Fernsehtexte – wie in Kapitel 1 beschrieben – zum Wissen, zu den Emotionen, zu den Aneignungen und zum praktischen Sinn der Zuschauer hin geöffnet sind, können lediglich mögliche Bedeutungsbildungen und mögliche kommunikative Verhältnisse herausgearbeitet werden. Schließlich – und da zeigen sich die Kontexte, in die Filme und Fernsehsendungen als Kommunikationsmedien eingebunden sind – sind Wissen, Emotionen, Formen der kommunikativen Aneignung und praktischer Sinn in der Gesellschaft ungleich verteilt. Wer z.B. allein lebt, hat nur wenige Möglichkeiten, sich seine Film- und Fernseherlebnisse in einer Gruppe von Gleichgesinnten kommunikativ anzueignen und dabei Bedeutungen auszuhandeln. Wer nichts über die Bedeutung von Geschäftsessen in Restaurants weiß, wird eine entsprechende Szene in einer Filmerzählung anders verstehen als jemand, der um diese Bedeutung weiß. Wer noch nie beim Tod eines Tieres Trauer empfunden hat, wird dies auch nicht beim Tod eines beliebten Hundes in einer Fernsehserie tun. Wer nicht gerade Beziehungsgespräche in Phasen der Ehescheidung als handlungsleitendes Thema erlebt, der wird solche Gespräche in TV-Movies und Filmmelodramen nicht mit besonderer Aufmerksamkeit verfolgen. In diesem Sinn sind die Kontexte bei der Interpretation der Analysedaten immer mit zu berücksichtigen.

Der Willkür der Interpretation in der Auswertung wird aber auch durch den Rahmen entgegengewirkt, der durch das Erkenntnisinteresse und die Fragestellungen gesetzt ist. Zwar sind Ästhetik und Gestaltung der Filme und Fernsehsendungen funktional für andere Ebenen des Erkenntnisinteresses bedeutsam, doch lassen sie sich teilweise auch eigenständig analysieren und interpretieren.

Bilden Inhalt und Repräsentation den Schwerpunkt der Analyse, dann sind die strukturellen Komponenten des zu analysierenden Films lediglich daraufhin zu interpretieren. Wenn die Rolle des Moderators in der Quizshow »Wer wird Millionär?« genauer untersucht werden soll, um anhand dieses Beispiels die Erkenntnisse zu Rolle und Funktion von Moderatoren in Quizshows zu erweitern, dann steht der Moderator im Mittelpunkt der Analyse und der Auswertung. Andere Aspekte der Show, wie das Saalpublikum, die auftretenden Quizkandidaten, müssen als Akteure nur hinsichtlich ihrer Interaktionsverhältnisse zu dem Moderator berücksichtigt werden. Das Erkenntnisinteresse, das die jeweilige Analyse leitet, muss bei der Interpretation der filmischen und fernsehspezifischen Strukturelemente immer im Blick bleiben, will sich der analysierende Wissenschaftler nicht in philosophischen Reflexionen über den Film im Speziellen und das Medium Film im Allgemeinen verlieren. Alle Erkenntnisse, die in der Auswertung gewonnen werden, müssen einen Bezug zum Analysekorpus haben; sie müssen am Material überprüfbar sein. Zwar können sie Verallgemeinerungen darstellen, doch machen sie damit nur deutlich, dass es weiterer Kontexte bedarf, um sowohl die Strukturelemente als auch den gesamten Film oder die Fernsehsendung sinnvoll verstehen zu können.

3.2.3 Präsentation

Eine Film- und Fernsehanalyse findet erst in der Präsentation der Ergebnisse ihre Vollendung. Eine Analyse macht erst Sinn, wenn sie von einer Gruppe von Zuhörern oder Lesern rezipiert wird und damit ihren Weg in den film- und fernsehwissenschaftlichen Diskurs antritt. Die Art der Präsentation hängt davon ab, zu welchem Zweck und in welchem Medium die Ergebnisse präsentiert werden sollen. Ein mündlicher Vortrag auf einer Tagung oder in einem Seminar kann sich an einer schriftlichen Fassung orientieren. Außerdem besteht in der Regel die Möglichkeit, sofern die Veranstalter die entsprechende Technik zur Verfügung stellen, Ausschnitte aus dem analysierten Material zu zeigen. Es sollte jedoch darauf geachtet werden, dass dabei nicht der Zeitrahmen gesprengt wird. Einen kompletten Film zu zeigen, wird sich als nicht praktizierbar erweisen. Für ein Referat steht maximal eine Unterrichtsstunde von 45 Minuten zur Verfügung, für einen Vortrag als Hauptredner auf einer Veranstaltung kann es schon mal eine Stunde sein, für einen Vortrag auf einer Tagung sind es in der Regel zwischen 15 und 30 Minuten. Maximal ein Drittel der vorhandenen Zeit sollte mit Filmausschnitten bestritten werden. Die übrige Zeit sollte in einer Darstellung der analysierten Daten, ihrer Interpretation und ihrer Bewertung in Bezug auf den aktuellen Stand der film- und fernsehwissenschaftlichen Forschung bestehen. Die Filmausschnitte dienen nur zur Illustration der Thesen und Befunde. Für die Präsentation in Seminaren und auf Tagungen bieten sich auch visuelle Hilfsmittel (z.B. spezielle Computerprogramme wie »Power Point«) an. So können die Zuhörer den wesentlichen Ergebnissen besser folgen. Allerdings ersetzen derartige Präsentationen nicht das gesprochene Wort, sie unterstützen es nur.

Die schriftliche Präsentation hat gegenüber der mündlichen den prinzipiellen Nachteil, dass Filmausschnitte nicht als bewegte Bilder gezeigt werden können. Lediglich der Abdruck von Einzelbildern ist möglich. Zu diesem Zweck angefertigte Screenshots sollten möglichst aus qualitativ gutem Ausgangsmaterial gewonnen werden (DVD) und eine Bildauflösung von mindestens 300 dpi haben, da sonst die Druckqualität zu wünschen übrig lässt. Damit ist aber kein visueller Eindruck des analysierten Films oder der analysierten Fernsehsendung herstellbar. Daher bedarf es bei der schriftlichen Ergebnispräsentation einer angemessenen Beschreibung des UntersuchungsGegenstandes. Die Beschreibung stellt, wie oben erwähnt, die Übersetzung des Film- und Fernsehtextes in Sprache dar. Sie muss so gewählt sein, dass sie – frei von Interpretationen – eine Bestandsaufnahme des analysierten Materials bietet, die Leser auch nachvollziehen können, wenn sie den betreffenden Film oder die betreffende Fernsehsendung nicht gesehen haben. Das in der Sprache nicht zitierbare bewegte Bild muss mit Mitteln der Sprache erfahrbar gemacht werden.

Generell enthält eine mündliche wie schriftliche Präsentation der Ergebnisse das Erkenntnisinteresse und die Fragestellung(en), Angaben über die Auswahl der Stichprobe, eine kurze Beschreibung der Datenbasis sowie die Auswertungsergebnisse der Analyse und ihre Bewertung im Rahmen des aktuellen Standes der film- und fernsehwissenschaftlichen Forschung. In einem Forschungsbericht sollte auch die Evaluation der eigenen Arbeit dargestellt werden. Dies sollte bei einer mündlichen Präsentation einer studentischen Analyse in einem Seminar aus didaktischen Gründen am Ende stehen. Es hängt von der zur Verfügung stehenden Zeit bzw. dem zur Verfügung stehenden Platz ab, ob das Zeigen von Filmausschnitten oder der Abdruck von grafischen Darstellungen, Fotos und Ausschnitten aus Einstellungs- oder Sequenzprotokollen möglich ist. Grundsätzlich gilt, dass die Präsentation für die Zuhörer oder Leser die wesentlichen Ergebnisse der Analyse plausibel argumentierend darlegt und nachvollziehbar macht. Denn auch für die Film- und Fernsehanalyse gelten Kriterien der empirischen Sozialforschung (vgl. Steinke 1999, S. 131 ff.): Reliabilität, Validität, intersubjektive Nachvollziehbarkeit, Reflexion der Verallgemeinerbarkeit und der Subjektivität, Kohärenz und Relevanz.

Fragen zum Verständnis

- Was wird unter der Autorität des Analysierenden gegenüber dem Film- oder Fernsehtext verstanden?
- Welches Ziel verfolgt eine methodisch kontrollierte und reflektierte Analyse?
- Was macht den Unterschied zwischen Beschreibung und Interpretation aus?
- Welchen drei grundsätzlichen Problemen sieht sich die Film- und Fernsehanalyse ausgesetzt?
- Welches Ziel verfolgt die Operationalisierung?
- Welche vier Tätigkeiten sind grundlegend für die Film- und Fernsehanalyse?
- Welche Arbeitsschritte lassen sich bei der Durchführung einer Analyse unterscheiden?
- Wie kann das Material eingegrenzt und eine Stichprobe bestimmt werden?
- Welche Komponenten eines Films oder einer Fernsehsendung werden im Arbeitsschritt »Analyse der Daten« untersucht?
- Welche Angaben enthält ein Einstellungsprotokoll?
- Welche Angaben sollte eine mündliche oder schriftliche Präsentation der Ergebnisse auf alle Fälle enthalten?

3.3 Zitierte Literatur

Arijon, Daniel (2000): Grammatik der Filmsprache. Frankfurt a.M. (Originalausgabe 1976)

Armer, Alan A. (2000): Lehrbuch der Film- und Fernsehregie. Frankfurt a.M. (Erstausgabe 1997; Originalausgabe 1986)

Barker, Martin (2000): From Antz to Titanic. Reinventing Film Analysis. London/Sterling, VA

Bellour, Raymond (1999a): Der unauffindbare Text. In: Montage/AV, 8/1, S. 8–17

Bellour, Raymond (1999b): Die Analyse in Flammen. Ist die Filmanalyse am Ende? In: Montage/AV, 8/1, S. 18–23

Blüher, Dominique/Kessler, Frank/Tröhler, Margrit (1999): Film als Text. Theorie und Praxis der »analyse textuelle«. In: Montage/AV, 8/1, S. 3–7

Bordwell, David (1989): Making Meaning. Inference and Rhetoric in the Interpretation of Cinema. Cambridge, MA/London

Bordwell, David/Thompson, Kristin (1993): Film Art. An Introduction. Fourth Edition. New York u.a. (Erstausgabe 1979)

Branigan, Edward (1993): On the Analysis of Interpretative Language. In: Film Criticism, 17/2–3, S. 4–21

Casetti, Francesco/di Chio, Federico (1994): Analisi del Film. Milano (6. Auflage, Erstausgabe 1990)

Doane, Mary Ann (1991): Femmes Fatales. Feminism, Film Theory, Psychoanalysis. New York/London

Elsaesser, Thomas/Buckland, Warren (2002): Studying Contemporary American Film. London u.a.

Ewerth, Ralph/Freisleben, Bernd (2007): Computerunterstützte Filmanalyse mit »Videana«. In: Augen-Blick, 39, S. 54–66

Faulstich, Werner (1988): Die Filminterpretation. Göttingen

Faulstich, Werner (2002): Grundkurs Filmanalyse. München

Flicker, Eva (1998): Liebe und Sexualität als soziale Konstruktion. Spielfilmromanzen aus Hollywood. Wiesbaden

Geiger, Jeffrey/Rutsky, R.L. (2005): Introduction. In: Dies. (Hrsg.): Film Analysis. A Norton Reader. New York/London, S. 17–40

Hickethier, Knut (2007): Film- und Fernsehanalyse. Stuttgart/Weimar (4., aktualisierte und erweiterte Auflage; Erstausgabe 1993)

Indick, William (2004): Movies and the Mind. Theories of the Great Psychoanalysts Applied to Film. Jefferson, NC/London

Kelle, Udo (2007): Die Integration qualitativer und quantitativer Methoden in der empirischen Sozialforschung. Theoretische Grundlagen und methodologische Konzepte. Wiesbaden

Keppler, Angela (2006): Mediale Gegenwart. Eine Theorie des Fernsehens am Beispiel der Darstellung von Gewalt. Frankfurt a.M.

Korte, Helmut (2004): Einführung in die Systematische Filmanalyse. Ein Arbeitsbuch. Berlin (3., überarbeitete und erweiterte Auflage; Erstausgabe 1999)

Kromrey, Helmut (1995): Empirische Sozialforschung. Modelle und Methoden der Datenerhebung und Datenauswertung. Opladen (7., revidierte Auflage; Erstausgabe 1981)

Kuchenbuch, Thomas (2005): Filmanalyse. Theorien – Methoden – Kritik. Wien u.a. (2. Auflage)

Lippert, Renate (2002): Vom Winde verweht. Film und Psychoanalyse. Frankfurt a.M./Basel

Mikos, Lothar (1998): Filmverstehen. Annäherung an ein Problem der Medienforschung. In: Medien Praktisch, Sonderheft Texte 1, S. 3–8

Phillips, William H. (1999): Film. An Introduction. Boston, MA/London

Rodenberg, Hans-Peter (1995): Alte und neue Bauformen des Erzählens. »Wild at Heart – Die Geschichte von Sailor & Lula« (1990). In: Faulstich, Werner/Korte, Helmut (Hrsg.): Fischer Filmgeschichte. Band 5: Massenware und Kunst 1977–1995. Frankfurt a.M., S. 247–269

Schaaf, Michael (1980): Theorie und Praxis der Filmanalyse. In: Silbermann, Alphons/ Schaaf, Michael/Adam, Gerhard: Filmanalyse. Grundlagen – Methoden – Didaktik. München, S. 33–140

Steinke, Ines (1999): Kriterien qualitativer Forschung. Ansätze zur Bewertung qualitativ-empirischer Sozialforschung. Weinheim/München

Telotte, J. P. (2001): Science Fiction Film. Cambridge u.a.

Wohlrab, Lutz (Hrsg.) (2006): Filme auf der Couch. Psychoanalytische Filminterpretationen. Gießen

Wulff, Hans J. (1998): Semiotik der Filmanalyse. Ein Beitrag zur Methodologie und Kritik filmischer Werkanalyse. In: Kodikas/Code, 21/1–2, S. 19–36

Wuss, Peter (1999): Filmanalyse und Psychologie. Strukturen des Films im Wahrnehmungsprozeß. Berlin (2., durchgesehene und erweiterte Auflage; Erstausgabe 1993)

Teil II: Film- und Fernsehanalyse

1.   Inhalt und Repräsentation

Film- und Fernsehtexte sind über den Inhalt und die Repräsentation mit gesellschaftlichen Diskursen verbunden. In der Analyse dieser Aspekte kann herausgearbeitet werden, wie sich Filme und Fernsehsendungen im sozialen und diskursiven Feld einer Gesellschaft verorten. Das trifft sowohl auf fiktionale Texte zu, die eine mögliche Welt entwerfen, als auch auf non-fiktionale Texte, die Ereignisse der sozialen Realität in medial bearbeiteter Form darstellen. Generell können Film- und Fernsehtexte »als Elemente der Repräsentationsordnung der Gesellschaft« angesehen werden (vgl. Winter 2002). Sie korrespondieren mit gesellschaftlichen Strukturen, darin liegt ihre ideologische Komponente (vgl. Kapitel I.2.1). Dadurch werden die Texte selbst zu einem Feld der sozialen Auseinandersetzung. Sie folgen keiner einheitlichen ideologischen Linie, denn sie sind polysem organisiert, d.h., sie enthalten »mehrere, strukturell-systematisch verschiedene Bedeutungen« (vgl. Wulff 1992, S. 101). Im Zusammenhang mit Fernsehtexten spricht Fiske (1987, S. 90 ff.) sogar von einem semiotischen Exzess bzw. Überschuss. Film- und Fernsehtexte können nicht von einer dominanten Ideologie kontrolliert werden (vgl. Jurga 1999, S. 133 ff.), weil sie vielstimmig sind und auch widersprüchlich sein können (vgl. Mikos 2001b, S. 363).

Der Grund dafür liegt sowohl in der textuellen Struktur der Filme und Fernsehsendungen selbst als auch in ihrer kommunikativen Funktion. Auf der strukturellen Ebene unterscheiden Francesco Casetti und Federico di Chio drei Ebenen der Repräsentation: Auf der ersten Ebene geht es um den Inhalt, der in den Bildern dargestellt wird und sich in der Szenerie zeigt; auf der zweiten Ebene geht es um die Modalitäten der Repräsentation, also darum, wie etwas in den Bildern dargestellt wird; auf der dritten Ebene geht es um die Verkettung der Bilder mit Hilfe der Montage, durch die Bedeutungen entstehen, die in den Bildern selbst nicht enthalten sind (vgl. Casetti/di Chio 1994, S. 115 ff.). Durch die Montage können manche Bedeutungen favorisiert werden und andere nicht. Wenn z.B. in einer Talkshow während der Argumentation eines Gastes Zuschauer als Zwischenschnitte eingeblendet werden, die gelangweilt aussehen oder den Kopf schütteln, entsteht allein durch die Montage bzw. in diesem Fall die Bildregie eine Kommentierung des Gezeigten. Auf diese Weise kann auch eine »moralische Modalisierung der Kommunikation« stattfinden (vgl. Keppler 2001, S. 865). In Filmen hängt dies auch von dem aufgebauten Wissen um Personen und Situationen ab. Als in »Pretty Woman« die Prostituierte Vivian mit dem Broker Edward ein Polospiel besucht, das von seiner Firma gesponsert wird, zeigen uns die Einstellungen und Szenen eine Welt der sogenannten High Society mit Ehrenmännern und Charity-Ladies, die sich um Edward scharen. Zugleich erzählen uns Kamera und Montage die Sequenz aus der Sicht von Vivian. Sie erscheint als Fremdkörper in dieser Scheinwelt. Kamera und Montage nehmen eine klare Wertung vor, die sich an der weiblichen Hauptfigur des Films orientiert. Auf der reinen Inhaltsebene sind in der Sequenz sowohl die wohlwollende als auch die kritische Haltung gegenüber der High Society vorhanden, erst durch die Kamera und die Montage wird jedoch eine bestimmte Bedeutung favorisiert. Hier zeigt sich, wie die drei Ebenen der Repräsentation von Casetti und di Chio in einem konkreten Filmtext zusammenspielen und dadurch in der textuellen Struktur eine Mehrdeutigkeit angelegt ist.

Auf der Ebene der kommunikativen Funktion von Film- und Fernsehtexten entsteht die Mehrdeutigkeit dadurch, dass die Filme und Fernsehsendungen grundsätzlich zu dem Wissen, den Emotionen, der sozialen Kommunikation und dem praktischen Sinn von Zuschauern hin geöffnet sind. Da die Zuschauer in lebensweltliche Kontexte und gesellschaftliche Diskurse eingebunden sind, konstruieren sie anhand des symbolischen Materials der Film- und Fernsehtexte unterschiedliche Bedeutungen. Auf der Inhalts- und Repräsentationsebene werden Filme und Fernsehsendungen »zum Anlass für die Manifestation lebensweltlichen Wissens« (vgl. Mikos 2001a, S. 246). Als audiovisuelle Zeichensysteme korrespondieren sie mit dem Repräsentationssystem der mentalen Konzepte der Zuschauer (vgl. Hall 1997, S. 28 sowie Kapitel I.2.1). In diesen mentalen Konzepten sind Kognitionen, Emotionen, sozial-kommunikative Situationen und praktischer Sinn repräsentiert. Sie beruhen auf den Lebenserfahrungen der Individuen, die vor einem Film oder einer Fernsehsendung zu Zuschauern werden. Daher ist in den mentalen Konzepten auch die spezifische Perspektivität sozialer Ungleichheit aus der subjektiven Sicht der persönlichen Erfahrung enthalten. Während es auf der Inhaltsebene in einer Show wie »Traumhochzeit« um ein Spiel geht, an dessen Ende das Gewinnpaar heiraten kann, sind auf der Ebene der Repräsentation die Bedeutungen, die mit dem sozialen Akt »Hochzeit« verbunden sind, relevant. Schließlich zeichnet die Sendung ein bestimmtes Bild vom Heiraten, so dass aus soziologischer Sicht in der Sendung eine »mediale Erneuerung eines Hochzeitsrituals« stattfindet (vgl. Reichertz 2000, S. 131) und dem Fernsehen damit die Rolle einer Diesseitsreligion zukommt. In der Quizshow »Wer wird Millionär?« geht es auf der inhaltlichen Ebene um ein Quiz, bei dem Kandidaten Fragen in einem Multiple-Choice-Verfahren beantworten müssen. Auf der Repräsentationsebene geht es um die Legitimität und Bedeutsamkeit von Wissensformen sowie um Bildungszuschreibungen für Kandidaten und Telefonjoker.

Für die Analyse der Mehrdeutigkeit von Inhalt und Repräsentation sind auf der Ebene der textuellen Struktur Elemente der Semiotik bedeutsam und auf der Ebene der kommunikativen Funktion Aspekte der kognitiven Filmtheorie und der pragmatischen Film- und Fernsehtheorie. Dazu ist es notwendig, sich noch einmal zu vergegenwärtigen, dass Filme und Fernsehsendungen sich einer Vielfalt von Zeichen bedienen: sprachlichen, schriftlichen, bildlichen, lautlichen und musikalischen. Sie können als Zeichensysteme gesehen werden. Auch wenn man nicht von einer »Sprache des Films« sprechen kann, die einer bestimmten Grammatik folgt, haben sich in Film und Fernsehen doch Konventionen der Darstellung herausgebildet (vgl. Kapitel II.4). Die Möglichkeiten der Abbildung eines Geschehens vor der Kamera – sei es eine speziell für einen Spielfilm inszenierte Szene oder ein Ereignis der sozialen Realität, das auch ohne Anwesenheit einer Kamera stattfindet – und seine audiovisuelle Darstellung machen die grundlegende Einsicht notwendig, dass zwischen der Darstellung von Ereignissen und den Ereignissen selbst unterschieden werden muss. Zudem muss zwischen der konkreten Darstellung von Ereignissen mit Zeichen und den damit verbundenen mentalen Konzepten als Repräsentationssystem unterschieden werden. Daher kann aus semiotischer Sicht bei einem Zeichen zwischen dem Signifikanten (engl. signifier), dem Signifikat (engl. signified) und dem Referenten, dem Gegenstand der Abbildung, unterschieden werden. Signifikant bezeichnet die Form des Zeichens, Signifikat das damit verbundene Konzept (vgl. Eco 1977, S. 27 ff.; Hall 1997, S. 31; Kanzog 2007, S. 36 ff.; Kessler 2002, S. 106; Taylor/Willis 1999, S. 20; Thwaites u.a. 2002, S. 32). Da Filme und Fernsehsendungen mehrere Arten von Zeichen verwenden, die zusammen in vielfältigen Kombinationen erst das Zeichensystem Film oder Fernsehen ergeben, stehen in der Analyse nicht die Syntax, sondern zwei andere Aspekte semiotischer Analysen im Mittelpunkt: die Semantik, die sich mit den Bedeutungen von Zeichen befasst, und die Pragmatik, die Zeichen auf ihre Wirkungen und ihren Gebrauch hin untersucht. Der Besonderheit von Film- und Fernsehtexten, aus einer Kombination verschiedener Zeichenarten zu bestehen, wird damit entsprochen, dass diese Kombination als filmischer oder televisueller Code bezeichnet wird.

Für die Analyse der Bedeutung der einzelnen Zeichen und des filmischen bzw. televisuellen Codes ist es wichtig, zwischen der denotativen und der konnotativen Bedeutung zu unterscheiden (vgl. Hall 1997, S. 38 f.; Kanzog 2007, S. 38 f.; Taylor/Willis 1999, S. 22 ff.; Thwaites u.a. 2002, S. 60 ff.).

Denotation meint den Bezug zum referentiellen Gegenstand, die Bedeutung ist beschreibend und »offensichtlich« (vgl. Casey u.a. 2002, S. 222), Konnotation meint alle möglichen Konzepte, die zu einem Zeichen oder Code existieren (vgl. Thwaites u.a. 2002, S. 60). In dieser zweiten Dimension der Signifikation sind die Zeichen und Codes mit dem »weiteren semantischen Feld« der Kultur (vgl. Hall 1997, S. 38) verbunden. In der Film- und Fernsehanalyse ist zu beachten, dass sich Denotation und Konnotation auf alle drei Ebenen der Repräsentation beziehen können. Wird in einer Folge von Bildern ein schnell laufender Mann auf der Straße gezeigt, so kann auf der ersten Ebene, dem Inhalt, denotativ von einem schnell laufenden Mann gesprochen werden. In der konnotativen Dimension geht es um einen Mann, der beispielsweise auf der Flucht vor Verfolgern sein kann oder einen Zug nicht verpassen will, der vor einem herannahenden Gewitter nach Hause flüchtet oder Hilfe holen will usw. Auf der zweiten Ebene, der Darstellungsart, kann in der denotativen Dimension z.B. davon gesprochen werden, dass in einzelnen Bildern die Kamera das Gesicht des Mannes in Großaufnahme zeigt. In der konnotativen Dimension geht es um den emotionalen Ausdruck des Gesichts, ob es Panik, Furcht, Anstrengung, (Vor-)Freude, Müdigkeit, Anzeichen eines Sinneswandels oder Ähnliches widerspiegelt. Auf der dritten Ebene, der Verkettung der Bilder, geht es in der denotativen Dimension darum, dass der laufende Mann in verschiedenen Einstellungen gezeigt wird, wobei sich die Kamera ihm immer mehr nähert; in der konnotativen Dimension kann dies die Zuspitzung einer dramatischen Situation bedeuten, eine Annäherung an die Persönlichkeit des Mannes usw.

Unter dem Gesichtspunkt, dass Film und Fernsehen als Kommunikationsmedien gesehen werden, macht es wenig Sinn, wie der französische Strukturalist Christian Metz zu versuchen, die Regeln und Strukturen kinematografischer Verfahren zu untersuchen und z.B. die Syntagmen eines Films zu analysieren, um so die konkrete Bedeutung der filmischen Zeichen herauszuarbeiten (vgl. Metz 1972, S. 151 ff.). Gerade die Komplexität des Nebeneinanders verschiedener Zeichenarten in den Medien des bewegten Bildes macht deutlich, dass es sich um »ein dynamisches Beziehungsgefüge« handelt, »das sich einer Vielfalt von Lektüren öffnet« (Kessler 2002, S. 116). Dies kann sich z.b. darin zeigen, dass die visuelle und auditive Ebene unterschiedliche Bedeutungsstrukturen aufbauen, wie das oben genannte Beispiel der kommentierenden Schnittbilder in einer Talkshow gezeigt hat. Grundsätzlich gilt, dass der Prozess der Bedeutungsbildung mittels Zeichen (Signifikation) historisch, kulturell und sozial produziert ist, denn die mit einem Zeichen verbundenen Konzepte werden innerhalb sozialer und kultureller Kontexte gelernt und sind historisch wandelbar.

Für die Analyse des Inhalts und der Repräsentation von Film- und Fernsehtexten ist es wichtig, die möglichen Bedeutungen herauszuarbeiten, die sich aus dem filmischen oder televisuellen Code ergeben. Hierfür kann die pragmatische Film- und Fernsehtheorie herangezogen werden, die den kommunikativen Aspekt berücksichtigt. Ihr geht es »um Beziehungen im Sinne systematischer Zusammenhänge zwischen Fernsehtexten und ihren Zuschauern« (bzw. Filmtexten und ihren Zuschauern), denn sie analysiert die »textuellen Strategien, die auf den Zuschauer zielen« (Hippel 1998, S. 17). Dazu ist es notwendig zu untersuchen, wie sich Inhalt und Repräsentation eines Film- oder Fernsehtextes mit Diskursen verbinden und auf diese Weise von den Zuschauern mit Bedeutung gefüllt werden können. Das Repräsentationssystem des Films oder der Fernsehsendung muss mit den mentalen Konzepten der Zuschauer als weiteres Repräsentationssystem zusammengedacht werden. In den mentalen Konzepten sind die Bedeutungen von Geschehensabläufen, von interpersonalen Beziehungen und von Raum- und Zeitordnungen repräsentiert. Wenn z.B. in einem Nachrichtenbeitrag Bilder von Panzern zu sehen sind, die an zerstörten Häusern vorbeifahren, und die Reporterin von Schießereien zwischen Israelis und Palästinensern als Folge eines Selbstmordattentats berichtet, korrespondiert dies mit mentalen Konzepten der Zuschauer, in denen sowohl das Geschehen selbst als auch die Handlungsträger mit ihrer Beziehungsstruktur sowie räumliche und zeitliche Vorstellungen repräsentiert sind. Die Bilder und der Bericht der Reporterin zeigen lediglich einen Ausschnitt des Geschehens, bei dem die wesentlichen Handlungsträger gezeigt oder genannt werden und das zu einer bestimmten Zeit an einem bestimmten Ort stattfand. Zugleich laden die Auswahl der Bilder und die Wahl der Worte den Beitrag mit Bedeutung auf und zeichnen ein mediatisiertes »Bild« des Geschehens und der Handlungsträger. Sieht man die fahrenden Panzer, werden mentale Konzepte der Zuschauer angesprochen, in denen nicht einfach nur ein Panzer repräsentiert ist, sondern dieser Panzer als israelischer Panzer, der durch eine von Israel besetzte palästinensische Stadt fährt, gewusst wird. Auf diese Weise ist der Bericht mit dem Wissen der Zuschauer verknüpft. Wird zudem das Bild eines toten Kindes, das am Straßenrand liegt, gezeigt, zielt die textuelle Struktur des Berichts nicht nur auf das Wissen, sondern explizit auch auf die Emotionen der Zuschauer. Dadurch kann der Bericht auf andere Weise mit Bedeutung gefüllt werden, denn es geht nicht mehr einfach um die faktischen gewalttätigen Auseinandersetzungen, sondern um deren Bewertung als grausam. Darüber verbindet sich auf der Ebene der Repräsentation dieser Beitrag mit einem Diskurs über die Grausamkeit politisch oder religiös motivierter Gewalt, der neben dem politischen Diskurs über die Geschichte und das Verhältnis zwischen Israel und Palästina existiert. Der Beitrag kann durch seine Repräsentation und die durch sie favorisierte Bedeutung den Zuschauern eine Lesart nahelegen. In der Analyse muss der Beitrag zunächst in seine strukturellen Komponenten zerlegt werden, um die einzelnen Elemente in ihrer Bedeutung für Inhalt und Repräsentation bestimmen zu können. In der sich anschließenden Interpretation müssen die entsprechenden Diskurse berücksichtigt werden, an die sich der Beitrag hängt.

1.1 Plot und Story I

Die Begriffe »Plot« und »Story« entstammen eigentlich der kognitiven Filmtheorie, die sich mit Narration befasst (vgl. Kapitel II.2.1). Die ihnen zugrunde liegende Differenzierung zwischen dem, was in Film- und Fernsehtexten dargestellt ist, und dem, was mit dem Wissen der Zuschauer über die Darstellung hinaus gemacht wird, kann auch die Analyse auf der Ebene von Inhalt und Repräsentation befruchten. In diesem Rahmen besteht der Plot aus dem Inhalt und den drei Ebenen der Repräsentation, die zu Beginn dieses Kapitels beschrieben wurden. Die Story entspricht dem, was die Zuschauer mit ihrem Wissen, ihren Emotionen und Affekten sowie ihrem praktischen Sinn aus dem Gezeigten machen, um den Film oder die Fernsehsendung zu einem sinnhaften Ganzen zusammenzufügen.

Die Zuschauer sind während der Rezeption eines Films oder einer Fernsehsendung permanent damit beschäftigt, das Gesehene mit Bedeutung zu füllen. Dabei gehen sie in der denotativen und der konnotativen Dimension vor. Die Konnotationen beziehen sich sowohl auf die Kohärenz des Inhalts und der Repräsentation als auch auf deren Einbindung in die Diskurse des lebensweltlichen

Kontextes. Das Beispiel des Nachrichtenbeitrags über den Konflikt im Nahen Osten mag dies verdeutlichen: Der Bericht beginnt mit Bildern, die fahrende israelische Panzer vor zerstörten Häusern der Palästinenser zeigen. Die Stimme der Reporterin erzählt, dass die israelische Armee gezielt Häuser im besetzten Gazastreifen zerstört habe, in denen sie palästinensische Extremisten vermutete. Nach einem Schnitt sind Bilder eines zerstörten Restaurants zu sehen, Sanitäter tragen Verletzte zu Rettungswagen. Die Reporterin wertet die Aktion der israelischen Armee im Gazastreifen als Reaktion auf ein Selbstmordattentat in einem Restaurant in Tel Aviv, bei dem es einen Tag zuvor mehrere Tote und Verletzte gegeben hatte. In den folgenden Bildern sind trauernde Palästinenserfrauen zu sehen, dazwischen ist das Bild eines toten Palästinenserkindes geschnitten. Die Reporterin erklärt aus dem Off, dass die Frauen um die Toten und Verletzten des israelischen Angriffs trauerten und dass unter den Toten auch ein Kind gewesen sei. Anschließend ist die Reporterin im Bild zu sehen. Auf der Straße stehend erläutert sie, dass demnächst ein neuer Vermittlungsversuch durch europäische und amerikanische Politiker starten solle. Während eine Diskussion im israelischen Parlament gezeigt wird, gibt die Reporterin die Äußerungen des israelischen Ministerpräsidenten zu den Aktionen wieder. Dem schließen sich Aufnahmen des Palästinenserpräsidenten an, der in Mikrofone spricht. Die Reporterin erklärt, dass dieser die Angriffe verurteile, und kommentiert abschließend, dass er die Extremisten nicht kontrollieren könne. Ende des Berichts.

Die Zuschauer müssen das Zeichensystem des Fernsehens mit Bildern, Geräuschen und Sprache zu einer kohärenten Nachricht zusammenfügen. Dazu gehört, dass sie den Bericht in einen räumlichen und zeitlichen Rahmen bringen: Er handelt von Ereignissen, die sich auf dem Gebiet Israels inklusive der besetzten palästinensischen Gebiete im Verlauf von zwei Tagen abgespielt haben. Die Zuschauer müssen den Zeitsprung, der zwischen den aktuellen Bildern und denen vom Selbstmordattentat liegt, realisieren und so eine Chronologie der Ereignisse rekonstruieren. Dazu gehört ferner, die Ereignisse in die gewalttätigen Auseinandersetzungen zwischen Israelis und Palästinensern einzuordnen, in denen Politiker beider Seiten eine Rolle spielen. Der Inhalt der Nachricht besagt, dass innerhalb von zwei Tagen ein palästinensisches Selbstmordattentat und ein Angriff der israelischen Armee auf Häuser von Palästinensern stattgefunden haben, mit zahlreichen Toten und Verletzten, darunter auch Kinder. Politiker beider Seiten haben zu den Ereignissen Stellung genommen. Auf der Ebene der Repräsentation werden Israelis und Palästinenser als gewalttätig dargestellt, die auch tote Zivilisten und Kinder in Kauf nehmen. Die Bilder der

Zerstörung und des toten Kindes zeigen die Grausamkeit. Die Stellungnahmen der Politiker zeigen, dass der Konflikt eine politische Dimension hat und die Gewalt der einen mit der Gewalt der anderen Seite gerechtfertigt wird. Diese Nachricht wird nun mit den Diskursen des lebensweltlichen Kontextes der Zuschauer verknüpft, so dass sich unterschiedliche Lektüren ergeben.

Aus semiopragmatischer Sicht ergeben sich unterschiedliche Lesarten aus dem institutionellen Rahmen, in dem die Nachricht gesehen wird (vgl. Odin 1994, S. 39 ff.). Der institutionelle Rahmen besteht aus drei Dimensionen: einer materiellen, einer imaginär-symbolischen und einer institutionalisierten (vgl. ebd., S. 39). Die materielle Dimension bezieht sich im Fall der Fernsehnachrichten auf die technischen Bedingungen des Fernsehgeräts und den Ort, an dem es aufgestellt ist. Danach macht es einen Unterschied, ob die Nachricht auf einem großen Farbfernseher in der Zentrale einer politischen Partei oder auf einem Laptop in einem Jugendzimmer gesehen wird. Die imaginär-symbolische Dimension bezieht sich dann auf die Parteizentrale und das Jugendzimmer als Systeme der Repräsentation, d.h. auf die mit diesen beiden Institutionen einhergehenden Vorstellungen und Konzepte. Die institutionalisierte Dimension bezieht sich auf den Raum der Kommunikation, der durch die Institution konstituiert wird. In der Parteizentrale gelten andere Regeln der Kommunikation als im Jugendzimmer. In der Analyse müssen diese drei Dimensionen nicht einzeln berücksichtigt werden, wichtig ist jedoch, sich zu vergegenwärtigen, in welchen institutionellen Rahmen die Film- und Fernsehtexte rezipiert werden können und wie diese »Institutionen« die Lesarten strukturieren.

Inhalt und Repräsentation der Nachricht verknüpfen sich mit den Diskursen, die in den verschiedenen lebensweltlichen Kontexten der Zuschauer existieren, denn Filme und Fernsehsendungen werden in einem Kontext gesehen, der textuell und sozial ist (vgl. Turner 1993, S. 77). Der soziale Kontext zeigt sich in der Öffnung der Texte zur sozialen Aneignung durch die Zuschauer. Ein Zuschauer, der Mitglied der jüdischen Gemeinde ist, wird die Nachricht mit den in der Gemeinde zirkulierenden Diskursen verbinden; ein Zuschauer, der sich in antiimperialistischen Zirkeln bewegt, wird die Nachricht wiederum mit den dort zirkulierenden Diskursen verbinden. In diesen Diskursen spielen Mythen eine wichtige Rolle. Nach Roland Barthes (1970, S. 85) ist der Mythos »ein Mitteilungssystem, eine Botschaft«, die allerdings kein Objekt ist, sondern »eine Weise des Bedeutens, eine Form«. In ihm sind Erfahrungen gebunden. In der Lesart des Mitglieds der jüdischen Gemeinde spielen die Mythen, die sich um das Judentum und das Volk Israel ranken, eine wesentliche Rolle in der Rezeption der Nachricht. In der Lesart des Mitglieds des antiimperialistischen Zirkels erhält der Mythos vom gerechten Kampf der Palästinenser um einen eigenen Staat einen prominenten Status. Die jeweiligen Lesarten sind kommunizierbar, weil sie in der sozialen Aneignung des jeweiligen lebensweltlichen Kontextes Sinn machen. Denn sie werden von den anderen Mitgliedern der jüdischen Gemeinde bzw. des antiimperialistischen Zirkels geteilt. Beide Mythen sind Teil des Diskursfeldes, das sich um den Nahost-Konflikt rankt. Sie werden in dem Nachrichtenbeitrag durch die Äußerungen der Politiker beider Seiten aufgegriffen. Die textuelle Struktur der Nachricht zielt daher auf Mehrdeutigkeit.

1.2 Raum und Zeit

Filme und Fernsehsendungen positionieren sich in einem historischen Raum-Zeit-Gefüge. Das hat Auswirkungen auf Inhalt und Repräsentation. Räume in Film- und Fernsehtexten beeinflussen Handlungen und haben symbolische Funktionen (vgl. Wulff 1999, S. 103 ff.). Das gilt auch für die Zeit. Wenn z.B. ein Paar ein Restaurant betritt, lässt das in den nächsten Minuten des Films bestimmte Handlungen wahrscheinlich erscheinen. Sie werden in dem Restaurant sicher nicht in eine Verfolgungsjagd mit Autos verstrickt, sie brechen auch nicht zu einer Bergwanderung auf. Der Ort des Geschehens, das Restaurant, lässt es wahrscheinlicher erscheinen, dass sie dort speisen werden, vielleicht auch Freunde treffen, mit denen sie verabredet sind. Verlässt der Held eines Western einen Saloon, in dem er einige Whisky getrunken und einen Teller Bohnensuppe gegessen hat, wird er sich vermutlich auf sein Pferd schwingen. Er wird sicher kein Taxi rufen, keinen schnellen Sportwagen besteigen oder sich gar auf den Weg zum Flughafen machen – all diese Möglichkeiten sind in der Zeit, in der Western spielen, unwahrscheinlich und damit auch unrealistisch. Die symbolische Funktion von Räumen ist nicht filmspezifisch, sie findet sich auch im Alltagsleben der Zuschauer. Sie ergibt sich vor allem aus ihrer Kontrastierung mit anderen Räumen:

> »Die *Gegenüberstellung* verschiedener oder verschieden interpretierter Räume ist der Zeichenträger, dem ein Bedeutungsgefüge zugeordnet ist, das mit der Bedeutung des jeweiligen Textes koordiniert ist und das oft auf Kategorien der Wahrnehmung, der Beschreibung oder der Metaphorisierung des sozialen Lebens zurückweist« (ebd., S. 122, H.i.O.).

Die Enge einer Zelle im Gefängnis steht z.B. im Kontrast zur Weite der Prärie – die symbolische Funktion ist hier durch die beiden Substantive, die den Raum beschreiben, offensichtlich. Ein Gangsterfilm spielt z.B. in einem metaphorischen Raum, der mit zahlreichen Konnotationen verbunden ist: der Unterwelt. Seine Bedeutung erhält er dadurch, dass er im Kontrast zur Oberwelt steht, mit der die normale bürgerliche Welt gemeint ist. Ähnliche Gegensätze, in denen Räume symbolische Funktionen erfüllen, sind z.B. private und öffentliche Räume, dunkle und helle Räume, Himmel und Hölle usw. Die symbolische Funktion der Räume öffnet die Film- und Fernsehtexte zu Raumkonzepten der Zuschauer, wie sie in deren mentalen Konzepten repräsentiert sind.

Filme und Fernsehsendungen orientieren sich zwar in der Regel an einer Zeitebene, sie haben aber dank der Montage die Möglichkeit, verschiedene Zeitebenen miteinander zu verbinden (vgl. Kapitel II.4.3). Eine aktuelle Nachrichtensendung im Fernsehen berichtet über Ereignisse der Jetztzeit. Eine Ausnahme bilden Berichte, in denen auf Archivmaterial zurückgegriffen wird, um ein historisches Ereignis in seiner Bedeutung für eine aktuelle Nachricht darzustellen. Wenn z.B. in Frankreich ein ehemaliger SS-Offizier vor Gericht steht, der sich wegen der Ermordung von Juden während des Nationalsozialismus verantworten muss, wird in wenigen Bildern die Besetzung Frankreichs aufgerollt und mit Bildern von Erschießungen aus der damaligen Zeit versehen. In diesem Sinn kann man auch von zeitlich-historischen Rahmen sprechen, die in einer Fernsehsendung präsent sein können. In dem Beispiel gibt es Bilder aus einer vergangenen Zeit, die in einen Beitrag aus der Jetztzeit eingebettet sind. Typisch ist eine derartige zeitliche Rahmung für historische Dokumentationen, in denen Zeitzeugen befragt werden.

Das trifft auch auf fiktionale Filme zu. Sie können in einer vergangenen Zeit spielen, ohne einen textuellen Bezug zur Jetztzeit zu haben. Sie können aber auch in der Jetztzeit spielen, in der ein Protagonist sich z.B. an seine Jugend oder seinen Aufenthalt als Student auf einem britischen Campus in den fünfziger Jahren erinnert, was in einem filmischen Rückblick präsentiert wird. Filme, die sich dem Thema Zeitreisen widmen wie »Zurück in die Zukunft«, bewegen sich ebenfalls auf zwei zeitlichen Ebenen. Daneben gibt es Filme, die zwar in der Jetztzeit spielen, deren Rahmenhandlung aber in der Zukunft angesiedelt ist wie bei »Terminator 2 – Judgement Day«. Filme, die in der Zukunft spielen, haben einem ganzen Genre den Namen gegeben: die Science-Fiction-Filme. »Blade Runner«, »I, Robot«, »Matrix« oder »Minority Report« entführen die Zuschauer in eine imaginierte, zukünftige Welt, die jedoch auf aktuellen mentalen Konzepten als Repräsentationssystemen basiert. Die Zeit kann auch symbolische Funktionen in einem Film- und Fernsehtext ausüben. Wenn z.B. ein Film in der Jetztzeit spielt, einer der Protagonisten aber in einer Villa aus der vorletzten Jahrhundertwendezeit lebt, die noch mit den Originalmöbeln aus jener Zeit eingerichtet ist, symbolisiert dies möglicherweise den seelischen und geistigen Zustand des Protagonisten. Wenn in einem Familiendrama das Leben eines Teenagers im Mittelpunkt steht und dessen Zimmer mit Postern aus Science-Fiction- und Fantasy-Filmen geschmückt ist, verweisen die anderen Zeiten auf den Postern möglicherweise auf die Träume und Wünsche des Teenagers, den gegenwärtigen Zustand zu überwinden.

Filme und Fernsehsendungen sind auch an einem oder mehreren Orten lokalisiert. Ein Nachrichtenbeitrag über eine Schießerei im Gazastreifen ist dort angesiedelt, bezieht die weitere Umgebung, also Israel und Palästina, mit ein und kann noch einen Bogen nach New York schlagen, wo sich der UN-Sicherheitsrat zu dem Vorfall geäußert hat. In diesem Sinn können derartige Beiträge oder Dokumentationen räumliche Rahmen enthalten, in denen die gleichen oder verschiedene Protagonisten agieren können. Im Gegensatz dazu findet eine Spielshow wie »Wer wird Millionär?« nur an einem spezifischen Ort statt, der für die Zuschauer als ein Studio erkennbar ist. Dabei spielt es keine Rolle, ob das Studio in Hürth bei Köln, in Hamburg, München oder Babelsberg steht. Eine andere Variante stellt die Show »Wetten, dass ..?« dar, die zwar in verschiedenen Orten gastiert, in deren Hallen oder Sälen jedoch die immer gleiche Bühnenkulisse aufgebaut wird. Zudem findet über die Saalwette eine Einbindung in die lokale Region statt, die explizit in der Sendung thematisiert wird. Hinzu kommen Außenwetten, die wieder an ganz anderen Orten stattfinden können. Während »Wer wird Millionär?« eine einfache räumliche Struktur aufweist, sind die Aktionen in »Wetten, dass ..?« an mehreren Orten lokalisiert. Die Sendung weist mehrere räumliche Rahmungen auf.

Spielfilme oder fiktionale Fernsehsendungen können lediglich an einem Ort lokalisiert sein. Vor allem Situation Comedys im Fernsehen wie »Eine schrecklich nette Familie«, »Alf« oder »Das Amt« spielen sogar vorwiegend in einem Zimmer. In Filmen ist das eher die Ausnahme, doch gibt es auch da Beispiele wie »Das Fenster zum Hof«. In »8 Frauen« bewegen sich die handelnden Figuren nur innerhalb eines Hauses. Die Handlung zahlreicher Filme spielt jedoch an einem Ort, z.B. »Terminator 2 – Judgement Day« in Los Angeles, »Wenn es Nacht wird in Paris« oder »Am Rande der Nacht« in Paris, »Wenn die Gondeln Trauer tragen« oder »Der Tod in Venedig« in Venedig, »M – eine Stadt sucht einen Mörder« oder »Lola rennt« in Berlin. Spielfilme, Fernsehfilme und Serien, die an einem Ort der sozialen Realität spielen, unterscheiden sich dahin gehend, dass sie den Ort einerseits lediglich als unspezifische städtische Kulisse benutzen, ihn andererseits aber auch mit seiner Spezifik in die Handlung integrieren können. Zahlreiche Filme spielen an mehreren Orten, weil die Protagonisten auf der Flucht, der Reise oder der Suche sind. So ist der Agent Ihrer Majestät, James Bond, als Protagonist innerhalb einzelner Filme der Reihe immer wieder an verschiedenen Orten auf der Spur des Bösen. Ein Genre wie das Roadmovie zeigt Akteure, die sich in der Regel über weite Strecken bewegen wie z.B. in »Wild at Heart – Die Geschichte von Sailor und Lula«. In der »Star Trek«-Reihe und anderen Science-Fiction-Filmen brechen die Protagonisten gar in die unendlichen Weiten des Alls auf. Ein Genre, das von der ständigen Bewegung seiner Protagonisten lebt, ist der Western. In ihm wurde die amerikanische Mythologie der Eroberung des Westens ihres Kontinents in filmische Gestalt gegossen. Davon zehren auch (post-)moderne Roadmovies noch, wie der bereits erwähnte »Wild at Heart« oder »True Romance«, in denen sich die Protagonisten auf den Weg gen Westen nach Kalifornien machen. Neben dem Western und dem Roadmovie gibt es Filmgenres, die bestimmte Orte thematisieren. Manche haben ein eigenes, regional begrenztes Genre begründet wie der deutsche Bergfilm, der, wie der Name schon sagt, in den Bergen spielt, aber zeitlich auf das Ende der zwanziger und die dreißiger Jahre des letzten Jahrhunderts beschränkt bleibt. Filme wie »Der heilige Berg«, »Das blaue Licht« oder »Der Berg ruft« mögen hier als Beispiel dienen. In diesen Filmen wird die Mythologie der Bergwelt mit ihren Naturgewalten repräsentiert (vgl. Rapp 1997). Der deutsche Heimatfilm, der vor allem in den fünfziger Jahren Konjunktur hatte und zahlreiche Zuschauer in die Kinos lockte, spielt in den ländlichen Regionen Deutschlands und knüpfte an den Diskurs über Heimat an (vgl. Höfig 1973; Projektgruppe Deutscher Heimatfilm 1989, S. 69 ff.), der sich nach dem Zweiten Weltkrieg entwickelte. Filme wie »Schwarzwaldmädel« oder »Grün ist die Heide« banden den Diskurs an bestimmte Regionen wie den Schwarzwald und die Lüneburger Heide.

Die räumliche und zeitliche Positionierung in den Film- und Fernsehtexten ist ein wesentliches Element des Repräsentationssystems. Während z.B. der amerikanische Western die Eroberung und Zivilisierung des Westens thematisiert, widmet sich der Italo-Western dem Nord-Süd-Konflikt. Ihm liegen also spezifische italienische Erfahrungen zugrunde. Dabei geht es inhaltlich um Auseinandersetzungen an der amerikanisch-mexikanischen Grenze. Der amerikanische Western bearbeitet gewissermaßen uramerikanische Mythen. Der Italo-Western dagegen ist nach Georg Seeßlen zu einem universellen Bild »für Gesellschaften, in denen neuer Reichtum neue Armut produziert« geworden (Seeßlen 1993, S. 12). In den US-Western ist das Thema der Grenze mythologisiert, im Italo-Western politisiert (vgl. Seeßlen 1995, S. 158). Die beiden Arten des Western sind über die Repräsentation von Raum und Zeit mit unterschiedlichen Diskursen verknüpft. Gegenstand von raumbezogenen filmanalytischen Arbeiten ist häufig die Repräsentation der Stadt allgemein (vgl. Clarke 1997; Schenk 1999; Vogt 2001), die zu den Diskursen über Urbanität in Bezug gesetzt wird (vgl. Willett 1996), oder einer spezifischen Stadt (Köln) in einer TV-Reihe, dem »Tatort« (vgl. Bollhöfer 2007).

In der Analyse ist es wichtig, die verschiedenen räumlichen und zeitlichen Rahmen herauszuarbeiten, um ihrer spezifischen Funktion für Inhalt und Repräsentation der Film- und Fernsehtexte auf die Spur zu kommen. Dabei müssen zwei Ebenen berücksichtigt werden. Auf der ersten Ebene geht es um den konkreten Film- und Fernsehtext als Repräsentationssystem, auf der zweiten Ebene geht es um den Film- und Fernsehtext in den zeithistorischen Bezügen seiner Entstehung. Denn wenn Filme Elemente der Repräsentationsordnung einer Gesellschaft sind, dann verorten sie sich zum Zeitpunkt ihrer Entstehung in den zu der Zeit zirkulierenden gesellschaftlichen Diskursen. Beim Aufbau des filmischen oder televisuellen Repräsentationssystems spielen Gestaltungsmittel wie Ausstattung (vgl. Kapitel II.4.4), Kameraarbeit (vgl. Kapitel II.4.1) und Montage (vgl. Kapitel II.4.3) eine bedeutende Rolle.

1.3 Interaktionsverhältnisse

Ein wesentlicher Bestandteil des filmischen und televisuellen Repräsentationssystems sind die handelnden Akteure, die nicht nur miteinander, sondern auch mit Objekten wie Autos oder Alkohol und mit ihrer Umwelt, z.B. der Stadt, in der sie leben, interagieren. Die Interaktionen können verschiedene Formen annehmen. Sie können z.B. gewalttätig sein wie in dem bereits erwähnten Nachrichtenbeitrag über Schießereien zwischen Israelis und Palästinensern oder wie in Gangsterfilmen und Fernsehkrimis. Sie können romantischer Natur sein wie in romantischen Komödien oder mit psychischen Leiden verbunden wie in Melodramen. Sie können aber auch spielerisch sein wie in Sportsendungen oder Gameshows. Grundsätzlich unterliegen die Interaktionsverhältnisse in Film- und Fernsehtexten – ähnlich denen der sozialen Realität – bestimmten Bedingungen. Dazu zählen unter anderem ökonomische, soziale, kulturelle, politische und biografische Faktoren, die die Position der handelnden Figuren im sozialen Feld bestimmen. In den Interaktionsverhältnissen zeigen sich historisch gewachsene Macht- und Herrschaftsverhältnisse ebenso wie strukturelle Beziehungen zwischen sozialen Rollen, Statuspositionen, Ethnien und Geschlechtern. Der Konflikt zwischen Israelis und Palästinensern hat eine politische Geschichte, in der sowohl die unterschiedlichen Religionen als auch die unterschiedliche ethnische Zugehörigkeit eine Rolle spielen. Die Repräsentation des Konflikts im Fernsehen beinhaltet auch ein spezifisches Verhältnis der Geschlechter, denn Frauen werden in der Regel als Trauernde und Leidende gezeigt. Männer dagegen erscheinen aktiv, politisch oder terroristisch. Das knüpft an Diskurse über die Opferrolle von Frauen und die Täterrolle von Männern an.

Interaktionsverhältnisse sind ein wesentlicher Aspekt der Einbindung des Publikums in das Geschehen auf der Leinwand oder dem Bildschirm. Sie korrespondieren auf einer strukturellen Ebene mit alltäglichen Lebenserfahrungen der Zuschauer. Auch wenn das Verhältnis von Herr und Sklave in einem Südstaaten-Drama nicht aus eigener Erfahrung bekannt ist, sind Dominanz- bzw. Unterwürfigkeitserfahrungen vorhanden, so dass die Repräsentation des Verhältnisses von Herr und Sklave nicht nur auf einer kognitiven Ebene nachvollzogen, sondern auch emotional erlebt werden kann. Liegen die in den Film- und Fernsehtexten dargestellten Interaktionsverhältnisse näher an den Alltagserfahrungen des Publikums, ist die Einbindung der Zuschauer über kognitive und emotionale Aktivitäten sowie über den praktischen Sinn und die soziale Aneignung größer. Die Filme und Fernsehsendungen fügen sich dann stärker in die lebensweltlichen Diskurse ein.

Die Ausgestaltung von Handlungs- und Funktionsrollen in den Film- und Fernsehtexten (vgl. Kapitel II.3) hat einen großen Einfluss auf die Inszenierung von Interaktionsverhältnissen. So können die Handlungen einzelner Personen durch eine Vielzahl von Interaktionen gekennzeichnet sein. Die Protagonisten eines Spielfilms handeln in vielen verschiedenen Situationen während des Films und sind auf diese Weise in ebenso viele Interaktionen verstrickt. Die von Julia Roberts gespielte Vivian in »Pretty Woman« interagiert im Verlauf des Films mit zahlreichen Personen: in erster Linie mit dem von Richard Gere gespielten Broker Edward, aber auch mit ihrer Freundin Kit De Luca, mit dem Hotelmanager, dem Liftboy, den Verkäuferinnen in Designer-Boutiquen, dem jungen David Morse und anderen. In all diesen Interaktionen sind die strukturellen Bedingungen wirksam, die aus der Statusposition von Vivian als Prostituierte und ihrer Positionierung im sozialen Feld resultieren. Während in den einzelnen

situationsabhängigen Interaktionen die Zuschauer in das Geschehen hineingezogen werden, werden sie zugleich mit der Repräsentation von Statuspositionen,
sozialen Rollen und Geschlecht konfrontiert. In diesem Sinn kann man davon
sprechen, dass in einem Film wie »Pretty Woman« ein bestimmtes Bild der Pros-
tituierten, des Brokers, des Hotelmanagers oder der Designermode-Verkäuferin
gezeichnet wird, das auf einer allgemeineren Ebene als ein bestimmtes Bild von
Frauen und Männern inszeniert wird. In der Analyse müssen diese Bilder herausgearbeitet werden. Dazu ist es notwendig, sich die einzelnen Interaktionen
und die gesamten Interaktionsverhältnisse anzuschauen, über die ein Film- und
Fernsehtext eine mögliche Welt inszeniert oder eine reale soziale Welt medial
bearbeitet. So beschäftigen sich zahlreiche Analysen mit der Darstellung der
Frau in Filmen und Fernsehserien (vgl. exempl. Bechdolf 1992; Geraghty 1991;
Kaplan 1998; Kuhn 1987; Maria o.J.; Nochimson 1992). Auch die Darstellung
des Mannes wird untersucht (vgl. Cohan/Hark 1993; Jeffords 1994; Kaltenecker
1996; Weidinger 2006)). Doch nicht nur die Geschlechterrollen in Film- und
Fernsehtexten können auf der Ebene der Repräsentation analysiert werden, auch
die Darstellung der Familie (vgl. Frölich u.a. 2004; Magin 2006) oder – im
Hinblick auf die Struktur von Interaktionsverhältnissen – die Repräsentation
von Liebe und Sexualität (vgl. exempl. Flicker 1998; Wexman 1993) oder die
Darstellung von Medizin und Ärzten (vgl. Gottgetreu 2001). Ganz gleich, ob im
Mittelpunkt der Analyse das Bild der Frau oder des Mannes, die Darstellung
von Institutionen oder die Inszenierung von populären Mythen, Idealen, Konzepten steht, sie alle sind über die Interaktionsverhältnisse und die strukturellen
Bedingungen, unter denen diese stattfinden, definiert. Bei der Analyse der Interaktionsverhältnisse ist zu beachten, dass Film- und Fernsehtexte mehrdeutig
oder polysem organisiert sind. Daher gibt es das Bild *der* Frau oder *der* Jugend
nicht im Sinn einer einheitlichen ideologischen Darstellung, sondern dieses Bild
kann auch Brüche und Widersprüche enthalten, die ebenfalls in der Analyse
herausgearbeitet werden müssen.

Der Moderator einer Show wie »Wetten, dass ..?« muss im Verlauf einer Sendung mit verschiedenen Personen interagieren. Dabei geht er spezifische Interaktionsverhältnisse ein, die mit unterschiedlichen sozialen Rollen verbunden
sind. Er muss mit dem Saalpublikum interagieren und – wie bereits bei der
Begrüßung deutlich wird – indirekt mit den Zuschauern vor dem heimischen
Bildschirm. Ferner muss er mit den prominenten Gästen als Wettpaten interagieren, mit den Wettkandidatinnen und -kandidaten, mit den Showstars, bei
Außenwetten mit anderen Moderatorinnen oder Moderatoren, mit den Kamera-

leuten und wenn etwas schief geht, auch schon mal mit der Regie. Jede dieser Interaktionen ist anders strukturiert und begründet ein spezifisches Interaktionsverhältnis, denn mit den Wettkandidaten geht Thomas Gottschalk anders um als mit den prominenten Gästen. Während die Wettkandidaten z.B. nur knapp vorgestellt werden, führt er mit den Prominenten kurze Gespräche. Über die Analyse der Interaktionsverhältnisse kann herausgearbeitet werden, wie Moderator, Kandidaten, Gäste und Publikum in der Show inszeniert werden und welche Bedeutung ihnen auf der Ebene der Repräsentation zugeschrieben wird. Dabei ist allerdings darauf zu achten, welche Interaktionsverhältnisse durch Struktur und Funktion der Show beeinflusst sind und welche sich als showübergreifend strukturelle herausstellen.

In der Analyse müssen die Interaktionsverhältnisse genau untersucht werden. Zwar sind sie einerseits von strukturellen Bedingungen beeinflusst, andererseits kann ihre Gestaltung aber die Repräsentation von Personen, Institutionen, Mythen, Idealen und Konzepten beeinflussen. Hier zeigt sich, dass Bedeutungen diskursive Konstruktionen sind. Denn die Repräsentationsebene der Film- und Fernsehtexte ist eng mit den in der Gesellschaft zirkulierenden Diskursen verbunden. Welche Bedeutungen die Zuschauer in der Rezeption dem Geschehen auf der Leinwand oder dem Bildschirm zuweisen, hängt auch von der ästhetischen Gestaltung der Interaktionsverhältnisse ab (vgl. Kapitel II.4), denn darüber wird ihre Aufmerksamkeit gelenkt.

1.4   Situative Rahmungen

In der Analyse von Film- und Fernsehtexten ist immer zu berücksichtigen, dass sie durch situative Rahmungen gekennzeichnet sein können. Ausgangspunkt der Überlegungen können die Arbeiten des französischen Filmwissenschaftlers Etienne Souriau (1951, S. 234 f.) sein, der zwischen afilmischer und profilmischer Realität in Filmen unterschieden hat. Eine afilmische Realität existiert unabhängig von der Kamera und anderen kinematografischen Aktivitäten, eine profilmische wird dagegen mit Hilfe der Kamera geschaffen und ist auf der Leinwand zu sehen. Der britische Filmwissenschaftler Martin Barker (2000, S. 193) fasst den Begriff profilmisch weiter, indem er ihn auch auf die Zuschauer bezieht und damit alle filmischen Mittel meint, die ein Engagement der Zuschauer mit dem filmischen Prozess ermöglichen. Wenn diese Unterscheidung auf Situationen bezogen wird, kann man afilmische von profilmischen Situationen unterscheiden. Ein Spielfilm, ein Fernsehfilm, eine Familienserie oder eine Sitcom sind danach durch profilmische Situationen gekennzeichnet: Was auf der Leinwand oder dem Bildschirm zu sehen ist, wurde nur für die Kamera erfunden und inszeniert. Es gibt keine »echten« Menschen, die in »echten« Situationen handeln, sondern Schauspieler handeln in inszenierten Situationen nach einem Drehbuch und den Anweisungen des Regisseurs und ermöglichen dadurch im Sinn Barkers ein Engagement der Zuschauer – allerdings können die Dreharbeiten selbst als afilmische Situation gesehen werden. Denn die profilmische Situation ist immer auf ihre mediale Repräsentation und damit auf die Rezeption durch Zuschauer hin angelegt.

Anders sieht dies bei Dokumentarfilmen, Reportagen und Nachrichtenbeiträgen aus. Dort gibt es zwar auch profilmische Situationen, wenn z.B. Augenzeugen direkt in die Kamera von einem Geschehen erzählen oder Bürger zu einem aktuellen politischen Thema ihre Meinung in die Kamera sagen, doch überwiegen die afilmischen Situationen. In dem bereits erwähnten Nachrichtenbeitrag über den Nahost-Konflikt gehören die gewalttätigen Auseinandersetzungen zwischen Israelis und Palästinensern zur afilmischen Realität, denn sie finden auch ohne die Anwesenheit der Medien statt. Das gilt ebenso für die abgebildeten Situationen, die in dem Beitrag zu sehen sind, nicht jedoch für den Kommentar, den die Korrespondentin in die Kamera spricht. Dabei handelt es sich um eine profilmische Situation, die in eine afilmische eingebettet ist. Die beiden Beispiele machen deutlich, »dass alles, was im fiktionalen Film im Bild zu sehen ist, als profilmisch interpretiert wird, also als etwas, was zum Zwecke der Abbildung hergestellt wurde. Im Fernsehen dagegen spielt auch die Abbildung afilmischer Situationen eine große Rolle« (Hippel 1998, S. 132).

Die Unterscheidung zwischen afilmischen und profilmischen Situationen ist für die Analyse von Nachrichtenbeiträgen, Reportagen oder Shows im Fernsehen wichtig, denn es kommt zu Interaktionen zwischen den beiden Situationen, und die profilmische kann die afilmische stören (vgl. ebd., S. 132 f.). Letzteres ist z.B. der Fall, wenn die Korrespondentin sich für ihren Aufsager auf einem belebten Bürgersteig postiert hat, und die Passanten um sie herumgehen müssen. Die Aktionen von Kandidaten in Gameshows sind so immer doppelt konstituiert: Sie handeln in einer afilmischen Studiosituation, in der sie an einem Spiel teilnehmen, zugleich spielen sie aber für das Studio- bzw. Saalpublikum und die Zuschauer vor den heimischen Bildschirmen, indem sie in einer profilmischen Situation vor der und für die Kamera agieren. Für die Zuschauer ist das Geschehen doppelt konstituiert: Sie sehen zwar nur das, was Kamera und Bildregie ihnen zeigen, aber zugleich bezieht sich ihre Rezeption auch auf die afilmische Spielsituation im Studio.

Neben dieser generellen Unterscheidung der beiden Situationstypen können in Fernsehshows weitere situative Rahmungen unterschieden werden. Der Medienwissenschaftler Eggo Müller hat am Beispiel der Beziehungsshow »Herzblatt« eine dreifache Rahmung der Situation herausgearbeitet:

> »Man müßte von einer ›Tripelrolle der Kandidaten‹ oder einer dreifachen Rahmung der Situation sprechen, denn es handelt sich (1) um eine Show, in der (2) ein Spiel gespielt wird, das (3) wirkliche Folgen – welchen Ausmaßes auch immer – zeitigen kann, wie die Rückkehrer-Runde in der Show dokumentiert. Aus der Perspektive der Kandidaten formuliert, bedeutet diese Konstruktion, daß sie gleichzeitig drei Rollen spielen, drei Situationsdefinitionen gleichzeitig zu realisieren haben: die eines Kandidaten der Show, die eines Spielers, der in einer Show an einem Spiel teilnimmt, und die eines wirklichen Singles auf Partnersuche. Für die Perspektive der Fernsehzuschauer gilt entsprechendes: Sie verfolgen eine Show, in der ein Spiel gespielt wird, durch das sich Singles wirklich kennenlernen« (Müller 1999, S. 197 f.).

Auch wenn Müller davon spricht, dass es sich eigentlich um drei verschiedene Situationen handelt, die sich überlagern, kann man meines Erachtens doch besser von situativen Rahmungen sprechen. Denn sie können noch weiter gefasst werden (vgl. Mikos/Wulff 1996; Wulff 1994). Die Show »Herzblatt« gehört z.B. zum Genre der Beziehungsshows, die Teil der Gattung Unterhaltungsshow ist, welche wiederum im Kontext des Fernsehens steht. Die verschiedenen situativen Rahmungen sind zwar im Fernsehtext gleichzeitig präsent, doch kann die Inszenierung einen Rahmen favorisieren und so für die Zuschauer eine bestimmte Lesart der Show nahelegen. Alle situativen Rahmungen korrespondieren mit mentalen Konzepten der Zuschauer und konkurrieren gewissermaßen darum, welcher von den Zuschauern als der primäre, Wirklichkeit definierende, für die Bedeutungszuweisung relevante angesehen wird. Die Zuschauer haben prinzipiell die Möglichkeit, die Show (1) als einen Fernsehtext, (2) als eine Unterhaltungsshow im Fernsehen, (3) als eine Beziehungsshow, (4) als die Show »Herzblatt«, (5) als ein Spiel in einer Show und (6) als soziale Wirklichkeit zu sehen. Dadurch kommt es in der tatsächlichen Rezeption solcher Shows zu unterschiedlichen Bedeutungszuweisungen. Je mehr situative Rahmungen eine Show aufweist, umso mehr verschiedene Bedeutungszuweisungen sind möglich. Dabei können auch bestimmte Inszenierungsweisen des Bühnengeschehens in der Show als ein eigener Rahmen angesehen werden. In der Reality-Show »Big Brother« wurden z.B. die Ereignisse im Wohncontainer, in dem die Kandidatinnen und Kandidaten agierten und an Spielen teilnahmen, »nach Dramaturgie und Darstellungsweisen von Soaps inszeniert« (Mikos u.a. 2000, S. 29). Obwohl die Sendung eine Unterhaltungsshow war, konnte sie auch als Soapopera rezipiert werden. Die Reality-Show »Ich bin ein Star – Holt mich hier raus!«, in der eine Gruppe von Prominenten in einem Dschungel-Camp Prüfungen bestehen muss, kann aufgrund der karnevalesken Übertreibungen und der Komik von den Zuschauern auch als Comedy-Sendung angesehen werden (vgl. Mikos 2007). Jeder situative Rahmen einer Fernsehshow stellt in diesem Sinn einen eigenen Interpretationsrahmen dar. In der Analyse können die verschiedenen situativen Rahmen herausgearbeitet und so die möglichen Lesarten einer Show bestimmt werden.

Analyseleitende Fragen

- Welche Informationen bietet der Plot an?
- Wie wird der Plot auf den drei Ebenen der Repräsentation bearbeitet?
- Welches Wissen ist notwendig, um aus dem Plot ein kohärentes Ereignis zu machen?
- In welchem Verhältnis stehen Inhalt und Repräsentation?
- In welcher Zeit spielt der Film bzw. die Fernsehsendung?
- Wie viele Zeitebenen kommen vor und wie sind sie miteinander verbunden?
- Wie ist der Raum im Film bzw. der Fernsehsendung gestaltet?
- Welche Rolle spielt der Raum für die Handlung?
- Gibt es Orte, denen eine symbolische Funktion zugeschrieben werden kann?
- Welche Interaktionsverhältnisse sind dominant in dem zu analysierenden Film- oder Fernsehtext?
- Welche Rolle spielt die Interaktion mit Objekten für die Charakterisierung der Protagonisten?
- Sind die dominanten Interaktionsverhältnisse von Macht und Herrschaft gekennzeichnet?
- Lässt sich eine dominante Darstellung der Geschlechter feststellen?
- Welche Brüche und Widersprüche gibt es in der Repräsentation von Geschlechtern, Ethnien, sozialen Gruppen, Orten, Normen oder Werten?

- Wodurch sind die afilmische und profilmische Situation in der Fernsehsendung gekennzeichnet?
- Wie viele situative Rahmen überlagern sich in der Fernsehshow?
- Welche potenziellen Lesarten ergeben sich aus der situativen Rahmung?

1.5 Zitierte Literatur

Barker, Martin (2000): From Antz to Titanic. Reinventing Film Analysis. London/Sterling, VA

Barthes, Roland (1970): Mythen des Alltags. Frankfurt a.M. (2. Auflage; Erstausgabe 1964; Originalausgabe 1957)

Bechdolf, Ute (1992): Wunsch-Bilder? Frauen im nationalsozialistischen Unterhaltungsfilm. Tübingen

Bollhöfer, Björn (2007): Geographien des Fernsehens. Der Kölner »Tatort« als mediale Verortung kultureller Praktiken. Bielefeld

Casetti, Francesco/di Chio, Federico (1994): Analisi del Film. Milano (6. Auflage; Erstausgabe 1990)

Casey, Bernadette/Casey, Neil/Calvert, Ben/French, Liam/Lewis, Justin (2002): Television Studies. The Key Concepts. London/New York

Clarke, David B. (Hrsg.) (1997): The Cinematic City. London/New York

Cohan, Steven/Hark, Ina Rae (Hrsg.) (1993): Screening the Male. Exploring Masculinities in Hollywood Cinema. London/New York

Eco, Umberto (1977): Zeichen. Einführung in einen Begriff und seine Geschichte. Frankfurt a.M. (Originalausgabe 1973)

Fiske, John (1987): Television Culture. London/New York

Flicker, Eva (1998): Liebe und Sexualität als soziale Konstruktion. Spielfilmromanzen aus Hollywood. Wiesbaden

Frölich, Margrit/Middel, Reinhard/Visarius, Karsten (2004): Family Affairs. Ansichten der Familie im Film. Arnoldshainer Filmgespräche Bd. 21. Marburg

Geraghty, Christine (1991): Women and Soap Opera. A Study of Prime Time Soaps. Cambridge

Gottgetreu, Sabine (2001): Der Arztfilm. Untersuchung eines filmischen Genres. Bielefeld

Hall, Stuart (1997): The Work of Representation. In: Ders. (Hrsg.): Representation. Cultural Representations and Signifying Practices. London u.a., S. 13–74

Hippel, Klemens (1998): Prolegomena zu einer pragmatischen Fernsehtheorie. Dissertation. Berlin

Höfig, Willi (1973): Der deutsche Heimatfilm 1947–1960. Stuttgart

Jeffords, Susan (1994): Hard Bodies. Hollywood Masculinity in the Reagan Era. New Brunswick, NJ

Jurga, Martin (1999): Fernsehtextualität und Rezeption. Opladen/Wiesbaden

Kaltenecker, Siegfried (1996): Spiegelformen. Männlichkeit und Differenz im Kino. Basel u.a.

Kanzog, Klaus (2007): Grundkurs Filmsemiotik. München

Kaplan, E. Ann (Hrsg.) (1998): Women in Film Noir. (erweiterte Neuausgabe; Erstausgabe 1978)

Keppler, Angela (2001): Formen der Moralisierung im Fernsehen. In: Allmendinger, Jutta (Hrsg.): Gute Gesellschaft? Verhandlungen des 30. Kongresses der Deutschen Gesellschaft für Soziologie in Köln 2000. Opladen, S. 862–875

Kessler, Frank (2002): Filmsemiotik. In: Felix, Jürgen (Hrsg.): Moderne Film Theorie. Mainz, S. 104–125

Kuhn, Annette (1987): The Power of the Image. Essays on Representation and Sexuality. London/New York (Erstausgabe 1985)

Magin, Melanie (2006): Familien in Daily Soaps. Eine Inhaltsanalyse von »Gute Zeiten, schlechte Zeiten« und »Marienhof«. München

Maria, Samanta (o.J.): Schwesterlich, keusch und ohne Makel? Nonnen im Spielfilm. Berlin

Metz, Christian (1972): Semiologie des Films. München (Originalausgabe 1968)

Mikos, Lothar (2001a): Fern-Sehen. Bausteine zu einer Rezeptionsästhetik des Fernsehens. Berlin

Mikos, Lothar (2001b): Fernsehen, Populärkultur und aktive Konsumenten. Die Bedeutung John Fiskes für die Rezeptionstheorie in Deutschland. In: Winter, Rainer/ Mikos, Lothar (Hrsg.): Die Fabrikation des Populären. Der John Fiske-Reader. Bielefeld, S. 361–371

Mikos, Lothar (2007): »Ich bin ein Star – Holt mich hier raus!« Eine Formatbeschreibung und Bewertung. In: Döveling, Katrin/Ders./Nieland, Jörg-Uwe (Hrsg.): Im Namen des Fernsehvolkes. Neue Formate für Orientierung und Bewertung. Konstanz, S. 211–239

Mikos, Lothar/Feise, Patricia/Herzog, Katja/Prommer, Elizabeth/Veihl, Verena (2000): Im Auge der Kamera. Das Fernsehereignis Big Brother. Berlin (2., neu bearbeitete und erweiterte Auflage)

Mikos, Lothar/Wulff, Hans J. (1996): Spielen und Darstellen im »Glücksrad«. Intertextualität und Intersituativität in Fernsehshows. In: Publizistik, 41/4, S. 452–465

Müller, Eggo (1999): »Reality« als ein Spiel mit Rahmungen. Zur Ästhetik des Wirklichkeitsfernsehens. In: Gottberg, Joachim/Mikos, Lothar/Wiedemann, Dieter (Hrsg.): Mattscheibe oder Bildschirm: Ästhetik des Fernsehens. Berlin, S. 195–203

Nochimson, Martha (1992): No End to Her. Soap Opera and the Female Subject. Berkeley

Odin, Roger (1994): Sémio-pragmatique du cinéma et de l'audiovisuel. Modes et institutions. In: Müller, Jürgen E. (Hrsg.): Towards a Pragmatics of the Audiovisual. Theory and History. Volume 1. Münster, S. 33–46

Projektgruppe Deutscher Heimatfilm (1989): Der deutsche Heimatfilm. Bildwelten und Weltbilder. Tübingen

Rapp, Christian (1997): Höhenrausch. Der deutsche Bergfilm. Wien

Reichertz, Jo (2000): Die Frohe Botschaft des Fernsehens. Kulturwissenschaftliche Untersuchung medialer Diesseitsreligion. Konstanz

Schenk, Irmbert (Hrsg.) (1999): Dschungel Großstadt. Kino und Modernisierung. Marburg

Seeßlen, Georg (1993): Gewalt im populären Film. Gesellschaftliche Realität und Ästhetik der Gewalt. In: Medien Praktisch, 17/1, S. 9–15

Seeßlen, Georg (1995): Western. Geschichte und Mythologie des Westernfilms. Marburg

Souriau, Etienne (1951): La structure de l'univers filmique et le vocabulaire de la filmologie. In: Revue International de Filmologie, 7–8, S. 231–240

Taylor, Lisa/Willis, Andrew (1999): Media Studies. Texts, Institutions and Audiences. Oxford/Malden, MA

Thwaites, Tony/Davis, Lloyd/Mules, Warwick (2002): Introducing Cultural and Media Studies. A Semiotic Approach. Basingstoke/New York

Turner, Graeme (1993): Film as Social Practice. London/New York (2. Auflage; Erstausgabe 1988)

Vogt, Guntram (2001): Die Stadt im Kino. Deutsche Spielfilme 1900–2000. Marburg

Weidinger, Martin (2006): Nationale Mythen – männliche Helden. Politik und Geschlecht im amerikanischen Western. Frankfurt a.M.

Wexman, Virginia Wright (1993): Creating the Couple. Love, Marriage, and Hollywood Performance. Princeton, NJ

Willett, Ralph (1996): The Naked City. Urban Crime Fiction in the USA. Manchester/New York

Winter, Rainer (2002): Film und soziale Wirklichkeit. Überlegungen zu einem (wenig genutzten) soziologischen Forschungsinstrument. Vortrag auf dem 31. Kongress der Deutschen Gesellschaft für Soziologie. 7.–11. Oktober 2002 in Leipzig

Wulff, Hans J. (1992): Mehrdeutigkeit als Problem der Fernsehtheorie. In: Hickethier, Knut/Schneider, Irmela (Hrsg.): Fernsehtheorien. Berlin, S. 101–108

Wulff, Hans J. (1994): Situationalität, Spieltheorie, kommunikatives Vertrauen. Bemerkungen zur pragmatischen Fernseh-Analyse. In: Hickethier, Knut (Hrsg.): Aspekte der Fernsehanalyse. Methoden und Modelle. Münster/Hamburg, S. 187–203

Wulff, Hans J. (1999): Darstellen und Mitteilen. Elemente einer Pragmasemiotik des Films. Tübingen

2. Narration und Dramaturgie

In Filmen und Fernsehsendungen geht es offensichtlich um Geschichten. Das Erzählen von Geschichten findet sich in allen Medien. Jedes Medium bildet Besonderheiten des Erzählens aus, denn es geht nicht nur um das, was erzählt wird, sondern auch darum, wie es mit den spezifischen ästhetischen Mitteln des jeweiligen Mediums erzählt wird (vgl. Kapitel II.4). Narration bezeichnet den Prozess der Entfaltung einer Geschichte in der Zeit. Darin wird die primäre Funktion von Filmen gesehen (vgl. Rowe 1996, S. 112). Unter Dramaturgie wird die Anordnung der Elemente einer Geschichte verstanden, um sie für Zuschauer interessant zu machen (vgl. Kapitel I.2.2).

Erzählen ist grundsätzlich als Prozess beschreibbar. In ihm wird eine Geschichte in der Zeit entfaltet, die in der Regel an bestimmbaren Orten spielt, wo Figuren handeln. Über das erzählte Raum-Zeit-Kontinuum wird eine mögliche Welt geschaffen, die plausibel gestaltet sein muss (vgl. Berger 1997; Bordwell 2006; Bordwell/Thompson 1993, S. 65 ff.; Casetti/di Chio 1994, S. 164 ff.; Chatman 1993; Elsaesser/Buckland 2002, S. 168 ff.; Phillips 1999, S. 275 f.; Phillips 2000, S. 17 ff.; Taylor/Willis 1999, S. 66 ff.; Thompson 1999; Thompson 2003). Erzählungen haben einen Anfang und ein Ende. Der Anfang schafft bereits die Rahmenbedingungen für die erzählte Welt, denn dramaturgisch gesehen steht am Anfang die Exposition, in der Zeit und Ort der Handlung sowie die handelnden Figuren vorgestellt werden. In der einfachen Abfolge einer Erzählung kommt es anschließend zu einem Konflikt, der in der Regel am Ende aufgelöst wird (vgl. Bildhauer 2007, S. 21 ff.; Eder 1999, S. 29 ff.; Krützen 2004, S. 98 ff.). Allerdings heißt Erzählen in Film und Fernsehen auch, sich von der chronologischen Abfolge von Ereignissen nach dem kausal-logischen Ursache-Wirkung-Prinzip zu verabschieden. Der Anfang eines Films muss nicht der Beginn der Handlung sein, sondern kann bereits aus der (im klassischen Sinn) Konfliktphase stammen. Gerade Filme mit komplexer Struktur, die auch nonlineare Erzählweisen verwenden, weichen im dramaturgischen Aufbau von der einfachen Abfolge einer Erzählung ab (vgl. Bildhauer 2007, S. 79 ff.; Eick 2006, S. 67 ff.).

Damit eine Geschichte erzählt werden kann, muss es einen Erzähler und Rezipienten geben, denn Erzählungen sind Mittel des kommunikativen Austausches. Daher ist auch der Filmwissenschaftlerin Michaela Bach (1997, S. 176) nicht zuzustimmen, wenn sie schreibt: »Während der Film zur Realisierung der Erzählung also nicht zwingend einen Erzähler voraussetzt, bedarf er aber unbedingt der Figuren.« Auch der Film oder die Fernsehsendung brauchen einen Erzähler. Dieser muss nicht in Form einer Voice-Over-Narration (vgl. Kapitel II.4.5) als Erzähler aus dem Off vorhanden sein, sondern kann auch durch die Kamera repräsentiert sein, die eine Geschichte aus der Perspektive einer Figur erzählt und die Zuschauer in diese Perspektive einbindet wie z.B. in den Filmen »Die Truman Show« und »EXistenZ«. Beide Varianten können auch miteinander verknüpft sein wie in »Terminator 2 – Judgement Day«, wo einerseits Sarah Connor als Voice-Over-Erzählerin agiert, der Film aber die Ereignisse vorwiegend aus der Sicht ihres Sohnes schildert (vgl. Kapitel III.1). Man kann daher bei Film- und Fernsehtexten zwischen einem direkten Erzähler unterscheiden, der als Voice-Over-Stimme präsent ist und im Fall des Fernsehens auch als Kommentator oder Reporter im Bild erscheinen kann, und einem indirekten Erzähler, der über die Perspektivierung der Erzählung mittels Kamera und Montage eine Geschichte erzählt. In beiden Fällen kann es sich um einen auktorialen, allwissenden Erzähler handeln. Filmerzählungen sind oft multiperspektivisch. So weist die »Herr der Ringe«-Trilogie mehrere Erzähler auf, direkte und indirekte. Als direkter Erzähler fungiert keine heterodiegetische Erzählerstimme, »die selbst nicht in der Handlungswelt der Erzählung auftaucht und in der dritten Person spricht« (Mikos u.a. 2007, S. 120), sondern mehrere homodiegetische Erzählerstimmen, von Galadriel und Gandalf über Elron und Saruman bis hin zu Sam und Frodo. Hinzu kommt eine multiperspektivische indirekte Erzählweise (vgl. ebd., S. 122 ff.). In der Regel ist es jedoch nicht der Erzähler, sondern sind es die Figuren, die die Handlung vorantreiben und Konflikte lösen (vgl. Kapitel II.3).

In der Film- und Fernsehanalyse ist es wichtig, die Erzählerpositionen offenlegen zu können, weil über sie eine Perspektivierung der Geschichte stattfindet, durch die Inhalt und Repräsentation beeinflusst werden. Auch wenn keine offensichtliche Erzählinstanz in einem Film oder einer Fernsehsendung vorhanden ist, kommuniziert der Film- oder Fernsehtext von einer bestimmten Position aus. Im audiovisuellen Material manifestiert sich die Enunziation als Ort, von dem aus ein Erzähler über die filmischen Mittel zu einem Zuschauer spricht (vgl. Carroll 1988, S. 150 ff.; Hayward 1996, S. 82 ff.; Metz 1997). Dabei können das Subjekt der Enunziation als das »Ich«, das sich äußert, und das Subjekt im Film- oder Fernsehtext auseinanderfallen. Die Analyse muss diese möglichen Differenzen erkennen, weil nur so die Verbindung von Filmen und Fernsehsendungen mit den gesellschaftlichen Diskursen herausgearbeitet werden kann. Dabei ist nicht nur bedeutend, welches Subjekt erzählt, sondern auch, wie es sich an die Zuschauer wendet. Denn der Film ist durch eine »Verdoppelung der Äußerung« gekennzeichnet, er »erzählt uns von sich selbst (oder vom Kino) oder von der Position des Zuschauers« (Metz 1997, S. 10).

Darüber hinaus muss in der Analyse zwischen der Erzählzeit und der erzählten Zeit unterschieden werden. Erstere bezieht sich auf die Darstellung der Geschichte, im Fall eines zweistündigen Films stellen diese zwei Stunden die Erzählzeit dar. Die in dem Film erzählte Geschichte kann sich jedoch über einen Zeitraum von ein paar Stunden bis zu Jahrhunderten erstrecken – dieser Zeitraum entspricht der erzählten Zeit. In der Regel sind Erzählzeit und erzählte Zeit nicht identisch. Eine grundlegende Eigenschaft von audiovisuellen Erzählungen ist, dass sie die erzählte Zeit in der Darstellung raffen können. Das trifft auf fiktionale und dokumentarische Formen des Erzählens gleichermaßen zu. Lediglich bei der Live-Berichterstattung im Fernsehen sind Erzählzeit und erzählte Zeit identisch. Im fiktionalen Bereich ist das eher die Ausnahme, wie in der Serie »24«, in der jede der 24 Folgen eine Stunde im Leben des Helden behandelt. Die Serie könnte fast als Echtzeit-Erzählung bezeichnet werden, doch bezieht sich die Darstellung nicht nur auf den Ort, an dem der Held anwesend ist. In seriellen Erzählungen erstreckt sich die Erzählzeit auf die Anzahl der Folgen, während die erzählte Zeit variieren kann. In sogenannten Endlosserien wie der »Lindenstraße« ist zwar die erzählte Zeit nicht mit der Erzählzeit einer einzelnen Folge identisch, da aber jede Folge eine Woche aus dem Leben der »Lindenstraßen«-Bewohner erzählt und die einzelnen Folgen im wöchentlichen Rhythmus gesendet werden, korrespondiert die erzählte Zeit mit der Lebenszeit der Zuschauer, die diese Serie seit ihrem Beginn im Jahr 1985 gesehen haben (vgl. Mikos 1994, S. 135 ff. und S. 235 ff.). In Daily Soaps wie »Gute Zeiten, schlechte Zeiten« oder »Marienhof«, in der zwischen der Ausstrahlung der einzelnen Episoden lediglich ein Tag vergangen ist, erstreckt sich die erzählte Zeit in der Regel ebenfalls über einen Tag. Über dieses Erzählprinzip werden Serien und Daily Soaps mit den Lebensrhythmen der Zuschauer synchronisiert.

Im Zusammenhang mit dem Fernsehen wird auch über Erzählformen diskutiert, die sich nicht auf einzelne Filme oder Fernsehsendungen beziehen. Auf der Ebene des Fernsehprogramms wird vom Programm »als großer Erzählung« (Hickethier 2007, S. 208) ausgegangen. Dem liegt die Überlegung zugrunde, dass nicht mehr die einzelne Sendung in ihrer Abgeschlossenheit eine Erzählung bildet, sondern der Fluss des Programms. »Die den Rahmen der filmischen Welt konstituierenden Bedingungen von Anfang und Ende eines Werks werden tendenziell aufgelöst« (ebd.). Für die Analyse von Narration und Dramaturgie ist die Betrachtung des Fernsehprogramms als eine große Erzählung jedoch wenig sinnvoll – auch wenn diese Überlegung theoretisch bedenkenswert erscheint –, zumal nicht klar unterschieden wird, ob es sich bei der großen Erzählung um das Programm eines Senders oder generell des Fernsehens handelt. In beiden Fällen würde eine Analyse der großen Erzählung allein aus forschungsökonomischen Gründen an ihre Grenzen stoßen. Auf der Ebene der Zuschauer wird davon ausgegangen, dass sie sich durch die Fernsehprogramme zappen und dabei aus den Fragmenten der gesehenen Sendungen eine eigene Erzählung entsteht (vgl. ebd., S. 11; Winkler 1991, S. 110 ff.). Hier könnten zwar Anfang und Ende der Erzählung bestimmt werden, die mit dem Beginn und dem Ende der Zuwendung zum Fernsehen zusammenfallen, doch handelt es sich im engen Sinn nicht um eine Erzählung, da die Zuschauer ihr Fernseherlebnis in der Regel nicht als einheitliche Geschichte kommunizieren. Allenfalls Fragmente ihres Fernsehabends werden in der sozialen Kommunikation mit anderen Personen in Form von Nacherzählungen bzw. Rekonstruktionen von Sendungen wiedergegeben (vgl. Ulmer/Bergmann 1993). Für die Film- und Fernsehanalyse sind diese Erzählformen irrelevant.

Im Mittelpunkt steht dagegen der dramaturgisch und ästhetisch gestaltete Prozess der Erzählung, der die Zuschauer an das Geschehen auf der Leinwand oder den Bildschirm bindet. Er regt sie zu kognitiven und emotionalen Aktivitäten an. Über ihn wird nicht nur das Filmverstehen, sondern auch das Filmerleben gesteuert. »Was Filme zeigen und darstellen wird vom Zuschauer in hohem Maße als Erzählung aufgefaßt, also unter entsprechenden Erwartungshaltungen erlebt und bewußt gemacht« (Wuss 1999, S. 85). Generell wird davon ausgegangen, dass Erzählungen auf Informationsprozessen der Rezipienten aufbauen, die erst das Verstehen ermöglichen (vgl. Berger 1997, S. 12). Die kognitive Filmtheorie setzt hier an und beschreibt diese Prozesse auf Seiten der Zuschauer (vgl. Bordwell 1990, S. 30 ff.; Bordwell/Thompson 1993, S. 75 ff.; Branigan 1992, S. 63 ff.; Carroll 1988, S. 147 ff.; Wuss 1999, S. 85 ff.). Einerseits müssen die Zuschauer die Hinweise verstehen, die der Film oder die Fernsehsendung ihnen gibt, andererseits müssen sie daraus aber auch Hypothesen über den Fortgang der Handlung bilden und Schlüsse ziehen, die auf die Konstruktion einer Geschichte abzielen. Es wird daher davon ausgegangen, dass die Narration die Regelung und Verteilung von Wissen ist (vgl. Branigan 1992, S. 76), durch die der Zuschauer in seinen Verstehensprozessen durch einen Film geleitet wird.

»Indem er eine Filmerzählung versteht, benutzt ein Zuschauer kognitive Top-down und Bottom-up-Prozesse um die Daten auf der Leinwand in eine Diegese – eine Welt – zu transformieren, die eine besondere Geschichte enthält oder eine Sequenz von Ereignissen« (ebd., S. 115).

Die Zuschauer wenden allgemeine Wissensschemata an (Top-down) und sie verarbeiten die Informationen, die ihnen der Film- oder Fernsehtext bietet (Bottom-up), um die Geschichte als eine erzählte Welt zu produzieren. In Bezug auf die Narration unterscheidet der amerikanische Filmwissenschaftler David Bordwell (1992, S. 12 ff.) zwischen Schemata, die sich auf die Handlung beziehen, und solchen, die sich auf die Handlungsträger beziehen. Letztere lassen sich wiederum in Personen- und Rollenschemata differenzieren: Während in den einen Personale Eigenschaften von Figuren repräsentiert sind, beziehen sich die anderen auf soziale Rollen wie Mutter, Mieter oder Kunde.

Die kognitiven Aktivitäten der Zuschauer verfolgen das Ziel, eine verständliche Geschichte zu konstruieren (vgl. Bordwell 1990, S. 33). Die Verarbeitung der filmischen Informationen bezieht sich nach Auffassung des Filmwissenschaftlers Peter Wuss (1999, S. 97 ff.) auf drei »Basisformen der filmischen Narration«, die in jedem Film in Wechselwirkung stehen – auch wenn in manchen Filmen eine einzelne Form dominant sein kann. Dabei handelt es sich (1) um Topik-Reihen, die auf wahrnehmungsgeleiteten Strukturen beruhen. Sie entsprechen der »kognitiven Invariantenbildung der Wahrnehmung« und werden »vom Rezipienten relativ unbewußt aufgenommen« (ebd., S. 57 f.). Offensichtlich für die Zuschauer sind (2) die Kausalketten, die auf konzeptgeleiteten Strukturen beruhen. In ihnen zeigt sich das Ursache-Wirkung-Prinzip, das häufig als Grundlage der Narration betrachtet wird, die aus einer Kette von kausalen Beziehungen zwischen Ereignissen und Personen besteht (vgl. Casetti/di Chio 1994, S. 165; Eder 1999, S. 5; Rowe 1996, S. 112; Schwan 2001, S. 20 f.). Schließlich beziehen Zuschauer ihre Informationen aus (3) Story-Schemata, die auf stereotypengeleiteten Strukturen basieren. Dabei handelt es sich um Muster von Motiven, die bei den Zuschauern ein komplexes Geflecht psychischer Aktivitäten auslösen, zu dem sowohl kognitive als auch emotionale Aktivitäten gehören (vgl. Wuss 1999, S. 60). Hier deutet sich an, dass Geschichten nicht nur auf Prozessen der Informationsverarbeitung beruhen, sondern auch auf emotionalen Aktivitäten der Zuschauer sowie deren praktischem Sinn. Der britische Filmwissenschaftler Martin Barker (2000, S. 29) kritisiert dementsprechend auch an den kognitiven Ansätzen, dass sie die Emotionen vernachlässigen. Emotionen spielen aber bei den genannten drei Basisformen des Erzählens eine Rolle. Ausgelöst werden sie vor allem durch dramaturgische Effekte.

»Die affektauslösenden Einzelheiten werden vom Zuschauer mit Hilfe seiner Phantasie und Vorstellungskraft zum großen Teil sogar unbewußt in komplexere Zusammenhänge gestellt, die sowohl sinnvolle Verbindungen der Teile untereinander herstellen als auch assoziative Verbindungen zu seinen Bereichen des Bewußtseins und Unterbewußtseins herstellen« (Rabenalt 1999, S. 37).

Die Dramaturgie bindet die Zuschauer in ein Spiel mit Wissen und Emotionen ein, das sich in der Erzählzeit entfaltet. Für die Dauer eines Films oder einer Fernsehsendung können sich die Zuschauer auf dieses Spiel einlassen, das die Grundlage des Filmverstehens und Filmerlebens bildet.

2.1   Plot und Story II, Sujet und Fabel

Da die erzählte Geschichte eines Films oder einer Fernsehsendung erst mit Hilfe der kognitiven und emotionalen Aktivitäten der Zuschauer entsteht, muss zwischen den narrativen und dramaturgischen Strukturen des Werkes und der Geschichte bzw. der Story unterschieden werden. In der Film- und Fernsehanalyse müssen die Strukturen des Films oder der Fernsehsendung herausgearbeitet werden, die zusammen mit dem Wissen, den Emotionen und dem praktischen Sinn der Zuschauer die Geschichte ergeben. Dazu bedarf es einer Unterscheidung zwischen Plot bzw. Sujet und Story bzw. Fabel. Die russischen Formalisten unterschieden eine Inhalts- und eine Ausdrucksebene in Erzählungen, die sie als Fabel und Sujet bezeichneten (vgl. Hartmann/Wulff 1997, S. 80).

»Als ›Fabel‹ wird die zeitlich-lineare und kausal verknüpfte Kette von Ereignissen und handelnden Figuren bezeichnet. Die Fabel ist eine abstrakte, formale Struktur, die mit dem ›Geschichten-Wissen‹ des Zuschauers – seinem Wissen über die Handlungsschemata, -motive und Genres – korrespondiert. Das ›Sujet‹ ist dagegen die Präsentation, Auswahl und Anordnung der Fabelereignisse im Film« (ebd.).

In der kognitiven Filmtheorie wurde diese Unterscheidung übernommen (vgl. Bordwell 1990, S. 48 ff.). Allerdings wurden die Begriffe »Sujet« und »Fabel« durch »Plot« und »Story« ersetzt. Der Begriff »Plot« dient zur Bezeichnung aller visuellen und auditiven Elemente, die der Film- oder Fernsehtext präsentiert (Bordwell/Thompson 1993, S. 67). Mit anderen Worten: Der Plot beinhaltet alles, was auf der Leinwand oder dem Bildschirm zu sehen ist. Diese Definition ist allerdings unpräzise, denn sie berücksichtigt weder, dass es Elemente im

Film- oder Fernsehtext geben kann, die nicht zur erzählten Welt gehören, noch, dass es auch um die Art der Darstellung, die ästhetische Inszenierung der Plotelemente geht. An anderer Stelle hat Bordwell (1990, S. 50) den Begriff präzisiert: »Das Sujet (gebräuchlich als ›Plot‹ übersetzt) ist das aktuelle Arrangement und die Präsentation der Fabel im Film. Es ist nicht der Text in toto«. Der Plot ist vielmehr ein System, in dem Elemente wie Ereignisse und Figuren nach bestimmten Prinzipien zusammengestellt werden. Neben den inhaltlichen, handlungsrelevanten Elementen sind dies aber auch die formalen, ästhetischen, d.h., der Plot stellt nicht nur etwas vor, sondern auch etwas dar (vgl. Barker 2000, S. 53). Es geht also nicht nur um die Ereignisreihen und die Figuren, sondern auch um ihre Darstellungsweisen. In einigen filmwissenschaftlichen Arbeiten wird daher nicht vom Plot, sondern vom Diskurs gesprochen (vgl. Chatman 1993, S. 146 ff.; Neupert 1995, S. 16; Tolson 1996, S. 41 f.), während Bordwell (1990, S. 49 ff.) die ästhetischen Mittel als Stil bezeichnet und vom Plot trennt. Dieser filmische Diskurs bezieht sich auf die ästhetische Darstellung der Aktivität des Erzählens und das Verhältnis zwischen Text und Publikum. Für die Analyse heißt das: Es sind die Situationen und Ereignisse herauszuarbeiten, die miteinander verknüpft werden, die Personen und die Umgebungen, in denen diese Personen handeln. Dabei sind die ästhetischen Mittel der Gestaltung zu berücksichtigen, die funktional zum Plot und zur Story eingesetzt werden. In Bezug auf den Plot kann zwischen den Elementen unterschieden werden, die zur diegetischen, erzählten Welt des Film- oder Fernsehtextes gehören, und denen, die nicht dazu gehören. So sind z.B. die Credits eines Films nicht Teil der diegetischen Welt, sie gehören zu den Paratexten des Films (vgl. Böhnke 2007; Stanitzek 2006).

Der Plot arrangiert die Ereignisse, Handlungen und Figuren eines Film- oder Fernsehtextes und steuert auf diese Weise den narrativen Prozess. »Eine Erzählung ohne einen Plot ist eine logische Unmöglichkeit« (Chatman 1993, S. 47). Während die Story einen kausal-logischen Zusammenhang ergibt, der sich in ihrer Kohärenz offenbart, muss der Plot die einzelnen Elemente nicht nach dem Ursache-Wirkung-Prinzip darstellen. Da kann in einer Szene zunächst die Wirkung gezeigt werden, bevor in einer späteren Szene die Ursache erscheint. Das muss nicht immer so sein wie in dem Film »Memento«, der die Ereignisse des Plots von der Gegenwart in die Vergangenheit ordnet. Der Film beginnt mit dem Schluss der Geschichte. Nach und nach deckt er zusammen mit dem Helden, der sein Kurzzeitgedächtnis verloren hat, die Ursachen auf. Im Gegensatz zu einem Film, in dem die Geschichte auf die Zukunft (das Ende des Films) hin orientiert ist, kann der Zuschauer hier keine Hypothesen über den Fortgang der Handlung entwerfen, sondern er entwirft Hypothesen über die Ursachen von Wirkungen, die ihm der Plot präsentiert. Die Ordnung des Plots wird von der Dramaturgie geliefert. Sie bestimmt die Reihenfolge der präsentierten Ereignisse und legt fest, wann sogenannte »Plotpoints« der Handlung eine entscheidende Wendung geben, durch die die Figuren in ihrer Entwicklung entscheidend beeinflusst werden. Plotpoints sorgen für neue Perspektiven auf die Ereignisse und die Figuren (vgl. Eick 2006, S. 61 ff.; Mothes 2001, S. 110 ff.) und sind besonders beliebt, um den Helden neue Hindernisse in den Weg zu legen oder am Ende des Films doch noch eine überraschende Lösung zu verheißen. So taucht beispielsweise in zahlreichen Western auf der Höhe des Konflikts zwischen weißen Siedlern und Indianern immer wieder ein Trupp der Armee auf, der Rettung in letzter Sekunde bringt.

Die Unterscheidung zwischen Plot und Story ist deshalb wichtig, weil Geschichten auf verschiedene Arten erzählt werden, die verschiedene Möglichkeiten der Publikumspartizipation erlauben (vgl. Tolson 1996, S. 42). Die Beteiligung des Publikums bringt erst die Story hervor, die aus den zum Plot gehörenden abgebildeten Ereignissen und den vom Zuschauer aus den Hinweisen des Textes gefolgerten Ereignissen besteht. Das Publikum muss aktiv Zusammenhänge herstellen, nur so kann sich die Erzählung in der Interaktion von Text und Zuschauer realisieren (vgl. Branigan 1992, S. 76). Zwar bietet der Film- oder Fernsehtext Plotinformationen an, doch zum Verständnis der Geschichte bedarf es auch der Rekonstruktion von Ereignissen, die nicht selbst im Film zu sehen sind, aber wesentlich zur Geschichte gehören. Um die Geschichte von »Jurassic Park« verstehen zu können, ist es notwendig zu rekonstruieren, dass Dinosaurier vor Jahrmillionen ausgestorben sind. Auf diesen Zusammenhang wird im Text zwar mittels Dialog kurz verwiesen, es ist aber nicht expliziter Bestandteil des Plots. Kurz: Zur Rekonstruktion der Geschichte eines Films oder einer Fernsehsendung gehört immer auch die sogenannte Vorgeschichte, die vor dem Beginn des Films oder der Fernsehsendung liegt und die die Handlung motiviert. In »Der Herr der Ringe – Die Gefährten«, dem ersten Teil der Trilogie, beginnt die Erzählung mit einer Zusammenfassung der Vorgeschichte in Bildern und der direkten Voice-Over-Erzählung von Galadriel. Die Zuschauer werden so auf die folgende Erzählung eingestimmt und sind über den Rahmen der Ereignisse informiert. In der Rezeption des Films »Terminator 2 – Judgement Day« gehört dazu das Wissen um den Film »Terminator«. Nur so kann sich der Zuschauer die Reaktion von Sarah Connor auf den von Arnold Schwarzenegger gespielten

Terminator erklären. Obwohl die Figur längst als Beschützer ihres Sohnes John eingeführt ist, empfindet Sarah bei der ersten Begegnung Angst. Das lässt sich nur nachvollziehen, wenn der Zuschauer den ersten Film gesehen hat, in dem genau dieser Terminator der Bösewicht war. In der Rezeption von Endlosserien wie der »Lindenstraße« oder Daily Soaps wie »Verbotene Liebe« oder »Gute Zeiten, schlechte Zeiten« gehören alle bisher gesendeten Folgen zur Vorgeschichte, aus der heraus sich alle aktuellen Handlungen und Ereignisse begründen lassen. In der Regel muss man das natürlich nicht alles wissen, denn die einzelnen Episoden sind auch in sich verständlich. Bei den Folgen, auf die das nicht zutrifft, zeigt sich, wer ein Insider der Serie oder Daily Soap ist und wer nicht. Aufgrund des unterschiedlichen Wissens über die bisherigen Ereignisse in der Serie sieht jeder Zuschauer eine etwas andere Geschichte. In der Analyse kann z.B. geklärt werden, welche unterschiedlichen Geschichten je nach Vorwissen und Kenntnis der Vorgeschichte rezipiert werden können.

Die Zuschauer müssen die Elemente des Plots zu einer kohärenten (oder auch widersprüchlichen) Geschichte zusammenfügen. In diesem Sinn hat das Erzählen in Film und Fernsehen nicht die Aufgabe, die Vorstellung der Rezipienten zu füllen, sondern ihnen zu zeigen, »wie sie bereits vorhandenes Wissen nutzen, eingrenzen und daraus selektieren können« (Meyer 1996, S. 126). Die Dramaturgie zielt darauf ab, im Plot Hinweise zu geben, aus und mit denen die Zuschauer kognitiv und emotional die Geschichte produzieren (vgl. Eder 1999, S. 16 ff.). Das spielt insbesondere dann eine Rolle, wenn es Auslassungen oder Leerstellen im Plot gibt. In der Filmwissenschaft spricht man in diesem Fall von einer elliptischen Erzählweise, die darin besteht, dass zwischen zwei Szenen, die durch einen Schnitt getrennt sind, Zeit vergangen ist (vgl. Kapitel II.4.3). Während der Plot gewissermaßen anhält, geht die Geschichte weiter. Es kommt zu einer narrativen Diskontinuität (vgl. Chatman 1993, S. 70 f.). Die Zuschauer müssen nun die beiden Szenen mit Hilfe ihres Wissens, ihrer Emotionen und ihres praktischen Sinns so verknüpfen, dass sie im Rahmen der Geschichte Sinn machen. In »Pretty Woman« gibt es eine Szene, die deutlich macht, wie die Zuschauer solche elliptischen Auslassungen mit ihren Vorstellungen füllen können. Nachdem der Broker Edward die Prostituierte Vivian mit in sein Hotel genommen hat, verbringen sie dort den ersten Abend.

Edward sitzt in einem Sessel, Vivian, die bereits nur noch ihre Dessous trägt, kniet vor ihm und öffnet nach und nach seine Kleidung. In den letzten Einstellungen der Szene ist zu sehen, wie sie mit ihrem Gesicht langsam am Körper von Edward hinuntergleitet (vgl. Abb. 1), der anschließend mit geschlossenen Augen

137

den Kopf zurücklehnt. In der nächsten Einstellung wird Edward unter der Dusche gezeigt (vgl. Abb. 2). Aus dem Arrangement des Plots können die Zuschauer schließen, dass die beiden Sex miteinander hatten – zu sehen war das aber nicht. Die amerikanische Filmwissenschaftlerin Jane Caputi (1991, S. 5) beschreibt diesen Teil des Plots in einem Aufsatz folgendermaßen: »... als sie über ihn kriecht, um Fellatio auszuüben«. Der Plot bietet nichts dergleichen. Die Filmwissenschaftlerin hat vielmehr die Leerstelle, die durch die elliptische Erzählung entstanden ist, mit ihrem Wissen zu einer Geschichte verbunden.

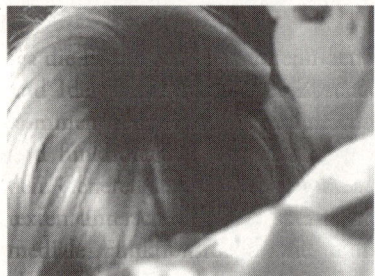 

Abb. 1   Abb. 2

Die Geschichte basiert auf Annahmen und Schlussfolgerungen, die der Film- oder Fernsehtext dem Publikum nahelegt. In der Analyse kann man nun alle Verknüpfungen von Szenen aufsuchen und herausarbeiten, was in der Zwischenzeit passiert sein muss, damit eine kohärente Geschichte entsteht. Dazu kann ein Szenenprotokoll (vgl. Kapitel I.3.2.1) hilfreich sein. Generell muss in der Analyse herausgearbeitet werden, mit welchen Elementen des Plots in Verbindung mit welchen ästhetischen Darstellungsmitteln welche kognitiven und emotionalen Aktivitäten der Zuschauer angeregt werden. Dabei ist besonders darauf zu achten, wie der Film- oder Fernsehtext Wissen beim Zuschauer aufbaut. Sie müssen die Elemente des Plots in einen meist chronologischen Zusammenhang stellen, bei dem die gezeigten Ereignisse in einer Kausalkette als Ursache und Wirkung miteinander verbunden werden, und zwar im Rahmen einer gegebenen Zeit und eines gegebenen Raumes (vgl. Bordwell 1990, S. 49). Das ist umso schwieriger, je mehr Diskontinuitäten die Narration aufweist, wie es z.B. bei Filmen mit episodischer Struktur der Fall ist. Dazu muss die Analyse zeigen, wie und wann der Film- oder Fernsehtext welche Informationen den Zuschauern preisgibt. Solche Überlegungen sind besonders bei Filmen wichtig, die ihren Plot nicht chronologisch angeordnet haben. »Pulp Fiction« ist so ein

Film: vordergründig ein Episodenfilm, in dem mehrere Plots miteinander verwoben werden. Der Film beginnt in einem Fast-Food-Restaurant, das von einem jungem Paar überfallen wird. Nach einem Schnitt sieht man zwei Profikillern bei der Arbeit zu. Weitere Episoden folgen. In der Schlusssequenz betreten die beiden Killer nach getaner Arbeit genau jenes Fast-Food-Restaurant, in dem das Paar aus der Eingangssequenz gerade seinen Überfall startet. Den erlebt das Publikum nun aber nicht mehr aus der Sicht des Paares, sondern aus der Perspektive der beiden Killer. Die Szene erhält so eine andere Bedeutung – die Karten sind gewissermaßen neu gemischt. Der Überfall erscheint in einem anderen Licht, denn das Publikum weiß inzwischen um die Gefährlichkeit der beiden Killer. Tarantino hat den Plot zudem so geschickt gewoben, dass der Beginn des Films zugleich das Ende ist und das Ende zugleich der Beginn. Nun fügt das Publikum die Informationen der einzelnen Episoden zusammen, und es entsteht die Geschichte im Kopf der Zuschauer.

> »Man prüft Zug um Zug und stellt fest, daß alles stimmt: die Chronologie und ihre Aufsplitterung in Episoden, die doch miteinander ein Ganzes bilden. Dieses Ganze entsteht im Kopf des Publikums. Es ist nicht einfach da. Es will gebildet sein. Ein narrativer Zusammenhang existiert nirgendwo als in den Köpfen des Publikums« (Knauss 1995, S. 158).

Die Analyse von »Pulp Fiction« zeigt, dass die Zeitstruktur des Films einen Zeitraum von vier Tagen umfasst. Die Chronologie ist aber durch die verschiedenen Episoden unterbrochen. Man kann den Film unterteilen in einen Prolog und einen Epilog sowie drei Episoden, die durch Schrifttafeln angekündigt werden (»Vincent Vega und Marsellus Wallace' Frau«, »Die goldene Uhr« und »Die Bonnie-Situation«). Epilog und Prolog geben den Zuschauern Informationen über den ersten Tag. Dabei setzt der Epilog zeitlich vor dem Prolog an. Es dauert eine Weile, bis die Zuschauer erkennen, dass sie wieder die Szene im Fast-Food-Restaurant aus dem Prolog vor sich haben – dass sie diese Szene aber aus der Perspektive der beiden Gangster Jules und Vincent erleben. Der erste Tag wird im Prolog, in der dritten Episode und im Epilog erzählt, jedes Mal aus der Sicht eines anderen Protagonisten. Die zweite Episode entspricht dem zweiten Tag, die dritte Episode dem ersten. Damit hat sich der Kreis geschlossen, die Kreisstruktur (vgl. Eick 2006, S. 69) hat sich vollendet.

Das Gefühl, trotz der Verschachtelung des Plots und dem zunächst überraschenden Eindruck, am Ende des Films wieder am Anfang zu sein, einer fortlaufenden Geschichte beizuwohnen, resultiert im Wesentlichen daraus, dass der Plot innerhalb der einzelnen Episoden chronologisch angeordnet ist. Es werden verschiedene Geschichten von Paarkonstellationen gezeigt, von Honey Bunny und Pumpkin, von Jules und Vincent, von Mia und Vincent sowie von Butch und Marsellus Wallace. Zugleich werden die einzelnen Episoden, in denen jeweils eine Paarbeziehung im Mittelpunkt steht, so miteinander verwoben, dass in ihnen die Paare aus anderen Episoden bereits auftreten oder wieder erscheinen, je nachdem, ob die andere Episode vor oder nach der gerade erzählten liegt. In der Episode von Vincent und Mia werden Butch und Marsellus Wallace eingeführt. Zugleich entwickelt sich die Episode aus dem Besuch von Jules und Vincent in der Bar, in die sie mit Boxershorts kommen. Den Grund dafür erfahren die Zuschauer aber erst in der dritten Episode. In der zweiten Episode taucht Vincent am Boxring auf und spricht mit Mia, die sich bei ihm für den gemeinsamen Abend bedankt. Daraus wird deutlich, dass diese Episode zeitlich nach der Vincent-und-Mia-Episode angesiedelt ist. In der dritten Episode werden die Zuschauer zeitlich wieder zurückversetzt und erleben einen Teil des Prologs aus einer anderen Perspektive, nämlich aus der Sicht eines Jungen, der von einem Nebenraum aus die Erschießung seiner Kumpel durch die Killer beobachtet.

Die Plotstruktur zu Beginn der dritten Episode hat eine bestimmte Funktion:

> »Die Narration führt die Erzählung des Tag 1 fort und repetiert eine bereits gezeigte Szene, um dem Zuschauer den Sprung zurück auf der Zeitachse klar zu machen. Dadurch ermöglicht die Narration, daß ein Charakter (Vincent), der in der Mitte des Films erschossen wurde, am Ende des Films wieder auftaucht« (Nagel 1997, S. 98).

Diese Funktion muss sich dem Zuschauer aber erst erschließen, indem er die Teile des Plot-Puzzles zusammenfügt. Die Konstruktion des Plots in »Pulp Fiction« erfordert vom Zuschauer mehr aktive Mitarbeit, um die Geschichte im Kopf zu bilden, als viele in einfacher Chronologie erzählte Filme. Es wird auch deutlich, wie eine solche Erzählweise das für die Zuschauer aufgebaute Wissen immer wieder scheinbar in Frage stellt und dadurch irritierend wirkt. Sie müssen sich permanent über das bisher vom Film aufgebaute Wissen bewusst werden, um die Geschichte als eine einigermaßen kohärente entwickeln zu können. Ähnlich kunstvoll geht es in vielen Serien zu, in denen verschiedene Handlungsstränge miteinander verwoben sind. Die handelnden Figuren aus dem einen Handlungsstrang wissen möglicherweise nichts von denen in einem anderen, nur das Publikum weiß davon und fügt die einzelnen Elemente zu seiner Geschichte der Serie zusammen. Das heißt auch, dass je nach Fähigkeiten und Wissen unterschiedliche Geschichten im Kopf entstehen. So sind die Geschichten von Kindern andere als die von Erwachsenen, nicht weil Kinder weniger

Wissen hätten, sondern weil das Wissen bei ihnen anders organisiert ist. In einem Alter, in dem Kinder noch nicht abstrakt denken können und alles auf ihre persönlichen Lebensumstände beziehen, wird die Geschichte in ihrem Kopf anders aussehen, als wenn sie das abstrakte Denken bereits gelernt hätten. Für die Entwicklung der Geschichte im Kopf ist es wichtig, welche handlungsleitenden Themen ein Plot anbietet. Handlungsleitende Themen sind solche, die sich »auf die ganze Lebenssituation einer Person« beziehen, »auf ihre Bedürfnisse, Ressourcen und die situativen Widerstände in einem bestimmten Lebensabschnitt« (Charlton/Neumann 1986, S. 31). Diese Themen können z.B. sozialisationsbedingt sein, sie können aber auch aus aktuellen sozialen Befindlichkeiten resultieren. Wer gerade eine Trennungserfahrung gemacht hat, wird das entsprechende Thema auch in medialen Texten finden und eine andere Geschichte der Film- oder Fernseherzählung entwickeln als jemand, der diese Erfahrung gerade nicht gemacht hat.

Gerade bei Medientexten, die bei Kindern und Jugendlichen populär sind, ist es wichtig, die handlungsleitenden Themen herauszuarbeiten. Groß und stark werden, Geschlechtsrollen entwickeln, Ablösung vom Elternhaus oder die erste Liebe sind allgemeine Themen, die für Kinder und Jugendliche handlungsleitend sein können. Daneben können es aber auch wiederkehrende alltägliche Konflikte sein, z.B. die Auseinandersetzung über die Unordnung im eigenen Zimmer. In »Terminator 2 – Judgement Day« wird der junge John Connor von seinem Pflegevater angehalten, endlich das Zimmer aufzuräumen, nachdem dessen Ehefrau um sein autoritäres Eingreifen gebeten hatte. Über diese Szene wird den jungen Zuschauern ein Hinweis gegeben, wie sie die Figur John Connor über ihre eigenen Alltagserfahrungen in eine kohärente Geschichte einbauen können (vgl. Kapitel III.1). Eine ähnliche Szene findet sich in »Arielle, die Meerjungfrau«. Dort wird Arielle von ihrem Vater gescholten, weil sie in ihrem Wohnbereich allerlei Dinge der Menschen sammelt, was er ihr von nun an lautstark verbietet. Auf diese Weise korrespondieren einzelne Szenen mit alltäglichen Erfahrungen der Zuschauer, die aufgrund dieser Erfahrungen in der Lage sind, aus dem Plot die Geschichte zu konstruieren.

Das bezieht sich jedoch nicht nur auf einzelne Szenen, sondern auch auf Plotstrukturen ganzer Filme. »Das Schweigen der Lämmer« ist unter anderem deshalb für Jugendliche interessant, weil hier das handlungsleitende Thema der Ausbildungssituation und des Bestehens von Prüfungen eine wichtige Rolle spielt. Die junge FBI-Agentin Clarice Starling befindet sich noch in der Ausbildung und muss sich nun bei der Lösung eines Falles bewähren. In der Analyse ist es wichtig, solche handlungsleitenden Themen herauszuarbeiten. Sie müssen nicht immer wesentlicher Bestandteil der Geschichte sein, können aber für die Geschichte im Kopf eine zentrale Rolle spielen. Jeder Film kann mehrere Geschichten erzählen, weil sich die Zuschauer an unterschiedlichen Stellen mit ihren eigenen Geschichten in die Film- oder Fernsehtexte einklinken können.

2.2 Spannung und Suspense

Spannung und Suspense können als Wirkungsformen der Dramaturgie gesehen werden, die auf der Verteilung von Wissen und der Aktivierung von Emotionen durch den Plot beruhen. Die Narration eines Films oder einer Fernsehsendung regt die Zuschauer zu zwei Fragen an: Was passiert als Nächstes? Und: Wie wird das alles enden? (vgl. Rowe 1996, S. 112). Damit ist eine grundlegende gespannte Erwartungshaltung auf die Abfolge der Ereignisketten und das Ende des Films gegeben. Sie ist daher auch »als Folge einer *Problemsituation* aufzufassen« (Wuss 1999, S. 324; H.i.O.), und sie ist das Ergebnis der Film- und Fernsehsozialisation, wie sie sich im Wissen um narrative Muster zeigt (vgl. Ohler 1994, S. 34 f.; Kapitel I.1.1). Die Exposition des Plots macht die Zuschauer bereits neugierig auf den Konflikt, denn aufgrund ihres narrativen Wissens werden sie im Rahmen von Genrefilmen bestimmte Konflikte erwarten, oder sie werden mit Hilfe von wahrnehmungsgeleiteten Topik-Reihen unbewusst auf einen Konflikt hingeführt. Zugleich können sie Erwartungen in Bezug auf die Lösung der problematischen Ausgangssituation und des Konflikts generieren. Diese gespannte Erwartung, die auch als Neugier auf den Fortgang der Handlung und das Ende des Films oder der Fernsehsendung begriffen werden kann, ist in jedem Film- oder Fernsehtext vorhanden. Allerdings kann sie durch die Dramaturgie verschieden gestaltet werden, so dass sie von den Zuschauern in unterschiedlicher Weise erlebt werden kann.

> »Spannungserleben setzt am Prozess der Informationsverarbeitung an, dieser bildet die erste Leistung, die das Subjekt im Spannungserleben erbringt. Die Steuerung dieses Informationsverarbeitungsprozesses erfolgt nun durch den Film, durch Strukturen der Erzählung, der filmischen Auflösung, der Sequenz der Informationsdarbietung« (Wulff 2002, S. 105).

In Filmen und Fernsehsendungen können daher neben der Grundform der Spannung als Neugier auf den Fortgang der Handlung und das Ende des Films weitere Formen auftauchen, die mit verschiedenen Typen des Spannungserlebens einhergehen (vgl. Wuss 1996).

Der amerikanische Filmwissenschaftler Edward Branigan (1992, S. 74 f.) unterscheidet Spannungsformen danach, wie das Wissen zwischen den Filmfiguren und den Zuschauern zu einem bestimmten Zeitpunkt verteilt ist. Wenn das Wissen zwischen den Filmhelden und den Zuschauern gleich verteilt ist, spricht Branigan von »Mystery«. Diese Form der Spannung taucht häufig in Kriminalfilmen und -serien auf, in denen der oder die Täter sowohl dem Detektiv oder Polizisten als auch dem Zuschauer unbekannt sind. Der ermittelnde Beamte rekonstruiert aus den Informationen den Fall, um den Täter zu finden. Die gleiche Arbeit leistet das Publikum, es ermittelt gewissermaßen mit. Protagonist und Zuschauer haben denselben Wissensstand. Die zweite Form der Spannung ist die Überraschung. Die Zuschauer wissen weniger als die handelnden Figuren im Film oder in der Fernsehsendung. Auf diese Weise werden sie immer wieder von den Figuren überrascht. Das ist z.B. in Filmen der Fall, in denen ein Protagonist ein Geheimnis hat, das sich erst nach und nach im Verlauf der Erzählung enthüllt. Dieses Geheimnis, das aus einem Ereignis in der Vergangenheit der Figur bestehen kann, beeinflusst aber deren aktuelle Handlungen, die so für das Publikum nicht nachvollziehbar sind. Überraschung liegt für die Zuschauer auch dann vor, wenn der Film- oder Fernsehtext ihnen an einem bestimmten Punkt des Plots Informationen vorenthält, sie z.B. nicht wissen, dass der Polizist nur deshalb zu einem Verdächtigen fährt, weil er einen Hinweis per Telefon erhalten hat, dies aber nicht zu sehen war. Bei der dritten Form der Spannung, dem »Suspense«, wissen die Zuschauer mehr als die handelnden Figuren (vgl. ebd., S. 75; Droese 1995, S. 32 ff.; Vogel 2003, S. 67 ff. sowie die Beiträge in Vorderer u.a. 1996). Der Altmeister der Spannung, Alfred Hitchcock, hat dies an einem beliebten Beispiel deutlich gemacht:

> »Der Unterschied zwischen Suspense und Überraschung ist sehr einfach, ich habe das oft erklärt. Dennoch werden diese Begriffe in vielen Filmen verwechselt. Wir reden miteinander, vielleicht ist eine Bombe unter dem Tisch, und wir haben eine ganz gewöhnliche Unterhaltung, nichts besonderes passiert, und plötzlich, bumm, eine Explosion. Das Publikum ist überrascht, aber die Szene davor war ganz gewöhnlich, ganz uninteressant. Schauen wir uns jetzt den Suspense an. Die Bombe ist unterm Tisch, und das Publikum weiß es. Nehmen wir an, weil es gesehen hat, wie der Anarchist sie da hingelegt hat. Das Publikum weiß, daß die Bombe um ein Uhr explodieren wird, und jetzt ist es 12 Uhr 55 – man sieht eine Uhr. Dieselbe unverfängliche Unterhaltung wird plötzlich interessant, weil das Publikum an der Szene teilnimmt. Es möchte den

Leuten auf der Leinwand zurufen: Reden Sie nicht über so banale Dinge, unter dem Tisch ist eine Bombe, und gleich wird die explodieren! Im ersten Fall hat das Publikum fünfzehn Sekunden Überraschung beim Explodieren der Bombe. Im zweiten Fall bieten wir ihm fünf Minuten Suspense. Daraus folgt, daß das Publikum informiert werden muß, wann immer es möglich ist. Ausgenommen, wenn die Überraschung wirklich dazugehört, wenn das Unerwartete der Lösung das Salz der Anekdote ist« (Truffaut 1990, S. 64).

Die Zuschauer können Suspense empfinden, weil sie durch die Struktur der Erzählung und der Dramaturgie entsprechend informiert wurden. Allerdings müssen sie einen »doppelten Blick« realisieren, denn einerseits müssen sie ihr eigenes Wissen über die Handlung und die Narration aktivieren, andererseits müssen sie sich »auf ein Konstrukt einer Person der Erzählung und deren Kenntnis der Handlung« beziehen (Wulff 1999, S. 219). Sie müssen wissen, was die Figur weiß, und sie müssen wissen, was sie als Zuschauer wissen – immer in Bezug auf die situative Rahmung der Handlung. In diesem Fall kann man von einer Diskontinuität von Plot und Story ausgehen. Während der Plot die Zuschauer in Suspense versetzt, ist es Teil der Story, dass die Figuren überrascht werden. Die Zuschauer sind im Fall des Suspense gewissermaßen zwischen Plot und Story gefangen. Sie kontrollieren mit ihrem Wissen den Plot so, wie der Plot mit seinen Informationen sie kontrolliert. Zugleich haben sie keine Kontrolle über die Story. Die gewinnen sie erst wieder, wenn der Plot die Suspense-Situation aufgelöst hat. Das geschieht in Hitchcocks Beispiel unabhängig davon, ob die Bombe nun tatsächlich explodiert oder nicht.

In der Regel wird in einem Film oder einer Fernsehserie nicht nur ein Verfahren der Spannungserzeugung eingesetzt, sondern Mystery, Suspense und Surprise (vgl. zu den drei Formen der Spannungserzeugung auch Junkerjürgen 2002, S. 61 ff.) tauchen in wechselnden Kombinationen auf. In komplexen Fernsehserien, die sich zu Beginn des 21. Jahrhunderts großer Beliebtheit erfreuen, wie »24«, »Heroes« und »Lost« werden die Zuschauer über einen Spannungsaufbau, der verschiedene Varianten der Spannungserzeugung kombiniert, in die Erzählung hineingezogen. Das Auftauchen der »Anderen« in »Lost« war zu Beginn für die Zuschauer mit Mystery und Surprise verbunden, in dem Augenblick, wo einige der Gestrandeten von den »Anderen« wussten und andere nicht, auch mit Suspense. Die verschiedenen Formen der Spannungserzeugung werden in diesen Serien auch durch ästhetische Mittel unterstützt (vgl. dazu auch die Beispielanalyse von »24« in Kapitel III.3). Dadurch wird die Erzählung sehr dicht, und die Zuschauer, die sich darauf einlassen, können sich ihr kaum noch entziehen.

Ein Film- und Fernsehtext baut gezielt Wissen beim Publikum auf, um es durch die Erzählung zu führen. Die Zuschauer erhalten Informationen, die zu einem späteren Zeitpunkt der Erzählung eine Bedeutung im Sinn von Spannung als gespannter Erwartung und Suspense gewinnen. Wenn z.B. Edward in »Pretty Woman« gegenüber Vivian auf der Terrasse seines Penthauses erwähnt, dass er Höhenangst habe, bekommt dadurch die Schlussszene, in der er mit einem Blumenstrauß zwischen den Zähnen die Feuerleiter zu Vivians Wohnung hinaufklettert, eine zusätzliche Bedeutung: Edward zeigt seine Liebe nicht nur dadurch, dass er Vivian aufsucht, sondern er überwindet dafür sogar noch seine Höhenangst. Die Zuschauer können in dieser Situation gespannt darauf sein, ob er die Feuerleiter tatsächlich hinaufklettern kann oder ob die Liebe im letzten Moment an diesem Hindernis doch noch scheitert. Solche Wissenselemente können auch die erzählerische Klammer für einen ganzen Film oder eine ganze Fernsehsendung bilden. So steht zu Beginn des Films ein Problem, das am Ende gelöst ist, oder zu Beginn einer Fernsehsendung wird etwas für das Ende versprochen. In »Wetten, dass ..?« ist es die Stadtwette, bei der zu Beginn der Sendung ein Vertreter der Stadt, in der die Show gastiert, eine Aufgabe gestellt bekommt und der Moderator einen Wetteinsatz verkünden muss. Erst am Ende der Sendung gibt es die Auflösung. Dann stellt sich heraus, ob die Aufgabe erfüllt wurde – oder eben nicht. Wurde sie erfüllt, muss der Moderator seinen Wetteinsatz einlösen. Darüber wird eine dramaturgische Klammer für die gesamte Show konstituiert. Zu Beginn wird das Publikum auf das Ende verwiesen, und am Ende wird es noch einmal an den Beginn erinnert, der Kreis der Showerzählung hat sich geschlossen.

Auf diese Weise funktioniert in manchen Filmen oder Fernsehsendungen auch die Erzeugung von Suspense. In »Jurassic Park« können die Zuschauer aus den Erzählungen der handelnden Figuren erfahren, dass Dinosaurier, insbesondere die Velociraptoren, gefährliche Tiere sind. Ein weiterer Hinweis erfolgt über eine Fütterungsszene, in der zwar nur zu sehen ist, wie ein ausgewachsener Ochse in den mit Starkstrom

Abb. 3

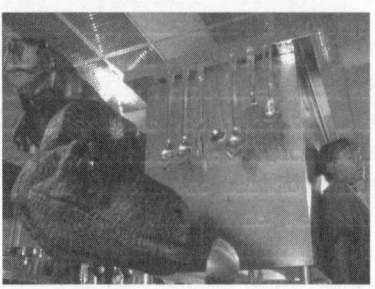

Abb. 4

gesicherten Käfig gehievt wird (vgl. Abb. 3), anhand der anschließenden Geräusche und der heftigen Bewegungen der Pflanzen im Sicherheitskäfig kann man jedoch erahnen, mit welcher Kraft die Saurier den Ochsen auf grausame Art zerteilen und fressen. An diese Szene werden die Zuschauer spätestens dann erinnert, wenn die beiden Kinder in der Hightech-Küche der Anlage von Velociraptoren bedroht und gejagt werden (vgl. Abb. 4). Durch das zu Beginn des Films aufgebaute Wissen um die Gefährlichkeit der Saurier erhält diese Szene erst ihre Brisanz, weil man nun um die Kinder bangen muss. Das würde natürlich auch umgekehrt funktionieren, wenn die Zuschauer wüssten, dass die Saurier in der Szene ganz liebe Wesen sind, nur die Kinder wüssten es nicht. Zugleich wird an dem Beispiel deutlich, wie aufgebautes Wissen auch Erwartungen der Zuschauer produziert. Wenn gezeigt wird, wie gefährlich die Saurier sind, kann das Publikum erwarten, dass dies im weiteren Verlauf des Films noch einmal eine Rolle spielen wird.

Anders gestaltet sich der Spannungsaufbau, wenn ein Geheimnis im Mittelpunkt der Erzählung steht. Um die Spannung für die Zuschauer zu erhalten, wird häufig mit Rückblenden gearbeitet. Bei den zu Beginn des 21. Jahrhunderts beliebten Pathologenserien wie »Crossing Jordan« oder »CSI« wird dieses Mittel immer wieder eingesetzt, wenn anhand der Spuren vergangene Ereignisse rekonstruiert werden. Die Zuschauer können so auch visuell an der Arbeit der Charaktere teilhaben. Zugleich bewirken die Rückblenden eine Dramatisierung der Ereignisse (vgl. Lury 2005, S. 46 f.). Daneben bieten sie spektakuläre Bilder von Körpern (vgl. Jermyn 2007; Wulff 2007) und binden die Zuschauer in die Erzählung ein. Das Verfahren, mit Rückblenden zu arbeiten, wird, wie Bordwell (2006, S 92) bemerkt, bereits seit den 1940er Jahren angewandt, denn: »Plots, die sich um ein Geheimnis drehen, haben schon immer Rückblenden befördert«.

Die Analyse von Spannung, Mystery, Surprise und Suspense muss die Elemente des Plots herausarbeiten, in denen den Zuschauern die wichtigen Informationen über Orte, Figuren und erzählter Zeit gegeben werden, die beim Zuschauer ein Erleben von Spannung auslösen können. Es geht dabei um die Regulation und Verbreitung von Wissen, aber auch um die affektiven Wirkungen dramaturgischer Elemente.

2.3 Komik

Ähnlich wie Spannung und Suspense entsteht auch Komik durch Strukturen des Plots, die allerdings nicht nur mit dem narrativen Wissen der Zuschauer korrespondieren, sondern auch mit dem generellen Weltwissen (vgl. Ohler 1994, S. 35 f.; Kapitel I.1.1). Komik ist zwar in den textuellen Strukturen angelegt, sie muss sich aber im Zuschauer vollenden. Das Erleben von Komik ist daher wie das Spannungserleben eine Aktivität des Zuschauers, die durch bestimmte Plotstrukturen ausgelöst wird. Generell wird davon ausgegangen, dass Komik durch Inkongruenz entsteht, indem Elemente, die nicht zueinander passen, nebeneinander gestellt werden (vgl. Carroll 1991, S. 26). Komik stellt damit nach Wuss (1999, S. 359) einen Spezialfall der Verfremdung dar. Es findet ein Spiel mit den Erwartungen und dem Wissen der Zuschauer statt, das in einer komischen Situation oder Aktion gelöst wird. Um einen Film wie »Der Schuh des Manitu« als eine Parodie verstehen und erleben zu können, müssen die Zuschauer um die narrativen und ästhetischen Strukturen von Western im Allgemeinen und der »Winnetou«-Filme im Besonderen wissen. Zugleich müssen sie die Figuren und Handlungen des Plots in der Parodie als inkongruent oder verfremdet gegenüber der erzählten möglichen Welt eines Western und der »Winnetou«-Filme wahrnehmen. Erst vor diesem Wissenshintergrund kann »Der Schuh des Manitu« als ein komischer Film verstanden und erlebt werden. Ebenso ermöglicht das Wissen darum, dass es sich bei der Hauptfigur im Film »Borat« um eine aus einer Fernsehcomedy bekannte Kunstfigur von Sacha Baron Cohen handelt, den Zuschauern, die Episoden des Films als komisch wahrzunehmen, auch wenn die übrigen Protagonisten eher unfreiwillig komisch sind.

Der amerikanische Wissenschaftler Gerald Mast (1979, S. 4 ff.) unterscheidet insgesamt acht Formen komischer Plots, von denen sich einige in ihrer Grundstruktur kaum von ernsthaften Plots unterscheiden. Das trifft z.B. auf (1) die Komödien zu, in denen sich ein Liebespaar findet, sich wieder verliert, zahlreiche absurde Hindernisse zu überwinden hat, um letztlich doch zusammenzukommen. Die Komik resultiert aus der Überwindung der absurden Situationen, über die das Paar wieder zueinander findet wie in »Leoparden küsst man nicht« oder »Ärger im Paradies«. Ein komischer Plot kann auch darin bestehen, dass (2) ein anderer Film oder ein Filmgenre parodiert wird wie in »Der Schuh des Manitu« oder den »Austin Powers«-Filmen, in denen die »James Bond«-Filme parodiert werden. Daneben kann (3) ein einfacher Fehler einer Figur oder ein unpassendes Verhalten in einer sozialen Situation zu Chaos führen und eine absurde Situation nach der anderen auslösen. Das ist z.B. in zahlreichen Slapstick-Komödien der Stummfilmzeit mit Charlie Chaplin, Buster Keaton oder Laurel und Hardy so. Eine weitere Plotstruktur besteht darin, (4) die Struktur einer bestimmten Gesellschaft oder sozialen Gruppe darzustellen und sie mit dem Handeln einzelner sozialer Gruppen zu konfrontieren, die auf die gleichen Ereignisse in unterschiedlicher Weise reagieren. Nach dieser Struktur funktionieren Filme wie »Borat«, »Der große Diktator«, »Sein oder Nichtsein«, »Willkommen Mr. Chance« und »Ganz oder gar nicht« oder Fernsehserien wie »Die Simpsons« (vgl. Gray 2006, S. 43 ff.; Steeves 2005; Veihl 2002), »Die Camper« (vgl. Herzog/Veihl 2002), »Ally McBeal« (vgl. Smith 2005) und »King of Queens«. Außerdem kann ein Film (5) einem komischen Protagonisten folgen, der in verschiedene Situationen gerät, die er auf seine, komische Weise bewältigt. In diese Kategorie fallen z.B. Filme mit Jacques Tati, Otto Waalkes oder »Bean – Der ultimative Katastrophenfilm«. Daneben gibt es eine Plotstruktur, die (6) eine Ausgangssituation, z.B. einen Platz, ein Ereignis oder ein Objekt nimmt, um dann eine Serie von Gags um diese Situation herum zu platzieren. Das war in einigen Chaplin-Filmen der Fall ebenso wie in »Help!« mit den Beatles oder einigen Woody-Allen-Komödien. Eine weitere Plotstruktur (7) ist mit einer melodramatischen weitgehend identisch. Der Protagonist übernimmt eine schwierige Aufgabe, bei deren Bewältigung er auch sein Leben riskieren kann. Die Bewältigung verläuft jedoch nicht tragisch, sondern komisch wie z.B. in »Der General«. Die Komik entsteht bei dieser Plotstruktur nach Mast (1979, S. 8) dadurch, dass der Film ein »komisches Klima« schafft. Das trifft auch auf die letzte Plotstruktur zu, in der (8) ein Protagonist einen Fehler entdeckt, den er im Verlauf des Lebens gemacht hat, und den er wiedergutmachen will. Einige Filme von Billy Wilder folgen diesem Muster oder auch »Mr. Smith geht nach Washington«. Das »komische Klima« kann bereits durch den Titel des Films angeregt werden. Die Zuschauer werden einen komischen Film erwarten und die Informationen des Plots unter diesem Gesichtspunkt verarbeiten. Thema und Charaktere können ebenso ein komisches Klima schaffen wie der Filmemacher, der eine selbstreflexive Ebene einführt, die dem Zuschauer deutlich macht, dass die Handlung nicht ernst gemeint ist (vgl. ebd., S. 11). Zur Komik tragen auch witzige Dialoge, visuelle und akustische Gags bei. In der Film- und Fernsehanalyse können die Plotstrukturen offengelegt werden, die für die Komik in einem Film oder einer Fernsehsendung verantwortlich sind.

Komische Plotstrukturen basieren auf Erzählkonventionen. Sie funktionieren in einem Film- oder Fernsehtext jedoch nur im Zusammenhang mit Gags, die auf der Ebene der Gestaltung oder der Figuren angesiedelt sind (vgl. Charney 1993). Grundsätzlich kann zwischen sprachlichen, akustischen, musikalischen

und visuellen bzw. optischen Gags unterschieden werden. Hier spielen Kamera-
arbeit und Montage eine wichtige Rolle (vgl. Carroll 1991; Müller 1964,
S. 158 ff.). Auf der sprachlichen Ebene sorgen witzige Dialoge für die Komik.
Witzig wird ein Dialog dadurch, dass er den Erwartungen der Zuschauer hinsichtlich dessen, was in einer Situation und Handlung angemessen wäre, nicht
entspricht. Komik kann auch durch unfreiwillig ausgesprochene Worte oder
Sätze entstehen, die doppeldeutig sind. Es kann sich aber auch um bewusste
Wortspiele handeln (vgl. Palmer 1994, S. 104). In manchen Serien und Sitcoms
entsteht die Komik darüber, dass eine der Figuren als homodiegetische Voice-
Over-Erzählerin, ihre eigenen Handlungen in der jeweiligen Episode kommentiert, z.B. in »Mein Leben und ich« oder »Sex and the City«. Ein akustischer Gag
liegt z.B. vor, wenn ein Protagonist aus Versehen eine Stehlampe umstößt, die
gegen ein Radio fällt, das sich daraufhin einschaltet und laute Musik oder ein
zur Situation absolut unpassender Kommentar ertönt. Komik auf der musikalischen Ebene entsteht, wenn die Handlung durch einen musikalischen Kommentar konterkariert oder überzeichnet wird. Die Fernsehserie »Ally McBeal« arbeitet oft mit diesem Mittel (vgl. Kühner/Schwarz 2001, S. 30).

Visuelle bzw. optische Gags funktionieren auf zwei Ebenen. Einerseits spielen
Inkongruenzen in der Erzählung bzw. dem Plot eine Rolle, andererseits werden
ästhetische Mittel der Gestaltung eingesetzt, mit denen den Zuschauern z.B.
Plotinformationen vorenthalten werden, so dass sie eine Situation anders interpretieren. In dem Film »Weg!« gibt es eine Naheinstellung, in der die Zuschauer
sehen, wie sich die Protagonisten langsam mit ihrem Auto voranbewegen. Man
kann annehmen, dass sie fahren. In der nächsten Einstellung sieht man jedoch,
dass Polizisten den Wagen schieben. Diese Plotinformation hatten die Zuschauer in der ersten Einstellung nicht. Sie mussten aus der Bewegung des Wagens
schließen, dass er – wenn auch langsam – fährt. Erst die zweite Einstellung
macht deutlich, dass dem nicht so ist. Die Komik entsteht zudem dadurch, dass
diese Handlung der Polizisten in der Szene nicht erwartet wurde, denn die Zuschauer wissen, dass der Fahrer keinen Führerschein besitzt. Es findet eine ge-
genseitige Beeinflussung von zwei unterschiedlichen Ereignissen statt, die dazu
führt, »dass zwei Interpretationen von dem, was passiert, verständlich sind«
(Carroll 1991, S. 28). Ein anderes Beispiel ist eine Szene aus dem Film »Die 39
Stufen«, in der ein junger Mann und eine junge Frau in einem Landgasthaus ein
Zimmer mieten möchten. Das Paar ist mit Handschellen aneinandergekettet
und versucht dies vor der Wirtin zu verbergen. Während die Wirtin meint, ein
Liebespaar vor sich zu haben, können die beiden, die sich zudem nicht beson-
ders mögen, aufgrund unglücklicher Umstände keinen Abstand voneinander

halten. Die Szene kann sowohl aus der Perspektive der Wirtin als auch aus der Sicht der beiden Protagonisten verstanden werden.

Visuelle Gags können auf verschiedenen Ebenen der Ereignisse und Handlungen angesiedelt sein. So können z.B. Gegenstände entgegen ihrer eigentlichen

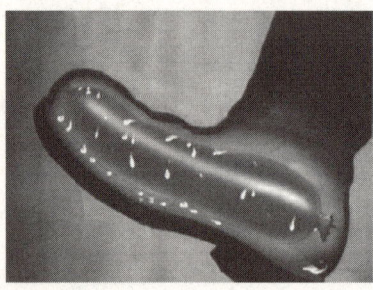

Abb. 5

Bestimmung oder metaphorisch verwendet werden (vgl. ebd., S. 30 ff.). In zahlreichen Filmen von und mit Charlie Chaplin werden Gegenstände durch die mimischen und gestischen Aktivitäten des Helden in einen anderen Bedeutungszusammenhang gestellt. Ähnlich komisch wirkt es, wenn Gegenstände als analoge Objekte verwendet werden: Eine teure chinesische Vase findet als Trinkglas Verwendung oder muss als Schirmständer herhalten. In Zeichentrickfilmen kann dies direkt visualisiert werden, indem sich die Objekte verformen oder indem sie als das analoge Objekt dargestellt werden. In »Blitz Wolf« verwandelt sich der Fuß im Stiefel des Wolfes in eine heiße Bockwurst, weil er einen Moment im Feuer gestanden hatte (vgl. Abb. 5).

Komik entsteht gerade in Zeichentrickfilmen auch dadurch, dass sich Lebewesen und Körper verformen können. In dem genannten Film ist der Wolf einem Kugelhagel der drei kleinen Schweinchen ausgesetzt. Er wähnt sich nicht getroffen. Als er jedoch vor eine Lampe tritt, sieht der Wolf – und mit ihm die Zuschauer –, dass er regelrecht perforiert ist (vgl. Abb. 6). Zwei andere Varianten visueller Gags sind das wechselnde Bild und die wechselnde Bewegung (vgl. Carroll 1991, S. 33 ff.). Das erwähnte Beispiel aus dem Film »Weg!« steht auch für das wechselnde Bild als visueller Gag. In der Regel sehen die Zuschauer dabei eine Figur in Aktion. Da sie nicht die gesamte Szenerie im Bild erfassen

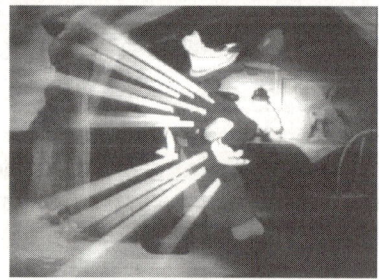

Abb. 6

oder die Figur nur von hinten sehen, können sie ihr Verstehen und ihre Interpretation nur auf den Ausschnitt der Szene, der ihnen präsentiert wird, richten.

Dreht sich die Figur um, sieht man, was sie wirklich getan hat – und das muss nicht mit der vermuteten Tätigkeit übereinstimmen. Die wechselnde Bewegung ist ein beliebtes Mittel in »Das Pfandhaus«. Da versucht der Held mit Boxbewegungen einen Gegenspieler zu beeindrucken. Als ein Polizist auftaucht, wechselt er vom Boxen in eine Art Ausdruckstanz. Eine Bewegung wird dabei fließend in eine andere mit anderen Konnotationen überführt.

Komik ist grundsätzlich ein Spiel mit dem Wissen der Zuschauer. Sie kann – ähnlich wie bei Spannung und Suspense – dadurch entstehen, dass die Zuschauer mehr wissen als die Figur. In diesem Fall ist das Rahmenwissen über eine Situation oder ein Ereignis ungleich verteilt. Weil die Zuschauer über die Bedeutung einer Szenerie in Kenntnis gesetzt sind, können sie über die Figur lachen, die sich aufgrund ihres Nichtwissens unangemessen verhält. Die Komik entsteht aus den unterschiedlichen Definitionen der Handlungssituation durch Figur und Zuschauer. Der Zuschauer kann aber auch weniger wissen als die Figur. Das ist z.B. so, wenn er eine Figur von hinten sieht und aus deren Bewegungen auf bestimmte Aktivitäten schließt, die sich aber als ganz andere entpuppen, wenn die Figur sich umdreht. In der Film- und Fernsehanalyse müssen diese komischen Inszenierungsformen in ihre Komponenten zerlegt und in Bezug zum Wissen der Zuschauer verortet werden, um komische Strukturen herausarbeiten zu können. Dabei ist allerdings zu beachten, dass die Komik in Filmen und Fernsendungen häufig an komische Figuren gekoppelt ist. Diese Figuren spielen mit der Repräsentationsordnung, indem sie entgegen den gesellschaftlichen Normen und Werten handeln, sowohl den Normen und Werten der erzählten, diegetischen Welt als auch der Welt, in der die Zuschauer leben. Sie setzen sich über die Normen hinweg, karikieren sie durch Übertreibung oder nehmen sie ganz wörtlich. Die komische Figur hebt durch ihre übertriebene Darstellung und Inszenierung die Fiktionalität des Films oder der Fernsehsendung hervor. In manchen Filmen wie den Stummfilm-Klassikern mit Charlie Chaplin oder Buster Keaton, den Filmen mit Heinz Erhardt oder Otto Waalkes, den Fernsehserien mit Mr. Bean oder Benny Hill sind die komischen Figuren klar definiert, sie treiben die komische Handlung voran. In manchen Komödien wie »American Pie« oder »Wir können auch anders …« und Sitcoms im Fernsehen wie »Die Camper« oder »Hausmeister Krause« agiert ein Ensemble von Figuren. Hier kann erst die Analyse klären, ob sich darunter auch komische Figuren befinden oder ob die Komik lediglich aus der Regulation und Verteilung von Wissen in den dargestellten Handlungssituationen entspringt.

2.4 Bedrohung

Es gibt zwei Genres, in denen Bedrohung eine wesentliche Rolle spielt: im Horrorfilm und im Thriller. Bedrohung entsteht durch ein Spiel mit dem Wissen und den Emotionen der Zuschauer. Auf der emotionalen Ebene geht es nicht um Gefühle wie Liebe, Wehmut oder Mitleid, sondern um Angst, Suspense bzw. Spannung, Geschwindigkeit, Bewegung, Schreck, Geheimnis und Aufregung (vgl. Rubin 1999, S. 5 f.). Vor allem Thriller arbeiten oft mit doppelten Emotionen, mit Humor und Spannung, Vergnügen und Schmerz oder Schreck und Aufregung. Dadurch werden die Zuschauer in einer Ambivalenz der Gefühle gehalten. Sie werden zwischen Angst und Vergnügen hin und her geworfen. Ein Thriller untergräbt die emotionale Stabilität sowohl seiner Figuren als auch der Zuschauer und macht sie dadurch verletzlich. Er bringt sie an den Rand des Kontrollverlusts (vgl. Mikos 1995, S. 174). Doch sind diese Emotionen immer mit dem Wissen der Charaktere und der Zuschauer verbunden. Thriller zielen so nicht nur auf die Emotionen, sondern sie spielen mit dem Wissen von Protagonisten und Zuschauern.

Im Thriller ist die normale Realität der Protagonisten bedroht. Das kann durch außergewöhnliche Ereignisse passieren, die sie gewissermaßen aus der Bahn werfen: Sie werden unschuldig verdächtigt, sie beobachten ein Verbrechen, sie werden mit Gangstern oder Spionen verwechselt, sie werden Opfer von Machtspielen und Intrigen durch Kollegen, Vorgesetzte oder Familienmitglieder, oder Unbekannte drängen sich in ihr Leben und verändern es. Die Protagonisten verlieren das grundsätzliche Vertrauen in die alltägliche Wirklichkeit, sie verlieren »die ontologische Sicherheit« (Giddens 1995, S. 117 f.) des Alltagslebens, die nach Giddens ein emotionales Phänomen ist. Es geht dabei um »ein Gefühl der Zuverlässigkeit von Personen und Dingen« (ebd., S. 118), die einen im Alltag umgeben. Das kann als zentrales Element von Thrillern gesehen werden. Im Verlauf der Filme lösen die Protagonisten in der Regel das Rätsel, das hinter der Bedrohung steht. Im Fernsehen sind es neben Thrillern vor allem Mystery-Serien wie »Akte X« oder »Millennium« (vgl. Graham 1996; Johnson 2005, S. 95 ff.; Jones 1996), in denen eine permanente Bedrohung der alltäglichen Sicherheiten inszeniert wird. Mit diesen Bedrohungsszenarien spielen auch die »Blade«-Trilogie und das darauffolgende Fernsehsequel »Blade: Die Jagd geht weiter«, in der eine permanente Bedrohung von den Vampiren ausgeht, der sich nicht nur der Vampirjäger Blade stellen muss, sondern auch die Zuschauer.

Die Zuschauer werden an diesem Prozess beteiligt, indem sie durch dramaturgische und gestalterische Mittel in die Lösung des Rätsels einbezogen werden. Die Inszenierung von Mystery und Suspense spielt dabei eine wichtige Rolle. Durch sie werden bedrohliche Situationen für die Protagonisten und die Zuschauer erzeugt. In Polizei- und Detektiv-Thrillern gibt es oft eine einzelne auslösende Gewalttat oder eine Reihe von Verbrechen, die den Ermittlern Rätsel aufgeben, wie z.B. in »Sieben«, wo die Morde die sieben Todsünden symbolisieren. Hier muss die besondere Grausamkeit der Täter herausgestellt werden, um die Handlungen der Helden zu motivieren. Manchmal muss ein Verdächtiger auch im Verlauf des Films noch eine außergewöhnliche Gewalttat begehen, um zu unterstreichen, dass seine Gefährlichkeit, von der vorher nur die Rede war, tatsächlich gegeben ist. Das ist z.B. in »Das Schweigen der Lämmer« der Fall, wo die Zuschauer zunächst nur aus den Erzählungen von Polizisten und Gefängnisaufsehern etwas über die Gefährlichkeit von Hannibal Lecter erfahren, bevor bei seinem Ausbruch die ganze Grausamkeit seiner Taten auch visuell in Szene gesetzt wird. In manchen Filmen bleibt das auslösende Element der Bedrohung zunächst unsichtbar. Die Zuschauer bekommen durch leichte Verletzungen der Helden, zerbrochene und zerstörte Einrichtungsgegenstände und Ähnliches lediglich Indizien an die Hand, wie z.B. in »Schatten der Wahrheit«, in dem der Protagonistin Claire Spencer merkwürdige Dinge widerfahren, die sowohl für sie als auch für die Zuschauer nicht ersichtlich und nachvollziehbar sind. Die Analyse kann zeigen, wie die Bedrohung für die Zuschauer inszeniert ist, wodurch sie (und die Protagonisten) die Kontrolle über die Situation und die Ereignisse verlieren.

Ein klassisches Beispiel dafür, wie im Thriller die Bedrohung des Helden aufrecht erhalten wird, ist die sogenannte »Maisfeld-Szene« in »Der unsichtbare Dritte«. Der Held Roger Thornhill ist auf der Suche nach einem Spion namens George Kaplan, für den er fälschlicherweise gehalten wird. Im Zug lernt er Eve Kendall kennen, von der er nicht weiß, dass sie für die feindlichen Spione arbeitet. Sie arrangiert für ihn ein Treffen mit dem ominösen Kaplan. Die Zuschauer wissen, dass es eine Falle ist. Das Treffen soll an einer einsamen Bushaltestelle außerhalb der Stadt stattfinden. Die nun folgende Szene ist die Maisfeld-Szene, die der Filmwissenschaftler Hans J. Wulff auf ihren Spannungsaufbau hin eingehend untersucht hat (vgl. Wulff 1999, S. 204 ff.). Thornhill befindet sich auf freiem Feld inmitten von Maisfeldern: »Keine Schatten, Seitengassen, Hinterhöfe. Kein Versteck für den Mörder, obwohl der Zuschauer weiß, daß der Held in eine Falle getappt ist« (ebd., S. 204). Die Szene besteht aus drei Teilen, im ersten Teil wartet der Held, im zweiten erfolgt der Mordversuch, im dritten ist er auf der Flucht. Bereits im ersten Teil der Szene wird Suspense aufgebaut. Die Zuschauer wissen mehr über die Handlungssituation als der Held. Daher kommt es zu unterschiedlichen Situationsdefinitionen. Während also Thornhill auf den von ihm gesuchten Agenten Kaplan wartet, hat der Zuschauer, wie Wulff beschreibt, eine andere Sicht der Dinge:

> »Der Zuschauer weiß schon, daß Kaplan gar nicht existiert, und er weiß, daß Thornhill einer ›falschen Freundin‹ aufgesessen ist, einer Agentin seiner Gegner. Für den Zuschauer ist die Szene *vorbestimmt* als Gelegenheit für ein mögliches Attentat, als Falle, in der eine tödliche Gefahr auftreten wird. Es gelten also zwei verschiedene Situationsdefinitionen: Protagonist und Zuschauer konturieren das Handlungs- und Erwartungsfeld nach verschiedenen Gesichtspunkten und auf der Basis verschiedener Eingeweihtheit in die Geschichte« (ebd., S. 206, H.i.O.).

Während die Spannung für den Helden in diesem Szenenabschnitt des Wartens in der Frage besteht, ob sein Kontrahent erscheinen wird, besteht sie für die Zuschauer darin, wann denn nun der Mordanschlag erfolgen wird und auf welche Weise er ausgeführt wird.

Im zweiten Teil der Szene passiert dieser dann, als Thornhill von einem Flugzeug aus beschossen wird und er versucht, sich in Deckung zu bringen. Hier sind alternierend Bilder vom herannahenden Flugzeug und dem Deckung suchenden oder weglaufenden Helden zu sehen. Dabei ist eine Steigerung der Bedrohung auszumachen: Zunächst überfliegt das Flugzeug Thornhill in knapper Höhe, dann setzt der unbekannte Mörder ein Maschinengewehr ein, bevor er auf das Verstreuen von Pestiziden zurückgreift und damit dem Helden auch noch den letzten Schutzraum raubt, das Maisfeld. Über sogenannte Point-of-View-Shots (vgl. Kapitel II.4.3) werden die Zuschauer immer wieder in die Sicht des Helden hineingezogen. Zugleich bleiben sie Beobachter der Szene, wenn sie lediglich den durch die Einschüsse aufwirbelnden Staub sehen. Dieser Teil der Szene endet mit dem Tod des Killers, der mit seinem Flugzeug im Tiefflug in einen Tanklastwagen rast. Die Szene ist interessant, weil sie die Bedrohung für den Protagonisten und für die Zuschauer in besonderer Weise inszeniert. Das Gefühl der Bedrohung entsteht durch einen gezielten Umgang mit dem Wissen des Helden und dem Wissen der Zuschauer.

Die Inszenierung in Thrillern, aber auch in Horrorfilmen, zielt darauf ab, emotionale und kognitive Reaktionen bei den Zuschauern hervorzurufen, die als Form der kognitiven Bedrohung beschrieben werden können (vgl. Albers 1996,

S. 53 ff.). Dadurch wird Suspense aufgebaut, die Zuschauer können etwas Schreckliches, Angst Auslösendes erwarten. Das trägt nicht nur zur Verunsicherung der Protagonisten bei, sondern dient vor allem dazu, die Zuschauer in ein Wechselbad sensationeller Gefühle zu stürzen. Dabei spielen jedoch die kognitiven Aktivitäten eine nicht unwesentliche Rolle. Handelt es sich doch bei den Gefühlen, die ausgelöst werden, größtenteils um sogenannte Erwartungsaffekte. Nach Ernst Bloch kann zwischen positiven und negativen Erwartungsaffekten unterschieden werden (vgl. Bloch 1985, S. 121 ff.). Zu den positiven zählt er Hoffnung und Zuversicht, zu den negativen Angst, Furcht, Schrecken und Verzweiflung. Diese Gefühle sind vor allem dadurch gekennzeichnet, dass sie unbestimmt und diffus sind. Sie sind auf die Zukunft, auf das Eintreten eines Ereignisses gerichtet. In der Film- und Fernsehrezeption sind sie davon abhängig, dass die Zuschauer eine dargestellte Situation als eine Situation der Bedrohung wissen, die Angst machen kann. Es geht dabei nicht so sehr darum, dass die Zuschauer mit den Helden, die Angst haben, mitfühlen, sondern darum, dass im Film mit Hilfe von Dramaturgie und Gestaltungsmitteln Situationen aufgebaut werden, die sie in die Erwartung von Angst, Furcht oder Schrecken versetzen. Das Beispiel der Maisfeld-Szene hat das deutlich gezeigt. Das Besondere am Thriller ist nun, dass es nicht nur um die negativen Erwartungsaffekte geht, sondern auch um Hoffnung und Zuversicht. Für die Zuschauer wird es damit möglich, als negativ bewertete Gefühle wie Angst und Furcht lustvoll zu erleben.

Die Beschreibung der Gefühle, die bei einem Thriller eine Rolle spielen, lassen sich am besten mit den Worten des Psychoanalytikers Michael Balint beschreiben, der das Phänomen der Angstlust (Thrill) bearbeitet hat. Bei Vergnügungen wie Achterbahnen, Karussells, Schiffsschaukeln usw. wird eine bestimmte Form der Angst geweckt. Kennzeichen dieser Angst ist nach Balint der Verlust des Gleichgewichts, der Standfestigkeit, des zuverlässigen Kontaktes mit der sicheren Erde. Dabei lassen sich drei Aspekte beobachten:

>»a) ein gewisser Beitrag an bewusster Angst oder doch das Bewusstsein einer wirklichen äußeren Gefahr; b) der Umstand, dass man sich willentlich und absichtlich dieser äußeren Gefahr und der durch sie ausgelösten Furcht aussetzt; c) die Tatsache, dass man in der mehr oder weniger zuversichtlichen Hoffnung, die Furcht werde durchgestanden und beherrscht werden können und die Gefahr werde vorüber gehen, darauf vertraut, dass man bald wieder unverletzt zur sicheren Geborgenheit werde zurückkehren dürfen. Diese Mischung von Furcht, Wonne und

zuversichtlicher Hoffnung angesichts einer äußeren Gefahr ist das Grundelement aller Angstlust (thrill)« (Balint o.J., S. 20 f.).

Das Erleben solch einer Angstlust ist nicht nur in einer direkten Angst auslösenden Situation möglich, z.B. wenn man nachts durch einen dunklen Wald oder eine dunkle Gasse laufen muss oder wenn man sich auf eine Achterbahn- oder Geisterbahnfahrt begibt, sondern auch, wenn man solch eine Situation beobachtet. Daher ist eine derartige Form des Angsterlebens auch für Zuschauer von Filmen und Fernsehsendungen möglich – auch wenn es dabei zu keiner realen Gefahr für Leib und Leben der Zuschauer kommt. Aber gerade dadurch ist es möglich, dass der Thrill zu einer »positiven Erlebnisform« wird (vgl. Klippel 1990, S. 85). Aufgrund der Tatsache, dass sich die Zuschauer im Kinosessel und auf dem heimischen Sofa sicher fühlen können, haben sie die Möglichkeit, sich lustvoll den Ängsten hinzugeben, in die sie durch die inszenierten Situationen in den Filmen und Fernsehsendungen gebracht werden (vgl. Mikos 1996, S. 38 ff.). Dieses lustvolle Erleben einer bedrohlichen, angstbesetzten Situation in einem Film- oder Fernsehtext wird im Verlauf der Film- und Fernsehsozialisation erlernt. Denn es ist ohne das Fiktionsbewusstsein, das den Zuschauern gestattet, sich auf die Inszenierungen einzulassen, nicht möglich. Filme können aber auch mit diesem Fiktionsbewusstsein der Zuschauer spielen. In »Blair Witch Project« werden Authentisierungsstrategien eingesetzt, die die Zuschauer glauben machen sollen, der Film wäre keine Fiktion, sondern eine authentische Dokumentation (vgl. Schopp 2004). In einigen Filmen wie »Hostel« werden Authentisierungsstrategien eingesetzt, um Gewaltakte möglichst realitätsnah zu inszenieren. Dennoch wird durch solche Muster der Inszenierung das Fiktionsbewusstsein der Zuschauer nicht außer Kraft gesetzt.

In der Film- und Fernsehanalyse kann herausgearbeitet werden, welche Elemente zur Bedrohung der Protagonisten und welche zur Bedrohung der Zuschauer führen. Sie hängen mit einer wesentlichen Funktion von Narration und Dramaturgie zusammen: der Regulation und Verteilung von Wissen und der Anregung emotionaler Reaktionen.

Analyseleitende Fragen

- Welche Informationen bietet der Plot?

- Wie bietet er diese Informationen an?

- Was wird im Film nicht gezeigt, ist aber wichtig, um die Geschichte zu verstehen?

- Welche Hypothesen und Erwartungen sind mit einem Ereignis verknüpft?

- Welche Hypothesen werden in den nächsten Sequenzen verworfen?

- Welche Erwartungen werden bestätigt, welche enttäuscht?

- Wo wird auf bereits mitgeteiltes Wissen verwiesen?

- Wie fügt sich dieses Wissen zur Geschichte zusammen?

- Wie sind non-lineare Plots konstruiert und wie fügt sich hier alles zu einer Geschichte zusammen?

- Welches Vorwissen muss ein Zuschauer mitbringen, um den Film oder die Fernsehsendung verstehen zu können?

- Wie geht der Film- oder Fernsehtext mit seinen Informationen um, wie baut er das Wissen beim Publikum auf?

- Wer weiß mehr: die Figuren oder die Zuschauer?

- Wo finden sich Ellipsen, an denen das Weltwissen der Zuschauer gefordert ist, um Leerstellen im Film auszufüllen?

- Welches Wissen um Erzählmuster und filmische Darbietungsmittel ist erforderlich, um den Film zu verstehen?

- Gibt es typische Handlungsmuster und -situationen?

- Welche handlungsleitenden Themen bietet der Text an und für welche Personen oder Personengruppen?

- Arbeitet der Film oder die Fernsehsendung mit Mystery, Überraschung oder Suspense?

- Wie ist das Wissen in komischen Szenen zwischen Protagonisten und Zuschauern verteilt?

- Gibt es in dem Film oder der Fernsehsendung eine komische Figur? Wodurch ist sie gekennzeichnet?

- Wie sind die visuellen Gags inszeniert?

- Mit welchen Mitteln werden akustische und sprachliche Gags inszeniert?

- Mit welchem Wissen und welchen Erwartungen der Zuschauer spielen witzige Dialoge?

- In welchen Szenen ist mit dem Suspense die Auslösung emotionaler Reaktionen verbunden? Kann in diesen Szenen Thrill entstehen?

- Wie wird die Bedrohung für Protagonisten und Zuschauer inszeniert?

2.5 Zitierte Literatur

Albers, Margret (1996): Formen der kognitiven Bedrohung in postmodernen Horrorfilmen. Diplomarbeit an der Hochschule für Film und Fernsehen »Konrad Wolf« Potsdam-Babelsberg

Bach, Michaela (1997): Erzählperspektive im Film. Eine erzähltheoretische Untersuchung mithilfe exemplarischer Filmanalysen. Essen

Balint, Michael (o.J.): Angstlust und Regression. Beitrag zur psychologischen Typenlehre. Stuttgart

Barker, Martin (2000): From Antz to Titanic. Reinventing Film Analysis. London/Sterling, VA

Berger, Arthur Asa (1997): Narratives in Popular Culture, Media, and Everyday Life. Thousand Oaks u.a.

Bildhauer, Katharina (2007): Drehbuch reloaded. Erzählen im Kino des 21. Jahrhunderts. Konstanz

Bloch, Ernst (1985): Das Prinzip Hoffnung. Band 1. Frankfurt a.M. (Erstausgabe 1959)

Böhnke, Alexander (2007): Paratexte des Films. Über die Grenzen des filmischen Universums. Bielefeld

Bordwell, David (1990): Narration in the Fiction Film. London (Erstausgabe 1985)

Bordwell, David (1992): Kognition und Verstehen. Sehen und Vergessen in »Mildred Pierce«. In: Montage/AV, 1/1, S. 5–24

Bordwell, David (2006): The Way Hollywood Tells It. Story and Style in Modern Movies. Berkeley u.a.

Bordwell, David/Thompson, Kristin (1993): Film Art. An Introduction. New York u.a. (4. Auflage; Erstausgabe 1979)

Branigan, Edward (1992): Narrative Comprehension and Film. London

Caputi, Jane (1991): Sleeping with the Enemy as »Pretty Woman«, Part II. In: Journal of Popular Film and Television, 19/1, S. 2–8

Carroll, Noël (1988): Mystifying Movies. Fads and Fallacies in Contemporary Film Theory. New York/Oxford

Carroll, Noël (1991): Notes on the Sight Gag. In: Horton, Andrew (Hrsg.): Comedy/ Cinema/Theory. Berkeley u.a., S. 25–42

Casetti, Francesco/di Chio, Federico (1994): Analisi del Film. Milano (6. Auflage; Erstausgabe 1990)

Charlton, Michael/Neumann, Klaus (1986): Medienkonsum und Lebensbewältigung in der Familie. Methode und Ergebnisse der strukturanalytischen Rezeptionsforschung – mit fünf Falldarstellungen. München/Weinheim

Charney, Maurice (1993): Comedy High & Low. An Introduction to the Experience of Comedy. New York u.a. (Erstausgabe 1978)

Chatman, Seymour (1993): Story and Discourse. Narrative Structure in Fiction and Film. Ithaka/London (Erstausgabe 1978)

Droese, Kerstin (1995): Thrill und Suspense in den Filmen Alfred Hitchcocks. Alfeld

Eder, Jens (1999): Dramaturgie des populären Films. Drehbuchpraxis und Filmtheorie. Hamburg

Eick, Dennis (2006): Drehbuchtheorien. Eine vergleichende Analyse. Konstanz

Elsaesser, Thomas/Buckland, Warren (2002): Studying Contemporary American Film. A Guide to Movie Analysis. London/New York

Giddens, Anthony (1995): Konsequenzen der Moderne. Frankfurt a.M. (Originalausgabe 1990)

Graham, Allison (1996): »Are You Now or Have You Ever Been?« Conspiracy Theory and »The X-Files«. In: Lavery, David/Hague, Angela/Cartwright, Marla (Hrsg.): »Deny All Knowledge«. Reading »The X-Files«. Syracuse, NY, S. 52–62

Gray, Jonathan (2006): The Simpsons. Television, Parody, and Intertextuality. New York/London

Hartmann, Britta/Wulff, Hans. J. (1997): Erzählung. In: Rother, Rainer (Hrsg.): Sachlexikon Film. Reinbek, S. 79–81

Hayward, Susan (1996): Key Concepts in Cinema Studies. London/New York

Herzog, Katja/Veihl, Verena (2002): »Die Camper«. Analyse der Komikstrukturen der RTL-Sitcom. Potsdam (unveröffentlichtes Arbeitspapier)

Hickethier, Knut (2007): Film- und Fernsehanalyse. Stuttgart/Weimar (4., aktualisierte und erweiterte Auflage; Erstausgabe 1993)

Jermyn, Deborah (2007): Body Matters: Realism, Spectacle and the Corpse in »CSI«. In: Allen, Michael (Hrsg.): Reading »CSI«. Crime TV Under the Microscope. London/New York, S. 79–89

Johnson, Catherine (2005): Telefantasy. London

Jones, Leslie (1996): The Mythological »X-Files«. In: Lavery, David/Hague, Angela/Cartwright, Marla (Hrsg.): »Deny All Knowledge«. Reading »The X-Files«. Syracuse, NY, S. 77–98

Junkerjürgen, Ralf (2002): Spannung – Narrative Verfahrensweisen der Leseraktivierung. Eine Studie am Beispiel der Reiseromane von Jules Verne. Frankfurt a.M. u.a.

Klippel, Heike (1990): Böse Bilder. Horrorfilm und Angsterleben. In: Frauen und Film, 49, S. 78–90

Knauss, Sibylle (1995): Schule des Erzählens. Ein Leitfaden. Frankfurt a.M.

Kühner, Nicole/Schwarz, Henrike (2001): Serielles Lachen. Exemplarische Darstellung der Fernsehserien »Anke« und »Ally McBeal«. Potsdam (unveröffentlichte Seminararbeit)

Krützen, Michaela (2004): Dramaturgie des Films. Wie Hollywood erzählt. Frankfurt a.M.

Lury, Karen (2005): Interpreting Television. London

Mast, Gerald (1979): The Comic Mind. Comedy and the Movies. Chicago/London (Erstausgabe 1973)

Metz, Christian (1997): Die unpersönliche Enunziation oder der Ort des Films. Münster (Originalausgabe 1991)

Meyer, Corinna (1996): Der Prozeß des Filmverstehens. Ein Vergleich der Theorien von David Bordwell und Peter Wuss. Alfeld

Mikos, Lothar (1994): Es wird dein Leben! Familienserien im Fernsehen und im Alltag der Zuschauer. Münster

Mikos, Lothar (1995): Zur Faszination von Action- und Horrorfilmen. In: Vowe, Gerd/Friedrichsen, Mike (Hrsg.): Gewaltdarstellungen in den Medien. Opladen, S. 166–193

Mikos, Lothar (1996): The Experience of Suspense: Between Fear and Pleasure. In: Vorderer, Peter/Wulff, Hans J./Friedrichsen, Mike (Hrsg.): Suspense. Conceptualizations, Theoretical Analyses, and Empirical Explorations. Mahwah, NJ, S. 37–49

Mikos, Lothar/Eichner, Susanne/Prommer, Elizabeth/Wedel, Michael (2007): Die »Herr der Ringe«-Trilogie. Attraktion und Faszination eines populärkulturellen Phänomens. Konstanz

Mothes, Ulla (2001): Dramaturgie für Spielfilm, Hörspiel und Feature. Konstanz

Müller, Gottfried (1964): Theorie der Komik. Würzburg

Nagel, Uwe (1997): Der rote Faden aus Blut. Erzählstrukturen bei Quentin Tarantino. Marburg

Neupert, Richard (1995): The End. Narration and Closure in the Cinema. Detroit

Ohler, Peter (1994): Kognitive Filmpsychologie. Verarbeitung und mentale Repräsentation narrativer Filme. Münster

Palmer, Jerry (1994): Taking Humour Seriously. London/New York

Phillips, Patrick (2000): Understanding Film Texts. Meaning and Experience. London

Phillips, William H. (1999): Film. An Introduction. Boston/New York

Rabenalt, Peter (1999): Filmdramaturgie. Berlin

Rowe, Allan (1996): Film Form and Narrative. In: Nelmes, Jill (Hrsg.): An Introduction to Film Studies. London/New York, S. 87–120

Rubin, Martin (1999): Thrillers. Cambridge/New York/Melbourne

Schopp, Andrew (2004): Transgressing the Safe Space: Generation X Horror in »The Blair Witch Project« and »Scream«. In: Highley, Sarah L./Weinstock, Jeffrey Andrew (Hrsg.): Nothing That Is. Millennial Cinema and the »Blair Witch« Controversies. Detroit, S. 125–143

Schwan, Stephan (2001): Filmverstehen und Alltagserfahrung. Grundzüge einer kognitiven Psychologie des Mediums Film. Wiesbaden

Smith, Greg (2005): Serial Narrative and Guest Stars: »Ally McBeal«'s Eccentrics. In: Hammond, Michael/Mazdon, Lucy (Hrsg.): The Contemporary Television Series. Edinburgh, S. 102–122

Stanitzek, Georg (2006): Vorspann (*titles/credits, générique*). In: Böhnke, Alexander/Hüser, Rembert/Ders. (Hrsg.): Das Buch zum Vorspann. »The Title is a Shot«. Berlin, S. 8–20

Steeves, H. Peter (2005): »It's Just a Bunch of Snuff That Happened«: »The Simpsons« and the Possibility of Postmodern Comedy. In: Dalton, Mary M./Linder, Laura R. (Hrsg.): The Sitcom Reader. America Viewed and Skewed. Albany, NY, S. 261–271

Taylor, Lisa/Willis, Andrew (1999): Media Studies. Texts, Institutions and Audiences. Oxford/Malden, MA

Thompson, Kristin (1999): Storytelling in the New Hollywood. Understanding Classical Narrative Technique. Cambridge, MA/London

Thompson, Kristin (2003): Storytelling in Film and Television. Cambridge, MA/London

Tolson, Andrew (1996): Mediations. Text and Discourse in Media Studies. London u.a.

Truffaut, François (1990): Mr. Hitchcock, wie haben Sie das gemacht? München (Erstausgabe 1973; Originalausgabe 1966)

Ulmer, Bernd/Bergmann, Jörg (1993): Medienrekonstruktionen als kommunikative Gattungen. In: Holly, Werner/Püschel, Ulrich (Hrsg.): Medienrezeption als Aneignung. Methoden und Perspektiven qualitativer Medienforschung. Opladen, S. 81–102

Veihl, Verena (2002): Analyse der komischen Strukturen der Zeichentrickserie »Die Simpsons«. Potsdam (unveröffentlichtes Arbeitspapier)

Vogel, Andreas (2003): »Directing the Audience«. Alfred Hitchcock und die Manipulation des Publikums. Leipzig

Vorderer, Peter/Wulff, Hans J./Friedrichsen, Mike (Hrsg.) (1996): Suspense. Conceptualizations, Theoretical Analyses, and Empirical Explorations. Mahwah, NJ

Winkler, Hartmut (1991): Switching – Zapping. Ein Text zum Thema und ein parallellaufendes Unterhaltungsprogramm. Darmstadt

Wulff, Hans J. (1999): Darstellen und Mitteilen. Elemente einer Pragmasemiotik des Films. Tübingen

Wulff, Hans J. (2002): Spannungserleben und Erfahrungskonstitution. Vorüberlegungen zu einer phänomenologischen Untersuchung. In: Mikos, Lothar/Neumann, Norbert (Hrsg.): Wechselbeziehungen. Medien – Wirklichkeit – Erfahrung. Berlin, S. 93–109

Wulff, Hans J. (2007): Anwälte der Toten – Dramaturgien des Leichnams im neueren Film- und Fernsehkrimi. In: tv diskurs, 11/1, S. 64–67

Wuss, Peter (1996): Narrative Tension in Antonioni. In: Vorderer, Peter/Wulff, Hans J./Friedrichsen, Mike (Hrsg.): Suspense. Conceptualizations, Theoretical Analyses, and Empirical Explorations. Mahwah, NJ, S. 51–70

Wuss, Peter (1999): Filmanalyse und Psychologie. Strukturen des Films im Wahrnehmungsprozeß. Berlin (2., durchgesehene und erweiterte Auflage; Erstausgabe 1993)

3. Figuren und Akteure

Die Analyse der Personen, Charaktere und Figuren in Filmen und Fernsehsendungen ist besonders wichtig, weil diese in den Erzählungen die Handlung vorantreiben. Ohne sie gäbe es keine Erzählung, keinen Plot und keine Geschichte. Nicht nur in fiktionalen Filmen gibt es einen »Charakter, der etwas will, aber Probleme hat, es zu bekommen« (Phillips 1999, S. 277), oder mehrere Charaktere, die unterschiedliche Ziele verfolgen, sondern auch in Game- und Talkshows oder Dokumentationen. Spielfilme werden meistens aus der Perspektive einer der handelnden Figuren erzählt. Seltener kommentiert und erläutert ein unsichtbarer Erzähler aus dem Off die Handlung auf der Leinwand bzw. dem Bildschirm, und nur manchmal fungieren Kamera und Montage als allwissende Erzähler. Charaktere als Handlungsträger haben eine wichtige Bedeutung für die Geschichte im Kopf der Zuschauer. Dabei spielen Emotionen eine wichtige Rolle (vgl. Tan 1996, S. 153 ff.; Wuss 1999, S. 38 ff. und S. 318 ff. sowie die Beiträge in Brütsch u.a. 2005; Schick/Ebbrecht 2008). Je nach Sympathie oder Antipathie gegenüber den Handlungsträgern werden die Zuschauer unterschiedliche Geschichten konstruieren. Sie werden z.B. mit einer Figur, mit der sie sich identifizieren, mitlieben und mitleiden. Sie werden einen Racheakt dieser Figur möglicherweise gutheißen, weil sie deren Motive gut verstehen können, werden aber zu dieser Tat eine ganz andere Haltung entwickeln, wenn die Figur sie nicht interessiert oder sie sie sogar ablehnen. Ob es zur Identifikation mit einer Figur im Film oder in der Fernsehsendung kommt, hängt nicht nur von den persönlichen Einstellungen und Lebenshintergründen der Zuschauer ab, sondern auch von der Funktion der Figur im Rahmen der Narration und den filmischen Gestaltungsmitteln – von der Kamera über die Lichtgestaltung bis hin zur Montage –, kurz: von der Inszenierung der Figur als Sympathieträger und Identifikationsfigur.

Anhand des Personals in Spielfilmen, Game- und Talkshows und anderen Sendungen werden die in der Gesellschaft zirkulierenden Konzepte von Selbst und Identität verhandelt, eingebettet in den Rahmen einer Narration oder eines Spiels. Denn die auftretenden Figuren sind nicht nur mit Personalen Eigenschaften ausgestattet, sie schlüpfen auch in soziale Rollen. Die Analyse der handelnden Personen in Filmen und Fernsehsendungen gibt also gleichzeitig Auskunft über die gesellschaftlichen Befindlichkeiten. Ihre Inszenierung ist gebunden an die in den jeweiligen Gesellschaften zirkulierenden Bedeutungen, die normativen und moralisch-ethischen Regeln des Zusammenlebens betreffend.

Die Einordnung und Kategorisierung insbesondere fiktiver Personen in den Film- und Fernseherzählungen bereitet in der Film- und Fernsehwissenschaft einige Probleme. Zunächst erscheint es sehr einfach, auf den Ebenen Narration und Dramaturgie zwischen Haupt- und Nebenfiguren zu unterscheiden.

> »Daher unterteilt die klassische Erzählung ihr Personal in Haupt- und Nebenfiguren, wobei es meist eine deutliche zentrale Figur geben sollte. Sie trifft die wichtigsten handlungsrelevanten Entscheidungen [...]. Folglich dominieren die Hauptfiguren die wesentlichen narrativen Entwicklungen. Demgegenüber hat das sekundäre Personal vor allem dienende und unterstützende Funktion« (Taylor 2002, S. 161 f.).

Die Nebenfiguren dienen auch der Kontrastierung und Beschreibung der Hauptfigur. Sie sind allerdings nicht mit dem klassischen Gegenspieler, dem Antagonisten, zu verwechseln, der versucht, die Pläne und Ziele der Hauptfigur zu durchkreuzen. Die Haupt- und Nebenfiguren in fiktionalen Filmen können auch referenzielle, biografische Figuren sein, wenn es sich um historische Persönlichkeiten handelt. In diesem Fall liegt ein Bezug der Figur zur außerfilmischen Realität vor. Allerdings kann es dabei zu Problemen in der Narration kommen, weil solche referenziellen Figuren dazu tendieren, »zu mächtig für die Diegese zu werden und sie in irgendeiner Form zu sprengen« (ebd., S. 164 f.). Das war z.B. in dem Film »Marlene« von Joseph Vilsmaier so, bei dem die referenzielle Figur der Marlene Dietrich nicht von der Narration des Films gebändigt werden konnte. In Filmen wie »Ray«, »Walk the Line« oder »Control«, in denen das Leben von Ray Charles, Johnny Cash und Ian Curtis erzählt wird, konnten diese Figuren in die Diegese eingebunden werden, ohne sie zu sprengen.

Die Sozialwissenschaftlerin Angela Keppler hat daher vorgeschlagen, zwischen Personen, Figuren und Typen zu unterscheiden (vgl. Keppler 1995, S. 88 ff.; Keppler 1996, S. 15 ff.). Unter Personen versteht sie Individuen, die faktische oder potenzielle Teilnehmer an einer wechselseitigen sozialen Praxis sind, unter Figuren »fiktive Gestalten, die dies nicht sind und nicht sein können« (Keppler 1996, S. 15). Typen oder Typisierungen sind nach Keppler Abstraktionen sozialer Akteure und besitzen im Gegensatz zu wirklichen Personen, die je besondere Individuen sind, keine individuellen Züge. Für die Analyse des Personals in Filmen und Fernsehsendungen ist diese Unterscheidung meines Erachtens jedoch wenig sinnvoll, zumal Keppler selbst feststellt, dass Figuren in den medialen Texten wie Personen wahrgenommen werden können (ebd., S. 17), eine Verwechslung fiktiver Figuren mit realen Personen aber in der Regel nicht stattfindet (vgl. Keppler 1995, S. 88). Ihre Unterscheidung gründet darauf, dass sie einen Unterschied zwischen sozialer Wirklichkeit und der fiktiven Welt der Medien konstatiert.

Wenn aber der Akt des Film- bzw. Fernsehverstehens stets nur mit dem Wissen der Zuschauer möglich ist und die Wahrnehmung des Personals in den Filmen und Fernsehsendungen von den Selbst- und Identitätskonzepten der Zuschauer und deren Wissen über soziale Rollen und typische Protagonistenrollen abhängt, dann macht diese Unterscheidung keinen Sinn. Zentraler ist in dem Fall eher die Kategorie der Glaubwürdigkeit der fiktiven und der inszenierten Personen, weil dies die Voraussetzung dafür ist, dass die Zuschauer sie sich als »wirkliche« Menschen vorstellen können. Die Analyse muss sich einerseits an der medialen Konstruktion des Personals und andererseits an dem Wissen der Zuschauer über soziale Rollen orientieren. Im Zusammenhang mit der Untersuchung von Familienserien hat die britische Medienwissenschaftlerin Christine Geraghty (1981, S. 19 ff.) vorgeschlagen, die fiktiven Personen in drei Gruppen einzuteilen:

1) Individualisierte Charaktere, die Merkmale in sich vereinen, die nur diesen Personen zugeordnet werden können und aufgrund derer sie sich von anderen Personen unterscheiden (z.B. Augenfarbe, Narben, Eigenschaften wie Mut oder Ängstlichkeit)

2) Serientypen, deren Merkmale nur aufgrund ihres Auftretens in der Serie und der Ausprägung der Rolle, die sie dort verkörpern, zu verstehen sind (z.B. die »Klatschsucht« von Else Kling in der »Lindenstraße« oder das grüblerische, laute Denken von Derrick in der gleichnamigen Serie)

3) Inhaber von Statuspositionen, die ausschließlich durch ihre Rolle in der Serie gekennzeichnet sind, abhängig von Alter, Geschlecht, Familienstand, Beruf, Klassen- oder Schichtzugehörigkeit (z.B. Pförtner, Ärztin, junger Bankmanager, homosexueller Kellner, alleinerziehende Mutter)

Diese Einteilung wurde zwar an Serienpersonen vorgenommen, lässt sich aber auch auf fiktive Figuren in Spielfilmen übertragen. Einzelne Akteure können all diese Merkmale auf sich vereinen, sie sind sowohl individualisierte Charaktere, Serien- oder Filmfiguren und Inhaber von Statuspositionen. So ist der Detektiv Philip Marlowe in »Tote schlafen fest« sowohl ein individualisierter Charakter als auch Inhaber einer Statusposition und die Filmfigur »Detektiv«. Das trifft z.B. auch auf Clarice Starling und Hannibal Lecter in »Das Schweigen der

Lämmer« und in »Hannibal« sowie Vivian Ward und Edward Lewis in »Pretty Woman« zu. Manche Figuren, wie der Liftboy in »Pretty Woman«, der mit seiner Mimik die Beziehungsdynamik zwischen Vivian und Edward kommentieren darf, tauchen lediglich in ihren Statuspositionen auf. Grundsätzlich werden die Figuren jedoch durch ihre Erscheinung und ihre Handlungen charakterisiert. Wenn in »Pretty Woman« Edward korrekt mit Schlips und Kragen an seinem Schreibtisch sitzt und Vivian sich in langen Lackstiefeln und Minirock vor ihn auf den Tisch setzt – unglücklicherweise auch noch auf ein wichtiges Fax, das Edward erhalten hat (vgl. Abb. 7), sagt das viel über die Figuren aus, weil die Zuschauer ihr soziales Wissen aktivieren können.

Abb. 7

Für die Filmanalyse haben Francesco Casetti und Federico di Chio (1994, S. 170 ff.) eine Unterscheidung des Personals in Personen, Rollen und Aktanten als Handlungsträger vorgeschlagen. Dabei unterscheiden sie bei den Personen zwischen platten und runden, linearen und widersprüchlichen sowie statischen und dynamischen. Bezüglich der Rollen differenzieren sie zwischen aktivem und passivem, beeinflusstem und autonomem, veränderndem (modificatore) und erhaltendem (conservatore) Personal sowie Protagonisten und Antagonisten. Die Aktanten wiederum können nach statischen und sich ändernden, pragmatischen und eher denkenden (cognitivo) sowie nach solchen, die gemäß dem narrativen Diskurs handeln, und solchen, die es nicht tun, unterschieden werden. Für die Analyse gilt es jedoch zu bedenken, dass es nicht nur um fiktive Figuren bzw. Akteure in Film- und Fernseherzählungen geht, sondern auch um Personen wie die »Lottofee«, die in Inszenierungen des Fernsehens auftreten, sowie um reale Personen wie Verona Pooth, Anne Will, Jürgen Klinsmann, Boris Becker oder Günther Jauch. Grundsätzlich kann das Personal von Filmen und Fernsehsendungen als Figuren und Akteure bezeichnet werden: Sie sind Figuren in einem Spiel der Inszenierung (einer fiktionalen oder dokumentarischen Erzählung, einer Unterhaltungs- oder Talkshow), und sie sind Akteure von Handlungen, welche die Narration vorantreiben.

Eines haben die fiktiven Personen in Spielfilmen und Serien, die in Inszenierungen des Fernsehens wie Game- und Talkshows auftretenden Personen und die realen Personen gemeinsam: Sie sind medial inszeniert. Ihre Darstellung ist nicht nur in narrative Strukturen und Interaktionssituationen wie Spiele oder Gesprächsrunden eingebunden, sondern sie ist auch von Kameras in Szene gesetzt. Filmische und fernsehtypische Gestaltungsmittel wie Ausstattung, Kostüme, Maske, Licht usw. tragen zur Inszenierung bei (vgl. Kapitel II.4). Der fast göttliche Glanz, der sich um die Köpfe von Filmstars wie Greta Garbo in »Ninotschka« oder Rita Hayworth in »Gilda« rankt, ist ein Lichteffekt, der ebendiese Person in einem besonderen Licht erscheinen lässt (vgl. Kapitel II.4.2). Die Kameraposition und die jeweilige Bildeinstellung tragen ebenfalls zur Inszenierung der Personen bei (vgl. Kapitel II.4.1).

Personen können so dominant oder unterdrückt inszeniert werden. Die Gefährlichkeit, die Hannibal Lecter in »Das Schweigen der Lämmer« ausstrahlt, wird dadurch unterstützt, dass er aus einer leichten Untersicht mit einer bestimmten Kopfhaltung gezeigt wird: In Groß- und Nahaufnahmen hält er den Kopf leicht nach unten gesenkt und blickt unter seinen Lidern hervor. Dadurch entsteht der Eindruck von Macht und Bedrohung, die von ihm auszugehen scheint. Wird eine Person mit ähnlicher Kopfhaltung und ähnlichem Blick gezeigt, aber aus einer leichten Obersicht, wird das nicht als Bedrohung, sondern als Flirtverhalten wahrgenommen. Je näher die Kamera einer handelnden Person gewissermaßen »auf die Pelle rückt«, umso mehr erfahren die Zuschauer über ihr Innenleben, weil sie Mimik und Gestik, Traurigkeit und Angst genau zu sehen bekommen. Dadurch, dass die Zuschauer sie nicht nur beobachten, sondern auch emotional mit ihr in Berührung gebracht werden, wird die Person »runder«.

Die Inszenierung kann bestimmte Aspekte der Figuren und bestimmte soziale Rollen in spezifischen Handlungskontexten hervorheben, die im Rahmen der diegetischen Welt der Filmerzählung oder im Rahmen der inszenierten Welt der Game- oder Talkshow von dramaturgischer Bedeutung sind. So interessiert in Talkshows selten die Gesamtpersönlichkeit eines Gastes, sondern nur bestimmte Eigenschaften oder Verhaltensweisen, die ihn als besondere Person charakterisieren. In der Serie und im Film »Akte X – Der Film« werden nur die Merkmale der Figuren Fox Mulder und Dana Scully dargestellt, die in die Dramaturgie der Inszenierung von Verschwörungstheorien und von der Suche nach dem Unheimlichen passen und für das Bestehen der damit verbundenen Actionsituationen und Psychospiele notwendig sind. In Beziehungskomödien wie »Pretty Woman« werden die beiden Hauptfiguren Vivian und Edward zwar als Persönlichkeiten und individuelle Charaktere entwickelt, doch ist ihre Charakterisierung der Erzählung nachgeordnet.

Nicht alle Aspekte der Filmfigur-Persönlichkeit, die sich in ihrem dargestellten Verhalten zeigen, werden von den Zuschauern in der Rezeption wahrgenommen.

> »Der Betrachter spielt konkrete Details des Verhaltens der Figur herunter oder läßt sie weg, um eine psychische Identität und ein Handeln von umfassender Bedeutung konstruieren zu können, die in die Hypothesen über die folgende oder vergangene Handlung integrierbar sind« (Bordwell 1992, S. 14).

Wenn ein Zuschauer die Figur des Edward in »Pretty Woman« nur als nüchternen, viel arbeitenden Broker wahrnimmt, wird er andere Erwartungen an die weitere Handlung entwickeln, als wenn er ihn als einen charmanten und liebenswürdigen Menschen sieht. Entscheidend für die Wahrnehmung der Personen ist, welches Wissen um sie im Verlauf der Narration aufgebaut wird. Davon hängt nicht zuletzt ihre Einordnung in Plot und Story durch die Zuschauer ab. Dabei ist z.B. zu beachten, welche Person die Kamera als Hauptfigur in den Mittelpunkt eines Films stellt. Wenn z.B. im Verlauf der Handlung die Persönlichkeit des Protagonisten eine große Rolle spielt, weil von ihm auch entscheidend der Fortgang der Handlung abhängt, dann ist die Kamera während des gesamten Films bei dieser Person, die entweder im Mittelpunkt der Handlung steht, wie der Cop Freddy Heflin in »Cop Land«, oder aus deren Perspektive erzählt wird, wie Humbert Humbert in »Lolita«. Das ist ebenso in Filmen wie »Lola rennt« zu sehen: In allen drei Episoden des Films bleibt die Kamera fast ausschließlich bei Lola und beobachtet sie bei ihren Läufen durch Berlin. Actionhelden wie Bruce Willis oder Arnold Schwarzenegger stehen in ihren jeweiligen Rollen ebenfalls im Mittelpunkt. Das Prinzip wird hier aber dadurch unterbrochen, dass ihre Aktionen durch Aktivitäten der Antagonisten begründet werden müssen, so dass Letztere auch zu ihrem bildlichen Recht kommen. Protagonisten wie der Bierkutscher Hannes Weber in »Zugvögel – Einmal nach Inari«, der in seinen Handlungen bei der Verfolgung seines Ziels von anderen Figuren beeinflusst wird – von dem ihn jagenden Kommissar ebenso wie von seiner Reisebekanntschaft Sirpa –, werden ebenfalls stets von der Kamera begleitet. In »Die Truman Show« begleitet die Kamera die Hauptfigur Truman, um den Zuschauern die Welt des Films aus seiner Sicht nahezubringen. In sogenannten Biopics, in denen die Biografie eines Menschen nacherzählt wird, bleibt die Kamera immer bei der Hauptperson. In »Control« gibt es nur wenige Szenen, in denen Sam Riley, der den Sänger Ian Curtis spielt, nicht zu sehen ist. Sie dienen lediglich dazu, die Auswirkungen seiner Handlungen auf andere Personen einzufangen. Die Kamera schwört die Zuschauer gewissermaßen auf diese Protagonisten ein und schafft damit eine Perspektivierung der Erzählung.

In Filmen, in denen zwei Personen und ihre Beziehung zueinander im Mittelpunkt stehen, zeigt die Kamera die Hauptfiguren in trauter Zweisamkeit und wenn sie sich voneinander entfernen, wechselseitig. So sind in »Pretty Woman« die Protagonisten Vivian und Edward entweder zusammen bei gemeinsamen Aktivitäten oder abwechselnd in Interaktions- und Handlungssituationen mit anderen Personen zu sehen. In »L.A. Confidential« stehen die Polizisten Bud White und Ed Exley im Mittelpunkt. Die Kamera folgt ihnen, weil der Film seine Spannung aus diesen beiden gegensätzlichen Charakteren und der Notwendigkeit ihrer Zusammenarbeit bezieht. Die anderen Personen dienen hauptsächlich als Initiatoren der Handlungen dieser zwei Protagonisten. Die Kamera kann auch mehrere Personen bei ihren jeweiligen Aktivitäten im Film begleiten wie z.B. in »Der Eissturm«, wo alle Personen der im Mittelpunkt stehenden Familien Hood und Carver in Interaktionen untereinander oder mit anderen gezeigt werden. Durch die »Parallelisierung« der Familien können in diesem Film gerade »Kontraste und Vergleiche zwischen den Generationen« dargestellt werden (Tröhler 2007, S. 341). Vor allem in Episodenfilmen wie »Babel«, »Magnolia«, »Nackt«, »Pulp Fiction« oder »Short Cuts« rückt das Figurenensemble in den Mittelpunkt und wird von der Kamera begleitet. Dabei gibt es manchmal Figuren, z.B. der Fernsehsprecher zu Beginn von »Short Cuts« oder der Polizist in »Magnolia«, die »eine strukturierende und zumindest partiell zentrierende Funktion« haben (ebd., S. 350), weil sie das Ensemble der Figuren miteinander verbinden.

Der Wechsel der Perspektive ist besonders für den Wissensaufbau beim Zuschauer wichtig. Gerade in Szenen, in denen Personen interagieren, die beispielsweise jeweils eine Beziehung mit anderen Personen haben, aber gegenseitig von diesen anderen Beziehungen nichts wissen, entsteht für die Zuschauer ein Stück Suspense, da sie mehr wissen als die handelnden Figuren (vgl. Kapitel II.2.2). Die Zuschauer haben nur zwei Möglichkeiten, etwas über die Personen in den Filmen zu erfahren: Sie können (1) die Personen direkt bei Handlungen und Interaktionen beobachten, oder sie erfahren (2) indirekt etwas über sie, z.B. aus Dialogen anderer Personen, Zeitungsberichten, Tagebüchern oder Ähnlichem. In Filmen, in denen das Motiv des Fremdgehens ein zentrales Moment der Handlung ist, wird dies immer wieder als beliebtes Mittel eingesetzt, wenn z.B. der Ehemann dem Liebhaber der Ehefrau gegenübersteht, ohne allerdings vom Ehebruch zu wissen – denn dieses Wissen ist lediglich den Zuschauern vorbehalten. Das Wissen der Zuschauer von den handelnden Personen in einem Film oder einer Serie hängt also wesentlich davon ab, welche Informationen sie über die Personen erhalten haben, akustisch und visuell. Für die Analyse ist es daher wichtig zu untersuchen, welches Personenwissen der Film oder die Serie für die Zuschauer aufgebaut hat und welches Wissen über Personen und Rollen diese an den Film oder die Serie herantragen (vg. auch Eder 2006; Eder 2008).

3.1 Personen und Rollen

Da die Figuren und Akteure in den Medien auf der Basis der alltäglichen Selbst- und Identitätskonzepte der Zuschauer sowie dem Wissen um Rollen wahrgenommen werden, scheint es zunächst sinnvoll, sie entsprechend der strukturellen und funktionalen Bestimmung von Handlungsrollen im Alltag zu unterscheiden. Generell lassen sich zwei Arten von Handlungsrollen in Film- und Fernsehtexten unterscheiden: (1) spezifische Funktionsrollen, die sich noch einmal in mediale Funktionsrollen wie Talk- und Showmaster, Nachrichtensprecher, »Lottofee« oder Assistenten und soziale Funktionsrollen wie Liftboy, Verkäuferin oder Unternehmer und Politikerin unterscheiden lassen, und (2) soziale Handlungsrollen, wie sie in den kommunikativen Konstellationen aller Sendeformen und Erzählungen vorkommen. Alle Funktionsrollen enthalten auch einen Handlungsaspekt, doch dieser ist nicht dominant. Eine Sonderform bilden Handlungsrollen, die in erster Linie dramaturgischen Zwecken dienen, wie z.B. in der beliebten Serienfigur der Schwiegermutter, die zu Besuch kommt und an der sich Konflikte innerhalb der besuchten Familie entzünden. Die Funktionsrollen ergeben sich aus dem Status und der Funktion, die eine Figur innerhalb eines Films oder einer Fernsehsendung innehat. Ihren Charakteren bleibt wenig Spielraum, aus der Rollenübernahme in eine Gestaltung der Rolle überzugehen. Zentral ist die funktionale Bestimmung. So dürfen Assistenten in Gameshows zwar dem Moderator zur Hand gehen, aber nicht selbst die Moderation übernehmen. Auch Nachrichtensprecher sind in ihrer Funktion eindeutig festgelegt, lediglich bei Störungen des Ablaufs haben sie einen gewissen Spielraum zur Gestaltung ihrer Rolle. Die Showmasterrolle gestattet relativ mehr Freiheit, auch weil der Showmaster in jeder Situation der Show mit Gästen, Kandidaten und Studio- oder Saalpublikum kommunizieren muss und mit ihnen gemeinsam am Handlungsgefüge »Show« teilnimmt. Showmaster, Gäste und Kandidaten sind zwar über ihre mediale Funktionsrolle definiert, aus der sie auch nicht heraustreten können, weil das die Regeln der gemeinsamen Situationsdefinition sprengen würde, doch haben sie einen relativ großen Spielraum zur Gestaltung dieser Rollen, da diese in Handlungsrollen überführt werden müssen.

Gleiches gilt für die fiktionalen Sendeformen. Auch dort kann zwischen Funktionsrollen und Handlungsrollen unterschieden werden. In der fiktionalen Erzählung gibt es Randfiguren, die lediglich durch die Übernahme einer Funktionsrolle definiert sind wie der Tankwart, der den Autotank des sich auf der Flucht befindenden Helden füllt, und die Kioskverkäuferin, bei der die Detektivin noch schnell eine Packung Zigaretten kauft, oder der Gärtner, der unendlich lange Kieswege harken muss. Alle diese Rollen, die nur durch Status und Funktion definiert sind, können natürlich in soziale Handlungsrollen überführt werden. Die Protagonisten hingegen sind sowohl über Status und Funktion, aber vor allem über die Handlung selbst definiert, in Ausübung ihrer Handlungsrollen treiben sie die Geschichte voran. Dabei können sie ihre Handlungsrollen wechseln, wenn sich das Thema der erzählten Situation ändert. Aus dem knallharten Detektiv der einen Szene wird in der nächsten ein liebevoller Familienvater. In gewisser Weise kann man von einer Hierarchie von Handlungsrollen ausgehen. Denn in einem Detektivfilm nimmt der Detektiv natürlich die Handlungsrolle »Detektiv« ein, zugleich ist er aber auch in zahlreichen anderen Rollen zu sehen, z.B. als Kunde, Kneipenbesucher oder Fahrgast eines Taxis. Diese Rollen sind der des Detektivs nachgeordnet, tragen aber zu deren Glaubwürdigkeit bei. Eine fiktive Person in einem Film- oder Fernsehtext handelt ebenso wie eine reale Person in ihrer medialen Inszenierung in vielfältigen sozialen Rollen in spezifischen Interaktionssituationen.

In den Handlungsrollen vereinen sich Statusposition, individuelle Charaktermerkmale sowie die auf die Handlung bezogene Biografie der Protagonisten. Über diese Handlungsrollen wird sowohl die emotionale Nähe als auch die kognitive Repräsentation von erfahrungsbezogenen Handlungsmustern in der Rezeption generiert. Zugleich sind alle Funktions- und Handlungsrollen im Fernsehen in doppelter Weise konstituiert: Sie stehen einerseits in Bezug zu Funktion und Handlung, aber andererseits auch in Bezug zur Person, die sie ausfüllt. Sowohl in den fernsehspezifischen Inszenierungen als auch in den fiktionalen Sendeformen werden sie von den Schauspielern, Stars und Medienpersönlichkeiten mit geprägt. In den Stars und Medienpersönlichkeiten werden Rolle und Person zur erzählerischen Einheit, zum Startext. Für die Analyse ist dies bedeutsam, weil die Figuren und Akteure, die in den Film- und Fernsehtexten in sozialen Rollen zu sehen sind, auch über die Schauspieler bzw. die Stars oder die Medienpersönlichkeiten wahrgenommen werden können. Dann tritt das Wissen um den Star in Konkurrenz zum Wissen um die fiktive Person, die von dem Star in einem Film verkörpert wird (vgl. Mikos 1997). Bedeutsam ist dies besonders dann, wenn ein Star in einem Film eine Handlungsrolle spielen muss, die seinem Star-Image nicht entspricht. Das kann unbeabsichtigt sein oder aber mit Absicht so besetzt sein. Beispielhaft genannt seien hier die Filme »Spiel mir das Lied vom Tod«, wo Henry Fonda, der als Star das Image des Guten hatte, einen Bösewicht spielen musste, und »Pulp Fiction«, wo der aus dem Diskofilm »Saturday Night Fever« bekannte John Travolta ein Comeback als Gangster erlebte – der sich immerhin in einer Tanzszene selbst zitieren durfte.

Die in den Inszenierungen des Fernsehens auftretenden Personen sind einerseits durch die Funktionsrolle bestimmt, z.B. als Nachrichtensprecher, andererseits durch die Handlungsrollen, die ihnen mehr Möglichkeiten zur Gestaltung der Rolle lassen. In Game- und Talkshows gibt es klare Rollenzuweisungen, die sich allerdings von Show zu Show unterscheiden können. Die Moderatoren- und die Gästerolle ist in verschiedenen Talkshows unterschiedlich ausgeprägt. Die Inszenierung des Moderators erfolgt nicht nur funktions- bzw. handlungsorientiert, sondern auch Personenorientiert. In Talkshows sind in der Regel drei Rollen zentral, die fester Bestandteil der Inszenierung sind: Moderator bzw. Moderatorin, Gast und Studiopublikum sowie in manchen abendlichen Talkshows Musiker mit Showauftritten, die als vierte Rolle dazukommen. Die Moderatoren unterscheiden sich ebenso wie die Gäste nicht nur als individualisierte Charaktere, sondern auch in den abstrahierten sozialen Typen, die sie verkörpern. Ebenso lassen sich die Gäste als soziale Typen sehen, wobei diese vorwiegend als Selbstdarsteller oder Opfer inszeniert werden. Das gehört zu den dramaturgischen Prinzipien der täglichen Talkshows. In den Gameshows, Casting- und Reality-Shows kommen in der Regel ähnliche Rollen vor: Showmaster, Assistenten, Kandidaten, Showstars und Studiopublikum, das allerdings bei Reality-Shows in der Regel nicht in Erscheinung tritt.

Für die Analyse ist es wichtig, die verschiedenen Beziehungen, in denen die auftretenden Personen stehen, zu analysieren (vgl. dazu auch Mikos/Wulff 1990). So macht es z.B. einen Unterschied, ob ein Kandidat allein zur Show gekommen ist oder ob ein ganzer »Fanclub« von Freunden, Bekannten und Kollegen im Studiopublikum sitzt und ihn anfeuert. Als Kandidat muss er sich gegenüber den anderen Kandidaten, dem Showmaster und dem Studiopublikum verhalten. Das kann zu Beziehungs- und Rollenkonflikten führen, die in der Spielsituation ausagiert werden. Gerade in den Episoden von Reality-Shows wie »Big Brother« und »Ich bin ein Star – Holt mich hier raus!«, in denen das Geschehen eines Tages zusammengefasst wird, werden diese Beziehungsstrukturen in der Narration besonders betont (vgl. Mikos u.a. 2000; Mikos 2007). In Casting-Shows wie »Deutschland sucht den Superstar«, »Germany's Next Topmodel« und »Popstars« werden vor allem Konflikte zwischen den Kandidaten in den Einspielfilmen betont, die das Leben zwischen den Folgen schildern (vgl. Kurotschka 2007). Dabei geht es in der Analyse nicht nur um die offensichtlichen Beziehungsstrukturen, sondern auch um die versteckten Beziehungen, die bedeutsam sein können. Denn in mediatisierten Formen der Kommunikation und Interaktion sind soziale Bindungspotenziale eingelagert (vgl. Sander 1998, S. 79 ff.), die herausgearbeitet werden müssen. So sind z.B. die Wetten bei »Wetten, dass ..?« häufig aus dem Bereich der Arbeitswelt. Der Wettstreit unter Kollegen oder zwischen den Kollegen verschiedener Firmen wird nun nicht mehr im direkten Vergleich ausgetragen, sondern über die Wette in der Fernsehsendung.

Die Analyse der Personen in Filmen und Fernsehsendungen muss immer das Doppelverhältnis der kommunikativen Konstellation zwischen Medientext einerseits und Zuschauer andererseits berücksichtigen. Ausgangspunkt der Analyse ist zum einen in fiktionalen, narrativen Filmen und Fernsehsendungen das aufgebaute Wissen um die handlungsleitenden Akteure und entsprechend in den Fernsehinszenierungen der Game- und Talkshows das aufgebaute Wissen um die Personen und ihr Beziehungsgefüge, zum anderen das lebensweltliche Wissen um soziale und typische Protagonistenrollen sowie die Selbst- und Identitätskonzepte der Zuschauer. Neben diesen kognitiven Elementen geht es auch um die emotionalen Strukturen, die sich in dargestellten Interaktionssituationen manifestieren. Nur wenn beides berücksichtigt wird, kann die Analyse dem Interaktionsverhältnis zwischen Medientexten und Zuschauern gerecht werden.

Schwierig ist die Analyse der Personen in den Familienserien und Daily Soaps, weil das Wissen um die Personen nicht in einer einzigen Folge oder Episode aufgebaut wird, sondern über alle bis zum Zeitpunkt der Analyse gesendeten Folgen hinweg. Sowohl die regelmäßigen Zuschauer als auch die Personen in den Serien haben so eine Art kumulatives Gedächtnis (vgl. Mikos 1995, S. 81 ff.), das sowohl als Archiv fungiert, aber auch als aktualisierter und perspektivierter Bestand an Sinn (vgl. Assmann 1988, S. 13). Bleibt die aktuelle Handlung einer Serienperson unverständlich, wird das Seriengedächtnis aktiviert, um der Handlung Sinn und Bedeutung zu verleihen.

3.2 Identifikation

Die Wahrnehmung von Personen erfolgt im Alltag aufgrund sogenannter Personen- und Rollenschemata und sinnlich-symbolischer Prozesse wie Identifikationen und Projektionen sowohl kognitiv wie emotional. Schemata sind mentale Sets oder Rahmen, die es dem Individuum ermöglichen, Ereignisse zu interpretieren, Erwartungen zu bilden und die Aufmerksamkeit zu lenken. Diese Schemata sind kulturabhängig und im Rahmen kultureller Kontexte erlernbar (vgl. Smith 1995, S. 47 ff.). Das trifft auch auf das Personal von Film- und Fernsehtexten zu. Die Figuren der Erzählung werden mit Hilfe von Personenschemata, die das Wissen um die Eigenschaften von Personen repräsentieren, und Rollenschemata, die das Wissen um soziale Rollen beinhalten, wahrgenommen, interpretiert und eingeordnet (vgl. Bordwell 1992, S. 14). Die Zuschauer haben ein Wissen um typische Protagonistenrollen, das in der Rezeption eine Rolle spielt.

Die Wahrnehmung des Personals der Film- und Fernsehtexte erfolgt jedoch nicht nur über die kognitiven Personen- und Rollenschemata, sondern auch über emotionale Aktivitäten wie Identifikation und Projektion (vgl. auch Mikos 2001, S. 110 ff.), die jedoch teilweise kognitiv induziert sind, weil sie Wissen um die Figuren voraussetzen (vgl. Grodal 1997, S. 81 ff.).

> »Eine Figur kann nur dann wie eine Person wahrgenommen werden, wenn wir eine Vorstellung davon gewinnen können, wie es ist oder wie es wäre, diese Person zu sein – gerade so, wie wir im Alltag jemanden als Person nur wahrnehmen können, wenn wir aus der wenigstens hypothetisch eingenommenen Perspektive dieser Person bis zu einem gewissen Grad *verstehen* können, warum sie handelt, wie sie handelt und empfindet, wie sie empfindet. Die Fähigkeit zur – wie immer hypothetischen – Übernahme der Rolle des anderen ist eine Voraussetzung seiner Anerkennung oder Auffassung als Person. Die Identifikation mit medialen Figuren, bedeutet dies, basiert auf lebensweltlichen Erfahrungen des Umgangs von Personen untereinander, mehr noch: Sie folgt denselben Mustern wie die Identifikation« in der Face-to-Face-Situation des Alltags« (Keppler 1996, S. 20, H.i.O.).

Identifikation setzt ein Verstehen voraus, das nur möglich ist, wenn man sich in andere Personen hineinversetzt. Eine Identifikation findet jedoch erst dann statt, wenn man diese andere Person mit der eigenen Person vergleicht und Übereinstimmungen feststellt (vgl. Mikos 2001, S. 116 ff.; Veihl 2001, S. 21 ff.).

Zwar sind die Identifikationen auf Personen gerichtet, doch orientieren sie sich an den sozialen Rollen, die diese Personen in den einzelnen Handlungssequenzen einer Film- oder Fernseherzählung spielen oder die sie in den Inszenierungen von Talk- oder Gameshows einnehmen – und diese Rollen sind an soziale Situationen und deren Interaktionen gebunden, denen eine Emotionsstruktur zugrunde liegt (vgl. Tan 1996, S. 195 ff.; Kapitel I.1.2). In den täglichen Talkshows werden z.B. Personen im Rahmen eines Diskurses der Betroffenheit als Opfer inszeniert (vgl. Mikos 1998, S. 438 ff.), so dass eine Identifikation über die Opferrolle möglich wird. In dem Film »Titanic« nimmt Rose die soziale Rolle der Geliebten von Jack Dawson ein. Teenager identifizieren sich nicht völlig mit der inszenierten Filmfigur Rose, sondern mit ihrer sozialen Rolle als Geliebte von Jack Dawson und damit auch von Leonardo DiCaprio, der diesen jungen Mann im Film darstellt. Wenn sich ein Zuschauer z.B. mit einer Filmfigur wie dem Detektiv Philip Marlow in »Tote schlafen fest«, gespielt von Humphrey Bogart, identifiziert, wird er den ganzen Film über eine Nähe zu der Figur fühlen. Wenn sich eine Zuschauerin jedoch mit Frau Beimer in der »Lindenstraße« als Mutter oder als Ehefrau und Geliebte identifiziert, wird sie diese Nähe immer nur dann spüren, wenn die Figur in den entsprechenden sozialen Rollen auftritt. Bei der Serienrezeption kann die Identifikation anhand einer Person mit verschiedenen sozialen Rollen wechseln, je nachdem mit welcher sozialen Rolle sich der konkrete Zuschauer identifiziert. Zugleich ist aber auch durch die Dramaturgie der Serie, die auf ein Netz verschiedener Handlungsstränge baut, die betreffende Person in ihren Rollen nicht in jedem Handlungsstrang präsent, so dass sich auch hierüber ein Wechsel von Nähe und Distanz einstellt. Darüber hinaus besteht gerade bei Serien die Möglichkeit, sich in verschiedenen Handlungssträngen anhand verschiedener Personen mit den gleichen Rollen wie z.B. Mutter, Schülerin, Arzt usw. zu identifizieren (vgl. auch Mikos 1994, S. 354 ff.). Für die Analyse ist einerseits wichtig herauszuarbeiten, welche Identifikationsangebote den Zuschauern durch welche sozialen Rollen gemacht werden. Andererseits muss berücksichtigt werden, wie die Figuren in den Film- und Fernsehtexten durch die spezifischen Gestaltungsmittel in Szene gesetzt werden. Die primäre Identifikation im Kino und auch beim Fernsehen ist noch immer die Identifikation der Zuschauer mit dem Blick der Kamera (vgl. Metz 2000, S. 49 ff.). Erst die Kamera macht es durch die Regulierung von Distanz und Nähe zu den Figuren und Akteuren möglich, dass sich die Zuschauer mit ihnen in spezifischen Handlungskontexten identifizieren können.

Verleugnete oder abgelehnte Qualitäten, Gefühle und Wünsche der Zuschauer werden auf Personen in den Inszenierungen der Film- und Fernseherzählungen projiziert. Dabei handelt es sich oft um Wünsche oder Fantasien, die sozialer oder normativer gesellschaftlicher Sanktionierung unterliegen, wie z.B. der Tötungswunsch, der in zahlreichen Film- und Fernsehgenres eine Rolle spielt. Projektionen funktionieren jedoch nicht einfach nach diesem psychoanalytischen Modell, sondern sie sind eingebettet in gesellschaftliche Diskurse, die soziale Rollen und die Positionierung von Subjekten im sozialen Gefüge einer Gesellschaft thematisieren. Deutlich wird dies weniger an Figuren in Spielfilmen als vielmehr an Stars wie Marilyn Monroe oder James Dean, an Fernsehpersönlichkeiten wie z.B. Verona Pooth, aber auch an der medialen Inszenierung realer Personen wie z.B. Lady Diana Spencer, der »Königin der Herzen«, die zahlreiche Fantasieszenarien bediente: »Diana fungiert als vieldeutige Projektionsfläche in den medial konstruierten Geschichten, die Aspekte des Frauseins aufgreifen, die uns wohl vertraut sind« (Hipfl 1998, S. 35). In der Analyse von medial inszenierten Personen geht es daher vor allem darum, die Personen und ihre Eigenschaften zur Bedeutung von Wünschen und Fantasien, die in der sozialen Sphäre der Lebenswelt zirkulieren, in Beziehung zu setzen (vgl. Kapitel II.5.4). Dies ist auch deshalb notwendig, weil sich die Zuschauer thematisch voreingenommen mit den Film- und Fernseherzählungen und den Fernsehinszenierungen auseinandersetzen (vgl. Charlton/Neumann-Braun 1992, S. 93 ff.). Sowohl Projektionen als auch Identifikationen hängen eng mit lebensgeschichtlich bedeutsamen Themen der Zuschauer zusammen, mit aktuellen Lebenssituationen, mit unverarbeiteten Erlebnissen oder bei Kindern und Jugendlichen mit Entwicklungsthemen.

3.3   Empathie und Sympathie

Zu den kognitiv induzierten emotionalen Aktivitäten der Zuschauer, die vor allem von fiktionalen Erzählungen wie Spielfilmen, TV-Movies und Fernsehserien, aber auch von medialen Inszenierungen wie Talkshows oder Dokumentationen angeregt werden, gehören neben der Identifikation Empathie und Sympathie.

> »Empathie ist eine von einem Betrachter und einem Betrachteten geteilte Emotion, ein gemeinsames Gefühl von Subjekt und Objekt in einer Interaktion. Ich sehe, daß eine Person in meiner Umgebung unglücklich ist. Ich fühle mich ebenfalls unglücklich. Ich beobachte, daß jemand

glücklich ist. Ich reagiere darauf mit einem ähnlichen Gefühl – vielleicht nicht mit der gleichen Intensität, die ich beobachtet habe, aber mit einer ähnlichen Gefühls*richtung*« (Feshbach 1989, S. 77, H.i.O.).

Ohne Empathie ist kein soziales Verständnis möglich. Menschen könnten weder die Gefühle noch die Absichten anderer in einer Interaktionssituation verstehen und interpretieren. Dadurch wären sie selbst in ihrem Handeln eingeschränkt. Während bei der Identifikation eine Person die Rolle einer anderen übernimmt, weil sie deren Motive und Handlungen versteht, geht es bei der Empathie um die Übernahme der Gefühle. Das Verhältnis zu fiktiven Figuren ist prinzipiell dem zu realen Personen in der sozialen Welt ähnlich. In diesem Sinn gibt es keinen Unterschied zwischen der Sympathie und Empathie, die einem Nachbarn entgegengebracht wird, und der, die man für Meredith Grey in »Grey's Anatomy« oder Nigel in »Crossing Jordan« empfindet. Und dennoch ist es nicht das Gleiche, »weil das, was zwischen abgebildeten Personen und uns geschieht, dem ähnelt, was sich im täglichen Leben zwischen uns und realen Personen ereignet, und sich zugleich fundamental von jenem unterscheidet, bedingt durch die Medialität des Geschehens ebenso wie durch den kommunikativen Rahmen, der es umgreift« (Wulff 2006, S. 48).

In der Film- und Fernsehrezeption können die Gefühle der Figuren und Akteure von den Zuschauern verstanden werden, weil sich in den Film- und Fernsehtexten Hinweise finden lassen, die sich aus dem Ausdrucksverhalten der Akteure und aus den situationsspezifischen Anforderungen der Handlung ergeben. Dabei spielt die narrative und dramaturgische Gestaltung ebenso eine Rolle, wie die ästhetische Inszenierung. Allerdings funktioniert dies nicht nach der einfachen Regel von Drehbuchratgebern, die die Medienwissenschaftler Dirk Ryssel und Hans J. Wulff folgendermaßen zusammengefasst haben: »Je genauer eine Figur charakterisiert wird, ihre Handlungen diegetisch motiviert werden, desto stärker wird das empathische Verhältnis des Zuschauers zum Protagonisten werden« (Ryssel/Wulff 2000, S. 236). Die Tränen auf der Wange, die in einer Groß- oder Detailaufnahme zu sehen sind, geben den Zuschauern einen Hinweis auf die emotionale Befindlichkeit des Protagonisten. Sie sagen aber zunächst nichts über die Art der Emotion aus. Die Zuschauer wissen allein aus diesen Bildern nicht, ob der Held vor lauter Unglück, das ihm widerfahren ist, vor Wut und Verzweiflung, aus Trauer oder gar vor Freude und Glück weint. Das erschließt sich ihnen erst aus dem narrativen und dramaturgischen Zusammenhang, der den aktuellen Gefühlsausbruch an einem bestimmten Punkt der Handlung hervorgebracht hat. Deshalb plädiert Wulff (2002, S. 110) dafür, von einem »empathischen Feld« zu sprechen, das in einem Film- oder Fernsehtext aufgebaut wird (vgl. Kapitel I.1.2). Es ist unerheblich, ob die Schauspieler die darzustellenden Emotionen selbst empfinden oder nicht, sondern das komplexe Zusammenspiel von Narration, Dramaturgie, Ästhetik und Gestaltung schafft für die Zuschauer die Möglichkeit, Empathie zu empfinden. Ihre empathischen Gefühle werden von den Plotstrukturen motiviert, sind aber Teil der Story im Kopf. Daher bleibt in der Rezeption »das Bewusstsein der *Differenz* zwischen Zuschauer und Figur erhalten« (ebd., S. 114, H.i.O.). Die Film- und Fernseh-analyse zerlegt die Plotstrukturen in die Elemente, die Empathie bei den Zu-schauern anregen können.

Die Aktivierung von Empathie basiert zwar auf den Plotstrukturen, aber die Zuschauer sind es, die Gefühle empfinden müssen. Einerseits müssen sie dazu die Wahrnehmungen der Figuren und Akteure in der Fiktion in einem kogni-tiven Akt simulieren – der dänische Medienwissenschaftler Torben Grodal (1997, S. 89) nennt diesen Prozess »kognitive Identifikation« –, andererseits müssen sie sich mit den Interessen der Figuren und Akteure identifizieren (vgl. ebd., S. 93), damit sich in der Rezeption Empathie einstellt. Die Filmwissen-schaftlerin Margrethe Bruun Vaage (2007, S. 101) unterscheidet daher zwischen dem »automatischen Nachvollzug des Gefühlszustands des Anderen anhand seiner Körperhaltung (körperbezogene Empathie)« und der imaginativen Empa-thie, bei der sich der Zuschauer »in seiner Vorstellung partiell in die Situation des Anderen versetzen und diese verstehen« kann (ebd.). Auf dieser Grundlage kann jedoch nicht erklärt werden, warum Zuschauer nicht nur mit positiv be-setzten Figuren mitfühlen können, sondern auch mit negativ besetzten. Die Möglichkeiten der Empathie sind grundsätzlich eingebettet in die Plotstrukturen und die Wahrnehmung nicht nur der Figuren und Akteure, sondern auch der Handlungssituationen und der Interaktionsstrukturen.

> »Empathie ist etwas, das an der Handlungslinie entlang geführt werden muss, sie richtet sich sogar auf die negativen Figuren, die Figuren, die Angst auslösen oder die gespanntes Mitleiden mit dem Helden herbei-führen können, weil sie stark genug sind, jenen ernsthaft in Gefahr zu bringen« (Ryssel/Wulff 2000, S. 239).

Daher macht es Sinn, zwischen Empathie und Sympathie zu unterscheiden (vgl. ebd.; Smith 1995, S. 81 ff.).

Grundsätzlich lassen sich drei Ebenen unterscheiden, aus deren Verhältnis zueinander Zuschauer Sympathie zu Figuren entwickeln: Anerkennung, Aus-richtung und Loyalität (vgl. Smith 1995, S. 82 ff.). Anerkennung meint den kognitiven Akt, mit dem ein Zuschauer eine Figur aufgrund von deren textuellen Elementen als Person wahrnimmt und versteht. Ausrichtung meint den Prozess, mit dem die Zuschauer durch textuelle Strukturen in die Perspektive der Figur eingebunden werden und so ihre Handlungen, ihre Sichtweisen und ihre Gefühle verstehen können. Auf der Ebene der Loyalität findet die moralische Evaluation der Figur durch den Zuschauer statt. Diese moralische Komponente muss zu den beiden anderen Ebenen hinzutreten, damit die Zuschauer eine Figur sympathisch finden können und mit ihr mitfühlen. Sympathie korrespondiert daher nicht »mit persönlichem Geschmack und mit besonderen Vorlieben« (Ryssel/Wulff 2000, S. 239), sondern mit den moralischen Positionen der Zuschauer. Allerdings können die moralischen Positionen nicht unabhängig vom Kontext der Diskurse gesehen werden, die in der Gesellschaft zirkulieren (vgl. Kapitel II.5.3). Je nachdem, welche moralische Position ein Zuschauer vor dem Hintergrund seines lebensweltlichen Kontextes einnimmt, wird er beispielsweise die Figuren Vivian und Edward in »Pretty Woman« jeweils anders wahrnehmen und sie sympathisch oder unsympathisch finden. Ein Zuschauer, der die Werte und Normen von Brokern im globalen Kapitalismus verinnerlicht hat, wird Edward sympathisch finden. Ein Zuschauer, der diese Werte ablehnt, wird die Figur eher unsympathisch finden. Die Handlungsführung, die in »Pretty Woman« zu einer Läuterung von Edward führt, kann die Sichtweise auf die Figur jedoch beeinflussen.

Empathie ist unabhängig von der Moral der Zuschauer. Dazu ist es einerseits nötig, die Gefühle der Akteure in den dargestellten Handlungssituationen nachvollziehen zu können. Das ist eine kognitiv induzierte affektive Aktivität der Zuschauer, die freiwillig und willentlich erfolgt. Andererseits kann es aufgrund der textuellen Struktur der Filme oder Fernsehsendungen aber auch zu sogenannten »unwillkürlichen« (Smith 1995, S. 100) Reaktionen der Zuschauer kommen, indem sie den mimischen Ausdruck, die Bewegungen der Akteure sowie Lärm, plötzliche Bewegungen im Bild, Farben usw. gewissermaßen auf einer eher physiologischen Ebene wahrnehmen. Der amerikanische Filmwissenschaftler Murray Smith (ebd.) hat das mit dem sechsten Sinn verglichen, mit dem man die Bedeutung der unmittelbaren Umgebung wahrnimmt. Da Empathie der moralischen Dimension entbehrt, ist es für die Zuschauer nicht notwendig, die Werte der handelnden Figuren zu übernehmen.

> »Empathische Vorgänge unterlaufen die Mechanismen Personengerichteter und psychologischer Identifikationsmuster, da sie nicht auf die Anerkennung der filmischen Figur als Person mit Werten und Zielvorstellun-

gen basieren, sondern auf der Ebene körperlicher Aneignung angesiedelt sind« (Morsch 1999, S. 34).

Sie sind daher vor allem in der Rezeption von Actionfilmen anzutreffen, die von möglichen Welten erzählen, in denen es sehr körperbetont zugeht wie in »Harte Ziele«, »Mission Impossible II«, »Rambo« oder »Terminator 2 – Judgement Day«. Aber auch in einem Fantasy-Blockbuster wie »Der Herr der Ringe« müssen die Zuschauer die guten Absichten von Aragorn, Legolas und Gimli nicht teilen, um in den Schlachtszenen mit den Orks und Uruk-Hais mit ihnen mitzufühlen. Die actionreichen Schlachtszenen sprechen für sich. Grundsätzlich sind derartige empathische Prozesse den sympathischen Prozessen nachgeordnet (vgl. Smith 1995, S. 103), die von den Plotstrukturen initiiert werden. In einer konkreten actionreichen Handlungssituation des Films oder der Fernsehsendung können sie jedoch Eigenständigkeit entfalten und die moralische Position des Zuschauers unterlaufen. In der Film- und Fernsehanalyse müssen die Szenen herausgefiltert werden, die aufgrund der Action oder der Plotstrukturen Empathie und Sympathie als emotionale Aktivitäten bei den Zuschauern hervorrufen können. Da sie an die Figuren und Akteure gebunden sind, müssen sie sowohl im Zusammenhang mit deren Repräsentation als auch mit den Kontexten gesehen werden.

3.4   Parasoziale Interaktion

Bedeutsam für die parasoziale Interaktion ist die aktive Rolle der Zuschauer (vgl. Hippel 1992, Veihl 2001, S. 15 ff.). Die Zuschauer vor dem Bildschirm sind in »zwei strukturelle Rollen- bzw. Situationsdefinitionen gleichzeitig« (Wulff 1992, S. 281) verstrickt: in die Rolle des Zuschauers und in die Rolle des Mitmachers. In der simultanen Übernahme beider Rollen, deren sich die Zuschauer bewusst sind, kommt es dann zur parasozialen Interaktion mit den handelnden Figuren im Medium, zu einer »Intimität auf Distanz«, wie es die Begründer dieses Konzepts genannt haben (vgl. Horton/Wohl 2002). Die Beziehungen zwischen den Akteuren im Medium und den Zuschauern sind den Interaktionssituationen im Alltag ähnlich: Beide handeln so, als ob ein direkter, persönlicher Kontakt vorliegen würde. Die parasoziale Beziehung wird als Illusion einer Face-to-Face-Beziehung gesehen (ebd., S. 74). Das darf aber nicht in der Weise missverstanden werden, »daß das Publikum sich etwas einbildet, was nicht da ist – vielmehr ist die Illusion einer Face-to-Face-Beziehung eine der konstituierenden Eigenschaften der Situation« (Hippel 1993, S. 130) – und die Zuschauer sind sich dieser Situation bewusst. Denn nur aufgrund des Bewusstseins einer Differenz zwischen Face-to-Face-Situationen in der Alltagswelt und in den Film- und Fernsehtexten kann der Zuschauer die Illusion einer Face-to-Face-Beziehung aufrechterhalten und entsprechend handeln. Parasoziale Beziehungen zu Figuren und Akteuren werden vorwiegend in der Fernsehrezeption aufgebaut. Das liegt unter anderem daran, dass die Herausbildung parasozialer Beziehungen »eine Funktion der Zeit, der Wiederholung, der Routinisierung« ist, denn gerade »die Berechenbarkeit des Auftretens der Persona macht es möglich, daß sie in die Routinen des täglichen Lebens integriert werden kann« (Wulff 1992, S. 289). Das ist auch möglich, weil die Figuren im Fernsehen eine »dauerhafte Beziehung« anbieten (Horton/Wohl 2002, S. 77). Danach sind parasoziale Beziehungen vor allem zu Talk- und Showmastern wie Maybrit Illner, Anne Will, Jürgen von der Lippe, Günther Jauch und Thomas Gottschalk möglich. Diese Routinisierung kann sich zwar auf wiederholt auftretende, konkrete Figuren im Fernsehen beziehen, doch kann sie auch ein Ergebnis der erworbenen Fernsehkompetenz der Zuschauer sein. Bestandteil ihrer Fernsehkompetenz ist es zu wissen, dass dieses »So-Tun-als-ob«, das einem »Sich-Einlassen« auf das Angebot auf dem Bildschirm gleichkommt, eine der Bedingungen von Film- und Fernsehkommunikation ist. Nur wer sich auf die Film- und Fernsehtexte einlässt, kann ihr kommunikatives Potenzial nutzen und in Verstehens- und Erlebnisprozesse überführen.

Grundlegend für die parasoziale Beziehung ist, dass die Figuren auf dem Bildschirm so tun, als befänden sie sich in einer Face-to-Face-Situation und orientierten sich an den – von ihnen angenommenen – Zuschauerreaktionen. Die Zuschauer handeln ebenfalls wie in einer Face-to-Face-Situation und können sich so verhalten, als ob die Figuren auf ihre Reaktionen reagieren (vgl. Hippel 1993, S. 130). Voraussetzung für das Gelingen einer solchen Beziehung ist natürlich eine stark an Konventionen des Handelns, Verhaltens und Darstellens orientierte Interaktion sowie die soziale Kompetenz der Figuren auf dem Bildschirm – von Horton und Wohl auch »Personae« genannt – und der Zuschauer. Die soziale Kompetenz der Personae liegt entscheidend darin, dass sie so tun, als würden sie im Alltag handeln. Die Differenz zum Alltagshandeln ist durch mediale Konstellation gegeben. Dazu bedarf es natürlich eines Wissens über alltägliche Interaktionsregeln, die nun auch bei der Darstellung innerhalb des Fernsehrahmens einzuhalten sind, und damit verbunden ein Wissen über soziale Rollen, die natürlich immer auch Handlungsrollen sind. Zugleich ist das

Handeln der Personae immer doppelt bestimmt: Sie müssen so tun, als ob sie »normal« handelten, und wissen doch, dass sie es nicht tun, denn sie agieren in einer für Fernsehzuschauer inszenierten Studiosituation. Ebenso ist das Handeln der Zuschauer doppelt bestimmt: Sie müssen so tun, als ob sie in einer Face-to-Face-Beziehung zu den Personae stünden, und wissen doch, dass es nicht so ist.

Aufgrund der technischen Struktur der Film- und Fernsehkommunikation haben die Zuschauer jedoch nur eine eingeschränkte Möglichkeit, auf die Personae zu antworten. Deren Handlungen sind zwar von den Zuschauern nicht direkt beeinflussbar, aber andererseits sind sie ohne die ihnen gegenüber antizipierten Zuschauererwartungen gar nicht denkbar. Die Aktivitäten der handelnden Personae verlangen nach einer Antwort bzw. Aktivität der Zuschauer, um sie zu vervollständigen und zu schließen. Die parasozialen Beziehungen müssen von den Zuschauern aktiv aufgebaut werden.

Das lässt sich z.B. bei Sportübertragungen im Fernsehen beobachten. Die Kommentierungen der Sportreporter sind zu den Zuschauern hin geöffnet. Hier etablieren die Zuschauer von sich aus eine parasoziale Interaktion, »und zwar auch gegenüber Medienakteuren, die sich nicht unmittelbar an sie wenden« (Püschel 1993, S. 124). Das passiert z.B., wenn ein Zuschauer den Schiedsrichter aufgrund einer vermeintlichen Fehlentscheidung beschimpft. Die Zuschauer greifen Äußerungen der Reporter auf und kommentieren sie oder setzen deren Gedankengänge fort. In der Rezeptionssituation werden solche parasozialen Aktivitäten häufig nicht nur von mimischen oder anderen nonverbalen Kommunikationsformen begleitet, sondern können auch verbalen Charakter haben. Vor allem beim gemeinsamen Anschauen von Fußballübertragungen kommt es immer wieder zu Äußerungen der Gruppe vor dem Fernseher, in denen der Reporterkommentar bestätigt oder abgelehnt wird. Der Sportreporter erlangt quasi den Status eines Teilnehmers der Runde vor dem Bildschirm, mit dem man kommunizieren kann.

Grundsätzlich lassen sich parasoziale Beziehungen auch zu Charakteren in Spiel- und Fernsehfilmen sowie in Fernsehreihen und -serien aufbauen. Das setzt voraus, dass die Zuschauer die Figuren und Akteure kennen. Diese Kenntnis kann in einzelnen Spiel- und Fernsehfilmen im Rahmen der Narration und der Dramaturgie inszeniert sein, so dass eine »intime« Nähe zur Heldin oder zum Helden entsteht. In Reihen und Serien wird dies durch die serielle Struktur möglich. Das wiederholte Auftreten der Figuren führt auf Seiten der Zuschauer zu einer »intimen« Kenntnis ihrer Eigenschaften und Charakterzüge. So bauen Zuschauer z.B. parasoziale Beziehungen zu Serienfiguren wie Mutter Beimer in der »Lindenstraße«, Meredith Grey in »Grey's Anatomy« oder Lorelai in »Gilmore Girls« auf. Auch zu den »Tatort«-Kommissaren werden parasoziale Beziehungen aufgebaut:

> »Vor allem ermöglichen die Figuren die Entwicklung und Unterhaltung von parasozialen Beziehungen durch die Zuschauer. Die fortlaufende und sukzessive erzählte Persönlichkeitsentwicklung der Personae macht die parasoziale Interaktion mit den Kommissaren besonders für dauerhafte Seher zu einer wichtigen Motivation. Die besondere serielle Form und die jahrelang beständige Besetzung unterstützen den Eindruck des ›Wiedersehens‹ mit alten Bekannten« (Grün 2007, S. 91).

Die Zuschauer können aufgrund ihrer erworbenen Kenntnis der Kommissare mit Charlotte Lindholm, Lena Odenthal, Max Ballauf oder Ivo Batic parasozial interagieren.

Zentraler ist jedoch, dass im Fernsehen Situationen gezeigt werden, die zum Beziehungshandeln der Zuschauer hin geöffnet sind, sie verlangen quasi danach. Diese Öffnung wird deutlich in den Adressierungsformen (vgl. Hippel 1998, S. 87 ff.). Da alle Figuren und Akteure für Publikum agieren, muss die Adressierung strukturell in die dargestellten Handlungen einbezogen werden. Das geschieht über verschiedene Modalitäten von Adressierungen. Die Adressierung kann wie im Fall der narrativen Genres implizit oder indirekt sein, die Zuschauer werden über die Handlungssituationen angesprochen und nur selten direkt von den Akteuren (vgl. Mikos 1996); sie kann aber auch explizit sein, indem die Zuschauer in Fernsehinszenierungen wie Nachrichtensendungen, Talk- oder Gameshows von den Personae des Fernsehens direkt angesprochen werden. Letztgenannte Form der Adressierung wendet Günther Jauch als Moderator der Quizshow »Wer wird Millionär?« häufig vor einer Werbepause an. Die Raterunde wird unterbrochen, Jauch schaut in die Kamera und spricht die Zuschauer direkt an: »Ob Herr Meier die richtige Lösung wusste oder ob er total daneben lag, das erfahren Sie nach einer kleinen Pause.« Auf diese Weise macht er sich auch mit den Zuschauern gemein, er stellt Intimität her. Das Beispiel zeigt zwei wesentliche Funktionen der Adressierung:

> »Auf der einen Seite ist offensichtlich, dass versucht wird, dem Zuschauer seine Wichtigkeit zu vermitteln, eine gewisse Nähe zu erreichen, einen Ersatz für fehlende Rückmeldungen bereitzustellen. Kurz, der Konsument am Bildschirm soll nicht nur nebenbei, sondern ›richtig‹ fernsehen. Auf der anderen Seite soll der Zuschauer auch dann als Teilnehmer be-

halten werden, wenn der Inhalt der Sendung ihn gerade nicht so sehr begeistert« (Hippel 1998, S. 118).

In dem Beispiel geht es darum, über die direkte Adressierung die Zuschauer während der Sendeunterbrechung durch Werbung am Bildschirm zu halten.

Während bei Identifikation, Empathie und Sympathie die Zuschauer Gefühle und Gedanken der Figuren und Akteure in den Film- und Fernsehtexten selbst kognitiv und emotional nachvollziehen, bauen sie im Rahmen der parasozialen Interaktion Beziehungen zu den Personae auf, betrachten sie also als ein Gegenüber. In der Analyse stehen zwei Aspekte im Mittelpunkt: Einerseits können die Beziehungsangebote der Figuren und Akteure, wie sie sich in der Narration und der ästhetischen Inszenierung offenbaren, herausgearbeitet werden, andererseits können die direkten und indirekten Adressierungen der Akteure untersucht und in ihrer Funktion für die Zuschauer bestimmt werden.

3.5   Immersion

Immersion ist eine Form des Erlebens, die einem Eintauchen in virtuelle Realitäten entspricht. Im Zusammenhang mit der Nutzung von Computerspielen, in denen die Spieler z.B. eine virtuelle Figur wie Lara Croft in »Tomb Raider« steuern, wurde festgestellt, dass »das Computerspielen eine leistungsorientierte Aktivität ist, die mit dem Gefühl des völligen Aufgehens in dieser Tätigkeit verbunden sein kann« (Fritz 1997, S. 211). Das wird einerseits durch den Spielcharakter ermöglicht, andererseits aber auch durch Narration und Dramaturgie sowie Figuren und Akteure des Spiels. Offenbar setzt Immersion eine Identifikation sowie das Empfinden von Empathie und Sympathie mit der Spielfigur voraus. Dafür ist es aber auch notwendig, dass die Spieler ein direktes Feedback auf ihr Eingreifen bekommen, d.h., die Spielfigur muss unmittelbar auf ihre Eingabebefehle reagieren (vgl. Fritz 1995, S. 29 ff.). Außerdem müssen die Spieler die Regeln des Spiels verstehen und akzeptieren und auf der Basis ihres lebensweltlichen Wissens der virtuellen Spielfigur und den Spielobjekten Bedeutung zuweisen. Letzteres wird in den meisten Fällen über die narrative und dramaturgische Struktur angeregt.

Das völlige Aufgehen im Spiel geht jedoch nicht mit Selbstvergessenheit einher. Die Medienwissenschaftlerin Susanne Eichner (2001, S. 93 ff.) konnte anhand der Untersuchung von avatarbasierten Online-Spielen, bei denen eine Figur (Avatar) im virtuellen Raum des Spiels als Repräsentant des Spielers agiert, zeigen, dass diese besondere Konstellation Immersionsprozesse ermöglicht. Der Spieler nimmt interaktiv am Geschehen in der virtuellen Welt teil, in der er zugleich als Handelnder agiert. Dadurch ist er doppelt konstituiert: als Interpret des Textes und als Teil des Textes.

> »Diese Rezeptionsposition kann durch ihre Textnähe zum tatsächlichen, sinnlichen Erleben führen. Der hier geforderte hohe Aktivitätsgrad der Spielerin steht dem Rezeptionsvergnügen nicht entgegen, sondern bedingt es. Die Spielerin bewegt sich in einem Feld zwischen dem selbstvergessenen Zustand des Flows, der selbstreflexiven Freude an Identitätsbricolagen, spielerischem ›Verkleiden‹ der Eigenrepräsentanten und dem zweckfreien Vergnügen der Navigation innerhalb einer experimentellen ›Als-ob‹-Welt« (Eichner 2001, S. 130).

Dabei spielen die narrativen Elemente des Spiels nur noch eine untergeordnete Rolle. Der Erziehungswissenschaftler Johannes Fromme (2006) spricht in diesem Zusammenhang davon, dass sich die Spieler bei Computerspielen zwischen Immersion und Distanz bewegen. Im Zentrum steht das Vergnügen der aktiven Teilhabe. Grundsätzlich ist es dazu aber notwendig, dass der Spieler einerseits die Spielregeln versteht und andererseits auf der Basis dieser Regeln in den spielerischen Situationen handelt, in die seine Figur bzw. er als Figur im Spiel gerät. In diesem Sinn schafft der Spieler selbst die Narration, nicht nur im Kopf, wie bei Film- und Fernsehtexten, sondern zugleich auch im Text selbst.

Das Konzept der Immersion kann, da es sich auf ein Erleben in fiktiven, virtuellen Welten bezieht, »relativ leicht auch auf die Rezeption fiktiver Medieninhalte übertragen« werden (Wünsch 2002, S. 29). Immersion ist offenbar immer dann möglich, wenn der Medientext einen hohen Grad an kognitiver und emotionaler Aktivität der Rezipienten hervorbringt, die sich mit einem zweckfreien Vergnügen am Text paart. Voraussetzung ist allerdings, dass sich die Rezipienten an Figuren und Akteuren in den Erzählungen der Film- und Fernsehtexte und in den Spielwelten der Computerspiele orientieren können. Über die Figuren ist eine aktive Teilhabe am Geschehen auf der Leinwand, dem Fernsehbildschirm und dem PC-Monitor möglich. In der Analyse können die Strukturen von Film- und Fernsehtexten (aber auch von Computerspielen) herausgearbeitet werden, welche die Figuren in ihren Handlungen in den fiktiven, virtuellen Welten leiten. Dazu ist es notwendig zu untersuchen, wie die Akteure in die narrativen und spielerischen Strukturen eingebunden sind und welche Formen der aktiven Beteiligung der Zuschauer sich darüber ergeben.

Analyseleitende Fragen

- Welche Figuren treten auf?
- Wie sind diese Figuren charakterisiert?
- Welche Eigenschaften machen ihren individualisierten Charakter aus, welche ihre Statusposition, welche gibt es nur aufgrund ihres Vorhandenseins in dem Film, der Sendung oder Serie?
- Welche Informationen erhalten die Zuschauer über die Akteure? Was davon können sie sehen, was wird ihnen erzählt?
- Erfahren die Zuschauer alles über die Akteure, um ihre Handlungen nachvollziehbar erscheinen zu lassen?
- Welche Figuren stellt die Kamera in den Mittelpunkt?
- Welches Wissen ergibt sich für die Zuschauer dadurch, dass die Kamera verschiedene Akteure begleitet?
- Welche abstrahierten Typen werden von den Figuren verkörpert?
- In welchen sozialen Rollen agiert der Held oder die Heldin im Verlauf des Films oder der Serie?
- Gibt es eine Hierarchie der sozialen Rollen? Welche sind den Typisierungen untergeordnet?
- Welche Identifikationsangebote werden über welche Personen in welchen Rollen gemacht?
- Welche Emotionen spielen in den verschiedenen Interaktionssituationen eine Rolle und wie gehen die Personen damit um?
- Welches Wissen über Moderatoren, Schauspieler und Stars, das nicht Bestandteil der Narration oder der Inszenierung ist, wird benötigt, um deren Aktionen zu verstehen?
- Werden die Zuschauer durch Filmfiguren oder Akteure im Fernsehen direkt adressiert? Was wird damit bezweckt?
- Machen die Moderatoren der Show Angebote zur parasozialen Interaktion? Wie sehen diese Angebote aus?
- Wird im Film- oder Fernsehtext ein empathisches Feld aufgebaut? Wie ist es gekennzeichnet?
- Welche moralischen Orientierungen sind notwendig, um eine Figur sympathisch zu finden?

- Macht der Film- oder Fernsehtext Angebote zu direkter, körperlicher Empathie?
- Mit welchen ästhetischen Mitteln werden Körper und Bewegung in Actionszenen inszeniert?
- Welches Konzept vom Selbst und von der Identität liegt der Repräsentation der Figuren zugrunde?
- Handeln die Figuren im Film oder in der Serie widersprüchlich?
- Gibt es Konflikte zwischen ihrer Charakterisierung und den sozialen Rollen, die sie in Interaktions- und Handlungssituationen einnehmen?

3.6 Zitierte Literatur

Assmann, Jan (1988): Kollektives Gedächtnis und kulturelle Identität. In: Ders./Hölscher, Tonio (Hrsg.): Kultur und Gedächtnis. Frankfurt a.M., S. 9–19

Bordwell, David (1992): Kognition und Verstehen. Sehen und Vergessen in »Mildred Pierce«. In: Montage/AV, 1/1, S. 5–24

Brütsch, Matthias/Hediger, Vinzenz/Keitz, Ursula von/Schneider, Alexandra/Tröhler, Margrit (Hrsg.) (2005): Kinogefühle. Emotionalität und Film. Marburg

Bruun Vaage, Margarethe (2007): Empatie. Zur episodischen Struktur der Teilhabe am Spielfilm. In: Montage/AV, 16/1, S. 101–120

Casetti, Francesco/di Chio, Federico (1994): Analisi del Film. Milano (6. Auflage; Erstausgabe 1990)

Charlton, Michael/Neumann-Braun, Klaus (1992): Medienkindheit – Medienjugend. Eine Einführung in die aktuelle kommunikationswissenschaftliche Forschung. München

Eder, Jens (2006): Imaginative Nähe zu Figuren. In: Montage/AV, 15/2, S. 135–160

Eder, Jens (2008): Die Figur im Film. Grundlagen der Figurenanalyse. Marburg

Eichner, Susanne (2001): Originäre Internetformate. Ludische Lust und narrativer Anteil bei spielerischen Avatar-basierten Online-Formaten. Diplomarbeit an der Hochschule für Film und Fernsehen »Konrad Wolf« Potsdam-Babelsberg

Feshbach, Norma Deitch (1989): Fernsehen und Empathie bei Kindern. In: Groebel, Jo/Winterhoff-Spurk, Peter (Hrsg.): Empirische Medienpsychologie. München, S. 76–89

Fritz, Jürgen (1995): Modelle und Hypothesen zur Faszinationskraft von Bildschirmspielen. In: Ders. (Hrsg.): Warum Computerspiele faszinieren: Empirische Annäherungen an Nutzung und Wirkung von Bildschirmspielen. Weinheim/München, S. 11–38

Fritz, Jürgen (1997): Langeweile, Streß und Flow. Gefühle beim Computerspiel. In: Ders./Fehr, Wolfgang (Hrsg.): Handbuch Medien: Computerspiele. Theorie, Forschung, Praxis. Bonn, S. 207–215

Fromme, Johannes (2006): Zwischen Immersion und Distanz: Lern- und Bildungspotenziale von Computerspielen. In: Kaminski, Winfried/Lorber, Martin (Hrsg.): Clash of Realities. Computerspiele und soziale Wirklichkeit. München, S. 177–209

Geraghty, Christine (1981): The Continuous Serial – A Definition. In: Dyer, Richard (Hrsg.): Coronation Street. London, S. 9–26

Grodal, Torben (1997): Moving Pictures. A New Theory of Film Genres, Feelings, and Cognition. Oxford/New York

Grün, Julia (2007): »Tatort« als Gemeinschaftserlebnis. Diplomarbeit an der Hochschule für Film und Fernsehen »Konrad Wolf« in Potsdam-Babelsberg

Hipfl, Brigitte (1998): Die verlorengegangene Dimension der Cultural Studies. Fantasien als Ideologie in den Medien: In: Beinzger, Dagmar/Eder, Sabine/Luca, Renate/Röllecke, Renate (Hrsg.): Im Wyberspace. Mädchen und Frauen in der Medienlandschaft. Bielefeld, S. 29–46

Hippel, Klemens (1992): Parasoziale Interaktion. Bericht und Bibliographie. In: Montage/AV, 1/1, S. 135–150

Hippel, Klemens (1993): Parasoziale Interaktion als Spiel. Bemerkungen zu einer interaktionistischen Fernsehtheorie. In: Montage/AV, 2/2, S. 127–145

Hippel, Klemens (1998): Prolegomena zu einer pragmatischen Fernsehtheorie. Dissertation. Berlin

Horton, Donald/Wohl, R. Richard (2002): Massenkommunikation und parasoziale Interaktion. Beobachtungen zur Intimität über Distanz. In: Adelmann, Ralf/Hesse, Jan O./Keilbach, Judith/Stauff, Markus/Thiele, Matthias (Hrsg.): Grundlagentexte zur Fernsehwissenschaft. Theorie – Geschichte – Analyse. Konstanz, S. 74–104 (Originalausgabe 1956)

Keppler, Angela (1995): Person und Figur. Identifikationsangebote in Fernsehserien. In: Montage/AV, 4/2, S. 85–99

Keppler, Angela (1996): Interaktion ohne reales Gegenüber. Zur Wahrnehmung medialer Akteure im Fernsehen. In: Vorderer, Peter (Hrsg.): Fernsehen als »Beziehungskiste«. Parasoziale Beziehungen und Interaktionen mit TV-Personen. Opladen, S. 11–24

Kurotschka, Mara (2007): Verschwimmende Grenzen von Realität und Fiktion. Eine Analyse von »Deutschland sucht den Superstar«. In: Döveling, Katrin/Mikos, Lothar/Nieland, Jörg-Uwe (Hrsg.): Im Namen des Fernsehvolkes. Neue Formate für Orientierung und Bewertung. Konstanz, S. 117–153

Metz, Christian (2000): Der imaginäre Signifikant. Psychoanalyse und Kino. Münster (Originalausgabe 1977)

Mikos, Lothar (1994): Es wird dein Leben! Familienserien im Fernsehen und im Alltag der Zuschauer. Münster

Mikos, Lothar (1995): Else Kling und das soziale Gedächtnis der Lindenstraße. In: Jurga, Martin (Hrsg.): Lindenstraße. Produktion und Rezeption einer Erfolgsserie. Opladen, S. 73–89

Mikos, Lothar (1996): Parasoziale Interaktion und indirekte Adressierung. In: Vorderer, Peter (Hrsg.): Fernsehen als »Beziehungskiste«. Parasoziale Beziehungen und Interaktionen mit TV-Personen. Opladen, S. 97–106

Mikos, Lothar (1997): Stars vs. Plot and Story: Narrative Systems in Competition. In: IRIS, 24, S. 137–153

Mikos, Lothar (1998): Die Inszenierung von Privatheit: Selbstdarstellung und Diskurspraxis in Daily Talks. In: Willems, Herbert/Jurga, Martin (Hrsg.): Inszenierungsgesellschaft. Ein einführendes Handbuch. Opladen, S. 435–451

Mikos, Lothar (2001): Fern-Sehen. Bausteine zu einer Rezeptionsästhetik des Fernsehens. Berlin

Mikos, Lothar (2007): »Ich bin ein Star – Holt mich hier raus!« Eine Formatbeschreibung und Bewertung. In: Döveling, Katrin/Ders./Nieland, Jörg-Uwe (Hrsg.): Im Namen des Fernsehvolkes. Neue Formate für Orientierung und Bewertung. Konstanz, S. 211–239

Mikos, Lothar/Feise, Patricia/Herzog, Katja/Prommer, Elizabeth/Veihl, Verena (2000): Im Auge der Kamera. Das Fernsehereignis Big Brother. Berlin (2., neu bearbeitete und erweiterte Auflage)

Mikos, Lothar/Wulff, Hans J. (1990): »Akademische« und »familiale« Rezeption. Zur Analyse von Unterhaltungsshows (II). In: Medien Praktisch, 14/1, S. 61–63

Morsch, Thomas (1999): Die Macht der Bilder. Spektakularität und die Somatisierung des Blicks im Actionkino. In: Film und Kritik, 4, S. 21–43

Phillips, William H. (1999): Film. An Introduction. Boston/New York

Püschel, Ulrich (1993): »du mußt gucken, nicht so viel reden« – Verbale Aktivitäten bei der Fernsehrezeption. In: Holly, Werner/Ders. (Hrsg.): Medienrezeption als Aneignung. Methoden und Perspektiven qualitativer Medienforschung. Opladen, S. 115–135

Ryssel, Dirk/Wulff, Hans J. (2000): Affektsteuerung durch Figuren. In: Wulff, Hans. J. (Hrsg.): TV-Movies »Made in Germany«. Struktur, Gesellschaftsbild, Kinder- und Jugendschutz. Teil 1: Historische, inhaltsanalytische und theoretische Studien. Kiel, S. 236–256

Sander, Uwe (1998): Die Bindung der Unverbindlichkeit. Mediatisierte Kommunikation in modernen Gesellschaften. Frankfurt a.M.

Schick, Thomas/Ebbrecht, Tobias (Hrsg.) (2008): Emotion – Empathie – Figur: Spielformen der Filmwahrnehmung. Berlin

Smith, Murray (1995): Engaging Characters. Fiction, Emotion, and the Cinema. Oxford/New York

Tan, Ed S. (1996): Emotion and the Structure of Narrative Film. Film as an Emotion Machine. Mahwah, NJ

Taylor, Henry M. (2002): Rolle des Lebens. Die Filmbiographie als narratives System. Marburg

Tröhler, Margrit (2007): Offene Welten ohne Helden. Plurale Figurenkonstellationen im Film. Marburg

Veihl, Verena (2001): Neue Formen der Beziehung zwischen Zuschauern und Fernsehakteuren im gegenwärtigen Realitätsfernsehen. Eine Analyse am Beispiel des Formats »Big Brother«. Diplomarbeit an der Hochschule für Film und Fernsehen »Konrad Wolf« Potsdam-Babelsberg

Wünsch, Carsten (2002): Unterhaltungstheorien. Ein systematischer Überblick. In: Früh, Werner: Unterhaltung durch das Fernsehen. Eine molare Theorie. Konstanz, S. 15–48

Wulff, Hans J. (1992): Fernsehkommunikation als parasoziale Interaktion. Notizen zu einer interaktionistischen Fernsehtheorie. In: Semiotische Berichte, 3/4, S. 279–295

Wulff, Hans J. (2002): Das empathische Feld. In: Sellmer, Jan/Ders. (Hrsg.): Film und Psychologie – nach der kognitiven Phase? Marburg, S. 109–121

Wulff, Hans J. (2006): Attribution, Konsistenz, Charakter. Probleme der Wahrnehmung abgebildeter Personen. In: Montage/AV, 15/2, S. 45–62

Wuss, Peter (1999): Filmanalyse und Psychologie. Strukturen des Films im Wahrnehmungsprozeß. Berlin (2., durchgesehene und erweiterte Auflage; Erstausgabe 1993)

4. Ästhetik und Gestaltung

Wie bereits mehrfach festgestellt, geht es in der Film- und Fernsehanalyse nicht nur um das, was in den bewegten Bildern gezeigt wird, sondern vor allem auch darum, wie es dargestellt wird. Ästhetik und Gestaltung rücken in den Mittelpunkt des Interesses. Bei allen Film- und Fernsehtexten kann davon ausgegangen werden, dass alles, was im Bild zu sehen ist und wie es zu sehen ist, für die Bedeutungsbildung wichtig ist. Ein Unterschied zwischen Film und Fernsehen besteht darin, dass Filmbilder elaborierter und detaillierter als Fernsehbilder sind (vgl. Ellis 1992, S. 53). Man kann daher von einem Unterschied in der Ästhetik von Film und Fernsehen ausgehen. Ebenso folgen Bilder auf dem Display eines Mobiltelefons anderen ästhetischen Prinzipien als Film- und Fernsehbilder.

Die gestalterischen Mittel steuern die Aufmerksamkeit der Zuschauer: Sie können den Blick auf ein Detail im Hintergrund lenken, z.B. auf die Vase, mit der im nächsten Augenblick der Einbrecher niedergeschlagen wird; sie können auf der musikalischen Ebene zur Intensivierung des visuellen Eindrucks und der emotionalen Aktivitäten der Zuschauer beitragen, indem z.B. eine für den Helden bedrohliche Situation mit Hilfe der Musik forciert wird; sie können auf der Tonebene die Aufmerksamkeit auf bestimmte Räume lenken, wenn z.B. Schreie aus einem Haus zu hören sind, das nur von außen im Bild ist. Zugleich unterstützen die gestalterischen Mittel den Plot: Es macht z.B. einen Unterschied, ob der Held lediglich an einem Haus vorbeifährt oder ob er den gehörten Schreien nachgeht und das Haus betritt. Die Gestaltungsmittel haben daher eine wichtige Funktion bei der Bildung von Bedeutung, sowohl in Bezug auf die erzählte Geschichte im Film- oder Fernsehtext als auch in Bezug auf die Geschichte im Kopf der Zuschauer. Sie bestehen aus den spezifischen filmischen und televisuellen Codes, die den Inhalt und die Erzählung im Rahmen des Zeichensystems des Films oder des Fernsehens aufbereiten. Dadurch kommt ihnen eine wichtige Funktion in Bezug auf Inhalt und Repräsentation, Narration und Dramaturgie sowie der Inszenierung von Figuren und Akteuren zu.

Zwar wirken in der Kommunikation mit Film- und Fernsehtexten die verschiedenen gestalterischen Mittel zusammen, doch können sie in der Analyse in ihre einzelnen Komponenten zerlegt werden. Dabei kann zwischen folgenden

Elementen unterschieden werden: Kamera, Licht, Montage/Schnitt bzw. Bildregie, Ausstattung, Ton/Sound, Musik, visuelle Effekte und Spezialeffekte.

Jedes dieser Elemente trägt mit spezifischen Gestaltungsmitteln zur Ästhetik der Film- und Fernsehtexte bei und lenkt die Aufmerksamkeit der Zuschauer, die in die Texte hineingezogen oder auch auf Distanz zu ihnen gehalten werden. In diesem Sinn regeln die Gestaltungsmittel die Intensität der Kommunikation zwischen Film- und Fernsehtexten und Publikum.

4.1   Kamera

Die Analyse der Kameraarbeit in einem Film oder einer Fernsehsendung untersucht, wie die Bilder konstruiert sind und wie die Zuschauer das in ihnen Dargestellte sehen können. »Der Kamerablick organisiert das Bild, er setzt den Rahmen, wählt den Ausschnitt, der von der Welt gezeigt wird, er bestimmt, was zu sehen ist« (Hickethier 2007, S. 54). Die Kamera gilt als das Gerät, durch das die Zuschauer sehen. Christian Metz spricht daher auch von der primären Identifikation im Kino, da die Zuschauer sich mit dem eigenen Blick – und das ist der Blick der Kamera – identifizieren (vgl. Metz 2000, S. 49 ff.; Mikos 1995a, S. 15). Die Kamera ist jedoch nicht Stellvertreterin der Zuschauer, auch wenn diese durch sie hindurchsehen, sondern sie positioniert die Zuschauer vor dem Bild. So wie die Zentralperspektive in der Malerei den Betrachter außerhalb des Sehfeldes positioniert und ihn zugleich zum Zentrum und Ausgangspunkt des Blicks macht (vgl. dazu auch Panofsky 1985), so positioniert das einzelne Filmbild die Zuschauer außerhalb des Bildes – wenn auch nicht immer in der Zentralperspektive. Im Film gibt es darüber hinaus die Möglichkeit, den Zuschauer mit Hilfe der Montage (vgl. Kapitel II.4.3) im Filmbild selbst zu positionieren, und zwar über die Zusammenstellung von Bildern aus verschiedenen Zuschauerpositionen. An dieser Stelle sei noch einmal darauf hingewiesen, dass Film und Fernsehen Medien des bewegten Bildes sind. Während die Zentralperspektive in der Malerei ein Element zur Organisation der Raumwahrnehmung ist (vgl. Merleau-Ponty 1984, S. 18 ff.), spielt in den bewegten Bildern neben der Wahrnehmung des Raumes auch die Zeit eine Rolle (vgl. Mikos 1994, S. 19 f.). Film- und Fernsehbilder bedienen immer beides, die Raum- und die Zeitwahrnehmung der Zuschauer.

In einem Film oder einer Fernsehsendung können die Zuschauer tatsächlich nur das sehen, was die Kamera ihnen zeigt, nicht mehr und nicht weniger. Es ist lediglich ein Bildausschnitt zu sehen, auch wenn sich vor der Kamera viel mehr abgespielt hat. Der Bildausschnitt, den ein Bild zeigt, wird auch Einstellung genannt. Er hängt davon ab, welches Objektiv in einer Kamera verwendet wird und in welcher Entfernung die aufgenommenen Objekte zur Kamera positioniert sind. Eine Einstellung beginnt und endet mit einem Schnitt, in ihr selbst wird nicht geschnitten (vgl. Korte 2004, S. 27; Phillips 1999, S. 127). Die Begrenzung des Bildes, wie sie in einer Einstellung zu sehen ist, wird auch *Kadrage* genannt. Dieser Rahmen des Bildes »legt die Potentiale des Zeigens und der Wahrnehmung fest. Er trennt das Sichtbare vom Nicht-Sichtbaren und eröffnet eine Bildordnung, einen Spielraum des Sehens im abgegrenzten Bildrahmen« (Prümm 1999, S. 29). Damit organisiert er auch die Bedeutungsproduktion. Denn über die Kadrierung kann der Zuschauer in den Bildraum hineingezogen oder aus ihm ausgeschlossen werden. Grundsätzlich kann dabei zwischen angeschnittener oder offener und nicht angeschnittener oder geschlossener Kadrierung unterschieden werden:

> »Als angeschnitten oder offen werden Bildkompositionen bezeichnet, wie man sie normalerweise in Dokumentarfilmen findet, bei denen sich viele Bildelemente der Kontrolle des Filmemachers entziehen. In solchen Arrangements kann es passieren, dass der Bildrand Personen anschneidet oder Vordergrundelemente eine Figur teilweise verdecken. Von nicht angeschnittener Kadrierung oder geschlossener Bildgestaltung spricht man bei Kompositionen, in denen die abgebildeten Personen und Objekte sorgfältig inszeniert werden, damit alles klar erkennbar und grafisch ausgewogen ist. [...] Offene Formen erscheinen wirklichkeitsgetreuer, geschlossene Formen wirken eher inszeniert« (Katz 2002, S. 343).

In fiktionalen Filmen werden angeschnittene Kadrierungen auch bewusst eingesetzt, um dem Zuschauer bestimmte Informationen vorzuenthalten oder um ihn in die Perspektive einer Figur einzubinden. Die Heldin eines Films kann beispielsweise von einer Figur im Vordergrund halb verdeckt sein, so dass der Zuschauer eine seitliche Bewegung ihres rechten Arms, mit dem sie gerade eine Pistole von einer Kommode in ihre Manteltasche befördert hat, nicht sieht. Zugleich können in einer Einstellung selbst Rahmungen eingesetzt werden, um z.B. den Eindruck von Tiefe im Bild zu verstärken (vgl. ebd., S. 350) oder um den Aktionen einer Figur eine besondere Bedeutung zu geben, weil die Aufmerksamkeit durch den Rahmen im Bild noch stärker auf die agierende Figur gelenkt wird.

Im Verlauf der Filmgeschichte ist die Kamera beweglich geworden, und es gibt nicht mehr nur starre Einstellungen wie noch in der Frühzeit des Films. Die Kamera kann sich auf ein Objekt zubewegen oder von ihm weg, sie kann geschwenkt und bewegt werden, indem sie getragen oder gefahren wird. Für die Bedeutung, die einem Bild und seiner Funktion für den Plot und die Geschichte beigemessen wird, sind die Einstellungsgröße – die Größe des Bildausschnitts –, die Perspektive und die Bewegung der Kamera besonders wichtig. Mit den gezeigten Bildern wird nicht nur der Plot als Grundlage der Geschichte im Kopf der Zuschauer entwickelt, sondern es werden auch Nähe und Distanz zum Geschehen auf der Leinwand oder dem Bildschirm geregelt. Darüber hinaus kann die Dynamik des Geschehens gesteigert und die Bedeutung der Dinge, die im Bild zu sehen sind, hervorgehoben oder zurückgedrängt werden. Vor allem aber organisiert die Kamera den Bildraum und die Sicht auf ihn. Sie vermittelt den Zuschauern, wo rechts und links, vorn und hinten, oben und unten im Bild sind – und zwar so, dass sie aufgrund ihres Weltwissens von diesen Raumrelationen einen Handlungsraum des Films in ihren Köpfen entwerfen können.

Einstellungsgrößen

Die Einstellungsgrößen legen die Nähe und Distanz der Kamera zum abgebildeten Geschehen fest und bestimmen damit auch die Nähe oder Distanz, die der Zuschauer zum Geschehen entwickeln kann. Die Bezeichnungen für die Einstellungsgrößen richten sich nach der Größe der abgebildeten Figuren im Verhältnis zur Bildgrenze. Sie gelten zwar auch für Gegenstände, die im Bild gezeigt werden, doch lassen sie sich an der Größe der Figuren am deutlichsten zeigen. Es wird zwischen sechs (vgl. Phillips 1999, S. 93 ff.; Vineyard 2001, S. 10), sieben (vgl. Bordwell/Thompson 1993, S. 212 f.; Katz 2002, S. 169 ff.; Korte 2004, S. 27 ff.; Kuchenbuch 2005, S. 45), acht (vgl. Borstnar u.a. 2002, S. 90 ff.; Faulstich 2002, S. 115 f.; Hickethier 2007, S. 55 ff.; Knilli/Reiss 1971, S. 57 ff., Schaaf 1980, S. 51 f.) und zehn Einstellungsgrößen (vgl. Casetti/di Chio 1994, S. 77 f.) unterschieden. Teilweise werden für einzelne Einstellungsgrößen auch unterschiedliche Angaben gemacht. So schreibt z.B. Faulstich (2002, S. 116), die Halbnahaufnahme zeige den Menschen vom Kopf bis zu den Füßen. Die meisten Autoren bezeichnen eine derartige Einstellung jedoch als Halbtotale (vgl. Borstnar u.a. 2002, S. 91; Hickethier 2007, S. 55; Knilli/Reiss 1971, S. 57; Korte 2004, S. 27; Kuchenbuch 2005, S. 41; Schaaf 1980, S. 52).

In der Regel kann zwischen acht Einstellungsgrößen unterschieden werden:

1) Super-Totale, Panorama oder Weit (extreme long shot)
2) Totale (long shot)
3) Halbtotale (medium long shot)
4) Amerikanisch (american shot)

5) Halbnah (medium shot)
6) Nah (medium close-up)
7) Groß (close-up)
8) Detail (extreme close-up)

1) Die *weite Einstellung*, auch Panorama oder Super-Totale genannt, zeigt eine Landschaft in ihrer ganzen flächigen Ausdehnung, um den Zuschauern einen Überblick zu verschaffen. Die in solchen Szenen handelnden Figuren sind gar nicht oder kaum zu erkennen. Eine solche Einstellung wird z.B. auch benutzt, um am Ende eines Films die unendliche Weite der Landschaft zu verdeutlichen, in die sich der Held oder die

Abb. 8

Heldin aufmachen. In den ersten 35 Minuten des Films »Titanic« wird die Super-Totale mehrfach eingesetzt, um die gigantischen Ausmaße des Schiffes in Relation zur Weite der Natur zu stellen: In einer weiten Einstellung wird die Küstenlandschaft gezeigt, von der sich der Luxusdampfer entfernt, und in einer anderen sieht man die TITANIC auf offener See (vgl. Abb. 8).

2) Die *Totale* legt den Handlungsraum fest, in dem die Charaktere agieren. Sie vermittelt den Zuschauern Informationen über die Beschaffenheit des Handlungsortes und weckt damit auch Erwartungen bezüglich des künftigen Geschehens. Ein Horrorfilm mag mit einer weiten Einstellung beginnen, die ein sich bis an die Grenzen des Bildes erstreckendes, einsames Waldgebiet zeigt. Die folgende Totale zeigt ein Blockhaus, das geduckt zwischen den Bäumen steht. Die Zuschauer erwarten nun, dass in diesem Haus zumindest ein Teil des Geschehens stattfinden wird. Zugleich ist klar, dass eventuell benötigte Hilfe von außen nicht kommen kann, denn vorher war in dem weiten Waldgebiet keine

Abb. 9

Ortschaft zu sehen. In »Titanic« gibt es mehrere Bilder, in denen das Schiff in einer Totaleinstellung zu sehen ist. Damit gewinnt der Zuschauer einen Über-

blick über die Dimension des Schiffes und wird in den Handlungsraum eingeführt. Das wird insbesondere bei der Einstellung deutlich, in der die TITANIC
diagonal von rechts nach links durch das Bild fährt (vgl. Abb. 9). Solche Totalen
werden in Filmen und Fernsehsendungen gern als *Establishing Shot* eingesetzt,
um zu Beginn einer Handlung den Handlungsort zu etablieren.

3) In der *Halbtotalen* werden die agierenden Figuren im Handlungsraum präsentiert. Im Beispiel des Horrorfilms
würden die Zuschauer, nachdem sie das
Blockhaus im Wald gesehen haben,
durch halbtotale Einstellungen erfahren,
wer sich in dem Haus aufhält. Diese Einstellungsgröße zeigt die Menschen von
Kopf bis Fuß, ihre Aktionen sind für die
Zuschauer sichtbar. In »Titanic« sieht
man in einer Halbtotalen, wie Jack und
sein Freund im letzten Moment über die
Gangway an Bord rennen (vgl. Abb. 10).

Abb. 10

4) Die *amerikanische Einstellung* zeigt die Personen vom Kopf bis zum Ober-
schenkel. Diese Einstellungsgröße wird
viel in Western verwendet:der am Ober-
schenkel baumelnde Revolver muss noch
zu sehen sein. Schließlich ist beim Showdown wichtig, dass die Zuschauer nicht
nur das Pokerface des Schützen, sondern
auch dessen schnellen Griff zum Revolver
erkennen können. In »Titanic« wird in
dieser Einstellung gezeigt, wie Jack und
sein Freund mit dem Steward darüber
verhandeln, an Bord gelassen zu werden
(vgl. Abb. 11).

Abb. 11

5) Etwas näher bzw. größer sind die Figuren in der *halbnahen Einstellung* zu
sehen, in der sie von der Hüfte an aufwärts gezeigt werden. Sprechen mehrere
oder zwei Personen miteinander und tauschen dabei lediglich Informationen
aus, ohne dass es auf ihre Gefühlsregungen ankommt, werden sie halbnah gezeigt. So haben die Zuschauer noch einen Eindruck von der direkten Umgebung
der Personen. In »Titanic« ist dies so, als nach der weiten Einstellung mit dem
Schiff auf dem Meer, der Kommandostand, der Kapitän und die Offiziere vor-

gestellt werden (vgl. Abb. 12). Bei diesen Bildern ist nicht wichtig, dass der Zuschauer etwas über die inneren Beweggründe der Figuren erfährt, sondern dass die Funktionsweise des Schiffes im Zusammenspiel von Menschen und Technik gezeigt wird. Da die amerikanische Einstellung und die halbnahe Einstellung nur minimal differieren, wird manchmal auch auf eine Unterscheidung verzichtet. Dann ist nur von amerikanischen Einstellungen die Rede.

Abb. 12

6) Eine *Naheinstellung* zeigt die Figuren nur vom Kopf bis zur Mitte des Oberkörpers. Mimik und Gestik der Personen sind gut zu erkennen. Das ist z.B. bei Pokerrunden von Bedeutung, aber auch beim Blick des Liebhabers in das Dekolleté seiner Angebeteten, während sie seine Brusthaare bewundert, die sich im Ausschnitt des bis zum Bauch aufgeknöpften Hemdes kräuseln. Die Zuschauer sehen, wohin die Figuren schauen, können daraus ihre Schlüsse ziehen und Erwartungen auf den Fortgang der Handlung generieren. In einer Runde sitzende Personen werden gern in dieser Einstellungsgröße gezeigt. So findet sie auch in »Titanic« Verwendung, wenn über ein Gespräch bei Tisch die Zuschauer in die gesellschaftlichen Kreise eingeführt werden, in denen Rose verkehrt (vgl. Abb. 13).

Abb. 13

7) In der *Großaufnahme* sind das Gesicht der Figur und möglicherweise noch ihre Schultern zu sehen. Hände oder Füße einer Person können ebenso groß gezeigt werden wie die Milchkanne auf dem Tisch, die Uhr auf der Anrichte oder der Teddy neben dem Kopfkissen. Die Zuschauer erkennen nun zwar nicht mehr, wohin die Figuren schauen, dafür bekommen sie aber alle mimischen Reaktionen genau mit. Sie sehen die kleine Träne, die aus dem Augenwinkel entweicht, oder bemerken, dass der Teddy nur noch ein Auge hat. In dem bereits erwähnten Gespräch bei Tisch in »Titanic« werden die Figuren in Groß-

aufnahme gezeigt, wenn ihre Mimik das Gesagte unterstreichen soll oder sie aufgrund der Aussage einer anderen Figur innerlich erregt sind (vgl. Abb. 14). Großaufnahmen von Objekten werden auch benutzt, um diese in Funktion zu zeigen. So ist einmal die Schiffsschraube der TITANIC in einer Großaufnahme zu sehen, wie sie sich gerade zu drehen beginnt. Damit wird den Zuschauern verdeutlicht, dass das Schiff Fahrt aufnimmt.

Abb. 14

8) In den *Detailaufnahmen* wird die Bedeutung einzelner Gesichtspartien und von Gegenständen wie dem Ehering am Finger oder dem Riss in der Milchkanne, die auf dem Tisch steht, hervorgehoben. Mit solchen Aufnahmen werden sowohl Begründungen für nachfolgende Handlungen oder Aktionen geliefert als auch rückwirkend Handlungen erklärt. Wenn z.B. in »Terminator 2 – Judgement Day« der T-1000-Terminator mit einem Lkw gegen einen Brückenpfeiler prallt, ist kurz in einer Detailaufnahme auslaufendes Benzin zu sehen. Damit wird die Begründung für den anschließenden lauten Knall und riesigen Feuerball geliefert. Wenn die Zuschauer das auslaufende Benzin sehen, werden sie erwarten, dass der Lkw explodiert. Sie sind mit ihren kognitiven und emotionalen Aktivitäten über die Detailaufnahme in das Geschehen eingebunden. Als zu Beginn des Films »Titanic« das Wrack des untergegangenen Schiffes auf dem Meeresgrund gezeigt wird, werden Detailaufnahmen einzelner Gegenstände wie eine Brille oder ein Puppenkopf eingesetzt, um die Aufmerksamkeit der Zuschauer auf die menschlichen Schicksale zu lenken, die mit dem Untergang des Luxusdampfers verbunden sind (vgl. Abb. 15).

Abb. 15

Die Einstellungsgrößen regeln die Nähe und Distanz der Zuschauer zu den Figuren und dem Geschehen. Ein Gesicht in Großaufnahme signalisiert Emotionalität. Freude, Trauer oder Betroffenheit sind im Gesichtsausdruck genau zu

erkennen (vgl. Bordwell/Thompson 1993, S. 213). Daher kann bei der Großaufnahme auch von einer intimen Einstellung gesprochen werden, die den Figuren und Akteuren gewissermaßen sehr nah »auf den Pelz« rückt.

> »Die Großaufnahme kann uns eine intimere Beziehung zu den Personen
> auf der Leinwand vermitteln, als wir sie normalerweise mit einem ande-
> ren Menschen hätten, abgesehen von unseren engsten Freunden und
> Familienangehörigen« (Katz 2002, S. 172 f.).

Sie ist eine filmische Konvention, die im Verlauf der Mediensozialisation von
den Zuschauern erlernt wird. In »Titanic« werden häufig Großaufnahmen eingesetzt, um die Angst und Panik von Rose und Jack zu zeigen, als sie versuchen,
dem eindringenden Wasser zu entkommen. Diese Einstellungsgröße ist zu einem Standard in Familienserien und den Daily Soaps geworden. Um die Spannung für die nächste Serienfolge aufzubauen, wird meist am Ende einer Folge
das Gesicht einer der Hauptfiguren in Großaufnahme gezeigt, nachdem eine für
den Fortgang der Handlung entscheidende Aussage gemacht worden ist –
manchmal wird das Bild des erschreckten Gesichts auch noch eingefroren und
der Abspann beginnt. Groß- und Nahaufnahmen sind generell ein wesentliches
Mittel der Kameraarbeit in Familienserien, da hier besonders die emotionale
Seite der zwischenmenschlichen Beziehungen im Mittelpunkt der Erzählungen
steht. In Fernsehsendungen dienen sie zudem dazu, die geringere Größe des
Bildschirms gegenüber der Leinwand auszugleichen. Groß- und Nahaufnahmen
sind in Filmen und Fernsehsendungen aber auch wichtig, weil in ihnen die
Blicke der Protagonisten sehr gut erkennbar sind. Dadurch kann z.B. deutlich
werden, dass ein Objekt oder eine Aktion außerhalb des Bildes die Aufmerksamkeit des Helden erregt hat. Mit einem schnellen Wechsel zwischen Nah-,
Groß- und Detailaufnahmen werden die Zuschauer stärker in das Geschehen
auf der Leinwand oder dem Bildschirm einbezogen, weil sie mit ihren kognitiven und emotionalen Aktivitäten die verschiedenen Bilder zusammenfügen
müssen, um in ihren Köpfen eine Geschichte entstehen zu lassen. Sie müssen
selbst mental aktiv sein, um die Orientierung zu behalten, sowohl räumlich als
auch in der erzählten Geschichte.

Perspektive

Ihre Bedeutung für den Plot und die Geschichte im Kopf entfalten die Einstellungsgrößen in Kombination mit den Perspektiven auf die Figuren und Gegenstände, die von der Kamera angeboten werden. Während die Einstellungsgrößen
Nähe und Distanz der Kamera zum abgebildeten Geschehen regeln, macht die

Perspektive den Standpunkt der Kamera gegenüber dem Geschehen deutlich. Die Kameraperspektive – und damit der Blick auf abgebildete Dinge und Personen – kann sowohl horizontal als auch vertikal differieren.

Auf der vertikalen Ebene wird zwischen folgenden Perspektiven unterschieden (vgl. Faulstich 2002, S. 119; Hickethier 2007, S. 59; Korte 2004, S. 42; Phillips 1999, S. 100 ff.):

- Obersicht bzw. Aufsicht, im Extremfall Vogelperspektive
- Untersicht oder Froschperspektive
- Normalsicht

Bei der *Obersicht* blicken die Zuschauer aus einer erhöhten Perspektive auf das Geschehen, das so überschaubar ist. Zahlreiche Filme beginnen mit der Obersicht auf eine Stadt, um den Zuschauern den Handlungsort zu zeigen: In »Codename: Nina« ist es Washington mit dem Capitol, in »Zimmer mit Aussicht« Florenz mit dem Dom. In »Titanic« sehen wir in der bereits angesprochenen weiten Einstellung den Luxusdampfer aus der Vogelperspektive aufs Meer hinausfahren. Auf diese Weise wird deutlich gemacht, dass das Schiff trotz seiner imposanten Größe auf dem weiten Meer eher klein und verloren ist. Mit dieser Sicht auf einen Ort wird nicht nur das Wissen der Zuschauer über dieses Mittel der Filmgestaltung aktiviert, sondern auch das Wissen über den Ort selbst, das möglicherweise in der Folge noch eine Rolle spielen wird. Wenn solch eine Einstellung in Beziehung zu den Wissensformen gesetzt wird – zum Weltwissen, zum narrativen Wissen und zum Wissen um filmische Gestaltungsmittel (vgl. Kapitel I.1.1) –, können die Zuschauer die Bedeutung dieser Einstellung auf folgende Weise herstellen: Mit dem Wissen um diese Form der Obersicht als filmgestalterisches Mittel können sie feststellen, dass dies der Ort ist, an dem der Film spielt. Ihr Weltwissen sagt ihnen etwas über den Ort, in diesem Fall das Meer, mit dem eine Vielzahl von Konnotationen verbunden ist, und ihr narratives Wissen sagt ihnen, dass die Besonderheiten des Meeres eine Rolle in der Handlung spielen werden.

Der Blick auf Figuren und Akteure aus der Obersicht kann verschiedene Funktionen haben. Er kann narrativ begründet sein, wenn eine Figur im Verhältnis zur Umgebung oder zu anderen Figuren als klein oder unterlegen erscheinen soll; sie werden dann von ihrer Umgebung dominiert. Er kann aber auch einfach nur die Größenverhältnisse von miteinander sprechenden Figuren wiedergeben. So wird der Blick eines Erwachsenen auf ein Kind – den Größenverhältnissen entsprechend – aus der Obersicht gezeigt und umgekehrt der Blick des Kindes auf den Erwachsenen aus der Untersicht. Aufgrund der Größenverhältnisse muss in »Terminator 2 – Judgement Day« John zu seinem Terminator aufschauen, während der Terminator auf John herabsieht (vgl. Abb. 16 und 17).

Abb. 16   Abb. 17

Entsprechend dient die *Untersicht* oder *Froschperspektive* dazu, die gezeigten Dinge und Figuren als bedeutend und mächtig erscheinen zu lassen. In »Die Spur des Falken« begegnet der Privatdetektiv Sam Spade dem Gangsterboss Kasper Gutman. Da sich Spade gewissermaßen in der Höhle des Löwen befindet, wird Gutman als der Mächtigere dargestellt. Der beleibte Gangsterboss sitzt in einem Sessel und wird aus der Untersicht gezeigt – ein eindrucksvolles Bild, das für den armen Spade Schlimmes befürchten lässt (vgl. Abb. 18 bis 20).

Abb. 18   Abb. 19   Abb. 20

Befindet sich die Kamera dagegen auf Augenhöhe der handelnden Figuren, so wird von *Normalsicht* gesprochen. Sie entspricht der Position, in der sich zwei Personen im Dialog gegenüberstehen. Die Zuschauer sollen als Beobachter gewissermaßen »auf gleicher Höhe« sein.

Auf der horizontalen Ebene werden Dinge und Personen entweder direkt von vorn gezeigt oder seitlich verzerrt. Entscheidend ist dabei, dass die Kamera den für die Zuschauer aufgebauten Raum beachtet, in dem es rechts und links sowie vorn und hinten gibt. Die Kamera darf die eigene Blickachse nicht überspringen, denn nur so ist die räumliche Orientierung für die Zuschauer am Handlungsort zu gewährleisten. Tut sie es doch, verlieren die Zuschauer die Orientierung im Raum. Das kann natürlich gewollt sein, z.B. um im Horrorfilm eine bedrohliche Situation zu schaffen, ansonsten erzeugt es eher Irritation. Letzteres ist häufiger bei Fußballspielen zu beobachten, wenn die Zeitlupenaufnahmen von Kameras, die hinter dem Tor stehen oder sich an einer Seitenlinie entlangbewegen, das Spielgeschehen nicht aus der durch die Hauptkamera vorgegebenen Perspektive zeigen. Die Hauptkamera, die von einer Längsseite des Spielfeldes aus das Spiel zeigt, vermittelt den Zuschauern deutlich, wo rechts und links ist – der Kommentar erklärt zudem meist noch, welche der beiden Mannschaften gerade von rechts nach links spielt. Dadurch ist den Zuschauern eine räumliche Orientierung möglich, die dann in den Zeitlupen aus anderen Kamerapositionen heraus wieder aufgehoben wird – da grätscht der gegnerische Spieler plötzlich von rechts in den ballführenden Spieler, während er eben noch von links kam. Bei einigen Übertragungen ist zu beobachten, dass links unten im Bild als Orientierungshilfe für die Fernsehzuschauer die andere Perspektive der Kamera als Symbol und/oder Schrift eingeblendet ist.

Um den Realitätseindruck und die Kontinuität der Handlung nicht zu zerstören, muss in Filmen auf die Einhaltung dieser Regeln geachtet werden. Wenn in »Titanic« der Bug des Schiffes langsam im Meer versinkt und sich das Heck hebt, müssen die Menschen, die sich nicht mehr festhalten können, alle in eine Richtung rutschen. Das muss dann in allen Einstellungen, ob nah, amerikanisch, halbtotal oder total, zu sehen sein. Denn die Zuschauer als Beobachter verharren in einer festen Position im Kino- oder Fernsehsessel, von der aus sie klare Raumvorstellungen über den Ort der Handlung entwickeln. Findet in einem Gangsterfilm eine Verfolgungsjagd statt, muss sich der Verfolgte in die gleiche Richtung wie die Verfolger bewegen – es sei denn, er wendet einen Trick an, um z.B. in einer parallel verlaufenden Straße seinen Verfolgern wieder entgegenzufahren. Bleibt die räumliche Orientierung nicht erhalten, kann z.B. bei einer Verfolgungsjagd auch keine Spannung erzeugt werden.

Kamerabewegung

Neben der Perspektive und der Einstellungsgröße kommt auch der Kamerabewegung eine narrative Funktion zu (vgl. Bordwell 2001, S. 70 ff.). Es können vier Bewegungsarten unterschieden werden (vgl. Bordwell/Thompson 1993, S. 217 ff.; Faulstich 2002, S. 121; Hickethier 2007, S. 60; Korte 2004, S.29 f.; Phillips 1999, S. 109 ff.): Kamerafahrt, Hand- oder Wackelkamera, Zoom und Schwenk.

Zu Beginn der Filmgeschichte war die Kamera noch starr, sie stand auf einem Stativ und beobachtete das vor ihr ablaufende Geschehen. Es war darauf zu achten, dass die handelnden Figuren nicht aus dem Bild liefen. Doch dann entdeckte man, dass die Kamera auch beweglich sein kann. Man montierte sie auf sich bewegende Gegenstände. Zunächst waren das Schiffe, die an den Kais der Hafenstädte entlangfuhren, dann waren es Eisenbahnen, auf denen die fest montierten Kameras durch die Landschaft bewegt wurden. Daraus entwickelte sich die *Kamerafahrt*, bei der sich die Kamera durch den Raum bewegt. Sie kann auf kleinen Wagen neben einem Geschehen herfahren. Das kann bei Fußball-übertragungen gut beobachtet werden, wo die Kameras entlang der Seitenlinie fahren und dabei immer auf der Höhe des Balles sind. Sie kann aber auch auf einem Auto montiert sein, um den Zuschauern die Sicht des Fahrers auf die Straße näherzubringen.

Die Kamera bewegt sich in der Regel nicht ohne einen Bezug zur Handlung oder der inneren Gefühlswelt bzw. dem Zustand des Fahrers. Ist der Auto fahrende Held z.B. angetrunken, können die Zuschauer aus dieser Perspektive genau miterleben, wie gefährlich nah er den Mülltonnen und Straßenlaternen kommt, die am Rande seines Weges stehen. In einer anderen Szene kann die auf dem Auto montierte Kamera verdeutlichen, wie brenzlig die Situation für eine sich auf der Straße befindende Person wird, wenn das Auto auf sie zurast. Ist die Fahrerin eine intrigante Nichte und der alte Mann auf der Straße ein sympathischer, kinderlieber Millionär, den sie beerben möchte, werden die Zuschauer die Situation als sehr bedrohlich für den alten Mann erleben. Ist die Fahrerin jedoch die nette Freundin des von der Mafia zu Unrecht getöteten Postboten und der schwer bewaffnete junge Mann auf der Straße ein ziemlich brutal aussehender Mafioso, dann werden die Zuschauer die Situation als sehr bedrohlich für die Fahrerin erleben. Worauf es hierbei ankommt, ist, dass die Zuschauer die Situation überhaupt als bedrohlich erleben. Denn wenn sie das tun, sind sie kognitiv und emotional aktiv: Sie erleben den Film und sehen ihn nicht nur. Ebenso wie sich die Kamera auf Personen oder Objekte zubewegen kann, kann sie sich auch von ihnen entfernen. Da macht sich dann schon ein Gefühl der Erleichterung im Kino- oder Fernsehsessel breit, wenn die Zuschauer miterleben können, wie die Heldin ihre Verfolger abhängt oder James Bond mal wieder den bösen Agenten entwischt. Gerade bei Verfolgungsszenen wird oft zwischen der Bewegung des Näherkommens und des Abstandgewinnens gewechselt. Auf diese Weise erhält die Verfolgungsjagd eine atemberaubende Dynamik. Eine Kamera, die sich z.B. um 360° um eine Person herumbewegt, kreist diese Person förmlich ein. In »Reservoir Dogs – Wilde Hunde« wird dies eingesetzt, um die bedrohliche Situation bei einem Verhör zu verdeutlichen. In »Control« umkreist die Kamera die Hauptfigur Ian Curtis, um seinen angeschlagenen psychischen Zustand zu verdeutlichen.

Eine andere Form der Kamerabewegung ist die *Hand- oder Wackelkamera*, die nicht auf einem beweglichen Gefährt fest installiert ist, sondern von den Kameraleuten getragen wird. Die dadurch entstehenden wackeligen Bilder vermitteln den Zuschauern eine besondere Dynamik und Lebendigkeit (vgl. Beier 1999; Phillips 1999, S. 112 ff.). Jean-Luc Godard hat dies z.B. bewusst als Stilmittel in »Außer Atem« eingesetzt und damit Filmgeschichte geschrieben. Die dänischen Filmemacher der sogenannten »Dogma«-Bewegung arbeiten mit Handkameras, um eine stärkere Authentizität zu erzeugen. In ähnlicher Weise wird dieses Mittel in dem Horrorthriller »Blair Witch Project« verwendet, um die Bewegungen der Figuren im Unterholz nahezu authentisch wiederzugeben. Generell kann man zudem unterscheiden, ob die Kamera sich auf ein Geschehen, einen Gegenstand oder eine Figur zu- oder sich davon wegbewegt (*Ranfahrt* oder *Rückfahrt*), ob sie sich seitlich an Objekten vorbeibewegt (*Seitfahrt*) oder ob sie sich parallel zu sich bewegenden Objekten wie fahrenden Autos oder Schiffen bewegt (*Parallelfahrt*).

Von diesen Formen der Kamerabewegung ist der *Zoom* zu unterscheiden, bei dem durch Veränderung der Brennweite des Objektivs Gegenstände oder Personen nah herangeholt oder eben auf Abstand gebracht werden können. Dabei bleibt die Entfernung zwischen der Kamera und dem gefilmten Objekt gleich, nur die Proportionen des abgebildeten Raumes verändern sich: seine Tiefe verringert oder vergrößert sich. Der Bewegungseindruck für die Zuschauer ist jedoch anders als bei der Kamerafahrt, da hier die Künstlichkeit der Kamera bewusst wird. Hier bewegen sich Objekte oder Personen auf das Auge des Betrachters zu oder von ihm weg, ohne dass sie ihre Position im abgebildeten Raum verändern würden. Es bewegt sich nur der Kamerablick, der aber dennoch die Wahrnehmung der Zuschauer auf eine Figur oder ein Objekt fokussiert.

Eine weitere Form der Kamerabewegung ist der *Schwenk*. Dabei behält die Kamera ihren Standpunkt bei, bewegt sich aber horizontal oder vertikal durch den Raum. Auf diese Weise kann sie den Zuschauern bedeutsame Informationen über etwas vermitteln, was vorher nicht im Bild zu sehen war. Die Kamera kann z.B. einen Raum abschwenken, um eine räumliche Orientierung zu bieten. Als in »Das Schweigen der Lämmer« Clarice Starling erstmals in das Gefängnis kommt, in dem Hannibal Lecter gefangen gehalten wird, und sie den Wachraum vor den Verliesen betritt, folgt die Kamera ihrem Blick und schwenkt von links nach rechts um mehr als 180° durch den Raum, bis sie auf dem Gesicht des Wärters Barney zum Stehen kommt. Sie kann aber auch einfach den Personen in der Szene folgen, während diese sich durch den Handlungsraum bewegen. Wenn die sorgende Mutter von der Couch aufspringt, um den gerade heimgekehrten, seit Tagen vermissten Töchtern entgegenzueilen, folgt die Kamera ihrer Bewegung, und die Zuschauer wissen, dass sie ihre Kinder gleich in die Arme schließen wird. Mit einem Schwenk kann zugleich die Einstellungsgröße verändert werden, wenn von einem nahen Objekt auf ein weiter entferntes geschwenkt wird. Das ist in »Titanic« zu beobachten, als das Schiff vom Pier ablegt: Zunächst ist in einer Großaufnahme zu sehen, wie eine Leine gelöst wird. Der Pier befindet sich leicht links von der Position der Kamera, die nun weiter nach rechts den Pier entlang zur nächsten Leine schwenkt, die gelöst wird. In der Sequenz, in der das Wrack der TITANIC auf dem Meeresboden entdeckt wird, sind mehrere Formen der Kamerabewegung vereint. Es werden Kamerafahrten, Schwenks und Zooms eingesetzt, um die Zuschauer an der Erkundung des Wracks auch kognitiv zu beteiligen. Das Beispiel zeigt, dass in Filmen nicht nur *ein* bestimmtes Gestaltungsmittel eingesetzt wird. Ihre volle Funktion in Bezug auf die Narration, die Repräsentation und die handelnden Figuren und Akteure entfalten die Elemente der Kameraarbeit von der Einstellungsgröße über die Perspektive bis hin zur Bewegung erst in ihrem Zusammenspiel.

Funktionen der Kameraarbeit

In dem Film »The Player« werden die Zuschauer über eine grandiose erste Einstellung in den Handlungsort eingeführt. Die Kamera wird mit einem Kran über den Schauplatz – ein Hollywood-Studio – bewegt und schwenkt zugleich über das Gelände, um sich letztendlich an einem Gebäude festzubeißen: Die Betriebsamkeit der Kamera fängt die Betriebsamkeit in einem Studio ein. Damit wird zugleich ein Handlungsrahmen geschaffen, der sich durch den ganzen Film zieht. Als in »Alles über Eva« der alternde Broadway-Star Margo Channing, gespielt von Bette Davis, ihre ehrgeizige junge Konkurrentin Eve Harrington in einer eindeutig zweideutigen Situation mit dem Kritiker George Sanders erwischt, der die junge Eve mit seinen Kritiken in den Ruhm schreibt, werden die Zuschauer Zeugen der Auseinandersetzung zwischen Margo und George: Die Kamera verfolgt Margo durch das Zimmer und zeigt die beiden in halbtotalen, halbnahen, nahen und großen Einstellungen. In der Halbtotalen sind die heftigen verbalen Attacken zu sehen, in den Nah- und Großaufnahmen die innere Erregung von Margo, in den halbnahen Einstellungen sieht man Margos Griff in eine Dose Pralinen. Durch diese Einstellungswechsel erhält die Szene eine zusätzliche Dynamik, die den Zuschauern den Streit zwischen Margo und George nicht aus einer starren, quasi objektiven Beobachterposition heraus zeigt. Indem die Kamera Margo folgt und in wechselnden Einstellungen ihre innere Gefühlswelt offenlegt, werden die Zuschauer nah an das Geschehen herangeführt und können so die Identitätsprobleme einer alternden Diva empathisch nachvollziehen. Ihnen wird das Angebot gemacht, emotional aktiv zu werden.

Im Verlauf ihrer Film- und Fernsehsozialisation erlernen Zuschauer die Bedeutungen von filmischen Gestaltungsmitteln wie Kameraperspektive und -bewegung sowie Einstellungsgrößen. Sie denken nicht bewusst darüber nach, was jetzt wie in einem Film eingesetzt wird. Die Bedeutung vermittelt sich über einen routinierten Zugriff auf das, was auf der Leinwand oder dem Bildschirm erscheint. In der Analyse wird der umgekehrte Weg gegangen und versucht, die routinierte Umgangsweise in einen bewussten Zugriff zu verwandeln. Da sich die Zuschauer in der »normalen« Rezeption von den Gestaltungsmitteln durch den Film oder die Fernsehsendung leiten lassen, dienen sie dem Aufbau von Erwartungen auf das weitere Geschehen. Wenn z.B. in einer der täglichen Nachmittagstalkshows die Moderatorin einen neuen Gast ankündigt und die Kamera eine Schwingtür neben der Bühne zeigt, erwarten die Zuschauer, dass der neue Gast in diesem Augenblick genau durch diese Tür kommen wird. Die Entfernung der Kamera von der Tür und damit von dem durch diese Tür kommenden Gast zeigt zudem an, welche Nähe oder Distanz die Zuschauer zu ihm aufbauen sollen. Hat die Person auf der Bühne gerade eine Beleidigung ausgesprochen, die den neuen Gast betrifft, werden die Zuschauer sofort mit einer Nah- oder Großaufnahme des neuen Gastes konfrontiert, damit gleich seine Betroffenheit oder Coolness erkannt werden können.

Welche Rolle die Kamera beim Aufbau von Erwartungen und der Generierung von Spannung spielt, mag folgendes Beispiel aus »Das Schweigen der Lämmer« verdeutlichen: Zu Beginn des Films, noch während der Titelsequenz sieht man Jodie Foster als Clarice Starling durch einen Wald laufen. Leichter Bodennebel steigt auf, die Stimmung ist etwas unheimlich. Die Kamera zeigt Clarice zunächst von vorn, dann von der Seite, um anschließend kurz ihre laufenden Beine zu zeigen. Ihr keuchender Atem ist zu hören. Dann ist die Kamera plötzlich hinter ihr und verfolgt sie; eine klassische Konvention, um anzudeuten, dass sich jemand von hinten einem Opfer annähert. Die Zuschauer werden in gespannte Erwartung versetzt, doch dann löst sich die Szene eher unspektakulär auf: Clarice befindet sich auf einem Fitness-Pfad und wird zum Appell zu ihrem

Chef gerufen. Mit dieser durch die Darstellungsweise erzeugten gespannten Erwartung werden die Zuschauer in psycho-physiologische Erregung versetzt: Sie werden vom Film vereinnahmt; er zieht sie in seinen Bann.

Über die Kameraarbeit wird das Verhältnis der Zuschauer zum Geschehen auf der Leinwand oder dem Bildschirm geregelt. Sie gestattet es, eine distanzierte Beobachterperspektive einzunehmen oder aber nah an den Figuren und Objekten dran zu sein. Während der distanzierte Blick aus der Halbtotalen oder der Totalen es gestattet, sich das Geschehen im Überblick zu vergegenwärtigen, binden Nah-, Groß- und Detailaufnahmen die Zuschauer emotional an das Geschehen. Ein »guter« Film lässt die Zuschauer in dieser Hinsicht nicht in Ruhe, er veranlasst sie, kognitiv und emotional aktiv zu werden, er gönnt ihnen auch mal Ruhepausen, aber am Ende des Films gibt er ihnen das Gefühl, zum Filmerlebnis ihren Anteil beigetragen zu haben. Die Zuschauer sind es, die die Geschichte des Films erlebt haben, weil sie sie in ihren Köpfen zusammengefügt haben.

Analyseleitende Fragen

- Welcher Handlungsort wird zu Beginn des Films wie vorgestellt?
- Welcher Handlungsrahmen wird dadurch aufgespannt?
- Welche Personen werden den Zuschauern von der Kamera nahegebracht, welche bleiben eher distanziert?
- Mit welchen Mitteln lädt die Kamera die Zuschauer zur Identifikation mit welcher Figur ein?
- Ist die Sicht der Kamera auf die einzelnen Figuren immer gleich oder wechselt sie?
- Wie positioniert die Kamera die handelnden Personen im filmischen Raum (oder bei Fernsehshows im Bühnenraum)?
- Mit welcher Raumkonstruktion bietet die Kamera den Zuschauern eine Orientierung im filmischen Raum?
- Mit welchen Mitteln werden einzelne Szenen dynamisiert?
- Unterstützt die Sicht der Kamera auf Personen und Objekte die generelle Erzählperspektive oder wird sie von ihr konterkariert?
- Wie bindet die Kamera die Zuschauer in den Szenen in das Geschehen ein?
- Blickt der Zuschauer direkt durch die Kamera oder ist es der Blick einer der Figuren?

4.2 Licht

Das Licht hat eine wesentliche Funktion für die Bedeutung von Film- und Fernsehszenen. Es kann Objekte und Akteure hervorheben, es kann sie aber auch im Dunkeln verschwinden lassen. Die Lichtgestaltung ist vor allem für die Konzeption des filmischen Raumes wichtig. Mit Hilfe des Lichts entsteht bei den zweidimensionalen Film- und Fernsehbildern der Eindruck von Dreidimensionalität, die abgebildeten Dinge werden plastisch (vgl. Gans 1999, S. 6). Das ist nicht nur bei Film und Fernsehen so, sondern bereits aus der Fotografie und der Malerei bekannt. Licht und Schatten sind dabei untrennbar miteinander verbunden, denn sie »geben dem Zuschauer den entscheidenden Eindruck von den Dimensionen des Raumes« (Dunker 2007, S. 11). Ihre Verteilung modelliert die Dinge und ermöglicht es dem Betrachter, »auf die Form der Dinge zu schließen, während die An- und Abwesenheit von Glanzlichtern und Reflexen uns über ihre Oberflächenbeschaffenheit unterrichtet« (Gombrich 1987, S. 13). Mit der Lichtgestaltung im Film lassen sich Strukturen hervorheben. Licht und Schatten ordnen die Gegenstände im Raum. Die Lichtgestaltung im Film erlaubt es, die Beleuchtung zu manipulieren, indem Schatten künstlich aufgehellt werden, indem mit einer besonderen Lichtfarbe bestimmte Stimmungen erzeugt werden oder ganz allgemein bereits dadurch, dass bewusst mit mehreren Lichtquellen gearbeitet wird, die für die Zuschauer nicht erkennbar sind, weil sie außerhalb des Bildes liegen. Hierin offenbart sich die narrative Funktion der Lichtgestaltung.

Auch das ist bereits aus der Malerei bekannt. Ein Meister der Lichtgestaltung, der nicht nur nachfolgende Malergenerationen, sondern auch Filmschaffende beeinflusst hat, war Caravaggio. Da seine Lichtquellen meist nicht im Bild selbst zu sehen sind, hebt er mit seiner Lichtgestaltung bestimmte Gegenstände, Personen oder Accessoires im Bild hervor. Oft hat der Betrachter den Eindruck, dass ein Scheinwerfer von außen ins Bild strahlt. Das Licht resultiert nicht aus dem Bildinhalt. Die Gestalten in den Bildern Caravaggios wissen nichts von dem Licht, »das auf sie fällt, sie selbst sehen es nicht. Dieses Licht und damit auch das Helldunkel, dem es zugehört, ist als ein Medium bestimmbar, das nur uns, den Betrachtern, deutlich vor Augen steht; es ist die uns gestellte Bedingung des Sehens« (Prater 1992, S. 26). Das Licht verfährt damit wertend mit dem Bild. Das Helldunkel lenkt die Aufmerksamkeit des Betrachters und strukturiert so die Bedeutungsbildung vor. Im Zusammenhang mit dem Film Noir und den Filmen des deutschen Expressionismus ist immer wieder auf die besondere Rolle der Helldunkel-Gestaltung als narratives Prinzip hingewiesen worden, und besonders auf die Tradition des »Chiaroscuro« in der Malerei bei Caravaggio und Rembrandt (vgl. Hickethier 2007, S. 75). Doch ist dabei leider übersehen worden, dass es sich bei den genannten Filmen um Schwarz-Weiß-Filme handelt, der Begriff »Helldunkel« oder »Chiaroscuro« sich aber auf eine bestimmte Art der Farbgestaltung bezieht, auf eine Art Zwielicht, in dem Farben nicht mehr rein, sondern in Brauntönen erscheinen: »Die Entfaltung des Helldunkels ist nur möglich auf Kosten der Reinheit der Farben und der Klarheit der Linien« (Prater 1992, S. 71). Eine entsprechende Umsetzung im Film findet sich unter anderem bezeichnenderweise in »Caravaggio«, der Szenen aus dem Leben des Malers erzählt und versucht, sich in der Lichtgestaltung an den Bildern des Meisters zu orientieren. Außerdem arbeiten Farbfilme, die sich in der Tradition des Film Noir sehen, mit dem Mittel des Helldunkel, indem Farben und Formen verschwimmen – als Beispiel mag hier »Sieben« gelten. Das Helldunkel erhält eine eigene narrative Bedeutung, die sich weder aus der Handlung, den abgebildeten Gegenständen oder einer symbolischen Bedeutung ergibt. Das Licht dient allein der Aufmerksamkeitslenkung des Betrachters.

Arten der Lichtgestaltung

Die Lichtgestaltung in Film und Fernsehen ist in der Regel der Erzählung untergeordnet, sie unterstreicht die Informationen des Plots und gibt Hinweise auf die Story. Licht und Schatten sind filmische Gestaltungsmittel, die sich sowohl dem »natürlichen« Licht in den Szenen anpassen können, die aber auch »künstlich« eingesetzt werden, um die Narration zu unterstützen. Szenen in Film oder Fernsehen spielen am Tag, in der Nacht oder der Dämmerung, sie spielen außen oder innen. Damit sind bestimmte natürliche Lichtverhältnisse verbunden, die in der Ausleuchtung noch betont werden können. Agieren die Figuren in einer Szene tagsüber in einem Innenraum, kann z.B. Sonnenlicht durch ein Fenster fallen und die Szene erleuchten, abends bzw. nachts können im Bild selbst Lichtquellen wie Lampen oder Kerzen zu sehen sein, die das Geschehen erhellen und für die Zuschauer sichtbar machen. Zugleich wird die Szene aber besonders ausgeleuchtet, um die Erzählung zu unterstützen. Im Wesentlichen werden drei Arten der Filmlichtgestaltung, die aus der Schwarz-Weiß-Fotografie bekannt sind, unterschieden (vgl. Bordwell/Thompson 1993, S. 152 ff.; Gans 1999, S. 164 ff.; Hickethier 2007, S. 76): Normalstil, High-Key, Low-Key. Sie beziehen sich auf die Helligkeit der Bilder und lenken dadurch die Wahrnehmung der Zuschauer.

> »Der *Normalstil* entspricht den tagtäglichen Sehgewohnheiten. Die Verteilung von Hell und Dunkel ist ausgewogen. Der Zuschauer empfindet

die Szenerie als natürlich und nicht dramaturgisch beeinflusst. Beim *High-Key* prägt Helligkeit den Bildeindruck. Vielzitiertes Extrembeispiel: hellhäutiges, blondes Mädchen, schattenfrei ausgeleuchtet, weiß bekleidet vor weißer Wand. Beim *Low-Key* überwiegen in der Bildkomposition die Schatten und die unbeleuchteten Bildteile« (Dunker 2007, S. 22, H.i.O.).

Die Hollywood-Komödien der dreißiger und vierziger Jahre waren entsprechend hell ausgeleuchtet, hier dominierte High-Key. Als Beispiele seien »Die Nacht vor der Hochzeit« und »Leoparden küsst man nicht« genannt. In den Detektiv- und Gangsterfilmen des Film Noir dagegen dominierte die Low-Key-Ausleuchtung, Schatten spielten eine entscheidende Rolle. Wer erinnert sich nicht an den langen Schatten des flüchtenden Harry Lime an den Häuserwänden von Wien in »Der dritte Mann« (vgl. Abb. 21). Unvergessen bleibt sicher auch die Mordszene in »Das Cabinet des Dr. Caligari«,

Abb. 21

die nur als Schatten an der Wand zu sehen ist. In diesem Film des deutschen Expressionismus wird auch sehr deutlich, wie mit Hilfe von Licht und Schatten sowie gemalten Dekors Raumeindrücke geschaffen werden.

Zur Ausleuchtung einer Szene werden in der Regel mehrere Lichtquellen eingesetzt. Von besonderer Bedeutung ist dabei das Haupt- oder Führungslicht, die dominanteste Lichtquelle (vgl. Bordwell/Thompson 1993, S. 155). Mit ihm wird bis zu einem gewissen Grad die natürliche Lichtsituation der Szene hergestellt.

»Das Hauptlicht oder Führungslicht legt die dramaturgische Aussage fest. Alle anderen Lichtfunktionen sind im Grunde nur noch eine Ergänzung oder Abrundung des Hauptlichts respektive der Bildgestaltung. Zur Verdeutlichung: Das Hauptlicht oder Führungslicht ist nicht, wie oft behauptet, durch seine Position zur Kamera definiert, sondern ausschließlich durch die prägende Funktion innerhalb der Szenenausleuchtung« (Dunker 2007, S. 38).

Die anderen Lichtquellen müssen sich nach dem Führungslicht richten, denn es ist das »vorherrschende Licht auf einem Objekt, führt Stimmung und Charakter ein und verleiht einem Objekt die Erscheinung seiner Form und seiner Konturen« (vgl. Gans 1999, S. 136 f.). Grundsätzlich gilt dabei, dass die »alltägliche

Erfahrung des Lichts [...] in eine Ordnung der Bilder übertragen werden« muss (Prümm 1999, S. 45). Die vom Hauptlicht verursachten Schatten werden, sofern sie keine dramaturgische Bedeutung haben, aufgehellt oder aufgefüllt – man spricht dann auch von Füll-Licht (vgl. Bordwell/Thompson 1993, S. 155; Gans 1999, S. 136 ff.; Phillips 1999, S. 80 f.). Daneben gibt es das Spitzlicht, das Personen oder Objekte besser vom Hintergrund trennt, um dem Bild mehr Tiefe zu geben. Das Raum- oder Hintergrundlicht gleicht die Kontraste in der Szene an. In Serien und Daily Soaps, die mit elektronischen Kameras in einer festen Studiodekoration aufgenommen werden, ist dies die dominante Lichtart. Denn hier kann nicht wie im Film jede Szene einzeln ausgeleuchtet werden, sondern die ganze Szenerie muss in einem einigermaßen gleichmäßigen Licht erscheinen. Heraus kommen etwas »matschige«, kontrastarme Bilder.

Weitere Bezeichnungen für die Lichtgestaltung orientieren sich am Standort der Lichtquelle: Vorderlicht, Oberlicht, Gegenlicht, Seitenlicht, Streiflicht, Unterlicht und Hinterlicht. Das Haupt- oder Führungslicht einer Szene ist kein Vorderlicht, es ist leicht seitlich von der Kameraachse positioniert. Mit dem Seitenlicht und dem Streiflicht werden Schatten sichtbar, die Personen und Objekte in der Szene erhalten Kontur. Daneben lässt sich zwischen hartem und weichem Licht unterscheiden. Hartes Licht macht die Konturen sichtbarer – jeder Pickel im Gesicht einer Person ist überdeutlich zu sehen –, weiches Licht verwäscht dagegen die Konturen – Falten und Fältchen werden unsichtbar.

Narrative Funktion der Lichtgestaltung

Die narrative Funktion der Lichtgestaltung ergibt sich vor allem aus dem Umstand, dass Licht Stimmungen schaffen kann – wie ansatzweise bereits beim High- und Low-Key dargestellt – und dass es zur Charakterisierung der handelnden Figuren eingesetzt werden kann. Eine wesentliche Rolle spielen dabei sowohl das Weltwissen der Zuschauer über Licht und Schatten als auch das narrative Wissen über die mit bestimmten Lichtarten verbundenen Geschichten. Eine hell erleuchtete, sonnenbeschienene Landschaft oder eine hell erleuchtete Wohnung rufen Bedeutungshorizonte von Freundlichkeit und Übersichtlichkeit auf, denn nichts deutet darauf hin, dass dort etwas verborgen ist. Ganz anders dagegen in dunklen, regennassen Gassen oder dunklen Räumen, in die nur ein spärlicher Lichtstrahl dringt. Dunkelheit hat immer auch eine doppelte Bedeutung. Sie kann sowohl etwas Unheimliches, Gefährliches verbergen, sie kann aber auch genauso gut Schutz vor Verfolgern bieten. Wenn Jodie Foster als Clarice Starling in »Das Schweigen der Lämmer« in den Keller des Sicherheitstrakts der geschlossenen Anstalt für psychopathische Gewaltverbrecher hinabsteigt, um den kannibalischen Serienmörder Hannibal Lecter aufzusuchen, erinnern sich die Zuschauer an all die Geschichten, die mit dunklen Kellern verbunden sind – was möglicherweise zur Folge hat, dass sie bei dieser Szene Angst empfinden. Zugleich kann mit dem Licht eine gewisse Grundstimmung erzeugt werden.

»Diese Möglichkeit des direkten Zugriffs auf die Stimmungslage des Zuschauers ist ein phantastisches Mittel für die Filmgestaltung. Licht kann die jeweilige Grundstimmung unmittelbar ins Unterbewusstsein der Zuschauer transportieren. Die Lichtfarbe signalisiert dem Betrachter die Stimmungslage der Szene. Blaues Licht erzeugt eine gewisse Kälte, Rot und Gelb dagegen strahlen Wärme aus« (Dunker 2007, S. 14).

So können z.B. zwei unterschiedliche Handlungsorte in einem Film durch eine entsprechende Farbgebung charakterisiert sein. In dem Kultfilm »Diva« wird die chaotische Wohnung des sympathischen Protagonisten Jules in warmen Farbtönen gezeigt. Die Fabriketage, in der Gorrodish und Alba wohnen, ist dagegen von Blautönen dominiert. Mit den Wohnungen werden zugleich die handelnden Figuren charakterisiert. In den Detektiv- und Gangsterfilmen des Film Noir wurden die männlichen Helden oft mit einem harten, gerichteten Licht ausgeleuchtet, wodurch sie noch markanter erschienen. Die Filmdiven der dreißiger und vierziger Jahre des 20. Jahrhunderts wurden dagegen häufig mit einem weichen, diffusen Licht ausgeleuchtet, bei Nahaufnahmen von ihrem Gesicht zusätzlich mit Gegenlicht, das hinter ihren Köpfen positioniert war. Dadurch erhielten sie eine leichte Gloriole, einen Lichtkranz, der ihr Haar besonders schimmern ließ. Greta Garbo ist in der Komödie »Ninotschka« mehrfach in so einem Licht zu sehen und ebenso Rita Hayworth in »Gilda«, während sie ihren angedeuteten Striptease tanzt und »Put the Blame on Mame« singt (vgl. Abb. 22).

Abb. 22

Licht und Schatten sind wesentliche Gestaltungsmittel des Films, die sowohl eine eigene narrative Kraft haben als auch den Plot und die Erzählung des Films dramaturgisch unterstützen können. Der sorgsame Umgang mit dem Licht beansprucht die Zuschauer in ihren psychischen Aktivitäten und geleitet sie durch den Film. Allerdings entfaltet sich das Potenzial der Lichtgestaltung in der Regel erst im Zusammenwirken mit den anderen filmischen Gestaltungsmitteln.

Analyseleitende Fragen

• Wie bestimmt die Lichtgestaltung Raum und Zeit im Filmbild?
• Welche Szenen des Films spielen bei Tag, welche bei Nacht?
• Ist mit der Tageszeit auch eine bestimmte dramaturgische und erzählerische Funktion verbunden?
• Welche Stimmungen werden mit der Lichtgestaltung erzeugt?
• Wie werden Personen mit Hilfe des Lichts charakterisiert?
• Sind ihre Konturen klar und deutlich zu erkennen oder eher »verwaschen«?
• Treten bestimmte Personen nur in hellen Räumen auf und andere nur in dunklen?
• Welche dramaturgische und erzählerische Funktion kommt den Schatten zu?
• Ist die Schattengestaltung am natürlichen Schatten von Personen und Objekten orientiert oder werden Schatten künstlich überhöht?

4.3   Schnitt und Montage

Filme und Fernsehsendungen bestehen nicht nur aus einzelnen Bildern und Einstellungen, sondern aus der Kombination von Bildern. Der Inhalt und die Repräsentation, der Plot und die Geschichte entstehen nicht allein aus dem, was gezeigt wird, sondern auch aus dem, wie es in der zeitlichen Abfolge gezeigt wird. Die einzelnen Einstellungen und Szenen müssen zu einem sinnhaften Ganzen zusammengefügt werden. Rein technisch gesehen nennt man diesen Vorgang *Schnitt*, denn am sogenannten Schneidetisch werden die Filmbilder in die Reihenfolge gebracht, in der sie anschließend auf der Leinwand zu sehen sind. Allerdings haben die klassischen Schneidetische inzwischen weitgehend ausgedient. An ihre Stelle treten Computer mit entsprechender Schnitt-Software.

Am Prinzip der sinnvollen Aneinanderreihung von Bildern hat sich jedoch nichts geändert.

> »Für den Eindruck ist in der Hauptsache nicht das wichtig, was im gegebenen Stück aufgenommen ist, als vielmehr, wie im Film ein Stück das andere ablöst. Das Wesen der Kinematographie ist nicht in den Grenzen der einzelnen Einstellung zu suchen, sondern im Wechsel dieser Stücke« (Kuleschow, zitiert in Wuss 1990, S. 86).

Durch eine bestimmte Zusammenstellung der Bilder können spezifische Effekte erzielt werden. Den Zuschauern wird eine bestimmte Lesart des Gezeigten nahegelegt. Am Beispiel von »Pretty Woman« wurde bereits beschrieben, wie eine elliptische Erzählweise dazu beiträgt, die Geschichte im Kopf der Zuschauer entstehen zu lassen (vgl. Kapitel II.2.1). Aus dem Blickwinkel der Montage heißt das, dass Bilder aneinander anschließen, zwischen denen Handlungzeit vergangen ist, ohne dass die Zuschauer ihrer ansichtig geworden wären.

Durch das Zusammenfügen verschiedener Bilder kann in Filmen und Fernsehsendungen die Chronologie von Bewegungen überwunden werden, und räumliche Distanzen können zu einem einheitlichen Raum verschmelzen. Der Schnitt bzw. die Montage ist daher eine der wesentlichsten Grundlagen des Films (vgl. Bordwell/Thompson 1993, S. 246 ff.; Dancyger 2007; Fairservice 2001; Hickethier 2007, S. 139 ff.; Phillips 1999, S. 122 ff.; Schnell 2000, S. 51 ff.). Das befand der russische Filmemacher und Theoretiker Wsewolod I. Pudowkin bereits in seinem 1928 auf Deutsch erschienenen Werk »Filmregie und Filmmanuskript«: »Die Grundlage der Filmkunst ist die Montage«, sie wird damit zur »Schöpferin filmischer Wirklichkeit« (zitiert bei Wuss 1990, S. 184). Bei Fernsehsendungen ist es die Bildmischung. Hier werden aus dem Angebot der verschiedenen Kameras die Bilder ausgewählt, die ausgestrahlt werden.

Die Möglichkeiten des Films liegen weniger darin, die äußere Wirklichkeit abzubilden, als vielmehr darin, aus diesem Rohmaterial mit Hilfe der Montage eine neue Wirklichkeit entstehen zu lassen.

> »Ich möchte betonen, daß die Filmmontage das kreative Element in der Gestaltung der filmischen Realität ist und daß uns die Wirklichkeit nur das Rohmaterial dazu liefert. Genau dies definiert die Beziehung zwischen Filmmontage und dem bloßen Filmmaterial« (Pudowkin 1928, zitiert bei Reisz/Millar 1988, S. 13).

Filmisches Erzählen kann daher als eine Art Interpretation des filmischen Rohmaterials und seiner Zusammenstellung gesehen werden. Erst durch das Zusammenfügen der einzelnen Bilder entsteht die filmische Wirklichkeit, so wie durch die Bildmischung erst die televisionäre Wirklichkeit entsteht.

Mit *Schnitt* ist im Wesentlichen der technische Vorgang der Koordination von zwei Einstellungen gemeint, die zu einer Abfolge zusammengefügt werden. Ein normaler Spielfilm besteht aus etwa 800 bis 1200 Einstellungen. Diese Einstellungen werden auf besondere Art geordnet und ergeben erst dann in ihrer Gesamtheit den Film. Montage meint mehr als den reinen technischen Vorgang, mit dem einzelne Einstellungen zu Szenen zusammengefügt werden. *Montage* meint die Herstellung narrativer und ästhetischer Strukturen durch diesen technischen Vorgang. Durch die Montage bekommen die Zuschauer den Eindruck einer kontinuierlichen Erzählung, in die sie mit Hilfe der Ästhetik eingebunden werden. Zugleich erhalten sie durch eine bestimmte Anordnung Hinweise zum Aufbau von logischen Verknüpfungen sowie Interpretationen der im Film gezeigten Ereignisse oder Dinge.

Die Montage erweitert gewissermaßen die natürlichen Wahrnehmungsmöglichkeiten der Zuschauer: Sie kann Dinge und Ereignisse zusammenfügen, die in der außerfilmischen Realität nicht zusammengefügt werden können, weil sie zeitlich oder räumlich auseinanderliegen und weil die verschiedenen Einstellungen und Perspektiven der Kamera die Zuschauer in verschiedene Beobachterpositionen bringen, die in der Realität nur schwer oder gar nicht eingenommen werden können. Die Bilder eines Films oder einer Fernsehsendung stehen nicht unverbunden nebeneinander, sie sind auf Narrations- und Repräsentationsprozesse bezogen und auf Verstehens- und Erlebnisaktivitäten der Zuschauer ausgerichtet. Erst die synthetisierende Tätigkeit der Zuschauer schafft Bedeutung.

> »Sie folgt der globalen Regel, daß es keine sinnlos nebeneinander stehenden Bildfolgen geben kann, sondern daß sie einem höheren Prinzip unterworfen sind, einer Gestalt des Sinns, einer die Diskontinuität der Orte oder Szenen übergreifenden und sie vereinigenden Handlung, einer unifizierenden Thematik« (Wulff 1999, S. 51).

Die *Bildmischung* erfüllt für das Fernsehen ähnliche Funktionen wie Schnitt und Montage für den Film. Der Medienwissenschaftler Knut Hickethier (2007, S. 153) spricht in diesem Zusammenhang von der Bildmischung als der »Simulation einer Montage«.

Schnitt und Montage haben sich erst im Verlauf der Filmgeschichte als technische und künstlerische Mittel entwickelt. In der Frühzeit des Films bestanden die meisten Filme aus einer dokumentarischen Ablichtung von Ereignissen, die sich vor der statisch aufgebauten Kamera abspielten (vgl. Bordwell 2001, S. 11 ff.;

Dancyger 2007, S. 3 ff.; Fairservice 2001, S. 5 ff.). Mit dem Ende der Filmrolle war auch das Ende des Films erreicht. Kameramänner kamen dann auf die Idee, quasi mit der Kamera zu »schneiden«, indem sie die Kamera bei demselben abzulichtenden Ereignis an unterschiedlichen Positionen und mit unterschiedlichen Perspektiven aufbauten und immer wieder an- und ausschalteten. Einer der ersten Filme, in dem verschiedene Einstellungen aneinandergeschnitten wurden, war »The Life of an American Fireman« aus dem Jahr 1903. In dem Film rückt die Feuerwehr aus, um eine Mutter mit ihrem Kind aus einem brennenden Haus zu retten. Die entscheidende Szene wird dann einmal aus der Sicht der zu rettenden Frau und einmal aus der Sicht der Feuerwehrmänner wiedergegeben. Hier zeigt sich bereits, worum es beim Schnitt und der klassischen Montagetechnik, wie sie sich in Hollywood durchgesetzt hat, geht: um die Herstellung einer erzählerischen Kontinuität, die sich in einem Zeit- und Raumkontinuum ausdrückt. Das wird auch als das »Continuity-System« des Hollywood-Kinos bezeichnet, das sich weltweit in der Filmbearbeitung durchgesetzt hat (vgl. Bordwell u.a. 1988, S. 194 ff.; Bordwell/Thompson 1993, S. 261 ff.; Dancyger 2007, S. 361 ff.; Phillips 1999, S. 138 ff.). Schnitt und Montage stehen im Dienst der Erzählung. Mit ihnen wird Kontrolle über den Plot ausgeübt und damit die Rezeption durch die Zuschauer vorstrukturiert.

Das gilt auch für die alternativ zum klassischen Continuity-System entwickelten Montageformen russischer Filmemacher der zwanziger und dreißiger Jahre wie Sergej Eisenstein. Ihm ging es nicht darum, Bilder so aneinanderzuschneiden, dass ein fließender, vom Zuschauer unbemerkter Übergang von einem Bild zum nächsten entstand, sondern er wollte, dass die Bilder miteinander kollidierten. Das Neben- und Gegeneinander verschiedener Einstellungen sollte die Zuschauer zum Nachdenken und Schlussfolgern anregen, sie sollten aus dem Kontrast der Einstellungen eine neue Bedeutung gewinnen. Eisensteins Montageprinzip wurde daher auch als »intellektuelle Montage« bezeichnet (vgl. Dancyger 2007, S. 20).

Es ist wichtig, sich die Kraft der Montage bei der Entstehung der filmischen Wirklichkeit zu verdeutlichen. Denn daraus resultiert eine Aufgabe der Analyse: die filmische Wirklichkeit zu dekonstruieren und in ihre Komponenten zu zerlegen, um zu erkennen, woraus und wie sie zusammengesetzt wurde. Eines der Experimente des russischen Filmemachers und -theoretikers Kuleschow, der mit Pudowkin darin übereinstimmte, dass das Wesen des Films in der Verkettung der Einstellungen durch die Montage liege, kann dies verdeutlichen. In dem Experiment geht es um die »ideale Frau«. Kuleschow schreibt dazu:

»Ich filmte ein Mädchen, das vor seinem Spiegel sitzt, Augen und Wimpern anmalt, sich die Lippen schminkt und die Schuhe zubindet. Allein durch das Mittel der Montage zeigten wir ein lebendiges Mädchen, das es aber in Wirklichkeit gar nicht gibt, weil wir die Lippen der einen Frau, die Beine einer anderen, den Rücken einer dritten und die Augen einer vierten gefilmt hatten. [...] wir verschafften uns eine völlig neue Person, indem wir nichts anderes taten, als völlig authentisches Material zu benutzen« (zitiert bei Beller 1993, S. 21).

Die Zuschauer nehmen die fragmentarischen Bilder als Elemente einer einheitlichen, kontinuierlichen Erzählung wahr. Das liegt u.a. daran, dass beim Zusammenschnitt von Einstellungen auf die identische Richtung von Handlungen bzw. Bewegungen in den verknüpften Einstellungen geachtet wird und dass die Handlungen der Einstellungen koordiniert werden. Letzteres bedeutet, dass eine Handlung in der einen Einstellung eine in der anderen kausal begründet. Man sieht z.B. bei einem Banküberfall, wie der Bankräuber eine Pistole zückt und damit die Kassiererin bedroht. In der folgenden Einstellung ist zu sehen, wie die Kassiererin mit dem Knie den kleinen Tresor unter dem Tresen zustößt und sich anschließend fallen lässt. Die Handlung in der zweiten Einstellung folgt als Wirkung auf die Ursache in der ersten Einstellung.

Dieses Prinzip wird im Film häufig genutzt, um die Illusion einer kontinuierlichen Realität zu erzeugen. In zahlreichen Spiel- und Fernsehfilmen gibt es Szenen dieser Art: Eine Person steht auf einem Hochhaus, ein Bösewicht naht, es entspinnt sich ein kurzer Kampf und die Person stürzt in die Tiefe. Bis zum Sturz sind leibhaftige Schauspieler in Aktion zu sehen. Es folgt ein Bild des fallenden Körpers. Je nachdem wie tief es hinuntergeht oder wo die Aufnahmen gemacht werden, fällt dann ein Stuntman oder eine Puppe durch die Luft. Anschließend sehen die Zuschauer einen Körper auf dem Boden liegen. Dabei handelt es sich möglicherweise wieder um den Schauspieler aus der ersten Szene, der mit Hilfe der Maske als toter Mensch zurechtgeschminkt wurde. Die Zuschauer nehmen diese Abfolge von Szenen und Einstellungen als eine fortlaufende, kontinuierliche Handlung wahr. Für sie ist der Schauspieler bzw. die Filmfigur, die er verkörpert, vom Hochhaus gefallen und durch die Luft geflogen.

Mit einem durch die Analyse solcher Szenenfolgen geschulten Blick lassen sich diese filmtechnischen Tricks und Raffinessen erkennen. Das Vergnügen am Film wird dadurch kaum beeinträchtigt, es sei denn, die Verwendung der Puppe ist zu offensichtlich und die Szene wirkt nicht mehr »echt«. Das Beispiel macht deutlich, wie das Prinzip der Kontinuität funktioniert. Es zielt darauf ab, die

Montageprinzipien und den Schnitt für den Zuschauer unsichtbar zu machen, um den Eindruck einer fortlaufenden Handlung zu erzeugen. Der Produktionsprozess eines Films sieht die fragmentarische Aufnahme einzelner Handlungselemente, die später mit dem Schnitt zusammengefügt werden, vor. Daher ist bereits beim Drehen auf die Kontinuität zu achten, damit Charaktere, die gerade ihr Büro verlassen, um anschließend in einem Bistro etwas zu essen und dabei wichtige Dinge zu besprechen, auch in all diesen Szenen z.B. die gleiche Kleidung tragen. Mehr noch muss beim Schnitt auf die Kontinuität geachtet werden. In der Filmgeschichte gibt es einige Fälle, in denen dieses Prinzip durchbrochen wird. Zum Beispiel in »Pretty Woman«: Vivian kniet vor dem im Sessel sitzenden Edward und öffnet ihm nach und nach die Kleidung. Zunächst löst sie seinen Krawattenknoten und entfernt die Krawatte; dann knöpft sie sein Hemd auf. Sie zieht ihn näher zu sich heran und öffnet ihm die Hose. Diese Szene ist mehrfach geschnitten. Verschiedene Groß-, Nah- und Halbnahaufnahmen zeigen die Aktivitäten Vivians und die Gesichter der beiden. Nachdem sie ihm bereits die Krawatte abgenommen und das Hemd geöffnet hat, folgt ein kurzer Zwischenschnitt, in dem Edwards Gesicht und seine Schultern zu sehen sind, und: Das Hemd ist geschlossen, die Krawatte noch umgebunden. Dieser Zwischenschnitt dauert nur zwei Sekunden, doch wurde hier, warum auch immer, das Kontinuitätsprinzip verletzt. Im Allgemeinen wird es jedoch eingehalten, und der Schnitt zielt darauf ab, sich selbst unsichtbar zu machen.

Die Kunst des Filmemachens besteht in ihrer Unsichtbarkeit. Mit einem System verschiedener gestalterischer Mittel und Konventionen wird versucht, die Zuschauer davon zu überzeugen, dass vor der Kamera alles »natürlich« zugeht und keine Bearbeitung stattgefunden hat. Aufgabe der Analyse ist es, den Schnitt wieder sichtbar zu machen. Denn nur so kann deutlich werden, wie der Film mit den Vorstellungen, der Wahrnehmung und dem Wissen der Zuschauer umgeht, um die Geschichte im Kopf entstehen zu lassen.

Schnittarten

Im Wesentlichen lassen sich vier Arten unterscheiden, in denen Einstellungen aneinandergeschnitten werden (vgl. Bordwell/Thompson 1993, S. 247 ff.; Dancyger 2007, S. 451 ff.):

- der harte Schnitt
- die Auf- oder Abblende
- die Überblendung
- die Trickblende

Beim *harten Schnitt* werden die Einstellungen einfach hintereinander geschnitten. Dabei wird lediglich darauf geachtet, dass sie im Rahmen der Kontinuität sind und eine Beziehung zwischen den beiden Einstellungen besteht. Wird innerhalb einer Szene oder Sequenz geschnitten, in der Handlungsort und Akteure identisch sind, bleibt dieser harte Schnitt meist unsichtbar. Der Zuschauer nimmt ihn nur vor- oder unbewusst wahr. Ein Beispiel: Eine Frau geht auf eine Tür zu, öffnet sie und macht Anstalten hindurchzugehen. Anschließend wird die Tür von der anderen Seite gezeigt, und der Zuschauer sieht, wie die Frau durch die Tür in einen anderen Raum kommt. Hier wird der Schnitt nur unbewusst wahrgenommen, weil die Handlungskontinuität störungsfrei gegeben ist und sich mit dem Weltwissen des Zuschauers deckt. Wenn die gleiche Szene mit der gleichen Handlungsabfolge gezeigt wird, aber in Zwischenschnitten noch Großaufnahmen von der Hand auf der Klinke und den sich bewegenden Beinen sowie eine Nahaufnahme auf ihr erwartungsvolles Gesicht zu sehen sind, dann werden diese Zwischenschnitte vorbewusst wahrgenommen. Sie stehen zwar im Dienst der Handlungskontinuität, entsprechen aber nicht der alltäglichen Wahrnehmung. Die Zuschauer können zwar beim Betrachten von Ereignissen oder Objekten die Brennweite ihrer Augen verändern, nicht aber die Einstellungsgrößen. Insofern erweitert der Film auch mit Hilfe des Zusammenfügens verschiedener Einstellungsgrößen das natürliche Sehen. Der Schnitt wird dann bewusst, wenn die wahrgenommene Handlungskontinuität durchbrochen wird, also wenn z.B. in obiger Szene plötzlich eine andere Frau als diejenige, die auf die Tür zugegangen war, durch die Tür tritt. Der harte Schnitt ist die am häufigsten verwendete Schnittart.

Ein Sonderfall des harten Schnitts ist der sogenannte *Jump Cut*. Dabei werden Diskontinuitäten zwischen zwei Einstellungen nicht nur in Kauf genommen, sondern auch absichtlich herbeigeführt (vgl. Bordwell/Thompson 1993, S. 281 ff.; Dancyger 2007, S. 131 ff.). Ein Fluss der Bewegungen in einer Szene wird durchbrochen. Das kann durch eine Änderung der Bewegungsrichtung erfolgen, durch die Fokussierung auf eine unerwartete Aktion, durch eine Veränderung der Kameraposition oder -perspektive. Im Ergebnis wird bei den Zuschauern Irritation erzeugt, weil nicht die Kontinuität, sondern die Diskontinuität in den Mittelpunkt rückt. Das kann z.B. geschehen, um Instabilität von Personen oder Dingen in einer Szene zu verdeutlichen. Jean-Luc Godard hat in »Außer Atem« mit zahlreichen Jump Cuts gearbeitet, um die Wahrnehmung der Zuschauer, die von einer kontinuierlichen Montage mit einem »unsichtbaren« Schnitt geprägt war, herauszufordern. Im Verlauf der weiteren medialen Entwicklung wurde der Jump Cut zu einem akzeptierten Stilmittel. Besonders in Musikvideos, in denen es weniger um eine kontinuierliche Narration als vielmehr um die Erzeugung von Stimmungen und den Ausdruck von Lebensgefühl geht, wird mit dieser Montagetechnik gearbeitet (vgl. ebd., S. 185).

Bei der *Aufblende* wird die Einstellung immer heller, bis sie fast weiß ist, bei der *Abblende* immer dunkler, bis sie fast schwarz ist. Diese Form, zwei Einstellungen miteinander zu verknüpfen, wird häufig angewendet, wenn verdeutlicht werden soll, dass die filmische Handlung sich nun in einem anderen zeitlichen oder räumlichen Kontext bewegt. In Episodenfilmen werden die einzelnen Episoden häufig mit einer Abblende beendet. Eine Sonderform des Zusammenfügens von Einstellungen ist das Einfrieren des Bildes – ein beliebtes Mittel, mit dem einzelne Folgen von Fernsehserien beendet werden. Ist beispielsweise ein Handlungsstrang an einem Ort beendet und der Film führt die Erzählung eines anderen Handlungsstranges an einem anderen Ort und zu einer anderen Zeit fort, dann wird die letzte Einstellung des ersten Handlungsstrangs oft mit einer Abblende verdunkelt oder – seltener – mit einer Aufblende erhellt. Die Aufblende wird eher benutzt, um z.B. Träume oder Erinnerungen eines Protagonisten anzudeuten, wenn die Erzählung also in eine andere Zeit oder einen anderen Wirklichkeitsbereich wechselt und dies für die Zuschauer deutlich gemacht werden soll. In »Das Schweigen der Lämmer« gibt es eine interessante Variante der Aufblende, über die aus einer Rückschau wieder in die Jetztzeit gewechselt wird: Als Clarice Starling nach ihrem ersten Besuch bei Hannibal Lecter auf ihr geparktes Auto zugeht, denkt sie an ihre Kindheit. Wir sehen in einer Rückblende, wie Clarice als Kind ihren von der Arbeit als Polizist heimkommenden Vater freudig begrüßt. Die Rückblende in ihre Vergangenheit wird beendet, indem die Kamera in den verhangenen grauen Himmel schwenkt, der per Aufblende bis fast ins Weiße aufgehellt wird. In der folgenden Einstellung sehen wir wieder Clarice, die zu ihrem Auto geht. Dieser Rückgriff auf frühere Ereignisse wird auch Rückblende oder Flashback genannt. Sie wird z.B. auch eingesetzt, um den Grund für ein Kindheitstrauma, das eine der Hauptfiguren belastet, zu erklären, so z.B. in »Marnie« oder »Wild at Heart – Die Geschichte von Sailor und Lula«. Die Rückblende hat dabei sowohl erklärende als auch dramatisierende und Spannungssteigernde Funktion.

Rückblenden oder der Wechsel der Handlung an einen anderen Ort können auch durch *Trickblenden* oder *Überblendungen* angezeigt werden. Bei der Überblendung wird die alte Einstellung bereits von der neuen überlagert, d.h., es wird von der ersten Einstellung in die zweite überblendet. Die erste Szene in

»Jurassic Park«, die eine Dinosaurierlieferung zeigt, wechselt per Überblendung auf die nächste Szene, die bei einer Bernsteinmine spielt. Eine Überblendung kann nicht nur zum Übergang von einem Handlungsort an einen anderen benutzt werden, sondern auch um zwei Zeitebenen miteinander zu verbinden. Ein Beispiel findet sich in »Titanic«, in der eine Detailaufnahme zur Überblendung benutzt wird: Während sich Rose, nackt auf dem Kanapee liegend, von Jack malen lässt, zeigt uns die Kamera ihr Gesicht von schräg links oben und zoomt auf ihr rechtes Auge, es folgt eine kaum merkliche Überblendung, und die Kamera zoomt zurück vom rechten Auge der alten Rose, die ihre Geschichte erzählt (vgl. Abb. 23 bis 26).

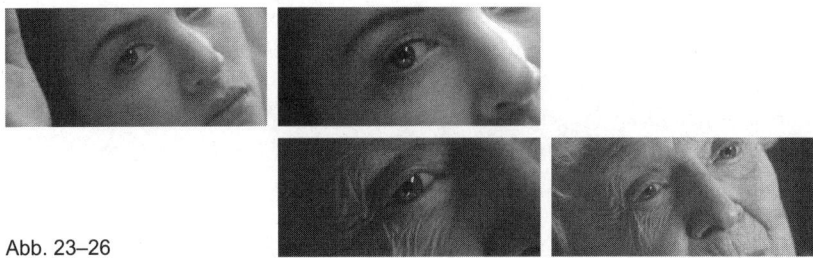

Abb. 23–26

Bei Trickblenden wie z.B. der Wischblende wird die erste Einstellung von der zweiten aus dem Bild geschoben, in der Regel von rechts nach links, weil dies in den westlichen Gesellschaften der Leserichtung von links nach rechts entgegenkommt. Seltener wird die erste Einstellung von oben nach unten aus dem Bild geschoben. Bei der Klappblende klappt das Bild nach hinten oder vorn weg und wird durch ein neues ersetzt.

Bei all diesen Techniken, mit Hilfe der Blende von einer Einstellung zur nächsten zu wechseln, handelt es sich um optische, visuelle Effekte, die vom Zuschauer auch als solche wahrgenommen werden. Sie dienen der deutlichen Unterbrechung einer Einstellung, auf die dann ein Schnitt folgt, während der harte Schnitt den Wechsel der Einstellungen weich und möglichst unsichtbar erscheinen lassen will.

Mit dem Schnitt werden zwei Einstellungen miteinander verbunden. Dadurch entsteht eine Beziehung zwischen ihnen, die auf den Ebenen des Inhalts und der Repräsentation, der Narration und der Dramaturgie, der Darstellung von Figuren und Akteuren und/oder der Ebene der Gestaltung begründet sein kann. Die Beziehung zwischen den Einstellungen erhält einen eigenen Stellenwert. Indem sie der narrativen Kontinuität und der Repräsentation dient, können allein durch diese Beziehung einzelne Einstellungen eine andere Bedeutung erlangen. Der bereits erwähnte »Kuleschow-Effekt« ist ja nichts anderes, als dass die Bedeutung einer Einstellung vom jeweiligen Kontext abhängt und dass z.B. die Veränderung der Reihenfolge von Einstellungen in einer Szene die Bedeutung der Gesamtszene wie der einzelnen Einstellungen verändert. Die Auswahl der einzelnen Einstellungen und ihre durch Montage organisierten Beziehungen werden in der Regel durch den sinnhaften Rahmen der Erzählung und der Repräsentation koordiniert.

Dimensionen der Montage

Es werden vier Dimensionen der Montage unterschieden, mit denen spezifische Beziehungen zwischen einzelnen Einstellungen hergestellt werden können (vgl. Bordwell/Thompson 1993, S. 250 ff.; Dancyger 2007, S. 361 ff.):

- grafische Beziehungen
- rhythmische Beziehungen
- räumliche Beziehungen
- zeitliche Beziehungen

Eine *grafische Beziehung* zwischen zwei Einstellungen besteht dann, wenn die Elemente der ersten Einstellung wie Farben, Bewegungsrichtungen, Bildaufteilung, Horizontlinien etc. übernommen werden. In »Aliens – Die Rückkehr« wird z.B. vom schlafenden Gesicht der Protagonistin Ripley auf ein Bild übergeblendet, in dem ein Teil der Erde vor dem Hintergrund des Alls zu sehen ist. Die Linie des seitlich leicht nach links geneigten, schlafenden Gesichts bildet eine grafische Einheit mit der Krümmung der Erde; außerdem heben sich Gesicht und Erde jeweils von einem dunklen Hintergrund ab. Ein anderes Beispiel, in dem Bewegungsrichtung, Bildaufteilung, Licht und Kamerabewegung übernommen werden, ist eine Szene aus »Die sieben Samurai«. Als die Samurai von den Dorfbewohnern bemerkt werden, wird im Dorf Alarm gegeben, und sie rennen los. Kurosawa hat nun Einstellungen aneinandergeschnitten, die in gleichen Bildausschnitten jeweils einen anderen rennenden Samurai zeigen (vgl. Abb. 27 bis 29). Der Körper der Samurai ist von hohem Gras und Büschen verdeckt, lediglich ihre Schultern und Köpfe sind zu sehen; sie laufen alle in die gleiche Richtung. Durch diese grafische Beziehung zwischen den Einstellungen kann der Zuschauer annehmen, dass alle Samurai dasselbe Ziel haben.

In »Das Schweigen der Lämmer« besteht eine farbliche Beziehung zwischen zahlreichen Einstellungen, die in dunklen Erdtönen gehalten sind, und Einstellungen, die nicht in geschlossenen Räumen spielen, in denen es ohne Sonnenschein immer diesig grau ist. Einstellungen können auch so aneinandergeschnitten sein, dass ein grafischer Konflikt entsteht. Beispielsweise kann von einer Einstellung, in der noch warme rote Farbtöne vorherrschen, auf eine andere geschnitten werden, in der nun kalte blaue Farben den Ton angeben. Dieser grafische Konflikt allein macht deutlich, dass in den beiden Einstellungen eine unterschiedliche Stimmung vorherrscht.

Abb. 27   Abb. 28   Abb. 29

Das Beispiel der rennenden Samurai aus dem Kurosawa-Film macht auch deutlich, wie *rhythmische Beziehungen* hergestellt werden können. Dabei werden die Längen der einzelnen Einstellungen zueinander in Beziehung gesetzt. Ein Rhythmus ergibt sich dabei noch nicht aus zwei Einstellungen allein, sondern durch eine Variation der Länge von mehreren Einstellungen, die nach einem bestimmten Muster geschnitten sind, so dass eine Regelmäßigkeit auftritt. Es ist ein beliebtes Mittel, bei einer Verfolgungsjagd die Schnittfrequenz zu erhöhen, wenn die Verfolger dem Verfolgten näher kommen und ihn zu erreichen drohen, oder sie zu verkürzen, wenn es dem Verfolgten gelingt, den Abstand zwischen sich und den Verfolgern größer werden zu lassen. In einer solchen Szene wenden die Zuschauer ihr Wissen um formale filmische Gestaltungsmittel an, denn allein aus der Erhöhung der Schnittfrequenz kann auf den erzählerischen Aspekt geschlossen werden, dass die Verfolger dem Verfolgten näher gekommen sind, auch wenn der Abstand zwischen beiden in keiner einzigen Einstellung zu sehen ist. In »Das Schweigen der Lämmer« wird dies eingesetzt, als die Polizei versucht, Buffalo Bill in seinem Haus zu überraschen und festzunehmen. Die Wechsel der Einstellungen vor dem Haus und im Haus erfolgen in einem bestimmten Rhythmus, der auf einen Höhepunkt zusteuert – die Erstürmung des Hauses.

Mit der Erhöhung der Schnittfrequenz kann Verfolgungs- und Actionszenen eine größere Dynamik verliehen werden, die wiederum zu einer größeren Anspannung der Zuschauer führt. Eine Verfolgungsszene in »The Rock – Fels der Entscheidung« macht dies überdeutlich. FBI-Agent Stanley Goodspeed, dessen

Name in dieser Sequenz Programm ist, verfolgt in seinem gelben Ferrari den angeblichen Spion Patrick Mason, der in einem gepanzerten Wagen in San Francisco unterwegs ist. Die Rasanz der Schnitte bei dieser Verfolgungsjagd bringt die Zuschauer fast an ihre Wahrnehmungsgrenzen, weil nicht mehr alle Einstellungen einzeln wahrgenommen werden können, sondern nur noch der Eindruck von Dynamik und Geschwindigkeit bleibt. Geschwindigkeit wird zum dominanten Effekt der Szene. Dabei bedient sich der Film verschiedener Mittel. So sind die Einstellungen, in denen die Fahrer der Autos gezeigt werden, sehr unruhig. Gegenstände kommen auf die Kamera zugeflogen, die rasenden Autos werden z.B. durch Baumreihen oder Gitterstäbe von Zäunen aufgenommen. Dadurch entsteht eine Art Stroboskop-Effekt, der den Eindruck von Schnelligkeit vermittelt, denn die Bewegung der Autos erscheint im Kontrast zu den fest positionierten Bäumen oder Stäben. Die Geschwindigkeit der Fahrzeuge wird zusätzlich noch dadurch betont, dass die Kamera, wenn sie die fahrenden Autos von der Seite aufnimmt, sich leicht gegen die Fahrtrichtung bewegt. Durch Einstellungen, in denen die Straße mit den fahrenden Autos gezeigt wird, behält der Zuschauer den Überblick über die Szene. Ihre hohe Dynamik wird erst aufgebrochen, als nach einem Crash eine explodierende Straßenbahn haushoch in die Luft fliegt und dies in Zeitlupe gezeigt wird. Das ist zugleich für den Zuschauer das Zeichen zur Entspannung.

In vielen Hongkong-Actionfilmen wird auf einen Szenenüberblick kein Wert mehr gelegt. Die Actionszenen sind dort nach dem sogenannten Konstruktionsprinzip oder der konstruktiven Montage geschnitten (vgl. Bordwell 2000, S. 210 ff.). Das Verfahren wird bereits seit 1910 angewendet, da damit die Attraktion von Szenen mit physischer Aktion erhöht werden kann. Dabei wird die Action aufgebaut, indem nur einzelne Ausschnitte gezeigt werden. Jeder Überblick über die gesamte Szene wird verweigert. Die Action entsteht im Kopf der Zuschauer, denn sie müssen die verschiedenen Einstellungen kognitiv zusammenfügen. David Bordwell hat gezeigt, dass eine nahe Sicht auf die Elemente in den verschiedenen Einstellungen dazu führt, dass die Aufmerksamkeit der Zuschauer an die Hauptaktion gebunden wird, zugleich aber »der schnelle Wechsel der Einstellungen das visuelle Interesse unterstützt« (ebd., S. 212).

Ein anfahrendes Auto kann z.B. in einer Überblickseinstellung gezeigt werden: Die Zuschauer sehen ein Haus an einer Straße, vor dem sich ein Auto in Bewegung setzt und auf die Landstraße einbiegt. Bei der konstruktiven Montage hören sie Geräusche eines anspringenden Motors und sehen eine Detailaufnahme des Auspuffs, aus dem bläulicher Rauch gestoßen wird. Anschließend wird ebenfalls in Detailaufnahme gezeigt, wie ein Autoreifen sich zu drehen beginnt und Steine wegspritzen. Dann erhalten die Zuschauer einen Blick aus der Perspektive seitlich der Beifahrertür, bei dem ein schwarz-weißer Begrenzungspfahl dicht am Kotflügel vorbeirauscht. Die Szene endet mit einem Blick durch die Windschutzscheibe auf die schnell unter der Motorhaube des Wagens verschwindenden weißen Mittelstreifen. In »Jurassic Park« werden Elemente der konstruktiven Montage eingesetzt, als die Protagonisten im Jeep vor dem Tyrannosaurus Rex fliehen. Zwar wird auch noch ein Überblick über die Szene geboten, aber die hektische Fluchtfahrt im Jeep wird über einzelne Einstellungen vermittelt: Man sieht den T. Rex im Rückspiegel, eine Hand am Schaltknüppel und einen Fuß auf dem Gaspedal (vgl. Abb. 30 bis 32). Die Zuschauer bekommen einen Eindruck von der Action, weil sie an der Gestaltung der Szene kognitiv beteiligt sind. In solchen konstruktiv geschnittenen Sequenzen wird die Action gewissermaßen auf die kognitiven Aktivitäten der Zuschauer übertragen, denn sie müssen sich das Gesamtbild der Sequenz durch eigene mentale Anstrengung erschließen.

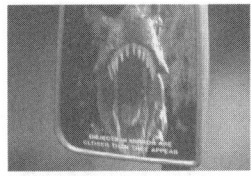 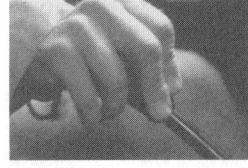 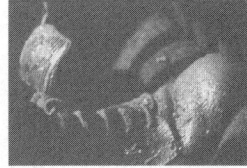

Abb. 30   Abb. 31   Abb. 32

Aufgrund der *räumlichen Beziehung* zwischen den Einstellungen wird der filmische Raum geschaffen. Um den Zuschauern den Eindruck von einem Raum zu verdeutlichen, kann die Kamera einen Rundum-Schwenk machen (wie z.B. in »Das Schweigen der Lämmer«, als Clarice bei ihrem ersten Besuch im Hochsicherheitsgefängnis bei Hannibal Lecter den Wachraum betritt) oder nur einen Teil des Raumes abschwenken. Der Raum kann auch aus verschiedenen Perspektiven aufgenommen werden. Die einzelnen Einstellungen werden so aneinandergeschnitten, dass ein Raumeindruck entsteht, bei dem die wesentlichen auf dem Weltwissen beruhenden Konventionen der Wahrnehmung von Räumen – oben, unten, rechts, links, vorn, hinten, ansteigend, absteigend usw. – eingehalten werden. Besonders wichtig ist dies bei Thrillern, die ganz oder vorwiegend in einsamen Villen oder Schlössern spielen. Die Zuschauer müssen sich am Handlungsort orientieren können, um Spannung oder Bedrohung empfinden zu können. Wenn die Zuschauer nicht wissen, dass der Psychopath hinter einer der Türen auf dem Flur lauert, den die Heldin gerade entlangläuft, können sie nicht um das Wohl der Heldin fürchten. Theoretisch ist es möglich, dass Filmemacher jeden Ort in einer Einstellung mit jedem beliebigen anderen Ort in einer Einstellung durch einen Schnitt miteinander verbinden und dadurch Beziehungen herstellen, die auf Ähnlichkeiten, Unterschieden oder aber auch auf Entwicklung beruhen.

Für das Continuity-System ist es besonders wichtig, die Illusion einer räumlichen Realität zu erzeugen. Um diese Illusion aufrechtzuerhalten, gibt es die sogenannte 180°-Regel. Sie bezieht sich auf die Sichtachse der Handlung. Die Kamera ist auf einer Seite dieser Handlung positioniert und vermittelt den Zuschauern einen Blick auf das Geschehen aus einer bestimmten Perspektive. Nun kann die Kamera auch von anderen Positionen her das Geschehen aufnehmen. Sie darf aber ihre Perspektive nicht über diese Handlungsachse von 180° hinaus verändern, denn dann verliert der Zuschauer die räumliche Orientierung im Handlungsraum, weil er sich nicht mehr sicher sein kann, dass rechts auch noch immer rechts ist. Er ist irritiert, und seine Aufmerksamkeit bleibt nicht im Realitätseindruck des Films gefangen, sondern wendet sich der Machart zu.

Abb. 33

Abb. 34

Die Illusion einer räumlichen Realität kann durch verschiedene Schnitttechniken und Montageregeln im Dienst der kontinuierlichen Erzählung erzeugt werden. Mit dem *Establishing Shot* wird ein Überblick über den Handlungsraum gegeben, in dem die Szene spielt und die handelnden Charaktere agieren. Man sieht z.B. einen Raum, in dem sich zwei Personen befinden; die nächste Einstellung zeigt eine Sicht über die Schulter der einen Person auf die andere. Damit ist der Zuschauer plötzlich im Geschehen drin. Zugleich ist die 180°-Handlungsachse etabliert. Als Zuschauer kann man sich nun im Raum orientieren. Führen die beiden Figuren einen Dialog, werden sie meist im Schuss-Gegenschuss-Verfahren aneinandergeschnitten: Mal sieht man die gerade sprechende, dann die zuhörende Person, anschließend wieder die sprechende und dann die antwortende. Dies ist in »Das Schweigen der Lämmer« gut in den Gesprächsszenen zwischen Hannibal Lecter und Clarice Starling zu beobachten (vgl. Abb. 33 und 34).

Narrative Funktionen der Montage

Mit der Montage ist es auch möglich, den filmischen Raum zu erweitern. Das geschieht mit den sogenannten *Eyeline-Matches* und *Point-of-View-Schnitten.* Im ersten Fall ist zunächst eine Filmfigur im Bild zu sehen, die in Richtung auf etwas außerhalb des Filmbildes schaut; es folgt ein Schnitt, und es wird gezeigt, wohin die Person schaut. In »Das Schweigen der Lämmer« ist dies zu beobachten, wenn Clarice in der bereits genannten Szene auf ihr parkendes Auto zugeht. Sie schaut zunächst in Richtung Straße, in der nächsten Einstellung sieht man ihr Auto. In keinem der beiden Bilder sind die schauende Person und das angeschaute Objekt gleichzeitig zu sehen. Ein Sonderfall des Eyeline-Matches ist der Point-of-View-Schnitt. Dabei ist ebenfalls im zweiten Bild zu sehen, wohin die Person blickt, aber die Kamera übernimmt genau die Position des Blickenden. Auf diese Weise werden die Zuschauer in die subjektive Sichtweise und in die mentalen und emotionalen Prozesse des blickenden Akteurs einbezogen. Dadurch haben sie gewissermaßen einen privilegierten Zugang zur Psychologie des Akteurs. Hier zeigt sich sehr deutlich, dass ein Film nur in und mit der Rezeption durch die Zuschauer funktioniert.

Mit Hilfe der Montage kann aber auch die Relativität der Perspektiven deutlich gemacht werden. In »Rashomon« wird die Geschichte eines Banditen, der im Wald einen Samurai und dessen Frau überfällt, aus vier verschiedenen Perspektiven geschildert: des Banditen, der Frau, des Geistes des toten Samurai und eines Holzfällers, der Zeuge der Tat wurde. In den vier Geschichten, ist jedes Mal eine andere Person für den Tod des Samurai verantwortlich. Jede der vier Geschichten ist durch einen anderen Montagestil charakterisiert (vgl. Dancyger 2007, S. 129 ff.). Dabei wechseln die Geschichten zwischen einer sehr dynamischen und einer eher langsamen Montage. Auf diese Weise gelingt es dem Regisseur, Akira Kurosawa, die Narration der vier verschiedenen Geschichten durch die Art der Montage zu unterstützen.

Das Medium Film bietet zudem die Möglichkeit, die chronologische Abfolge von Erzählungen zu durchbrechen. So können Rückblenden plötzlich die Vergangenheit von handelnden Charakteren und Vorausblenden die Zukunft zeigen. Mit Hilfe des Schnitts und der Montage ist es möglich, *zeitliche Beziehun-*

227

gen zwischen zwei Einstellungen herzustellen. Dabei kann von einer Einstellung zur nächsten in eine andere Zeitebene gewechselt werden. Außerdem kann zwischen zwei Einstellungen, die aneinandergeschnitten wurden, in der Erzählung Zeit vergangen sein. Es werden also Elemente der Erzählung ausgelassen, die beiden Einstellungen bilden eine Ellipse (vgl. Kapitel II.2.1). Diese Lücken oder Leerstellen müssen von den Zuschauern mit kognitiven und emotionalen Aktivitäten gefüllt werden.

Die Montage ermöglicht es, mehrere dieser genannten Beziehungen zwischen einzelnen Einstellungen oder ganzen Szenen gleichzeitig herzustellen. Mit einem Schnitt können rhythmische, zeitliche, räumliche und grafische Beziehungen zwischen den verbundenen Einstellungen erzeugt werden. Mit der *Parallelmontage* und dem sogenannten *Cross-Cutting* ist es möglich, die Handlungen an räumlich voneinander getrennten Orten zu zeigen. Beim Cross-Cutting werden zwei Ereignisse parallel gezeigt, zwischen denen hin- und hergeschnitten wird. So ist beispielsweise zunächst eine in einem brennenden Fahrstuhl eingeschlossene Personengruppe zu sehen. In den nächsten Einstellungen eilen die Helfer herbei, die aber noch verschiedene Hindernisse wie eingestürzte Treppenhäuser und Ähnliches zu überwinden haben. Zwischen den Eingeschlossenen und den Rettern wird nun hin- und hergeschnitten, bis Letztere den Fahrstuhl erreichen und die Rettung beginnen kann. In »Das Schweigen der Lämmer« ist die Sequenz, in der die Polizei Buffalo Bill überwältigen will, nach diesem Verfahren geschnitten. Die Einstellungen wechseln zwischen den Polizisten, die an das Haus heranschleichen, sowie dem als Blumenbote verkleideten Polizisten, der an der Haustür klingelt, und den Einstellungen im Haus von Buffalo Bill, der sich aufgrund des Klingelns auf den Weg zur Tür macht. Bei der Parallelmontage werden alternierend vergleichbare Ereignisse gezeigt, die jedoch nicht simultan und chronologisch sein müssen. Damit beginnt z.B. »Jurassic Park«: Zunächst ist eine Szene auf der Isla Nublas zu sehen, danach eine Bernsteinmine in der Dominikanischen Republik, anschließend Ausgrabungen in den Badlands von Montana, gefolgt von einer Szene in San José/Costa Rica, bis schließlich die Helden des Films in einem Hubschrauber auf die Insel aus der ersten Szene geflogen werden. All die gezeigten Ereignisse sind für den Plot und die Konstruktion der Geschichte wichtig. Nicht wichtig ist, ob sie sich gleichzeitig, zeitlich nah beieinander oder mit größerem zeitlichem Abstand ereignet haben.

Prinzipiell besteht auch die Möglichkeit, mit all diesen Schnitt- und Montagetechniken Diskontinuitäten zwischen den Einstellungen und Szenen herzustellen. Damit wird den entsprechenden Szenen eine andere Bedeutung verliehen, und zugleich werden die Sehgewohnheiten der Zuschauer herausgefordert.

Elektronischer Schnitt

Nachrichten- oder Magazinbeiträge für das Fernsehen werden zwar noch geschnitten, aber sowohl bei Fußballspielen als auch bei Fernseh- oder Talkshows werden die Bilder nur noch in der Bildregie gemischt. In diesen Fällen spielen sich reale oder inszenierte Ereignisse vor mehreren Fernsehkameras ab, die das Geschehen aus verschiedenen Perspektiven gleichzeitig aufnehmen. Zwischen diesen Bildern wird dann hin- und hergeschaltet. Die Organisation der Bilder orientiert sich allerdings an den Regeln des Filmschnitts und der Montage. Mit den gemischten Bildern lassen sich ebenfalls grafische, rhythmische, räumliche und zeitliche Beziehungen zwischen den einzelnen Einstellungen herstellen.

Mit der Weiterentwicklung elektronischer Verfahren, die zunehmend in der sogenannten *Postproduktion* eines Films Anwendung finden, lassen sich auch innerhalb der Bilder Veränderungen vornehmen. Die Digitalisierung hat die Möglichkeiten erheblich erweitert. Mit dem Stanzverfahren können beispielsweise mehrere Bilder übereinandergelegt werden. Deutlich wird dies bei Sendungen, die in einem virtuellen Studio stattfinden. Mit einer Fernsehkamera wurden z.B. bei der Kinder-Spielsendung »Hugo« lediglich noch die Moderatoren aufgenommen. Deren Aufnahmen wurden dann in eine vom Computer errechnete Studioumgebung gestanzt. Zugleich ist es möglich, verschiedene Darstellungsebenen miteinander zu verbinden, indem vom Moderator im virtuellen Studio auf ein Computerspiel umgeschaltet wird. Die Digitalisierung der elektronischen Bilder eröffnet dem Fernsehen neue Möglichkeiten, die inzwischen in manchen Sendungen bereits verwendet werden. So lassen sich z.B. grafische Elemente mit Bildern, die von einer Fernsehkamera aufgenommenen wurden, mischen oder mehrere Bilder übereinander und nebeneinander anordnen, ähnlich den Fenstern der verschiedenen Anwendungen auf einem PC-Bildschirm. Es gibt Bildwechsel, in denen das Umblättern von Seiten imitiert wird. Wenn in den »Tagesthemen« die Moderatorin mit einem Korrespondenten oder einer Expertin ein Interview führt, wird nicht mehr nur zwischen den Vollbildern der beiden Personen gewechselt, sondern die Moderatorin ist im Studio zu sehen und in ihrer Blickrichtung ist ein kleines Bild mit den Gesprächspartnern über das erste Bild gelagert. Insbesondere in den Videoclips der Musikbranche finden die zahlreichen Möglichkeiten und Tricks der elektronischen Bildbearbeitung und -mischung Verwendung.

> »Die Musikvideos zeigen, dass sich die Montageregeln lockern, größere Lücken zugelassen werden und sich damit ein neues Montageverständnis und andere Erzählkonzepte etablieren. Die Anschlussstücke in den Ein-

stellungen müssen bei diesen Montageformen nicht immer eindeutig sein, es reicht schon die Aneinanderreihung, so dass der Zuschauer versucht, sie mit seinem Wissen von Erzählmustern in Einklang zu bringen« (Hickethier 2007, S. 158).

Die räumliche Orientierung in den Bildern wird z.B. dadurch erschwert, dass sich durch grafische Tricks Vorder- und Hintergrund gegeneinander verschieben, so dass die Bildelemente in ihrer Anordnung – ähnlich den surrealistischen Bildern von René Magritte – die Wahrnehmungsmuster in Frage stellen, indem sie mit ihnen spielen. Außerdem werden durch die oft schnelle Aneinanderreihung von Einzelbildern, die narrativ nur lose miteinander verknüpft sind, die Zuschauer stärker gefordert, die einzelnen Elemente mit ihrem Wissen, ihren Emotionen und ihrem praktischen Sinn zu verbinden. Sie werden mehr in den Prozess der Bildabfolge hineingezogen als im konventionellen Film.

Der Filmschnitt als rein technischer Vorgang der Aneinanderreihung von Einstellungen und die Montage sowie die Bildmischung beim Fernsehen stehen in der Regel im Dienst der Erzählung. Sie haben ordnende, organisierende Funktion. Mit ihnen werden der Plot kontrolliert und die Zuschaueraktivitäten strukturiert. Dabei gehen sie auf das Wissen, die Emotionen, den praktischen Sinn und die Wahrnehmung der Zuschauer ein. Indem sie grafische, rhythmische, räumliche und zeitliche Beziehungen zwischen Einstellungen und Szenen herstellen, können sie z.B. dazu beitragen, das gezeigte Geschehen zu dramatisieren oder auch zu entdramatisieren. Sie können Spannung erzeugen oder auf falsche Fährten locken, indem sie durch Zwischenschnitte Details hervorheben, die vielleicht doch nicht von Bedeutung sind. Mit Schnitt und Montage bzw. Bildmischung werden Einzelbilder und -einstellungen in spezifische Kontexte gestellt, die ihnen oft erst eine Bedeutung geben. Sie funktionieren jedoch nur, weil die Zuschauer mit ihrem Wissen und ihrem praktischen Sinn eine Verbindung zwischen den Bildern herstellen, um sie in einen kohärenten Erzählfluss einordnen zu können.

Die Analyse von Schnitt und Montage ist immer auch eine Schule des Sehens. Die klassische Form der Analyse kann je nach technischen Möglichkeiten durch praktische Übungen ergänzt werden. Filme können z.B. neu geschnitten werden, und man kann sich von der veränderten Bedeutung der neu angeordneten Bilder überzeugen und schauen, wie die Erzählung nun funktioniert. Indem man Bilder aus einem Film herausschneidet, kann man z.B. überprüfen, welche Bilder und Einstellungen für den Plot und die Story bedeutsam sind und welche nicht – und es ist möglich zu untersuchen, welche Einstellungen und Bilder überflüssig sind, weil sie durch das Wissen und den praktischen Sinn der Zuschauer ersetzt werden können.

Analyseleitende Fragen

- Gibt es Szenen, in denen Puppen oder Stuntmen oder Stuntwomen eingesetzt wurden? Woran ist das zu erkennen?
- Wie verläuft die Handlungsachse in einzelnen Szenen?
- Gibt es Achsensprünge in der Handlungsachse?
- Welche Raumvorstellung wird durch die montierten Bilder erzeugt?
- Sind die Bilder innerhalb einzelner Sequenzen in einem bestimmten Rhythmus geschnitten? Verändert sich dieser Rhythmus?
- Gibt es Szenen, in denen durch die montierten Einstellungen ein kontinuierlicher Bewegungsablauf gestört wird?
- Kommen zeitliche Auslassungen (Ellipsen) vor? Welchen Zweck haben sie im Rahmen der Erzählung?
- Gibt es Einstellungen, in denen die Charaktere aus dem Bild schauen, und wird anschließend gezeigt, wohin sie schauen?
- Wird dabei eine rein beobachtende Position eingenommen oder die subjektive Sicht der Charaktere übernommen?
- Wo treten grafische Besonderheiten auf?
- Gibt es Parallelmontagen mit alternierenden Ereignissen?
- Tauchen Diskontinuitäten auf?
- Wo stimmen die Bildanschlüsse nicht?

4.4 Ausstattung

Die Ausstattung eines Films ist nicht nur Staffage, sondern hat auch eine narrative Funktion, die sie allerdings erst im Zusammenhang mit den Aktivitäten der Zuschauer entfaltet. Diese narrative Funktion betrifft sowohl den Ort des Geschehens als auch Zeit, Stimmung, soziale Charakterisierung und kulturelle Rahmen (vgl. dazu auch Affron/Affron 1995, S. 46 ff.). Zunächst einmal dient die Ausstattung der Charakterisierung des Handlungsortes und weckt bestimmte Erwartungen beim Zuschauer. Wenn zu Beginn eines Fernsehfilms eine ländli-

che Idylle bei Sonnenschein zu sehen ist, wird der Zuschauer vielleicht eine romantische Liebesgeschichte erwarten (die Verfilmungen der Rosamunde-Pilcher-
Romane können hier als Beispiel dienen); sieht er eine verregnete Großstadtan-
sicht bei Nacht, wird er eher Kriminalität und Verbrechen erwarten. Natürlich
stehen solche Bilder in der Regel nicht für sich, sondern im Kontext von Genre-
bezeichnungen in den Ankündigungen. Dennoch wird mit stimmungsvollen
Landschaftsbildern so etwas wie eine Idylle verbunden, die nicht nur auf die
Landschaft selbst bezogen wird, sondern auch auf die dort herrschenden sozialen
Verhältnisse. Stadtbilder sind mit mentalen Konzepten von Hektik, Unübersichtlichkeit, Problemen und eben Kriminalität verbunden. So ist der Krimi,
abgesehen von den klassischen »Whodunit«-Geschichten à la Agatha Christie,
ein urbanes Erzählgenre. Mit idyllischen Bildern von Landschaften und Vor-
städten ist für die Zuschauer aber auch immer das Wissen darum verbunden,
dass Idyllen trügerisch sein können. Der Horrorfilm nutzt dieses Wissen explizit.
Als ein klassisches Genremuster wird oft zu Beginn eine Idylle gezeigt, in die
dann das Böse eindringt.

Handlungsorte und Ausstattung dienen des Weiteren dazu, den Zuschauern
die räumliche Anordnung der Handlungsschauplätze zu verdeutlichen. Sie lernen darüber, sich genau wie die handelnden Figuren im Handlungsraum zu
bewegen. Weite oder Enge können ebenso vermittelt werden wie die Auflösung
des Raumempfindens, z.B. durch Spiegel. Wenn kurz vor Schluss des Films
»Die Lady von Shanghai« Elsa Bannister und Michael O'Hara in einem Spiegelkabinett landen, verlieren die Zuschauer ebenso die räumliche Orientierung wie
der Mörder, der die beiden zur Strecke bringen will. Ähnlich ergeht es Bruce
Lee, der in einem Spiegelkabinett gegen den »Mann mit der Todeskralle«
kämpft. Original und Spiegelbild sind nicht mehr zu unterscheiden. Die Spiegel
vergrößern nicht nur den Handlungsort, sondern vervielfältigen auch die Spie-
gelbilder und damit die Anordnung von Ausstattungselementen und Personen
im filmischen Raum. Sowohl für die handelnden Figuren als auch für die Zuschauer wird die Orientierung im Raum schwer.

Im Verlauf der Film- und Fernsehsozialisation lernen die Zuschauer mit be-
stimmten Orten auch eine bestimmte Art von Geschichten zu verbinden. Das
Wissen über Orte ist immer auch mit Geschichten über diese Orte verbunden.
Wenn zum Beispiel zu Beginn des Films »Der englische Patient« computerani-
mierte Wüstenbilder zu sehen sind und anschließend eine alte zweisitzige, offene
Propellermaschine, die über diese Wüstenlandschaft fliegt, dann wird mit diesen
Bildern nicht nur das faktische Wissen über den Handlungsort Wüste aktiviert,

sondern auch die Geschichten, die es über die Wüste gibt: Geschichten über sich in einem Sandsturm verirrende oder dürstend durch die Wüste torkelnde Personen, Geschichten von halluzinierenden Menschen, die von einer Fata Morgana in die Irre geleitet werden usw. Das alte Flugzeug als Teil der Ausstattung deutet darauf hin, dass der Film nicht in der Jetztzeit spielt, sondern zu einer Zeit, als diese Flugzeuge üblich waren. In diesem Sinn verortet die Ausstattung die Filmhandlung auch historisch. Das wird nicht nur an Fortbewegungsmitteln wie Flugzeugen, Autos, Pferden oder Kutschen deutlich, sondern auch an der Einrichtung von Wohnungen, Hütten und Palästen sowie an der Kleidung der Figuren. Ob die Ausstattung in allen Aspekten historisch korrekt ist, ist noch nicht einmal wichtig. Sie muss nur den Anschein erwecken, es zu sein, also grobe Fehler vermeiden. Wenn z.B. in einem Film wie »Hexenjagd«, der im 17. Jahrhundert spielt, im Haushalt der Proctors plötzlich elektrisches Licht brennt und Elizabeth Proctor zur Vorbereitung einer Mahlzeit das Tiefgefrorene aus dem Gefrierschrank nimmt, dann weiß auch der letzte Zuschauer, dass hier etwas nicht stimmt. Und natürlich flieht Margot im Film »Die Bartholomäusnacht«, der im 16. Jahrhundert spielt, nicht in einem Auto, sondern in einer Kutsche.

Die Ausstattung der Handlungsorte macht jedoch nicht nur den historischen Bezug deutlich, sondern auch die soziale Sphäre, in der ein Film spielt bzw. in der sich die handelnden Figuren bewegen. Wenn in »Mary Shelley's Frankenstein« das frisch kreierte Monster seine ersten sozialen Kontakte mit einer armen Landfamilie hat, dann ist klar, dass diese armen Leute nicht in hochherrschaftlichen Ballkleidern durch die Gegend laufen, sondern in abgerissenen Lumpen. Dagegen sind die Marquise de Merteuil und der Vicomte de Valmont in »Gefährliche Liebschaften« entsprechend ihrem Stand gekleidet und leben nicht in kleinen Holzhütten im Wald, sondern in Schlössern, die zudem von zahlreichen Bediensteten bevölkert sind. Die Kleidung der Protagonisten sowie die Einrichtung ihrer Wohnungen sind Indikatoren für ihren sozialen Status. Für die Zuschauer sind mit dem Wissen um den sozialen Status auch narrative Muster verbunden. Eine klassische Aufsteigersaga kann zunächst nur in einem sozialen Milieu angesiedelt sein, das diesen Aufstieg auch erlaubt. Leben die Heldin und der Held in einer weitläufigen Villa im Tessin kann der Film zwar noch in einer langen Rückblende die Geschichte des Aufstiegs dieser beiden Personen erzählen, doch werden die Zuschauer in der Regel dann keine Aufsteigergeschichte, sondern ein Beziehungsdrama oder kriminelle Verstrickungen erwarten, weil das aus zahlreichen Krimireihen bekannt ist. Entscheidend ist, dass in der Analyse die Elemente der Ausstattung in Beziehung zur erzählten Geschichte gesetzt werden (vgl. dazu auch Bordwell/Thompson 1993, S. 179), und das ist nur in

Bezug zu den Wissensformen, den Emotionen und dem praktischen Sinn der Zuschauer möglich. Das betrifft sowohl ihr Alltagswissen von den Orten und der Ausstattung, ihr narratives Wissen und ihr Wissen um filmische Gestaltungsmittel (vgl. Affron/Affron 1995, S. 46) als auch die mit bestimmten Orten verbundenen Emotionen und Affekte (z.B. Furcht in dunklen Kellern). Handlungsorte, ihre Ausstattung und die Kleidung der Figuren dienen nicht nur zur Charakterisierung von Ort und Zeit und der Einordnung der Figuren. Sie haben auch ihren eigenen narrativen Wert, indem sie Stimmungen generieren (vgl. Rowe 1996, S. 94 ff.). In den Filmen des deutschen Expressionismus wie »Das Cabinet des Dr. Caligari« oder »Das Wachsfigurenkabinett« schafft die Ausstattung verbunden mit Licht- und Schatteneffekten eine »unwirkliche, aus den Fugen geratene und dem Zerbrechen nahe Welt« (Kasten 1990, S. 47). In »Metropolis« schaffen die Bauten die fantastische Illusion einer Stadt in der Zukunft, die von der Faszination für Wolkenkratzer als negative Utopie geprägt ist.

> »In diesem scheinbar nur utopischen Film geriet das zentrale Hochhaus mit Landeplattform zum Synonym der verdorbenen Zivilisationsutopie. Hier wurde nicht mehr unkritisch die futuristische Stadt (›Symphonie aus Glas und Stahl‹) als neue Akropolis (›Tempel des Kommerzes‹) gefeiert, sondern als ›Tötungsmaschine‹ dargestellt: der babylonische Wolkenkratzer als Horrorvision, als monströser, diabolischer Machtapparat. Einer Festung oder Gefechtsstation gleich, regiert er über die Stadt, einer von Ängsten und Terror beherrschten Maschinenwelt von extremster Künstlichkeit und Lebensfeindlichkeit« (Weihsmann 1988, S. 171).

Die Ausstattung des Films korrespondiert mit mentalen Konzepten, die in diesem Fall an einen Diskurs von der menschenfeindlichen Stadt angebunden sind. So trägt die Ausstattung in »Metropolis« wesentlich zur Repräsentation von »Stadt« bei. Gerade in Science-Fiction-Filmen spielt die Ausstattung eine wichtige Rolle, sei es nun das Gewimmel eines Los Angeles in der Zukunft wie in »Blade Runner« und »Strange Days« oder die kühle Atmosphäre des Raumschiffes in »2001 – Odyssee im Weltraum«. Von Handlungsorten kann ebenso etwas Unheimliches wie auch etwas Warmes, Geborgenheit Ausstrahlendes ausgehen. Verwinkelten Schlössern haftet etwas Unheimliches und Mysteriöses an. Wohnungen können gemütlich oder kalt und steril sein. Die Akteure ordnen sich in ihrem Tun diesen durch die Handlungsorte vermittelten Stimmungen unter, die die Zuschauer mit Hilfe ihrer mentalen Konzepte nachvollziehen können.

Analyseleitende Fragen

- Welche Stimmung ist mit dem vorgestellten Handlungsort verbunden?
- Lässt der gezeigte Handlungsort eine bestimmte Handlung erwarten?
- Lässt sich anhand der Ausstattung erkennen, in welchem sozialen Milieu der Film spielt?
- Ist damit eine bestimmte Stimmung verbunden?
- Gibt es Ausstattungselemente, die die handelnden Personen charakterisieren?
- Verschafft die Ausstattung eine Orientierung im filmischen Raum oder verhindert sie diese?
- Welchem dramaturgischen Zweck dient die Verhinderung?

4.5 Ton und Sound

Der Stummfilm war zwar auch nicht richtig stumm – zum einen wurde er mit Musikbegleitung aufgeführt, zum anderen bestand die Möglichkeit, die Dialoge während der Aufführung einzusprechen –, doch gewannen Töne und Geräusche im Film erst mit der Erfindung des Tonfilms an Bedeutung. Grundsätzlich muss beim Ton im Film zwischen gesprochener Sprache und Geräuschen unterschieden werden. Hinzu kommt die Musik (vgl. Kapitel II.4.6). All diese akustischen Mittel sind Elemente des Sounddesigns, der künstlerischen Gestaltung der akustischen Ebene in audiovisuellen Medienprodukten (vgl. Segeberg 2005, S. 11). Diese Elemente können sowohl diegetisch, also zur Erzählwelt gehörend, als auch non-diegetisch sein (vgl. dazu auch Bordwell/Thompson 1993, S. 307 f.). Die Quelle kann jeweils im Bild zu sehen sein oder nicht. Wenn während einer »Tatort«-Folge die Kommissarin Charlotte Lindholm in der Wohnung eines Verdächtigen zu sehen ist, dem sie gerade die Motive für die Tat offenlegt, und gleichzeitig durch ein offenes Fenster das Herannahen eines Polizeifahrzeugs zu hören ist, das durch das Näherkommen und Lauterwerden der Polizeisirene markiert wird, dann wissen die Zuschauer, dass die Verhaftung des Täters unmittelbar bevorsteht. Der Ton der Polizeisirene gehört zur diegetischen Welt dieser »Tatort«-Folge. Wenn die Zuschauer jedoch in einem Melodram die Heldin beobachten, wie sie sehnsuchtsvoll mit ihrem Angebeteten telefoniert, um ihn zu einem gemeinsamen Kurzurlaub zu überreden, und dabei ist durch ein offenes Fenster eine Polizeisirene zu hören, die erst näher kommt und sich dann wieder entfernt, ohne dass dies später aufgegriffen wird, so hat dieses Ge-

235

räusch für die Handlung keine weitere Bedeutung. Es gehört nicht zur erzählten Welt. Möglicherweise hat es lediglich die Funktion, auf der akustischen Ebene das Großstadtambiente zu unterstreichen, in dem das Melodram angesiedelt ist. Geräusche können eine eigene narrative Funktion haben, wenn z.B. in einer Dokumentation über Arbeiter die Geräusche in einer Maschinenhalle dominant sind und alle anderen Geräusche ebenso wie die gesprochene Sprache übertönen. Der Ton nimmt dann eine bestimmte Perspektive ein und dient der Repräsentation. Mit Tönen und Geräuschen können sowohl zwischen den Akteuren in dem Film oder der Fernsehsendung als auch zwischen Film- und Fernsehtext und Zuschauer Nähe und Distanz hergestellt werden.

Für das Verhältnis von Ton bzw. Geräuschen und dem Bild, aber auch der Handlung hat der britische Semiotiker Theo van Leeuwen (1999, S. 22 f.) das Muster von Figur und Grund übernommen. Die auditive Ebene kann als Figur im Vordergrund stehen. Das ist immer dann der Fall, wenn sie eine eigenständige Funktion in der diegetischen Welt des Film- oder Fernsehtextes einnimmt. Sie kann in den Hintergrund treten, indem sie z.B. über Geräusche und Musik die Handlung unterstützt und eine Stimmung schafft, ohne dass dies immer bewusst wahrgenommen wird. Dann leitet die auditive Ebene die Zuschauer emotional durch den Film oder die Fernsehsendung. Grundsätzlich können Töne und Geräusche daher eine narrative Funktion haben (vgl. Flückiger 2007, S. 298 ff.), da sie sowohl für die akustische Raumpräsentation bedeutsam sind als auch für die Repräsentation physikalischer Eigenschaften, z.B. das Quietschen der Gabel, mit der in einem Aluminium-Topf gekratzt wird.

Wenn in »Pretty Woman« der Broker Edward Lewis, kurz nachdem ihn die schon fast »bekehrte« Prostituierte Vivian Ward verlassen hat, unruhig auf der Terrasse seiner Hotel-Suite auf und ab geht, wird vielleicht noch der Song bewusst wahrgenommen und dessen Textzeile »Touch Me Now« eine gewisse Bedeutung im Handlungszusammenhang beigemessen, doch das Gewitter, das sich gleichzeitig draußen ankündigt, wird nur am Rande registriert. Als in der folgenden Szene Vivian in ihrer Wohnung von ihrer Freundin Kit De Luca Abschied nimmt, ist zu hören, wie Regen gegen die Fensterscheiben klatscht. Edward macht sich inzwischen auf den Weg zu Vivian. Er verlässt den weißen Cadillac kurz, um einen Strauß Blumen zu kaufen. Während er auf regennassem Pflaster zum Blumenstand geht, brechen die ersten Sonnenstrahlen durch, und als er anschließend bei Vivian vorfährt, ist die Szenerie von einer strahlenden Sonne überflutet. Diese komplette Schlusssequenz wird auf der akustischen Ebene atmosphärisch unterstützt und führt die Zuschauer so auch emotional durch die Erzählung (vgl. dazu auch Mikos 1992, S. VII f.). Der integrierte Einsatz von Geräuschen als Musik erfüllt eine genaue dramaturgische Funktion. Peter Sebastian (2006, S. 41 f.) beschreibt dies eindrucksvoll anhand einer Szene aus »Blue Velvet«, in der eine Kamerafahrt durch dichtes Gras, in deren Verlauf schwarze Käfer ins Bild kommen, von Klängen begleitet wird, »die offenbar aus Geräuschen gewonnen wurden, die mit Insekten im weitesten Sinne in Verbindung gebracht werden können: Summen, Knistern, Kratzen« (ebd., S. 41). Ferner ist die Szene von einem tiefen Dröhnen unterlegt, das Sebastian als »eine Art Orgelpunkt« beschreibt. Die Geräusche erfüllen hier zusammen mit dem Dröhnen eine dramaturgische Funktion, sie sollen eine bedrohliche Atmosphäre schaffen. Der Einsatz konventioneller Spannungsmusik hätte im Zusammenhang mit den Käfern jedoch eher lächerlich gewirkt.

Die Sprache im Film dient nicht allein der Übermittlung von Informationen und der Kommunikation zwischen den Handelnden, sondern durch Stimmlage und Sprechweise werden Figuren auch charakterisiert und Aussagen können zusätzlich bewertet werden. Wenn ein Akteur einem anderen etwas zuflüstert und die Zuschauer werden nicht in das Geheimnis der beiden eingeweiht, schafft dies Distanz. Das hat vermutlich eine dramaturgische Funktion und wird im Verlauf der weiteren Handlung noch eine Rolle spielen. In der Regel stehen die Dialoge in Filmen im Zusammenhang mit der Handlung, es sei denn, sie unterstreichen lediglich den Charakter einer Person, indem sie beispielsweise über einen freundlichen Small Talk im Zigarettenladen an der Ecke als sympathische Figur dargestellt werden soll. Dialoge teilen den Zuschauern etwas über die sprechenden Personen mit. Sie informieren handelnde Personen über Ereignisse, an denen sie nicht beteiligt waren, oder über den Charakter von Personen, die sie so noch nicht erlebt haben. In »Terminator 2 – Judgement Day« muss John Connor seine Mutter Sarah bei der ersten Begegnung in der psychiatrischen Anstalt darüber aufklären, dass der T-800-Terminator (Arnold Schwarzenegger) nicht der Böse, sondern der Gute ist. Die Dialoge informieren auch über Ereignisse, die der Zuschauer nicht im Bild gesehen hat, die aber für den Fortgang der Handlung von Bedeutung sind.

Grundsätzlich muss unterschieden werden, ob die Quelle der Sprache, also die Sprecherin oder der Sprecher, im Bild zu sehen ist oder nicht. Dabei geht es weniger darum, ob bei zwei Akteuren, die sich in einem Raum befinden und miteinander sprechen, immer die jeweils sprechende oder zuhörende Person im Bild zu sehen ist. Bedeutsamer ist, wenn es eine Stimme außerhalb des Bildes gibt, die als Erzähler auftritt (off-screen). Eine der filmischen Konventionen ist es, zu Beginn eines Films Schrift einzublenden, die von einem Erzähler oder einer Erzählerin vorgelesen wird, oder es ist z.B. ein Grabstein mit einer In- schrift zu sehen und eine Stimme aus dem Off erzählt etwas über die Person, deren Name auf dem Grabstein steht. In »Terminator 2 – Judgement Day« führt Sarah Connor in die Geschichte ein. Sie ist die Erzählerin, aus deren Per- spektive die Zuschauer das Folgende erleben, auch wenn der Plot bei der Figur des Schwarzenegger-Terminators bleibt. In »Der Herr der Ringe – Die Gefähr- ten« führt Galadriel zu Beginn des Films als Voice-Over-Erzähler in die Ge- schichte von Mittelerde und damit die Vorgeschichte des Films ein. Allerdings werden die drei Teile der »Herr der Ringe«-Trilogie nicht konsequent aus ihrer Perspektive erzählt, sondern auch andere Figuren sind im Verlauf der Erzählung als Voice-Over-Erzähler aktiv (vgl. Mikos u.a. 2007, S. 119 ff.).

In »Alles über Eva« wird zu Beginn des Films eine Preisstatuette gezeigt. Dazu erzählt eine männliche Stimme, dass dieser Preis den Zuschauern möglicherwei- se unbekannt sei, dass er aber jährlich verliehen werde. Nachdem der Erzähler noch einiges über den Preis mitgeteilt hat, sieht man ihn selbst im Bild, und er stellt sich – immer noch aus dem Off – als Addison DeWitt, Theaterkritiker, vor. Dann führt die Stimme aus dem Off, die den Zuschauern nun bereits als Person bekannt ist, die Hauptperson Eve vor, um mit den Worten »Es war irgendwann im Oktober. Es war eine regnerische Nacht. Ich erinnere mich, dass ich das Taxi bat zu warten« zur eigentlichen Handlung überzuleiten. Im weite- ren Verlauf des Films agiert und spricht Addison DeWitt auch on-screen. In dem Film sind einige Rückblenden mit den Stimmen handelnder Figuren aus dem Off versehen. In vielen Fällen agieren die Off-Stimmen, die zu Beginn eines Films in die Geschichte einführen, später selbst im Bild. Das ist auch der Fall in »Letztes Jahr in Marienbad«, in dem ein namenloser Mann in einer fast durchgehenden Erzählung eine junge Frau davon zu überzeugen versucht, dass sie sich schon einmal begegnet seien. Mal spricht der Mann, während er im Bild zu sehen ist, mal ist seine Stimme nur off-screen zu hören. Hier macht die Er- zählung des Mannes die eigentliche Handlung des Films aus. Die Erzählerstim- me informiert jedoch nicht nur über die Handlung oder erzählt den Rahmen der Geschichte, sie kann auch die Handlung oder die Personen kommentieren. Jean-Luc Godard hat solche kommentierenden Stimmen häufig in seinen Fil- men eingesetzt.

Im Gegensatz zu Dokumentarfilmen sind in Spielfilmen Off-Erzähler, die gar nicht im Bild auftauchen, selten. In »Stadt ohne Maske« gibt es einen solchen unsichtbaren Erzähler. Zwar stellt er sich namentlich als Mark Hellinger vor, doch ist er nicht Bestandteil der folgenden sichtbaren Handlung. (vgl. Kozloff 1988, S. 82 ff.). Hellinger ist der allwissende Erzähler, den die amerikanische Filmwissenschaftlerin Sarah Kozloff auch *Voice-of-God*-Erzähler nennt (ebd.). Doch er ist eine reale Person, der Produzent des Films, der die Geschichte aus dem Off erzählt. Das Besondere an diesem Film ist, dass auch »die handelnden Personen oft aus dem Off erzählen und Bilder kommentieren. »Stadt ohne Maske« ist ein Film, in dem die sogenannte *Voice-Over-Narration* explizit eingesetzt wurde. Dadurch werden die Zuschauer in einer Beobachterrolle positioniert. Sie können sich zu den handelnden Figuren nur über den Filter des Kommentars der Erzählerstimme in Beziehung setzen. Die Rezeption ist so anders strukturiert als in einem Film oder einer Fernsehsendung, in der nur on-screen gesprochen wird.

Analyseleitende Fragen

- Gibt es im Film oder in der Fernsehsendung einen oder mehrere Erzähler, deren Stimmen zu hören sind, die aber nicht im Bild zu sehen sind?
- Werden die Handlung des Films oder die Personen mit Off-Stimmen kommentiert?
- Welche Rolle spielen die Geräusche: Unterstützen sie die Erzählung oder sind sie nur Beiwerk?
- Haben die Geräusche eine eigenständige Funktion, z.B. um Ortswechsel in den Szenen anzuzeigen?
- Werden Geräusche eingesetzt, um eine bestimmte Stimmung zu erzeugen?
- Dienen Geräusche der Charakterisierung von Personen?

4.6   Musik

Bereits die Begleitmusik zur Stummfilm-Aufführung hatte die Funktion, die emotionale Grundstimmung der gerade gezeigten Bilder zu unterstützen. Daran hat sich auch im Tonfilm nichts geändert (vgl. Lack 1997). Bedeutsam für den Plot und die Erzählung kann sein, ob die Musikquelle im Bild zu sehen ist oder nicht (vgl. auch Hickethier 2007, S. 94). Dabei spielt es keine Rolle, ob in einer Bar eine Band spielt oder ob im Bild ein Radio zu sehen ist, aus dem die Musik kommt. Grundsätzlich kann Filmmusik »zumeist als funktionale Musik klassifiziert werden, d.h., sie bezieht ihren Sinn nicht nur aus musikimmanenten Beziehungen, sondern hauptsächlich aus ihrer Funktion als einer der Gestaltungsfaktoren des Films« (Bullerjahn 2001, S. 59). Damit dient sie sowohl dem Inhalt und der Repräsentation, der Narration und der Dramaturgie sowie der Darstellung von Figuren und Akteuren (vgl. Phillips 1999, S. 177 ff.). Zugleich zielt sie damit auf mentale Aktivitäten der Zuschauer, indem sie kognitive und emotionale Prozesse unterstützt, den praktischen Sinn der Zuschauer anregt oder für die soziale Aneignung von Bedeutung ist.

Die Musikwissenschaftlerin Claudia Bullerjahn (2001, S. 64 ff.) unterscheidet zwischen Metafunktionen der Film- und Fernsehmusik und den »Funktionen im engeren Sinn« (ebd., S. 65). Letztere werden noch einmal in vier verschiedene Funktionskategorien eingeteilt, die sich immer auf einen konkreten Film beziehen: die dramaturgische, die narrative, die strukturelle und die persuasive Funktion (vgl. ebd., S. 69). Der Literaturwissenschaftler Andreas Solbach (2004) unterscheidet lediglich zwischen extradiegetischer und intradiegetischer Filmmusik, wobei Letztere die Erzählung unterstützt, während die extradiegetische Musik zur affirmativen Unterstützung von Gefühlen und zur Kommentierung der Erzählung eingesetzt werden kann. Unterstützt z.B. die Musik die Spannung in einem Film, übernimmt sie eine dramaturgische Funktion. Sie dient dann der Narration und wäre als intradiegetisch zu klassifizieren und nicht als extradiegetisch wie bei Solbach (2004, S. 15). Eine solche Funktion hat sie auch, wenn sie die seelischen Zustände eines Akteurs verdeutlicht, der z.B. gerade in melodramatischen Erinnerungen schwelgt, oder wenn sie Empfindungen wie Liebe, Leidenschaft und Trauer unterstreicht.

Narrative Funktionen übernimmt die Film- und Fernsehmusik, wenn sie die Erzählung unterstützt oder sie kontrapunktisch kommentiert, um so eine kritische oder eine ironische Distanz zu den Bildern auszudrücken. Im Sinn der Narration funktioniert sie auch, wenn durch bestimmte Musikgenres und -stile Zeitbezüge deutlich gemacht werden können. Auf diese Weise wird die Musik z.B. in »Kansas City« eingesetzt. Da die Handlung in den dreißiger Jahren des 20. Jahrhunderts angesiedelt ist und zum Teil in einem Jazzclub spielt, trägt die dort gespielte Jazzmusik dazu bei, die Zeit der Handlung zu charakterisieren und bei den Zuschauern entsprechende Assoziationen hervorzurufen. Die Musik kann auch einen Wechsel der Erzählzeit oder der erzählten Zeit ankündigen, indem z.B. der Beginn einer Rückblende durch eine andere Musik angezeigt wird. Darüber hinaus kündigen musikalische Zitate und Leitmotive wiederkehrende Handlungen an oder begleiten das Auftreten bestimmter Personen. Als Beispiel sei hier an das Mundharmonika-Motiv in dem Film »Spiel mir das Lied vom Tod« erinnert, das mit dem namenlosen Akteur, der von Charles Bronson gespielt wird, verbunden ist.

> »Schon beim allerersten Erklingen jener berühmten drei Mundharmonika-Töne erahnt man die besondere Tragik, die aus diesen Tönen spricht – selbst, wenn man zu diesem Zeitpunkt noch keinerlei nähere Anhaltspunkte hat. Und das wird auch so bleiben. Denn ›Spiel mir das Lied vom Tod‹ [...] ist das Musterbeispiel eines Rätsel-Westerns, bei dem die Auflösung erst ganz am Ende der Handlung gegeben wird. Insbesondere eine Frage steht dabei im Mittelpunkt: wer ist der namenlose Fremde mit der Mundharmonika – und was ist seine Mission?« (Keller 1996, S. 67)

Die narrative Funktion der Musik ist allerdings nicht immer so deutlich wie in diesem Film. Über das Leitmotiv lernen die Zuschauer bereits in der Exposition eines Films, das musikalische Motiv einem bestimmten Akteur zuzuordnen. Wenn dieses Motiv im Verlauf der Handlung wieder auftritt, erinnern sich die Zuschauer daran. Auf diese Weise wird ein innerfilmisches Gedächtnis geschaffen, in das die Zuschauer eingebunden werden.

Ihre strukturelle Funktion erfüllt die Musik, wenn sie z.B. Schnitte betont oder einzelne Einstellungen oder Bewegungen besonders hervorhebt. Strukturelle und narrative Funktionen fallen z.B. zusammen, wenn ein spezifischer Musikstil Gewalthandlungen begleitet. Dazu wird seit den achtziger und neunziger Jahren des 20. Jahrhunderts harte Rockmusik der Stilrichtungen Heavy Metal, Death Metal, Grindcore, Grunge oder Punk benutzt. Zu Beginn des Films »Wild at Heart – Die Geschichte von Sailor und Lula« wird die Gewalttat von Sailor, wegen der er ins Gefängnis muss, von Musik der Gruppe Megadeth begleitet. In »Lost Highway« ist eine Gewaltszene mit Musik der deutschen Metal-Gruppe Rammstein unterlegt. Zu den strukturellen Funktionen zählen auch die Titel- und Nachspannmusik. Zu den persuasiven Funktionen der Film- und Fernsehmusik gehört es, die Zuschauer emotional anzuregen.

> »Aufgabe der Musik ist es nicht nur, Emotionen abzubilden, sondern auch beim Betrachter [...] Identifikationsprozesse zu erwecken bzw. stimulieren. Funktion der Filmmusik soll es sein, die Distanz zum Geschehen zu mindern und die Wahrnehmung der Bilder affektiv aufzuladen« (Bullerjahn 2001, S. 72 f.).

Dadurch kann die Aufmerksamkeit der Zuschauer auch auf bestimmte Ereignisse, Gegenstände oder Personen gelenkt werden. Die Rezipienten werden so in das Geschehen auf der Leinwand oder dem Bildschirm eingebunden. Durch die Titelmelodie von Serien kann z.B. bei Zuschauern eine freudige Erwartung auf die neue Episode ausgelöst werden. Letztlich kann die Musik auf dieser Ebene die Zuschauer durch tiefe Frequenzen auch physisch überwältigen.

Bei den Metafunktionen unterscheidet Bullerjahn (ebd., S. 65 ff.) zwischen rezeptionspsychologischen und ökonomischen. Diese Metafunktionen beziehen sich jedoch nicht auf einzelne Filme oder Fernsehsendungen, sondern generell auf Film und Fernsehen. Auf der rezeptionspsychologischen Ebene erfüllt Filmmusik im Kino die Funktion, ein Gemeinschaftsgefühl beim Publikum zu stiften. In der Frühzeit des Kinos sollte die Musik die Störgeräusche der lauten Projektoren übertönen. Im Fernsehen dienen sogenannte Trailer mit Erkennungsmelodien des Senders oder auch der Werbung dazu, die Zuschauer an den Sender zu binden sowie das Programm von der Werbung zu trennen. Eine ökonomische Funktion von Film- und Fernsehmusik ist es, die Zuschauer als potenzielle Plattenkäufer anzusprechen. Spätestens seit der Tonträgermarkt ein wichtiger Wirtschaftsfaktor der Unterhaltungsindustrie ist, spielen Songs in Filmen und Fernsehsendungen eine wichtige Rolle, die auch auf Platte oder CD vermarktet werden können. Das war zwar schon so mit »Wenn der weiße Flieder wieder blüht« aus dem gleichnamigen Film, doch wurde diese Funktion seit den fünfziger Jahren des 20. Jahrhunderts immer wichtiger, da man mit der Einbindung von Rock- und Popmusik speziell das jugendliche Publikum ansprechen wollte (vgl. Mundy 1999, S. 82 ff.). Bedeutsam ist dabei, ob ein Song durch einen Film erst bekannt wird, wie Coolios »Gangsta's Paradise« aus dem Film »Dangerous Minds«, oder ob ein bekannter Song in einem Film eingesetzt wird, wie Roy Orbinsons »Pretty Woman« in dem gleichnamigen Film. Zu beachten ist auch, dass die Auswahl der Musik gezielt auf eine bestimmte Zielgruppe hin erfolgen kann, wie es z.B. in den Hip-Hop-Filmen »Colors« oder »Boyz 'n the Hood« geschieht, die in den Ghettos der Schwarzen spielen. Mit zahlreichen Elvis-Filmen sollte ein Rock 'n' Roll-Publikum angesprochen werden. In der Regel werden vor allem deskriptive Szenen von Musik begleitet, z.B. Fahrten über den Highway oder Sexszenen. Allerdings kann Musik auch eine narrative Funktion haben, indem sie, wie bereits beschrieben, den emotionalen Eindruck einer Szene unterstützt oder zur Charakterisierung von Figuren herangezogen wird. Zudem können einzelne Songs in einem inhaltlichen Verhältnis zur Handlung des Films stehen.

Die Zuschauer erwerben im Verlauf ihrer Film- und Fernsehsozialisation Wissen über bestimmte Funktionen von Film- und Fernsehmusik. Sie wissen irgendwann, dass in bestimmten Genres stereotyp immer wieder die gleichen Musikstile zu hören sind. Dadurch werden in den Zuschauern bereits beim

Vorspann über die Musik bestimmte Erwartungen auf den Fortgang des Geschehens geweckt.

> »Vermutlich interagieren auditive und visuelle Modalitäten während der Wahrnehmung und resultieren in einem einzigen kognitiven Effekt. Eine Filmbewertung erfolgt deshalb immer in bezug auf die Filmgesamtheit. Einzelaspekte des Films, wie z.B. Einstellungsgrößen aber auch Filmmusik, dringen in der Regel während des Filmerlebens nicht ins Bewußtsein, da vor allem bei narrativen Filmen das Hauptinteresse des Rezipienten auf dem Verfolgen des Fabelverlaufs liegt. Dies gilt insbesondere dann, wenn die Filmmusik in affektiver und struktureller Hinsicht kongruent zum Bild eingesetzt und konventionell gestaltet ist« (Bullerjahn 2001, S. 299).

Dadurch wird vor allem die emotionale Aktivität der Zuschauer gefördert. Sie werden über die Musik emotional durch den Film und die Fernsehsendung geleitet. Zugleich wird damit die Wahrnehmung von Figuren und Akteuren ebenso beeinflusst wie die Geschichte im Kopf der Zuschauer als Folge von Narration und Dramaturgie.

Analyseleitende Fragen

- Welche Rolle spielt die Musik: Unterstützt sie die Erzählung oder ist sie nur Beiwerk?
- Wird versucht, durch eine bestimmte Art von Musik eine bestimmte Zielgruppe anzusprechen?
- Werden bekannte Popsongs eingesetzt und stehen sie im Zusammenhang mit der Narration?
- Wird Musik eingesetzt, um eine bestimmte Stimmung zu erzeugen?
- Dient die Musik der Kommentierung von Handlungen oder Ereignissen?
- In welchen Szenen wird die Musik in dramaturgischer und narrativer Funktion eingesetzt?
- Gibt es eine dramatische Steigerung auf musikalischer Ebene?
- Dient die Musik der Charakterisierung von Personen?
- Gibt es ein musikalisches Leitmotiv, das immer wiederkehrt, und in welchen Situationen und Szenen wird es eingesetzt?

4.7 Visuelle Effekte und Spezialeffekte

Der Film ist seit seinen Anfängen auch ein Medium der Illusionisten, die mit visuellen Effekten, Spezialeffekten und Tricks versuchen, den Realitätseindruck des Fantastischen zu optimieren. Fremde Welten, die in fernen Galaxien oder nur auf dem Mond spielen, werden so zu vorstellbaren Welten, ebenso wie zahlreiche fremde Wesen aus anderen Galaxien, aus Urzeiten, aus Sümpfen und Regenwäldern oder aus der »Fabrik« verrückter Wissenschaftler als mögliche reale Schrecken erscheinen. Bereits zu Beginn der Geschichte des Films trat der »Fantast« Georges Méliès als Antipode zu den »Dokumentaristen«, den Brüdern Lumière in Erscheinung. Mit zahlreichen Tricks schuf Méliès bereits 1902 den viel beachteten Film »Die Reise zum Mond«.

Grundsätzlich muss zwischen visuellen Effekten (VFX) und Spezialeffekten (SFX) unterschieden werden. Visuelle Effekte dienen im Allgemeinen der Steigerung des Attraktions- und Schauwerts eines Films. Der Einsatz einer wackeligen Handkamera zur Erzeugung von Authentizität kann als visueller Effekt bezeichnet werden. Diese Effekte können sich als Bestandteil der diegetischen Welt in die Narration einfügen, sie können aber auch aus ihr heraustreten, um sich selbst auszustellen. Letzteres wird vor allem im Zusammenhang mit am Computer generierten Bildern (CGI) diskutiert (vgl. McClean 2007, S. 3 ff.). Das trifft auch auf Spezialeffekte zu, mit denen die Attraktion und der Schauwert eines Films weiter gesteigert werden können. Bertram (2005, S. 27) zählt die Spezialeffekte zu den »praktischen Effekten«, »die am Set geschehen und von der Kamera aufgezeichnet werden«. Doch insbesondere mit der Digitalisierung ist es möglich, Spezialeffekte erst in der Postproduktion am Computer entstehen zu lassen.

Spezialeffekte machen einen Film zu einer Attraktion, die Zuschauer ins Kino zieht. Neuere Action- oder Science-Fiction-Filme werden häufig mit den besonderen Effekten beworben, die in so einmaliger Weise noch nie zu bewundern gewesen seien. Dazu tragen auch Berichte über die Dreharbeiten bei. Spezialeffekte machen die Filme in diesem Sinn zu einem Attraktionskino, das dem klassischen Erzählkino, in dem es um die Darstellung einer Erzählung geht, gegenübersteht (vgl. Kessler 1993; King 2000).

Grundsätzlich kann zwischen vier Arten von Spezialeffekten unterschieden werden, die im Folgenden näher beschrieben werden:

- Effekte, die in das Geschehen vor der Kamera eingreifen
- Effekte, die bei der Aufnahme entstehen
- Effekte, die durch die nachträgliche Bearbeitung des Filmmaterials entstehen
- Effekte, die bei der Projektion entstehen

Zu den Effekten, die in das Geschehen vor der Kamera eingreifen, zählen *pyrotechnische Tricks* wie grandiose Explosionen. So zu sehen beispielsweise in »Independence Day«: Außerirdische schießen Hochhäuser in Brand und sprengen das Weiße Haus in die Luft. Hierfür braucht man *Modelle*, denn natürlich wurde anstelle des »echten« Weißen Hauses in Washington ein Miniaturmodell zerstört. Nicht nur Gebäude und Objekte werden nach Bedarf in Modellform angefertigt, sondern auch Monster und Mutanten wie King Kong, Saurier und Aliens aller Art, die die Film- und Fernsehgeschichte bevölkern. Bei den Effekten vor der Kamera spielen *Stunts* eine wichtige Rolle. In »Eraser« sieht es so aus, als würde Arnold Schwarzenegger im freien Fall aus einem Flugzeug heraus seinen davonfliegenden Fallschirm noch erwischen und in die Tragegurte schlüpfen. Die *Maske*, mit der Schauspieler geschminkt und verwandelt werden, ist ebenfalls ein wichtiges Element der Spezialeffekte. So werden die verschiedenen Wesen der interstellaren Welt in der Fernsehserie »Raumschiff Enterprise« geschaffen oder das verbrannte Gesicht des Grafen Laszlo Almasy in »Der englische Patient«. Nicht zu verwechseln mit den Masken, die eingesetzt werden, um Teile des Filmmaterials bei der Belichtung abzudecken. Später können diese abgedeckten Teile mit anderen Aufnahmen kombiniert werden. Mit diesem Verfahren wird z.B. das vorbeifliegende Weltall, das man durch eine Sichtluke des Raumschiffes sieht, hergestellt.

Die *Rückprojektion* ist ein weiterer Spezialeffekt. Hier wird mit einem Projektor ein Film auf eine Leinwand projiziert, die sich hinter den von der Kamera aufgenommenen Figuren befindet. Während die Akteure z.B. in einem im Studio stehenden Auto frontal gefilmt werden, läuft im Hintergrund auf der Leinwand die Projektion einer Straße, auf der das Auto sich vermeintlich durch eine Landschaft bewegt: So entsteht der Eindruck, dass die Personen in ihrem Wagen durch die Gegend fahren. Aufgrund der technischen Möglichkeiten, die mit der digitalisierten Bildkomposition gegeben sind, wird das Verfahren der Rückprojektion allerdings kaum noch angewendet. Ähnlich arbeitet das *Schüfftan-Verfahren*, bei dem durch eine besondere Spiegelkonstruktion die Kombination von realen, vor der Kamera agierenden Personen und gebauten Miniaturmodellen, die im Film in »normaler« Größe erscheinen, möglich wird. Die Digitalisierung macht auch dieses klassische Verfahren, das von dem Kameramann Eugen Schüfftan entwickelt worden war und beispielsweise in »Metropolis« für die Spezialeffekte sorgte, inzwischen weitgehend überflüssig.

Einer der Effekte, die bei der Aufnahme entstehen, ist die *Doppelbelichtung*, bei der das Filmmaterial zweifach belichtet wird. Dieses Verfahren wurde häufig eingesetzt, um z.B. Gespenster durch nur schwach von Kerzenlicht erhellte Spukschlösser huschen zu lassen. Bei der *Mehrfachbelichtung* wird das Filmmaterial mehrmals belichtet. Mit Hilfe dieses Effektes wurde z.B. die Darstellung von Halluzinationen während des Drogenrausches eines Akteurs erzeugt. Beide Verfahren, die Doppel- und Mehrfachbelichtung, sind heute unüblich, da es dank der computerisierten, digitalisierten Postproduktion andere Möglichkeiten gibt, die gewünschten Effekte zu erzielen. Bei dem sogenannten *Stop-Motion-Verfahren* oder *Stop-Trick* wird die Kamera beim Drehen angehalten, so dass die Positionen der Personen oder Objekte vor der Kamera verändert werden können, bevor das nächste Bild belichtet wird. In der Frühzeit des Films ließ man auf diese Weise z.B. Personen verschwinden. Georges Méliès verwandelte mit diesem Trick eine Frau in ein Skelett. Modelle von Monstern werden in Bewegung versetzt, indem ihre sich verändernden Gliedmaßen einzeln Bild für Bild animiert werden. Das war schon bei »King Kong« so, und auch bei »Jurassic Park« wurde der gewaltige Tyrannosaurus Rex mit diesem Verfahren animiert. Der Stop-Trick ist auch die Grundlage für die Animations- und Zeichentrickfilme, bei denen jedes einzelne Bild animiert bzw. gezeichnet wird. Mit Hilfe des Computers wurde aus dem Stop-Motion-Verfahren das *Go-Motion-Verfahren* entwickelt, bei dem das Stop-Motion-Modell von einem Computer gesteuert in leichte Bewegung versetzt wird. Zu den visuellen Effekten, die während der Aufnahme erzielt werden, gehört auch die *Handkamera*, die den Bildern den statischen Charakter nimmt und dadurch eine besondere Dynamik erzeugt (vgl. Kapitel II.4.1). Außerdem ist diese Technik inzwischen in Fernsehreportagen und -berichten zu einem beliebten Mittel nicht nur der Kriegsberichterstattung, sondern auch der Sozialreportage geworden. Zu den Effekten, die bei der Aufnahme entstehen, zählen auch alle Arten von technischen Hilfsmitteln, die die Kamera beweglich machen wie Kräne, Schienenwagen etc., sowie die *computergesteuerte Kamera*, die sich auf exakt vorausberechneten Bahnen bewegt. In »Krieg der Sterne« wurde erstmals eine *Motion-Control-Kamera* eingesetzt, mit der die Flugbewegungen der statischen Raumschiffmodelle simuliert werden konnten.

Bei den Effekten, die durch nachträgliche Bearbeitung des Bildmaterials in der Postproduktion entstehen, bedienen sich die Filmemacher verschiedener technischer Hilfsmittel wie z.B. der *optischen Bank*. Dazu werden ein oder mehrere Projektoren und eine Filmkamera auf eine Schiene montiert, die synchron pro Einzelbild arbeiten. Damit lassen sich z.B. Masken mit Realaufnahmen verbinden, Überblendungen werden ebenso möglich wie Formatwechsel oder die Verzerrung von Bildern. Inzwischen wird das Verfahren immer weniger angewendet, da die digitalisierte Postproduktion alle Möglichkeiten der optischen Bank bietet. Vor allem das *Digital Compositing* ermöglicht das Zusammenfügen von verschiedenen Bildern oder Bildelementen, die aus unterschiedlichen Filmen stammen können. So lassen sich z.b. dokumentarische Szenen mit fiktionalen, inszenierten Bildern kombinieren. Das wurde in »Forrest Gump« gemacht, wo der von Tom Hanks gespielte Held einige amerikanische Präsidenten trifft. Auf diese Weise lassen sich auch Zeichentrickszenen mit Realaufnahmen kombinieren, wie es in »Falsches Spiel mit Roger Rabbit« oder »Space Jam« zu sehen ist, in denen Schauspieler zusammen mit Cartoon-Figuren agieren.

Auf die Spitze getrieben wird diese Entwicklung durch die Kombination von Realaufnahmen und computeranimierten Bildern, z.B. in »Jurassic Park«, »Matrix« oder »Independence Day«. Hierzu gehört auch das Kombinieren von realen Moderatoren und virtuellen Studios, wie es zuerst in der Kabel 1-Show »Hugo« zu sehen war und inzwischen in zahlreichen Fernsehsendungen zu beobachten ist. In »Der Herr der Ringe« wurden die Massenszenen in den Schlachten erst nachträglich am Computer generiert. Um diese Massenkampfszenen mit Zehntausenden von einzelnen Kriegern möglichst realitätsnah umzusetzen, bedurfte es des Einsatzes computeranimierter Figurene. Doch die Schlachtszenen in der »Herr der Ringe«-Trilogie waren für eine Einzelanimation jeder Figur viel zu komplex. Ein übliches Verfahren besteht darin, für einige wenige Modelle Bewegungsabläufe zu erstellen und diese dann mehrfach zu verwenden. Dies führt aber unweigerlich zu großflächigen Regelmäßigkeiten in den Truppenbewegungen, die dann die Realitätsillusion zerstören, weil die Effekte aus dem Narrationsfluss heraustreten. Stephen Regelous, damals technischer Leiter von Weta Digital, begann bereits 1996 mit der Programmierung einer revolutionären Massenanimationssoftware namens MASSIVE. Das Kürzel steht für »Multiple Agent Simulation System In Virtual Environment«. Diese Software ist in der Lage, diverse Bewegungsabläufe automatisiert so umzusetzen, dass sie realistisch wirken. Prinzip dieser Software ist es nicht, aufwändige Einzelanimationen herzustellen, sondern sogenannte Agenten zu erschaffen, die in Interaktion mit ihrer virtuellen Umgebung agieren (vgl. zu den Features von »MASSIVe 3« auch Mayer/Halassek 2008; zur Verwendung in »Der Herr der Ringe« auch Mikos u.a. 2007, S. 101 f.).

Mit Hilfe des Motion-Capture-Verfahrens (vgl. Bertam 2005, S. 54 ff.) wurden unzählige Bewegungsabläufe von Schauspielern und Stunt-Experten aufgezeichnet: Gehzyklen für verschiedene Steigungen, der Griff zum Schwert, Ducken oder ein ausweichender Schritt zurück, eine Leiter erklettern, den Feind suchen, angreifen usw. Jedem Agenten können so bis zu 350 einzelne Bewegungsabläufe zugeordnet werden. Um der einzelnen Figur individuelle Wesenszüge zu verleihen, erhält jeder Agent ein Set von bis zu 8.000 Verhaltensknoten. Je nach Situation und Figur kann diese ihre Umgebung sehen, hören oder tasten und aus einem Pool von Aktionen eine der Situation angemessene aussuchen. Die Agenten haben drei Sinnesfunktionen, sie können hören, sehen und tasten, d.h., sie können in Realzeit auf andere Figuren und ihre Umgebung reagieren (vgl. Thompson 2006, S. 294). Die Bewertung der aktuellen Lage sowie die Entscheidung für eine Aktion beruht auf *Fuzzy Logic*. Dieses Verfahren unterstützt nicht nur einfache Wahr-/Falsch-Situationen, sondern auch Zwischenzustände wie »etwas gefährlich«, »ziemlich weit weg« oder »sehr laut«. Diese Verhaltensknoten kann der Animator mittels eines grafischen Netzdiagramms erstellen. Selbst physikalische Eigenschaften wie Größe und Kraft oder Art der Kleidung werden von MASSIVE mit einkalkuliert. Masse und Trägheit der Figuren und sogar der Faltenwurf ihrer Kleidung werden somit im Animationsprozess angepasst. Ist das virtuelle 3-D-Terrain entwickelt und sind die Agenten platziert, beginnt der autonome Animationsprozess, in den der Animator nicht mehr eingreifen kann. Bei Unstimmigkeiten müssen die Parameter für die Agenten neu gesetzt werden. Spezifische Einzelaktionen und Stunts von sogenannten Heros werden im Vorfeld choreografiert, aufgezeichnet und in die Gesamtszenerie eingesetzt. Diese können aus einzelnen Akteuren bestehen oder Gruppenaktionen sein, die ein in sich stimmiges Bild von Interaktionen bieten. Die MASSIVE-Software ist inzwischen nicht mehr allein in der professionellen Produktion von Blockbuster-Filmen und computeranimierten Filmen wie »Ratatouille«, in der damit die Massenszenen der Ratten geschaffen wurden, einsetzbar, sondern auch in der Werbung.

Die *Computeranimation* als ein weiteres Verfahren, mit dem Spezialeffekte erzeugt werden, enthält aufgrund der immer größeren Leistungsfähigkeit der Rechner einen immer größeren Stellenwert. »Toy Story« war der erste komplett per Computer erstellte Spielfilm der Filmgeschichte. Seine Herstellung dauerte fast fünf Jahre. Vor »Toy Story« waren lediglich einzelne Szenen oder Bilder im Computer entstanden, die dann in die Realaufnahmen des Films einmontiert wurden (vgl. dazu auch Baker 1993; Mikos 1995b, S. 310 ff.; Pizzello 1994). Mit Hilfe der Computeranimation wurden lediglich die ästhetischen Qualitäten von Filmen verfeinert, bevor dann in den achtziger Jahren auch eine eigene ästhetische Qualität durch Computeranimation entstand. In Filmen wie »Terminator 2 – Judgement Day« oder »Abyss« wurde das Morphing-Verfahren eingesetzt, bei dem sich Personen und Objekte dank der Software sukzessive in andere Personen und Objekte verwandeln, wie z.B. der T-1000 im »Terminator«-Film (vgl. Abb. 35). In der Fernsehwerbung nutzt man diese Möglichkeit der Verwandlung auch gern. Die Faszination des Verfahrens besteht u.a. darin, dass die Grenzen der Personalen Identität der Filmfiguren fließend werden. Für die Zuschauer entsteht daraus Spannung, da nicht mehr sicher ist, hinter welcher äußeren Form sich ein als gut oder böse eingeführter Charakter verbirgt. Zahlreiche Fantasy-Serien im Fernsehen wie »Herkules« oder »Xena« spielen mit diesem Effekt. Darüber hinaus lassen sich mit dem Computer natürlich auch die räumlichen und zeitlichen Grenzen von Realaufnahmen überschreiten, indem Größenverhältnisse von Personen und Objekten variiert werden, so dass z.B. der Eindruck von Vorder- und Hintergrund verwischt. Zugleich lassen sich

Abb. 35

grafische Elemente in die Realaufnahmen kopieren. In zahlreichen Musikvideos ist dies ein gängiges Verfahren. Die Anzahl der computeranimierten Filme ist zu Beginn des 21. Jahrhunderts gestiegen, von »Final Fantasy: Die Mächte in dir« über »Shrek« (Teile 1 bis 3) und »Findet Nemo« bis hin zu »Ratatouille«.

Effekte, die bei der Projektion erzielt werden, waren in der Frühzeit des Films an der Tagesordnung. Der einfachste war, zwei Projektoren synchron oder asynchron laufen zu lassen und so zwei Bilder gleichzeitig auf eine Leinwand zu projizieren. Zu den Projektionstricks gehören die sogenannten *Breitwandverfahren*, bei denen das Seiten-Höhen-Verhältnis gegenüber dem Normalfilm verändert ist (vgl. Giesen 1985; Wollen 1993). Beim *Cinerama*-Verfahren, das erstmals in den fünfziger Jahren eingesetzt wurde, werden drei Filme parallel auf einer gebogenen Leinwand vorgeführt. Dadurch entsteht der Eindruck von Dreidimensionalität. Ebenfalls in den fünfziger Jahren entstand das *Cinemascope*-Verfahren, das im Gegensatz zum Cinerama-Verfahren auch noch heute eingesetzt wird. Dabei wird mit Hilfe einer Speziallinse das breite Bild auf 35 mm aufgenommen und bei der Vorführung mit einer Optik wieder anamorphisch entzerrt. Ein weiteres Breitwandverfahren ist das *IMAX,* bei dem versucht wird, die Qualitäten des großen Cinerama-Bildes auf einem einzigen Filmstreifen zu vereinen. Das IMAX-Bild ist damit dreimal so groß wie das normale 70-mm-Bild oder zehnmal so groß wie das normale 35-mm-Bild (vgl. Rother 1996).

Dadurch wird die Bildqualität enorm verfeinert und die Erlebnisintensität der Zuschauer gesteigert. Zu den Projektionseffekten gehören natürlich auch der *Stereoton* und das *Dolby-Surround-Verfahren*, bei dem mit vier Tonkanälen gearbeitet wird und die Wiedergabe durch Lautsprecher hinter der Leinwand und im Zuschauerraum erfolgt. Dadurch ist es z.B. möglich, ein Hörerlebnis zu erreichen, bei dem ein Pferd von rechts hinten nach vorne links galoppiert oder ein Düsenjet in der gleichen Richtung vermeintlich über die Köpfe der Kinobesucher hinwegdonnert. Diese Technik wird inzwischen auch für das heimische Wohnzimmer angeboten.

Funktionen der Spezialeffekte

Grundsätzlich zielen alle Effekte darauf ab, die Erlebnisintensität der Zuschauer zu steigern, indem der sinnliche Realitätseindruck – vor allem optisch und auditiv – erhöht wird. Zugleich können sie aber auch eingesetzt werden, um Realitätseindrücke parodistisch auf die Spitze zu treiben. Die Effekte spielen mit dem Wissen und den kognitiven Fähigkeiten der Zuschauer, sich mögliche Welten vorzustellen – und diese möglichen Welten sind erzählte Welten, deren Glaubwürdigkeit und Eindrucksintensität unter anderem von den narrativen, rhetorischen und ästhetischen Fähigkeiten des Erzählers abhängen. Zugleich leben sie von der Fähigkeit der Zuschauer, Verbindungen zwischen einzelnen Filmbildern herzustellen, gesehene einzelne Einstellungen kausal miteinander zu verknüpfen.

Dabei ist das Wissen der Zuschauer doppelt bestimmt. Wenn im Film z.B. eine Leiche zu sehen ist, in deren Brust noch ein riesiges Messer steckt, dann sind die Zuschauer einerseits in der Lage, dies als Schlüsselhinweis im Rahmen des Plots für die Geschichte zu sehen und messerscharf zu schließen, dass die betreffende Person offenbar erstochen wurde. Dabei spielt auch wieder das allgemeine Weltwissen eine Rolle, zu dem es gehört, zu wissen, dass man mit Messern Menschen erstechen kann. Andererseits wissen sie aber auch, dass es sich lediglich um eine fiktionale Geschichte im Film handelt, bei dem ein lebender Schauspieler am Boden liegt und so tut, als sei er tot, die Maskenbildner jede Menge rote Farbe verteilt haben und lediglich ein Messerschaft auf die Brust des sich tot stellenden Schauspielers geheftet wurde. Vielleicht wurde es auch anders gemacht, aber das sogenannte Fiktionsbewusstsein als Teil der erlernten Film- und Fernsehkompetenz ist immer vorhanden (vgl. dazu auch Mikos 2001 S. 108 f.).

Visuelle Effekte und Spezialeffekte können nicht nur die Erlebnisintensität eines Films steigern, sie können auch die Zuschauer auf Distanz halten, indem sie auf ihr Fiktionsbewusstsein verwiesen werden. Das geschieht z.B. mit der

Übertreibung von Effekten. So wird zugleich eine distanziertere Haltung zum Geschehen auf der Leinwand oder dem Bildschirm hervorgerufen, der Realitätseindruck wird damit relativiert. Auch die sogenannte »kaleidoskopische Wahrnehmung«, die durch Spezialeffekte hervorgerufen wird (Bukatman 2003, S. 111 ff.), ruft eher eine Distanz zum Geschehen auf der Leinwand hervor. Wenn in einer Horrorkomödie wie »Braindead« eine Unmenge Blut vergossen wird, das sich literweise über alles ergießt, mögen sich manche Zuschauer zwar davor ekeln und andere darüber amüsieren, aber glaubwürdig und realistisch wirkt das nicht mehr. Viele Horrorfilme leben von solchen parodistischen Elementen, die selbstreflexiv auf das eigene Genre verweisen. Damit eröffnen sie Möglichkeiten für die kommunikative Aneignung der Filme.

Gerade die Machart von Spezialeffekten weist über das konkrete Filmerlebnis hinaus auf die soziale Aneignung. Insbesondere in Fankreisen wird viel darüber diskutiert, wie bestimmte Effekte erzielt wurden. Fans interessieren sich besonders für die technische Machart der Filme (vgl. Vogelgesang 1991, S. 195 ff.). Für sie besitzen die Spezialeffekte einen filmischen Eigenwert, der nicht nur gleichberechtigt neben anderen Werten wie spannende Geschichte, coole Schauspieler etc. steht, sondern wichtiger als diese anderen Werte sein kann. Das Wissen um die Inszeniertheit und das Zustandekommen der Spezialeffekte lindert das Vergnügen an den Filmen keineswegs, sondern steigert es noch. Fanzeitschriften zu Horror- und Science-Fiction-Filmen sind voll von Berichten über das »Making of« eines gerade aktuellen Films, in denen genau geschildert wird, wie die Maskenbildner, Stuntleute, Computeranimateure und andere Spezialisten gearbeitet haben (vgl. Winter 1995, S. 181 ff.; Winter 1997, S. 47 ff.). Im Detail wird der Bau der Masken oder der Monster- und Alienmodelle beschrieben, Bauanleitungen werden gegeben und Wettbewerbe um die schönsten selbstgefertigten Masken veranstaltet. In diesen Fanzines zeigt sich die Kreativität der Fans, die Filme mit Spezialeffekten nicht einfach nur passiv konsumieren, sondern sie sich im Konsum aktiv aneignen.

In Genres wie Horror-, Science-Fiction-, Actionfilm oder Thriller werden Spezialeffekte aller Art auch zur Erzeugung von Schockbildern eingesetzt. Da werden vermeintliche Leichenteile in Nah- oder Großaufnahmen gezeigt, es spritzt vermeintliches Blut in großer Menge. Da schlüpfen plötzlich kleine, eklige Wesen aus Menschenkörpern wie in »Alien«, oder außerirdische Kichermännchen mähen mit ihren merkwürdigen Strahlenwaffen ganze Menschenparlamente nieder, die zu bunten Skeletten werden wie in »Mars Attacks!«. In »Das Schweigen der Lämmer« hängt ein vom Serienmörder Hannibal Lecter umgebrachter Wachmann blutverschmiert wie Jesus am Kreuz an einem Käfig, während Lecter selbst mit der vermeintlich abgeschnittenen Gesichtshaut des Mannes in einem Notarztwagen liegt. Derselbe Lecter schneidet im Film »Hannibal« einer Figur den Schädel auf, um das Gehirn zu entnehmen und zu braten. Das Beispiel einer Szene in »Der andalusische Hund«, in der mit einem Rasiermesser durch das Auge einer jungen Frau geschnitten wird, zeigt, dass solche Schockbilder nicht auf die oben genannten Genres beschränkt bleiben, sondern auch in anderen Filmen zu finden sind, wie in diesem experimentellen, surrealistischen Stummfilm, den der Regisseur Luis Buñuel gemeinsam mit dem Maler Salvador Dalí inszenierte. Schockbilder sollen die Aufmerksamkeit der Zuschauer auf sich ziehen. Das tun sie aber offenbar nicht nur, »weil sie Schreckliches oder Entsetzliches präsentieren, sondern weil sie nicht in die fortlaufende Erzählung zu passen scheinen« (Wulff 1985, S. 55 f.). Zwar sind sie in den Erzählkontext eingebettet, haben aber nicht den selbstverständlichen Abbildcharakter wie die anderen Bilder, die den Erzählfluss bestimmen. Schockbilder haben eher den Charakter von Gemälden: genau gestaltete Bilder mit einem offenbar schrecklichen Inhalt. Sie zeigen den Zuschauern etwas, indem sie auf das Besondere des Schreckens hinweisen. In dem Beispiel aus »Das Schweigen der Lämmer« geht es nicht so sehr darum, die grausam zugerichtete Leiche als Abbild zu zeigen, sondern mit dieser Kreuzigungsinszenierung wird auf die besondere Grausamkeit von Hannibal Lecter hingewiesen. Schockbilder stehen so in der Regel nicht für sich selbst, sondern verweisen auf jemanden oder etwas.

Die digitalen Möglichkeiten in der Film- und Fernsehproduktion haben neue Varianten von Filmen entstehen lassen, z.B. sogenannte »Virtual History«-Filme, in denen altes dokumentarisches Material verwendet wird, das mit neu gedrehtem Material kombiniert wird. Das neue Material wird dann mit Hilfe von digitalen Filtern auf alt getrimmt. In dem Film »Virtual History: The Secret Plot to Kill Hitler« wurden zum Beispiel auf der Basis von historischen Dokumentaraufnahmen computergenerierte Bilder von den Gesichtern Hitlers, Stalins, Churchills und Roosevelts erstellt, die dann auf Schauspieler kopiert wurden. Fehlendes Bildmaterial wurde mit Hilfe der Computeranimation »regeneriert«. Diese Bilder sollen die Authentizität des Inhalts und der Repräsentation des Films belegen (vgl. Ebbrecht 2007, S. 47).

Eine Analyse der Spezialeffekte arbeitet in besonderer Weise die Inszeniertheit von Filmen heraus. Dabei legt sie offen, mit welchen filmischen, televisuellen und digitalen Tricks einerseits ein Realitätseindruck erzeugt wird und Zuschauer kognitiv und emotional sowie mit ihrem praktischen Sinn eingebunden werden. Andererseits wird aber auch deutlich, wie die Zuschauer mit Tricks und Effekten auf Distanz gehalten werden, indem ihr Fiktionsbewusstsein aktiviert wird. Die computergenerierten Bilder stellen die Analyse vor neue Herausforderungen (vgl. Kohlmann 2007, S. 81 ff.), da sie neue Inszenierungsweisen ermöglichen, die sowohl die Gestaltung der Figuren und der Landschaft als auch die Effekte von Kamera, Montage und Licht betreffen.

Analyseleitende Fragen

- Gibt es in dem untersuchten Film Schockbilder, welche die Aufmerksamkeit der Zuschauer auf sich ziehen? Wenn ja, wie sind sie gestaltet?
- Gibt es Vorbilder in anderen medialen Darstellungen, z.B. in der bildenden Kunst? Welche Funktion haben sie?
- Gibt es Szenen, in denen die Effekte und Tricks offensichtlich sind? Wenn ja, welchen Einfluss hat das auf die Wirkung der Effekte und das Verstehen des Films?
- Lassen sich bestimmte Effekte in einem Film mit früheren Filmen und dem damaligen Entwicklungsstand der Tricktechnik vergleichen?
- Dienen die eingesetzten Spezialeffekte der Charakterisierung von Personen oder sind sie der Handlung und der Erzählung funktional zugeordnet?
- Werden computergenerierte Aufnahmen mit Realaufnahmen vermischt und welchen Zwecken dient dies?
- Welchen Realitätseindruck erzeugen die Spezialeffekte? Ist z.B. die Illusion einer fremden Welt perfekt oder ist sie gebrochen?

4.8 Zitierte Literatur

Affron, Charles/Affron, Mirella Jona (1995): Sets in Motion. Art Direction and Film Narrative. New Brunswick, NJ

Baker, Robin (1993): Computer Technology and Special Effects in Contemporary Cinema. In: Hayward, Philip/Wollen, Tana (Hrsg.): Future Visions. New Technologies of the Screen. London, S. 31–45

Beier, Lars-Olav (1999): Respektvolle Nähe, pulsierende Lebendigkeit. Die bewegende Kamera in »Breaking the Waves«. In: Prümm, Karl/Bierhoff, Silke/Körnich, Matthias (Hrsg.): Kamerastile im aktuellen Film. Berichte und Analysen. Marburg, S. 139–148

Beller, Hans (Hrsg.) (1993): Handbuch der Filmmontage. München

Bertram, Sacha (2005): VFX. Konstanz

Bordwell, David (2000): Planet Hong Kong. Popular Cinema and the Art of Entertainment. Cambridge/London

Bordwell, David (2001): Visual Style in Cinema. Vier Kapitel Filmgeschichte. Frankfurt a.M.

Bordwell, David/Staiger, Janet/Thompson, Kristin (1988): The Classical Hollywood Cinema. Film Style & Mode of Production to 1960. London (Erstausgabe 1985)

Bordwell, David/Thompson, Kristin (1993): Film Art. An Introduction. New York u.a. (4. Auflage; Erstausgabe 1979)

Borstnar, Nils/Pabst, Eckhard/Wulff, Hans Jürgen (2002): Einführung in die Film- und Fernsehwissenschaft. Konstanz

Bukatman, Scott (2003): Masters of Gravity. Special Effects and Supermen in the 20th Century. Durham/London

Bullerjahn, Claudia (2001): Grundlagen der Wirkung von Filmmusik. Augsburg

Casetti, Francesco/di Chio, Federico (1994): Analisi del Film. Milano (6. Auflage; Erstausgabe 1990)

Dancyger, Ken (2007): The Technique of Film and Video Editing. History, Theory, and Practice. Amsterdam u.a. (4. Auflage; Erstausgabe 1993)

Dunker, Achim (2007): »Die chinesische Sonne scheint immer von unten«. Licht- und Schattengestaltung im Film. Konstanz (4., aktualisierte und erweiterte Auflage; Erstausgabe 1993)

Ebbrecht, Tobias (2007): Docudramatizing History on TV. German and British Docudrama and Historical Event Television in the Memorial Year 2005. In: European Journal of Cultural Studies, 10/1, S. 35–53

Ellis, John (1992): Visible Fictions. Cinema, Television, Video. London/New York (Erstausgabe 1982)

Fairservice, Don (2001): Film Editing. History, Theory and Practice. Manchester/New York

Faulstich, Werner (2002): Grundkurs Filmanalyse. München

Flückiger, Barbara (2007): Sound Design. Die virtuelle Klangwelt des Films. Marburg (3. Auflage; Erstausgabe 2001)

Gans, Thomas (1999): Filmlicht. Handbuch der Beleuchtung im dramatischen Film. Aachen

Giesen, Rolf (1985): Special Effects. Die Tricks im Film. Vom Spiegeleffekt bis zur Computeranimation. Ebersberg

Gombrich, Ernst (1987): Licht und Glanz. Das Vermächtnis des Appelles. In: Ders.: Die Entdeckung des Sichtbaren. Zur Kunst der Renaissance III. Stuttgart, S. 13–32

Hickethier, Knut (2007): Film- und Fernsehanalyse. Stuttgart/Weimar (4., aktualisierte und erweiterte Auflage; Erstausgabe 1993)

Kasten, Jürgen (1990): Der expressionistische Film. Abgefilmtes Theater oder avantgardistisches Erzählkino? Eine stil-, produktions- und rezeptionsgeschichtliche Untersuchung. Münster

Katz, Steven D. (2002): Shot by Shot: Die richtige Einstellung. Zur Bildsprache des Films. Frankfurt a.M. (4. Auflage; Erstausgabe 1998; Originalausgabe 1991)

Keller, Matthias (1996): Stars and Sounds. Filmmusik – Die dritte Kinodimension. Kassel

Kessler, Frank (1993): Attraktion, Spannung, Filmform. In: Montage/AV, 2/2, S. 117–126

King, Geoff (2000): Spectacular Narratives. Hollywood in the Age of the Blockbuster. London/New York

Knilli, Friedrich/Reiss, Erwin (1971): Einführung in die Film- und Fernsehanalyse. Ein ABC für Zuschauer. Steinbach

Kohlmann, Klaus (2007): Der computeranimierte Spielfilm. Forschungen zur Inszenierung und Klassifizierung des 3-D-Computer-Trickfilms. Bielefeld

Korte, Helmut (2004): Einführung in die Systematische Filmanalyse. Ein Arbeitsbuch. Berlin (3., überarbeitete und erweiterte Auflage; Erstausgabe 1999)

Kozloff, Sarah (1988): Invisible Storytellers. Voice-Over Narration in American Fiction Film. Berkeley u.a.

Kuchenbuch, Thomas (2005): Filmanalyse. Theorien – Methoden – Kritik. Wien u.a. (2. Auflage; Erstausgabe 1978)

Lack, Russell (1997): Twenty Four Frames Under. A Buried History of Film Music. London

Leeuwen, Theo van (1999): Speech, Music, Sound. Basingstoke/London

Mayer, Robert/Halassek, Klaus (2008): Massive for the Masses – Crowd Animation. In: Digital Production, 12/1, S. 54–58

McClean, Shilo T. (2007): Digital Storytelling. The Narrative Power of Visual Effects in Film. Cambridge, MA/London

Merleau-Ponty, Maurice (1984): Das Auge und der Geist. Philosophische Essays. Hamburg (Originalausgabe 1964)

Metz, Christian (2000): Der imaginäre Signifikant. Psychoanalyse und Kino. Münster (Originalausgabe 1977)

Mikos, Lothar (1992): Das Leben ist ein Roman. Zur filmischen Verarbeitung von Wunsch und Wirklichkeit am Beispiel von »Pretty Woman«. In: Medien Praktisch, 16/1, S. V–X

Mikos, Lothar (1994): Der bewegte Blick. Zur Wahrnehmungsveränderung durch Bild und Bewegung. In: Medien Praktisch, 18/3, S. 17–22

255

Mikos, Lothar (1995a): Souvenir-écran and Scenic Comprehension. Understanding Film as a Biographical Drama of the Spectator. In: IRIS, 19, S. 9–20

Mikos, Lothar (1995b): Computeranimation im populären Film. »Jurassic Park«. In: Faulstich, Werner/Korte, Helmut (Hrsg.): Fischer Filmgeschichte. Band 5: Massenware und Kunst 1977–1995. Frankfurt a.M., S. 305–317

Mikos, Lothar (2001): Fern-Sehen. Bausteine zu einer Rezeptionsästhetik des Fernsehens. Berlin

Mikos, Lothar/Eichner, Susanne/Prommer, Elizabeth/Wedel, Michael (2007): Die »Herr der Ringe«-Trilogie. Attraktion und Faszination eines populärkulturellen Phänomens. Konstanz

Mundy, John (1999): Popular Music on Screen. From Hollywood Musical to Music Video. Manchester/New York

Phillips, William H. (1999): Film. An Introduction. Boston/New York

Pizzello, Chris (1994): Forecasting the Digital Future. In: American Cinematographer, 3, S. 22–30

Prater, Andreas (1992): Licht und Farbe bei Caravaggio. Stuttgart

Prümm, Karl (1999): Stilbildende Aspekte der Kameraarbeit. Umrisse einer fotografischen Filmanalyse. In: Ders./Bierhoff, Silke/Körnich, Matthias (Hrsg.): Kamerastile im aktuellen Film. Berichte und Analysen. Marburg, S. 15–50

Reisz, Karel/Millar, Gavin (1988): Geschichte und Technik der Filmmontage. München (Originalausgabe 1953)

Rother, Rainer (1996): Jahrmarkt der Bilder. Über Schauwerte im IMAX-Kino. In: Merkur, 50/8, S. 735–741

Rowe, Allan (1996): Film Form and Narrative. In: Nelmes, Jill (Hrsg.): An Introduction to Film Studies. London/New York, S. 87–120

Schaaf, Michael (1980): Theorie und Praxis der Filmanalyse. In: Silbermann, Alphons/Schaaf, Michael/Adam, Gerhard: Filmanalyse. Grundlagen – Methoden – Didaktik. München, S. 33–140

Schnell, Ralf (2000): Medienästhetik. Zu Geschichte und Theorie audiovisueller Wahrnehmungsformen. Stuttgart/Weimar

Sebastian, Peter (2006): Geräusche als Musik – Musik aus Geräuschen: Die klangliche Emanzipation des Geräusches im Spielfilm. In: Bartel, Frank/Kock, Ingo (Hrsg.): Tonkunst. Filmkunst und Sound Design. Berlin, S. 13–55

Segeberg, Harro (2005): Der Sound und die Medien. Oder: Warum sich die Medienwissenschaft für den Ton interessieren sollte. In: Ders./Schätzlein, Frank (Hrsg.): Sound. Zur Technologie und Ästhetik des Akustischen in den Medien. Marburg, S. 9–22

Solbach, Andreas (2004): Film und Musik: Ein klassifikatorischer Versuch in narratologischer Absicht. In: Augen-Blick, 35, S. 8–21

Thompson, Kirsten Moana (2006): Scale, Spectacle and Movement: Massive Software and Digital Special Effects in »The Lord of the Rings«. In: Mathijs, Ernest/ Pomerance, Murray (Hrsg.): From Hobbits to Hollywood. Essays on Peter Jackson's »The Lord of the Rings«. Amsterdam/New York, S. 283–299.

Vineyard, Jeremy (2001): Crashkurs Filmauflösung. Kameratechniken und Bildsprache des Kinos. Frankfurt a.M. (Originalausgabe 1999)

Vogelgesang, Waldemar (1991): Jugendliche Video-Cliquen. Action- und Horrorvideos als Kristallisationspunkte einer neuen Fankultur. Opladen

Weihsmann, Helmut (1988): Gebaute Illusionen. Architektur im Film. Wien

Winter, Rainer (1995): Der produktive Zuschauer. Medienaneignung als kultureller und ästhetischer Prozeß. München

Winter, Rainer (1997): Medien und Fans. Zur Konstitution von Fankulturen. In: SpoKK (Hrsg.): Kursbuch JugendKultur. Stile, Szenen und Identitäten vor der Jahrtausendwende. Mannheim, S. 40–53

Wollen, Tana (1993): The Bigger the Better: From Cinemascope to IMAX. In: Hayward, Philip/Wollen, Tana (Hrsg.): Future Visions. New Technologies of the Screen. London, S. 10–30

Wulff, Hans J. (1985): Die Erzählung der Gewalt. Untersuchungen zu den Konventionen der Darstellung gewalttätiger Interaktion. Münster

Wulff, Hans J. (1999): Darstellen und Mitteilen. Elemente einer Pragmasemiotik des Films. Tübingen

Wuss, Peter (1990): Kunstwert des Films und Massencharakter des Mediums. Konspekte zur Geschichte der Theorie des Spielfilms. Berlin

5. Kontexte

Filme und Fernsehsendungen sind keine singulären Ereignisse, sondern in die Strukturen und Funktionen der gesellschaftlichen Kommunikation eingebunden. Sie sind Elemente der Kommunikations- und Mediengeschichte, denn sie verweisen sowohl auf die Mediengeschichte von Film und Fernsehen als auch auf die Programmgeschichte. Zugleich stehen sie in Beziehung zu anderen symbolischen Kommunikationsformen wie dem Theater, der Literatur oder der Kunst. Jeder Film- und Fernsehtext entsteht in diesem Zusammenhang unter spezifischen kulturellen und gesellschaftlichen Bedingungen, die einem historischen Wandel unterliegen. Dabei stehen die Filme und Fernsehsendungen nicht nur in Beziehung zu aktuellen gesellschaftlichen und kulturellen Entwicklungen, gewissermaßen zum Zeitgeist, sondern eben auch zur Geschichte der jeweiligen Medien, ihrer technischen und ästhetischen Entwicklung sowie zu medienimmanenten und medienübergreifenden Narrationsmustern. Im dynamischen Prozess der Produktion symbolischer Medien sind Filme und Fernsehsendungen zugleich ein Produkt, das auf seine Geschichte und seine strukturelle Eingebundenheit verweist, und ein Produkt, das als Element der gesellschaftlichen Repräsentationsordnung wieder in die Geschichte und damit in die Gesellschaft eintritt.

In diesem Prozess spielen die Zuschauer eine nicht unwesentliche Rolle. Sind sie es doch, die mit der Rezeption von Film- und Fernsehtexten und deren Einbindung in ihr Alltagsleben und ihre Lebenswelt den Prozess der kulturellen und gesellschaftlichen Dynamik vorantreiben. Allerdings sind auch die Zuschauer in spezifischen gesellschaftlichen und kulturellen Entwicklungen positioniert. Sie bringen einerseits ihre Erfahrungen mit den Texten symbolischer Medien sowie das Wissen, die Emotionen und den praktischen Sinn in die Rezeption ein und nutzen das symbolische Material der Film- und Fernsehtexte andererseits wiederum in ihrem Alltag und ihrer Lebenswelt zur Arbeit an ihrer Identität und zum sinnhaften Aufbau der sozialen Welt. Die britischen Medien- und Kommunikationswissenschaftler Tony Bennett und Janet Woollacott (1987) gehen deshalb davon aus, dass die Zuschauer Bedeutungen immer im Kontext sogenannter *Reading Formations* oder Rezeptionsformationen herstellen. Diese Formationen sind kulturelle und gesellschaftliche Kontexte. Die Rezeption von Filmen,

Fernsehsendungen und anderen Medientexten kann nur innerhalb dieser Kontexte stattfinden. Sie zeigen, »welche Bezüge eines Textes bei seiner Aneignung maßgeblich sind, aber auch, welche weiteren Bedeutungspotenziale von den Rezipierenden in einem Text gesehen werden« (Hepp 1999, S. 134). Dabei sind zu einer bestimmten historischen Zeit der Rezeption spezifische kulturelle, soziale und ideologische Verhältnisse wirksam (vgl. Bennett/Woollacott 1987, S. 64).

Das lässt sich nicht nur an den »James Bond«-Romanen und -Filmen zeigen, die in der britischen Studie als Beispiel dienten, sondern generell an der historischen Rezeption von Filmen und Fernsehsendungen. Das Publikum, das zu Beginn des 21. Jahrhunderts den Film »Metropolis« im Kino oder Fernsehen sieht, lebt in ganz anderen sozialen und kulturellen Zusammenhängen als die Zuschauer, die diesen Film Ende der zwanziger Jahre des 20. Jahrhunderts im Kino sahen. Während die Rezipienten des 20. Jahrhunderts ihm vor dem Hintergrund ihrer spezifischen Kultur und Lebenswelt Bedeutung zuwiesen, werden die Zuschauer den Film im 21. Jahrhundert zugleich als Zeugnis der Film- und Zeitgeschichte betrachten können. Die Abhängigkeit der Rezeption von den kulturellen und sozialen Kontexten wird auch deutlich, wenn Filme oder Fernsehsendungen in unterschiedlichen Regionen der Welt rezipiert werden. Fernsehserien wie »Dallas« oder »The Young and the Restless« erlangen ihre Bedeutung in der lokalen Rezeption und Aneignung vor dem Hintergrund der jeweiligen kulturellen Kontexte – wie Studien dieser Serien gezeigt haben (vgl. Liebes/Katz 1993; Miller 1995). Deutlich wird hier noch einmal, dass derselbe Film- oder Fernsehtext unterschiedlich rezipiert und angeeignet werden kann. Denn: »Die Rezeption und die Aneignung von Texten wird zu einer kontextuell verankerten gesellschaftlichen Praxis, in der die Texte als Objekte nicht vorgegeben sind, sondern erst auf der Basis sozialer Erfahrung produziert werden« (Winter 1997, S. 54). Dieser Aspekt wird in Zeiten der Globalisierung des Fernsehmarktes immer wichtiger. Auf dem internationalen Markt werden nicht mehr nur Fernsehfilme, Serien und Dokumentationen gehandelt, sondern auch non-fiktionale Formate wie Reality-Shows, Lifestyle-Formate, Dating- und Casting-Shows. Letztere haben zwar ein feststehendes Formatgerüst, sind aber für lokale Adaptionen offen. Die Reality-Show »Big Brother« wurde in knapp 50 Länder weltweit verkauft, doch die Ausstattung des Hauses, in dem die Kandidaten aus den jeweiligen Ländern leben, wurde den lokalen Gegebenheiten ebenso angepasst wie die Spielanteile und Aufgaben. Da die Kandidaten zudem aus den jeweiligen ausstrahlenden Ländern rekrutiert wurden, konnte das Format an die lokale Kultur angepasst werden (vgl. Mikos u.a. 2001; Mikos 2002a).

Ein weiteres Beispiel hierfür ist das Format »The Farm«, das in mehreren Ländern adaptiert wurde, jedoch mal gewöhnlichen Menschen als Kandidaten, mal
mit Prominente, die sich beim Landleben beweisen mussten (vgl. Perrotta
2007). Im internationalen Formathandel (vgl. Moran/Malbon 2006) operieren
die lokalen Adaptionen von Formaten an der Schnittstelle von Text und Aneignung. Daher sind sie besonders für die Analyse geeignet, weil die Strukturen
sowohl der Texte als auch der Aneignung gerade im Vergleich der verschiedenen
Adaptionen besonders deutlich zu Tage treten.

In den Cultural Studies wird daher davon ausgegangen, dass bei der Analyse
von Rezeptions- und Aneignungsprozessen nur ein »radikaler Kontextualismus«
(Ang 1997, S. 89) hilfreich ist, um die vielfältigen Kontexte berücksichtigen zu
können. »Welche Bedeutungen allerdings konkret aktualisiert werden, bleibt im
unklaren, bis wir die gesamte, multikontextuell bestimmte Situation erfaßt haben, in der Fernsehkonsum potentiell stattfinden kann« (ebd.). Das gilt entsprechend für den Filmkonsum. Ein Film- oder Fernsehtext kann nur verstanden
und analysiert werden, »wenn man ihn in strukturierten kontextuellen Beziehungen verortet« (Grossberg 1999, S. 70). Allerdings muss berücksichtigt werden, dass man es prinzipiell mit einer »interkontextuellen Unendlichkeit« (Ang
1997, S. 93) zu tun hat. Daher ist zu entscheiden, welche Kontexte für die Analyse relevant sind und welche nicht. Die Bedeutungen, die Film- und Fernsehtexte in der Rezeption und Aneignung erlangen, werden von den Kontexten
beeinflusst und variieren dementsprechend. Grundsätzlich gilt für sie, was der
Soziologe Rainer Winter (2001, S. 169) für populäre Texte festgestellt hat: dass
sie »durch eine erhöhte Instabilität von Bedeutungen« gekennzeichnet sind.
Diese Instabilität lässt sich in der Analyse ein Stück weit stabilisieren, indem die
Kontexte berücksichtigt werden, die sich in den Film- und Fernsehtexten manifestieren und sich auf die textuelle, die mediale, die kulturell-gesellschaftliche
und die kulturell-ökonomische Ebene beziehen: Genre, Intertextualität, Diskurs,
Lebenswelten und der internationale Film- und Fernsehmarkt. Während die
ersten beiden Kontexte sich auf die Historizität und die Positionierung von
Texten im gesellschaftlichen Feld beziehen, zielen die Kontexte Diskurs und
Lebenswelt auf die Einbindung der Texte in die soziokulturellen Praktiken, die
zeigen, »wo und wie Menschen bestimmte Praktiken und Beziehungen leben«
(Grossberg 1999, S. 81). Der internationale Film- und Fernsehmarkt ist als
Kontext bedeutsam, weil er sich in den konkreten Produkten zeigt. Da z.B.
Fernsehformate in den meisten Ländern auf internationale Vermarktung hin
konzipiert werden, müssen sie einen offenen Rahmen bieten, der viel Raum für

lokale Adaptionen lässt. Blockbuster-Filme, die mit einem hohen Budget produziert und vermarktet werden, müssen z.B. ebenfalls auf dem internationalen Markt erfolgreich sein, da sie sonst ihre Kosten nicht wieder hereinspielen. Filme und Fernsehsendungen werden erst »lebendig« durch die Zuschauer, die ihnen vor dem Hintergrund ihrer alltäglichen Erfahrungen in den verschiedenen sozialen Räumen und Feldern Bedeutung zuweisen, auch wenn diese Medienprodukte den Gesetzen eines globalen internationalen Marktes gehorchen.

5.1 Gattungen und Genres

Da es Konventionen der Erzählung und der Darstellung gibt, ist es für die Analyse wichtig, die Form des zu analysierenden Films oder der zu analysierenden Fernsehsendung und deren Zugehörigkeit zu Gattungen und Genres sowie deren Formatcharakter zu bestimmen. In der Regel wissen die Zuschauer, nachdem sie eine gewisse Film- und Fernsehsozialisation durchlaufen haben, dass eine Nachrichtensendung kein Spielfilm, ein Western kein Kriegsfilm und eine Fußballübertragung keine Quizshow ist. Da sich Konventionen der Erzählung und Darstellung auch im Wissen der Zuschauer niedergeschlagen haben, gibt es einen Zusammenhang zwischen der Zugehörigkeit eines Films oder einer Fernsehsendung zu einer Gattung und einem Genre und der Art und Weise, wie diese Filme oder diese Fernsehsendungen rezipiert werden.

In der Geschichte von Film und Fernsehen haben sich ästhetische und inhaltliche Standardisierungen durchgesetzt, die nicht nur die Produktion und die Sendeabläufe strukturieren, sondern auch mit Sehgewohnheiten und Erwartungshaltungen der Zuschauer korrespondieren. Die unterschiedlichen Formen dieser Standards orientieren sich an strukturellen Zwängen (technischen, ökonomischen, politischen, juristischen etc.) des jeweiligen Mediums und an dramaturgischen, narrativen und gestalterischen Mitteln gleichermaßen. Es haben sich Muster und Konventionen gebildet, die mit den Begriffen »Gattung« und »Genre« bezeichnet werden (vgl. Mikos 2001a, S. 201 ff.).

Filme und Fernsehsendungen lassen sich auf einer sehr allgemeinen Ebene in zwei Kategorien einteilen: fiktional und non-fiktional. Ist die erzählte und dargestellte Geschichte erfunden, gehört sie zum fiktionalen Bereich. Beruht sie auf Ereignissen der sozialen Realität, die im Medium repräsentiert werden, ist sie dem non-fiktionalen Bereich zuzurechnen. In beiden Bereichen gibt es Gattungen, die »zur Klassifikation zusammengehörender Arten« dienen: »Ein Gattungsbegriff bezeichnet die Bedingungen, nach denen Arten zu einer bestimmten Gattung gehören und andere Arten ausgeschlossen sind« (Viehoff 2002, S. 125 f.). Filmgattungen sind nach verschiedenen Verwendungs- und Darstellungsformen klassifiziert. Man kann zwischen Spielfilm, Dokumentarfilm, Animationsfilm, Experimentalfilm, Lehrfilm, Werbefilm und Industriefilm unterscheiden. Fernsehgattungen können nach Verwendungs-, Journalismus-, Darstellungs- und Sendeformen unterschieden werden. Hier gibt es Nachrichten, Dokumentationen, Reportagen, Magazinsendungen, Ratgebersendungen, Gesprächssendungen, Comedysendungen und Fernsehshows im non-fiktionalen Bereich und Fernsehfilme bzw. TV-Movies, Spielfilme, Serien, Reihen, Mehrteiler und Sitcoms im fiktionalen Bereich. Innerhalb der Gattungen kann zwischen verschiedenen Genres unterschieden werden, die Filme oder Fernsehsendungen nach gemeinsamen, typischen Merkmalen zusammenfassen. In der Gattung Spielfilm kann z.B. zwischen den Genres Melodram, Western, Komödie, Kriminalfilm, Horrorfilm, Science-Fiction-Film usw. unterschieden werden, die wiederum Subgenres ausbilden können. So kann ein Kriminalfilm durch die Zuordnung zu einem Subgenre beispielsweise als Polizeifilm, Detektivfilm, Thriller oder Gangsterfilm spezifiziert werden. Oder ein Horrorfilm kann je nach Eigenart ein Slasherfilm, ein Splatterfilm oder ein Teen-Scream-Film sein. Im Fernsehen können z.B. in der Gattung Dokumentationen die Genres Dokumentarfilme, Fernsehdokumentation, Theatersendung, Opernsendung, Sportsendung usw. unterschieden werden. In der Gattung Serie gibt es die Genres Familienserie, Arzt- und Krankenhausserie, Anwaltserie, Pfarrerserie usw. In der medien- und kommunikationswissenschaftlichen Literatur wird keine strenge Trennung zwischen Gattung und Genre vorgenommen. Zur Bezeichnung von Filmen und Fernsehsendungen, die ähnliche inhaltliche und formale Merkmale aufweisen, wird in der Regel der Begriff »Genre« verwendet.

Genres haben sich in der Film- und Fernsehgeschichte immer dann gebildet, wenn ein Film oder eine Fernsehsendung besonders erfolgreich war und großen Zuspruch beim Publikum fand. Produzenten oder Sender versuchten dann, mit neuen Filmen und neuen Sendungen diesen Erfolg zu wiederholen. Dabei griffen sie auf bewährte Muster des Erzählens und der Darstellung zurück und variierten sie mal mehr, mal weniger. Auf diese Weise konnten sich auch gewisse Standardisierungen durchsetzen, die in der Produktion und im Verleih bzw. in der Ausstrahlung ökonomisch von Vorteil waren. Zugleich konnte sich das Publikum darauf verlassen, dass ein Genrefilm, der angekündigt war, auch bestimmte Erwartungen erfüllen würde. Genres können in diesem Sinn als Formen kultureller Praxis verstanden werden, die Ordnung in das weite Feld von Medien und in der Gesellschaft zirkulierenden Bedeutungen bringen und so der Bequemlichkeit von Produzenten und Rezipienten entgegenkommen (vgl. Berry 1999, S. 26; Casetti 2001, S. 171; Fiske 1987, S. 109; Langford 2005, S. 1 ff.; Mittell 2004, S. 1 ff.). Sie basieren auf einer reziproken Beziehung zwischen Produzenten und Publikum, wie es der Filmwissenschaftler Thomas Schatz (1981, S. 6) genannt hat, und dienen damit als »Instrument des Aushandelns von Bedeutungen« oder als »Instrument zur Verständigung über Bedeutungen« (Casetti 2001, S. 155). Das heißt, die Produzenten können sich darauf verlassen, dass die von ihnen produzierten Texte im Rahmen von Genrekonventionen auch verstanden werden, und die Zuschauer können sich darauf verlassen, dass ihre Erwartungen und Bedürfnisse, die mit bestimmten Genres verbunden sind, von den Filmen und Fernsehsendungen erfüllt und befriedigt werden (vgl. Berger 1992, S. 34 f., Neale 2000, S. 31; Wuss 1999, S. 317 f.). Genres tragen so zur Routinisierung und Ritualisierung der Film- und Fernsehkommunikation durch Stereotypisierung bei (vgl. Schweinitz 2006, S. 43 ff.). Durch ihren Bezug zu den gesellschaftlichen Verhältnissen unterliegen sie auch der historischen Veränderung. Genres sind dynamisch, denn jeder neue Film oder jede neue Fernsehsendung eines Genres variiert dieses und verändert es damit. Sie können daher auch als Prozess gesehen werden (vgl. Altman 1999, S. 54 ff.) und bilden keinen festen Kanon aus, weder im Hinblick auf die gemeinsamen narrativen und ästhetischen Muster noch im Hinblick auf eine bestimmte Menge von Filmen, die zu einem Genre gezählt werden können. Man kann Genres im Anschluss an Schweinitz (2006, S. 82) als intertextuelle Systeme von Stereotypen begreifen, »die offen strukturiert sind und steter Wandlung und Wechselwirkung zu anderen unterstehen« (Armbruster 2007, S. 55). Die Veränderungen und Wandlungen bleiben jedoch im Rahmen der kommunikativen Übereinkunft zwischen Produzenten, Filmen bzw. Fernsehsendungen und Zuschauern. Denn jeder einzelne Genretext ist »ein Produkt der Gesellschaft – wie sie sich in der Institution (der Produzenten, L.M.) und der Zuschauererwartung ausdrückt – und der Geschichte des Genres« (Lacey 2000, S. 143). Zwar können Genres medienübergreifend sein (vgl. Hickethier 2002, S. 63), doch ist für die Film- und Fernsehanalyse ihre spezifische Ausprägung in Film und Fernsehen relevant. Eine Detektivgeschichte kann als Roman in gedruckter Form, als Fortsetzungsroman in einer Zeitung, als Spielfilm, Fernsehfilm oder Reihe im Fernsehen erscheinen, doch differiert ihre narrative und ästhetische Struktur in jedem Medium und innerhalb der medienspezifischen Gattungen.

Genres stellen hinsichtlich der Zuschauererwartungen ein Gebrauchswertversprechen dar. Die Kenntnis eines Genres und seiner Konventionen schafft eine Art kommunikatives Vertrauen. Die Zuschauer können sich der Erfüllung ihrer Erwartungen sicher sein, und der Film oder die Fernsehsendung kann darauf vertrauen, dass die Zuschauer ihr Wissen aktivieren und so ihren Teil zur Geschichte beitragen. In diesem Zusammenhang spricht der italienische Filmwissenschaftler Francesco Casetti (2001, S. 161) auch von einem »kommunikativem Vertrag« (vgl. auch Mikos 2001a, S. 209 ff.). Wer nicht um die Genrekonventionen des Western weiß, wird keine entsprechenden Erwartungen an den Film haben und entsprechend eine andere Geschichte im Kopf entwickeln als ein Zuschauer mit Genrekenntnissen.

Ein konkreter Film oder eine Fernsehsendung kann sowohl von den Produzenten als auch von den Zuschauern unterschiedlichen Genres zugeordnet werden, je nach ihren Vorstellungen und Erwartungen. Der Filmwissenschaftler Jörg Schweinitz (1994; 2006) führt das auf das »lebendige Genrebewusstsein« zurück. Dem liegt die Erkenntnis zugrunde, dass die Menschen im alltäglichen Denken Kategorien bilden, nach denen sie konkrete und abstrakte Dinge einteilen. Dabei gehen sie nur zum Teil von Gemeinsamkeiten aus, wichtiger sind Erfahrungen und Vorstellungen. Denkt jemand z.B. an einen Restaurantbesuch, werden ihm oder ihr einerseits typische Merkmale dieser Begebenheit einfallen, durch die sich das Essen in einem Restaurant von anderen Tätigkeiten, z.B. dem Besuch einer Imbissbude, unterscheidet, andererseits wird der Restaurantbesuch als typisch angesehen, weil er mit einem prototypischen Restaurantbesuch vergleichbar ist, mit dem der aktuelle Restaurantbesuch erklärt werden kann. Dieses Muster alltäglichen Denkens lässt sich auch auf Film- und Fernsehgenres übertragen. Schweinitz beschreibt den Vorgang am Beispiel des Western:

> »Wenn wir spontan (also ohne vorangegangene theoretische Studien) an ›Western‹ denken, dann assoziieren wir meist ein oder zwei Prototypen, die unsere Vorstellung von einem Western und mithin unsere Erwartungen dominieren. Irgendwie scheint dann die Masse der Western hinter dem Prototyp zu verschmelzen – ein für spontane Klassifikationen sehr charakteristischer Generalisierungsprozeß findet statt. [...] Welche Filme uns jeweils als Prototypen in den Sinn kommen, hängt neben persönlichen Affinitäten vor allem von ›kultureller Normung‹ ab, also etwa davon, welche Werke immer wieder als ›Klassiker‹ des Genres gezeigt, kulturell aufbereitet, also entsprechend konventionalisiert werden« (Schweinitz 1994, S. 111).

Welche Prototypen dem Zuschauer in den Sinn kommen, hängt aber nicht nur von persönlichen Affinitäten und »kultureller Normung« ab, sondern auch von den sozialen Strukturen, in denen er lebt. Zuschauer unterschiedlicher Generationen werden vermutlich unterschiedliche Prototypen des gleichen Genres haben, ebenso werden Angehörige verschiedener sozialer Gruppen jeweils andere Prototypen zur Kategorisierung aktueller Filme heranziehen. Das lässt sich z.B. an den sozialen Gruppen der Polizisten und der Straftäter deutlich machen. Polizisten werden als Prototyp eines Polizeifilms vermutlich eher einen nennen, in dem der ermittelnde Polizist eine gute Figur abgegeben hat. Straftäter werden vermutlich eher an einen Prototyp denken, in dem der ermittelnde Polizist eine schlechte und der Verbrecher eine gute Figur gemacht hat. Allerdings kann dies nicht mit Bestimmtheit gesagt werden, da zu dem Phänomen der Bildung von Prototypen bisher keine empirischen Untersuchungen vorliegen. Es ist leichter vorstellbar, dass aufgrund der Tatsache, dass immer wieder neue Filme eines Genres gezeigt werden, bei ein und derselben Person im biografischen Verlauf jeweils andere Filme als prototypisch für das Genre angesehen werden. Zudem beruht die Prototypenbildung auf der Filmerfahrung. Je mehr Filme eines Genres gesehen wurden, umso größer ist die Auswahl bei der Bildung von Prototypen.

Während für die Produzenten ein Film als Prototyp eines Genres gilt, der als Erster möglichst viele der narrativen und ästhetischen Merkmale in sich vereint, die später für das Genre als typisch erachtet werden, ist dieser Prototyp aus der Sicht der Zuschauer bei jedem Genre variabel, denn er differiert bei unterschiedlichen Zuschauern in unterschiedlichen Kontexten. Dabei ist auch bedeutend, dass Filme nicht nur die dominanten Merkmale des Genres, dem sie zugerechnet werden, enthalten, sondern auch Elemente, die eigentlich für andere Genres typisch sind. Jeder Genrefilm ist in diesem Zusammenhang durch eine Mischung von verschiedenen Merkmalen gekennzeichnet. Lediglich die dominanten führen dazu, dass er als Film dieses Genres angekündigt wird. Das muss aber längst nicht heißen, dass er auch so rezipiert wird. Die Zuschauer können möglicherweise andere Genremerkmale wichtiger finden. Als Beispiel mag »Titanic« dienen. Der Film erzählt zwei Geschichten, die sich überlagern: die Geschichte von Jack und Rose, einer Liebe über Klassenschranken hinweg, und die Geschichte vom Untergang des Luxusliners TITANIC, der als unsinkbar galt. Im ersten Teil des Films dominiert die Liebesgeschichte, im zweiten Teil, nachdem das Schiff den Eisberg gerammt hat, die Katastrophengeschichte. Da es aber in der Katastrophe auch noch immer um die beiden Liebenden geht, wird der Film hauptsächlich als romantischer Liebesfilm und nicht als Katastrophenfilm wahrgenommen. Bei der Zuordnung von Filmen zu bestimmten Genres kann es dazu kommen, dass einige für ebendieses Genre typische Elemente nicht weiter beachtet werden. So geht in der Klassifizierung »Horrorfilm« unter, dass viele Filme dieses Genres nicht nur Schockbilder, Spannung und Gemetzel bieten, sondern auch komische Elemente haben und eigentlich als Horrorkomödien bezeichnet werden müssten (vgl. Mikos 2002b, S. 16).

Die prototypischen Filme, die man zur Einordnung eines aktuellen Films heranzieht, werden aufgrund von Ähnlichkeiten gesucht. Wenn in »Titanic« mehr Ähnlichkeiten mit einem Katastrophenfilm wie »Twister« gesehen werden, stuft man ihn als Katastrophenfilm ein, werden in ihm jedoch mehr Ähnlichkeiten mit einem romantischen Liebesfilm wie »Zimmer mit Aussicht« gesehen, ordnet man ihn den romantischen Liebesfilmen zu, und entdeckt man mehr Ähnlichkeiten mit Melodramen wie »Anna Karenina«, wird er als Melodram betrachtet. Die Genrezuordnung, die Zuschauer aufgrund von Prototypen vornehmen, hängt einerseits von ihrer Kenntnis und ihrer Seherfahrung von Filmen und andererseits von ihrem Wissen über narrative Strukturen und Gestaltungsmittel ab.

Genres sind daher weder lediglich ein Merkmal von Filmen und Fernsehsendungen, das sich auf bestimmte Muster bezieht, noch lediglich ein Merkmal von Publikumserwartungen. Sie sind vielmehr als »Systeme von Orientierungen, Erwartungen und Konventionen, die zwischen Industrie, Text und Subjekt zirkulieren«, zu verstehen (Neale 1981, S. 6). Als solche Systeme stellen sie auch eine Form der Adressierung von bestimmten Zuschauern oder Zuschauergruppen dar, und zwar weil sie auf das narrative Wissen und das Wissen um Gestaltungsmittel Bezug nehmen. Damit verweisen sie auf Gemeinsamkeiten und Abgrenzungen von Zuschauergruppen. Sie sprechen nur das Publikum an, das in der Rezeption entsprechende Film- und Fernseherfahrungen aktualisieren und relevantes Wissen aktivieren kann. Wer sich für Krimis interessiert, weil er damit bestimmte Rezeptionsbedürfnisse befriedigen kann, der wird sich auch Krimis ansehen und kann dabei in der Regel sicher sein, dass seine Erwartungen an das Genre erfüllt werden. Zugleich wissen alle »Krimifeinde«, dass sie sich die entsprechenden Sendungen nicht anzuschauen brauchen. In diesem Sinn sind alle Genresendungen in erster Linie für Kenner des Genres interessant, weil nur sie die kommunikative Übereinkunft zwischen Produzent, Text und Rezipient kennen und teilen. Das heißt natürlich nicht, dass andere Zuschauer sich das entsprechende Genre nicht ansehen oder nicht ansehen sollen, weil Genres und ihre Rezeption lediglich in einer Art »In«-Zirkel möglich sind. Diese kommunikative Übereinkunft ist im Verlauf der Fernseh- oder Filmsozialisation erlernt

worden und Teil der Fernseh- oder Filmkompetenz. Jeder Film oder jede Fernsehsendung eines Genres wird natürlich auch von »Neulingen« angeschaut, die
die Konventionen erst noch erlernen müssen. Diese Neulinge haben für das
Genre noch keinen praktischen Sinn entwickelt, die Rezeption erfordert einen
größeren kognitiven und emotionalen Aufwand. Hierin liegt z.B. ein Grund
dafür, dass ungeübte Zuschauer von Horrorfilmen oft größere Angst und Furcht
empfinden als die gewissermaßen »ausgebufften« Fans und zudem oft nach
logischen Mustern des Handlungsaufbaus suchen, während Fans längst wissen,
dass es darum nicht geht, sondern z.B. um die Perfektionierung von Spezialeffekten. In diesem Sinn zielen Genres auch immer auf die Aneignung in sozialen
Kontexten. Denn in manchen sozialen Gruppierungen werden gern Horrorfilme
geguckt, in anderen lieber Daily Soaps wie »Verbotene Liebe«, Arztserien wie
»Grey's Anatomy«, Pathologenserien wie »Crossing Jordan« oder Science-Fiction-
Filme wie die »Star Trek«-Reihe.

Genres weisen konventionelle Erzählmuster auf, die zu sozialen Ritualen in
Beziehung stehen. Als Beispiel seien hier lediglich die Berichte in den Nachrichtensendungen über die Arbeit der Bundesregierung oder über Staatsbesuche
angeführt, in denen soziale Rituale (Händeschütteln, Vorfahren mit schwarzen
Limousinen, Rituale der Rede und Widerrede etc.) aneinandergereiht und vorgeführt werden. Grundsätzlich lassen sich die konventionellen Erzählformen der
einzelnen Genres nach Zeit, Ort, Haupt- und Nebenfiguren, Handlungsrollen,
Themen, Handlungsablauf und Ausstattung unterscheiden. Zum Beispiel spielt
ein Western meistens im 19. Jahrhundert irgendwo jenseits der Zivilisation in
einem kleinen »Nest«, in dem es einen Sheriff, einen Kaufmann, einen Bankier
und einen Saloon-Besitzer gibt. Der Ort wird von bösen Pferdedieben und
Bankräubern heimgesucht, vor denen die Bewohner und die umliegenden Ran-
cher beschützt werden müssen. Am Ende des Films gibt es oft einen sogenannten »Showdown«, nach dem die Ordnung wiederhergestellt ist. Diese Muster
finden sich in (fast) allen Western und unterscheiden dieses Genre von anderen
wie dem Science-Fiction-Film, der romantischen Komödie, der Quiz- oder
Talkshow, dem Katastrophenfilm oder dem Thriller.

Im Zusammenhang mit Formen von Fernsehsendungen wird kaum noch von
Genres gesprochen. Mit der Kommerzialisierung des internationalen Fernsehmarktes hat sich zunehmend der Begriff »Format« für einzelne Sendungen, die
seriell auf dem Bildschirm auftauchen, durchgesetzt. Er verdeutlicht, dass es
Produzenten und Sendern eher um eine optimale Vermarktung von Programmformen als um die Pflege von Programmtraditionen geht: »Der Trend zum

Format-Fernsehen ist ökonomisch induziert« (Meckel 1997, S. 483). Während Genres ein System von Orientierungen bieten, die zwischen der Produktion, den Programm- und Sendeabläufen, den Sendungen selbst und den Zuschauerinnen und Zuschauern zirkulieren, dienen die Formate der Optimierung von Sendeformen vor allem im Hinblick auf Einschaltquote und Marktanteile. Damit tritt das Format aus der Geschichte der Programmformen des Fernsehens heraus, denn es ist sein Kennzeichen, »dass es alle Formtraditionen negiert, sofern diese sich nicht in festgefügten Zuschauererwartungen und damit in Einschaltquoten manifestieren« (Hickethier 1999, S. 204). Der Begriff »Format« wurde im Lizenzhandel geprägt und bezieht sich auf »eine gemeinsame Struktur, auf die jede einzelne Episode einer Serie oder Show aufbaut« (Koch-Gombert 2005, S. 28). Um international ein ähnliches Erscheinungsbild von einzelnen Sendungen zu gewährleisten, werden beim Lizenzerwerb von Sendungen oder Sendungskonzepten Vereinbarungen über Inszenierungsstile, Ausstattungsmerkmale, Formen der Präsentation, Abläufe etc. getroffen. Mit der Lizenz eines Formats wird in der Regel eine sogenannte »Bibel« verkauft, die nicht nur alle Bedingungen über die Ausstattung, die Abläufe und das Erscheinungsbild enthält, sondern auch Angaben über Zielgruppen und Zuschauerstrukturen aus dem Herkunftsland (vgl. auch Hallenberger 2004).

Ein Format enthält also die unveränderlichen Merkmale einer Sendung bzw. Serie, auf deren Basis die verschiedenen einzelnen Sendungen und Episoden mit variablen Elementen produziert werden. Im Fall von »Wer wird Millionär?« sind die Grundregeln des Ratespiels, die räumliche Anordnung von Kandidaten und Moderator sowie die Farbgebung identisch, doch sowohl die realen Kandidaten als auch die Moderatoren und die Fragen variieren von Land zu Land. Unter Format werden alle Elemente des Erscheinungsbildes einer Sendung verstanden. Formate lassen aber zugleich genügend Freiraum für den Käufer, um sie den Erfordernissen des Senders oder des heimischen Fernsehmarktes und seinem Publikum anzupassen.

Sendungen, die als Formate gekennzeichnet werden können, lassen sich darüber hinaus aber auch zugleich Genres zuordnen. Formate wie »Richterin Barbara Salesch«, »Richter Alexander Holt« oder »Das Strafgericht« gehören zum Genre der Gerichtsshows und »Alles was zählt«, »Verbotene Liebe«, »Marienhof« oder »Gute Zeiten, schlechte Zeiten« zum Genre der Daily Soaps. Sie alle weisen gemeinsame Merkmale auf, die deutlich machen, dass sie zu einem bestimmten Genre gehören. Zugleich haben sie unverwechselbare Merkmale, die sie einzigartig machen, nicht nur gegenüber Sendungen anderer Genres, sondern auch gegenüber Sendungen des gleichen Genres.

269

Im Zusammenhang mit Filmen wird nicht von Formaten gesprochen. Filme werden als einzelne Medienprodukte wahrgenommen. Man könnte höchstens Filmserials als Formate bezeichnen, also z.B. die »James Bond«-, die »Spiderman«- oder die »Jurassic Park«-Filme. Einzelne Filme werden aufgrund von gemeinsamen Merkmalen, die sie mit den anderen Filmen aufweisen, lediglich Genres zugerechnet. Detektivfilme sind z.B. dadurch gekennzeichnet, dass ein Detektiv in ihnen den Helden gibt, der auf der Spur eines Verbrechens ist. Das Rätsel des Verbrechens wird am Ende meist gelöst, die Ordnung wiederhergestellt – wenn es auch nur die Ordnung im Kleinen ist, die des Detektivs, und nicht die im Großen, weil der Detektiv eben nur einen Täter erwischt hat, aber nicht das Verbrechen als solches ausgerottet hat. Bevor der oder die Täter erwischt werden, kommt es zu einer Verfolgungsjagd. Der Detektiv wird in körperliche Auseinandersetzungen und in Schießereien verwickelt. Detektivfilme spielen oft in Großstädten und es regnet häufig. Da die Verbrecher das Tageslicht scheuen, gibt es viele Nachtszenen in den Filmen. Um eine geheimnisvolle, rätselhafte Atmosphäre zu schaffen, wird in Detektivfilmen mit bestimmten Helldunkel-Kontrastierungen und mit Licht und Schatten gearbeitet. Das sind die wesentlichen Merkmale, die einen Film als einen Detektivfilm ausweisen.

Mit einem Genrefilm oder einem Fernsehformat verbinden die Zuschauer Wissen über das Genre bzw. das Format und bestimmte Emotionen, die durch die narrativen und ästhetischen Konventionen angeregt werden. Zugleich können sie ihren praktischen Sinn aktivieren und wissen, in welchen kommunikativen Zusammenhängen sie ihn einsetzen können. Genrefilme erleichtern »es den Zuschauern auch, den Film für ihre lebensweltlichen Zwecke zu nutzen« (Casetti 2001, S. 168). Als Orientierungssysteme schränken sie die möglichen Bedeutungen eines konkreten Film- und Fernsehtextes ein und binden die Zuschauer in konventionalisierte Bedeutungszuweisungen in Bezug auf Inhalt und Repräsentation, Narration und Dramaturgie, Figuren und Akteure, Ästhetik und Gestaltung ein, weil sie auf Verständigung hin orientiert sind. Der gleiche Inhalt wird in verschiedenen Genres unterschiedlich inszeniert und eröffnet dadurch jeweils andere Bedeutungshorizonte. So differiert die »Erzählung der Gewalt« (Wulff 1985) in den einzelnen Genres und steht auf unterschiedliche Weise zu dem Wissen, den Emotionen, dem praktischen Sinn und der kommunikativen Aneignung in der sozialen Lebenswelt der Zuschauer in Beziehung (vgl. Mikos 2001b).

In der Regel lassen sich Filme und Fernsehsendungen zu Beginn des 21. Jahrhunderts nicht mehr eindeutig einem einzelnen Genre zuordnen. Seit den neunziger Jahren des vorigen Jahrhunderts hat sich im Zuge der Diskussion über postmoderne Filme der Begriff des Hybridgenres etabliert. Meist wird darunter eine Genremischung verstanden (vgl. Schweinitz 2002, S. 88), die es allerdings bereits seit den frühen Jahren der Filmgeschichte gibt. Daher versucht Schweinitz (ebd., S. 88 f.) den Begriff ausschließlich auf solche Filme anzuwenden, in denen durch die Genremischung eine kohärente Erzählung geschaffen wird, sondern die gezielt einen bruchstückartigen, fragmentarischen Charakter aufweisen.

> »Eine entscheidende Voraussetzung für den hybriden, fragmentarisieren-
> den Gebrauch von Genre-Stereotypen (nach dem Tod des klassischen
> Filmgenres) ist deren weit fortgeschrittene Evolution. Die Muster haben
> längst ihre ursprüngliche vitale Funktion verloren und sind im kulturel-
> len Gedächtnis zum flottierenden Zeichenmaterial geworden, das nicht
> mehr die alten Imaginationswelten mit ihren lebendigen kulturellen
> Kontexten wachsen lässt, sondern nur noch darauf verweist« (Schweinitz
> 2006, S. 92).

Diese Auffassung von Hybridgenre ist jedoch sehr eng gefasst und bezieht sich nur auf »wenige, meist parodistische Filme« (Brauer 2007, S. 41). Im Zusammenhang mit Tendenzen neuerer Hollywood-Filme wird daher nicht von Hybridgenre gesprochen, obwohl diese Filme Elemente verschiedener Genres in sich vereinigen, sondern von Blockbustern als einem Meta-Genre (vgl. Mikos u.a. 2007, S. 19 ff.; vgl. auch Kapitel III.2). Hybridität wird dagegen vor allem bei neueren Fernsehformaten konstatiert. Damit ist in erster Linie eine Genremischung gemeint (vgl. Brauer 2007, S. 41 ff.; Kilborn 2003, S. 12 f.; Kilborn 2006; Mittell 2004, S. 153 ff.; Simon 2005). Der britische Medienwissenschaftler Richard Kilborn (2003, S. 12; 2006, S. 113 f.) unterscheidet dabei zwischen einem »additiven« und einem »integrativen« Modus. Additive Formen der Hybridität finden sich nach Kilborn vor allem in Magazin-Formaten, in denen die Einflüsse verschiedener Genres sichtbar werden, z.B. in Boulevardmagazinen. Integrative Formen dagegen amalgamieren verschiedene Genreelemente zu neuen Formen, z.B. Reality-Shows wie»Big Brother« oder »Ich bin ein Star – Holt mich hier raus!« (vgl. auch Kapitel III.2) oder Gerichtsshows (vgl. Brauer 2007). Dabei spielt vor allem die Mischung von Konventionen aus fiktionalen und non-fiktionalen Genres eine große Rolle.

Die Film- und Fernsehanalyse muss die konventionalisierten Formen in Bezug auf die vier Ebenen des Erkenntnisinteresses herausarbeiten, denn der Kontext des Genres hat einen entscheidenden Einfluss auf die Rolle des Films oder der Fernsehsendung in der Kommunikation mit den Zuschauern. Dies ist umso wichtiger, je mehr verschiedene Konventionen und Genreelemente in einzelnen Filmen und Fernsehformaten gemischt werden.

Analyseleitende Fragen

- Welchem Genre ist der Film zuzuordnen?
- Hält er sich an die Genrekonventionen oder variiert er sie?
- Welche prototypischen Filme sind für das Genre kennzeichnend?
- Wie annonciert der Film oder die Fernsehsendung sein/ihr Genre bzw. ihre Gattung?
- Welche Merkmale kennzeichnen das Fernsehformat, und welche Rolle spielen sie in der konkreten Fernsehsendung?
- Wird über das Genre eine bestimmte Nutzung des Films oder der Fernsehsendung in der Lebenswelt der Zuschauer angesprochen?
- Welche kognitiven und emotionalen Erwartungen weckt der Film oder die Fernsehsendung über die Genrezuordnung?
- Welche Bedeutungen werden durch die Einordnung des konkreten Film- oder Fernsehtextes in ein Genre favorisiert?
- Welche Elemente verschiedener Genres sind in einem Film/einem Fernsehformat kombiniert worden? Welches Genre dominiert?

5.2   Intertextualität

Film- und Fernsehtexte sind keine singulären Erscheinungen. Sie sind Teil eines Universums anderer Texte, sowohl von Film und Fernsehen als auch von anderen Medien. Wenn im Zusammenhang mit der Film- und Fernsehanalyse von Intertextualität als Kontext gesprochen wird, geht es grundsätzlich nicht darum, die verschiedenen semiotischen Codes als Grundlage für die Interpretationsprozesse der Zuschauer zu sehen, die in ihrer Rezeption durch die Multimodalität der Film- und Fernsehtexte kontrolliert werden (vgl. Meinhof/Smith 2000, S. 11). Das stellt eher eine spezifische Eigenschaft von Filmen und Fernsehsendungen dar, durch die sie sich von anderen Medien unterscheiden. In der Begriffsgeschichte von Intertextualität (vgl. Allen 2000; Gray 2006, S. 19 ff.; Holthuis 1993, S. 12 ff.; Rößler 1999, S. 21 ff.; Still/Worton 1990) geht es immer darum, dass sich ein aktueller Text im Verhältnis zu anderen Texten positioniert. Dadurch schafft er einen Intertext, einen Raum zwischen Texten, der damit neben dem eigentlichen Text einen zweiten semantischen Raum schafft, der für die Bedeutungsproduktion der Rezipienten wichtig ist. Ganz allgemein kann eine sehr einfache Definition von Intertextualität gegeben werden: »Intertextualität meint die Beziehung eines Textes zu anderen Texten« (Mikos 1999a, S. 68). Das bedeutet, dass ein Text immer im Schnittpunkt anderer Texte, zu denen er in Beziehung steht, positioniert ist. Daraus entsteht ein intertextuell strukturiertes Angebot, das als Prozess gesehen werden kann, »mit dem Texte Bedeutung für Publika durch Referenz zu anderen Texten kommunizieren« (Casey u.a. 2002, S. 126). Das ist aber nur die eine Seite von Intertextualität.

Auf der anderen Seite muss Intertextualität auch als in der Rezeption und Aneignung zu realisierender Prozess gesehen werden, bei dem die Rezipienten ihre Erfahrungen und Erlebnisse mit anderen Texten an den aktuell rezipierten herantragen. Denn die Medientexte sind immer Produkt einer Rezeptions- und Wirkungsgeschichte anderer Texte, sowohl auf Seiten der Produktion als auch auf der Rezeptions- und Aneignungsseite. In diesem Sinn sind alle medialen Produkte Teil eines dynamischen Prozesses der Kommunikation. Intertextualität ist das Element, das diesen Prozess befördert, weil es die Kommunikation in ein historisch-kulturelles Bezugssystem einbettet, welches sich über den Prozess zugleich erneuert (vgl. Mikos 1999a, S. 66 ff.; Wulff 1999, S. 258). Da Intertextualität durch alle Texte, die Zuschauer an die aktuell rezipierten Film- und Fernsehtexte herantragen, bestimmt ist, kann sie auch nur relativ bestimmt werden. Zugleich ist sie aber durch die Einbindung in Adressaten- und Nutzergruppen sozial determiniert. In der Rezeption und Aneignung von Filmen und Fernsehformaten handeln die Zuschauer auf der Basis ihrer »intertextuellen Kompetenz«, sie entfalten ihre intertextuelle Enzyklopädie, denn »kein einziger Text wird unabhängig von den Erfahrungen gelesen, die aus anderen Texten gewonnen wurden«, wie Eco (1987, S. 101) für schriftliche Texte festgestellt hat. Intertextualität ist keine statische Funktion von Texten, sondern ein dynamisches Element von Produktion und Rezeption. Auch hier zeigt sich, wie mediale Texte zum Wissen der Rezipienten hin geöffnet sind. Sabine Holthuis hat in ihrer auf literarische Texte bezogenen Untersuchung festgestellt, »daß intertextuelle Qualitäten zwar vom Text motiviert werden können, aber vollzogen werden in der Interaktion zwischen Text und Leser, seinen Kenntnismengen und Rezeptionserwartungen« (Holthuis 1993, S. 31). Daher gründet Intertextualität nicht nur in der Realisation intertextueller Verweise im Text durch die Leser oder Zuschauer, sondern auch im intertextuellen Wissen der Rezipienten, das an den Text herangetragen wird. In der Rezeption und Aneignung vollzieht sich der Prozess der Intertextualität zwischen intertextuell gelenktem Textverstehen und intertextueller Disposition der Rezipienten. Er ist als »Wechselwirkung

273

zwischen *intertextueller Textdisposition* (im Sinne spezifischer Einzelreferenzen) und entsprechender *intertextueller Textbedeutungskonstitution durch konkrete Rezipienten im Textverstehen*« zu sehen (Rößler 1999, S. 79, H.i.O.). Das bedeutet, dass die tatsächliche Realisation von intertextuellen Bezügen anhand des gleichen Textes unterschiedlich ausfallen kann, entsprechend dem Wissen und den Erwartungen der jeweiligen Rezipienten.

Intertextualität legt durch die Bezüge, die in der Produktion und Rezeption zu anderen Texten hergestellt werden, gewissermaßen einen Intertext über den eigentlichen Film- und Fernsehtext. Das kann zu einer »semantischen Explosion« (Lachmann 1984, S. 134) führen, denn einerseits entfaltet ein Text durch die Kohärenz seiner Erzählung eine spezifische Bedeutungsebene, andererseits wird genau diese durch die Intertexte erweitert. Die Zuschauer können einem Film- oder Fernsehtext auch Bedeutung zuweisen, ohne die intertextuellen Bezüge zu realisieren. Zugleich können sie aber über die Realisierung dieser Bezüge ein Vergnügen am Text entwickeln. Intertextualität kann damit im Wesentlichen durch drei Funktionen bestimmt werden: (1) die Absicherung von Sinn und Bedeutung, (2) die Erweiterung von Sinn und Bedeutung und (3) die Einbindung von Texten in den Wissenshorizont der Kultur. Film- und Fernsehtexte sichern durch die intertextuellen Bezüge ihre Bedeutung und ihren Sinn ab, weil sie in den anderen Texten bereits vorinterpretiert sind (vgl. Wulff 1999, S. 257). Sie erweitern ihre Bedeutung, da sich durch die Bezüge neue Bedeutungshorizonte eröffnen können, mit denen ein Vergnügen am Text einhergeht. Indem Film- und Fernsehtexte auf Traditionslinien verweisen, die in den anderen Texten manifestiert sind, fügen sie sich nicht nur in das Universum der Texte einer Kultur ein, sondern gerade durch das Wissen, die Emotionen und Erwartungen, die mit den Film- und Fernsehtexten verbunden sind, auch in die lebensweltlichen Horizonte der Zuschauer.

Der Kontext der Intertextualität muss in der Film- und Fernsehanalyse auf zwei Ebenen berücksichtigt werden: Die Analyse muss einerseits die Positionierung des zu analysierenden Film- oder Fernsehtextes im Universum bereits vorhandener Texte der Kultur bzw. der Populärkultur verorten, und sie muss andererseits auf den Kenntnis- bzw. Wissensstand und die Rezeptionserwartungen der Zuschauer eingehen. Nur so kann sie das durch die intertextuellen Bezüge generierte Verstehens- und Erlebnispotenzial offenlegen. Bevor dies am Beispiel demonstriert wird, ist es erforderlich, die Unterscheidung zwischen horizontaler und vertikaler Intertextualität einzuführen. Diese Unterscheidung hat John Fiske (1987, S. 108 ff.) im Zusammenhang mit Fernsehtexten getroffen. Sie gilt jedoch ebenso für Filme und alle anderen medialen Texte. Horizontale Intertextualität stellt einen werkbezogenen Verweisungszusammenhang dar. Der aktuelle Text verweist auf andere Filme oder Fernsehsendungen des gleichen Genres oder der gleichen Gattung, indem Bezug auf Charaktere, Schauspieler und Regisseure, auf Inhalte und ihre Traditionen sowie auf ähnliche Texte in anderen Medien genommen wird. Vertikale Intertextualität nimmt Bezug auf sogenannte sekundäre Texte wie Kritiken, Klatschgeschichten in der Regenbogen- oder Jugendpresse und Hintergrundberichte in Film- und Fernsehzeitschriften. Außerdem steht sie in Beziehung zu sogenannten tertiären Texten, unter denen Fiske (ebd., S. 124 f.) Leserbriefe sowie Gespräche der Rezipienten über die gesehenen Filme und Fernsehformate versteht. Die horizontale Intertextualität als Verweisungszusammenhang ist jedoch immer bereits vertikal verankert, da sie in direkter Beziehung zur kulturellen symbolischen Praxis der Zuschauer steht.

Die konkrete Analyse der intertextuellen Bezüge eines Films oder einer Fernsehsendung setzt einerseits am Text an und arbeitet die horizontalen und vertikalen Verweise und Anspielungen heraus, andererseits setzt sie am Rezeptionserlebnis selbst an, indem sie die Wissensbestände der Zuschauer und ihre an den Text herangetragenen kognitiven und emotionalen Erwartungen ergründet. So kann ein Film z.B. im Rahmen der Genrezuordnung analysiert werden, indem seine Bezüge zu anderen Filmen desselben Genres – und bei Serials auch zu den Vorgängerfilmen – untersucht werden. Es können also beispielsweise die Bezüge des »Godzilla«-Films von Roland Emmerich zu den japanischen »Godzilla«-Filmen, aber auch zu anderen Monsterfilmen wie »King Kong« herausgearbeitet werden. Gegenstand einer Untersuchung können ebenso die Verweise, Bezüge und Anspielungen eines »James Bond«-Films auf die anderen seiner Art sein wie jene in »Sieben« auf andere Filme, die dem Film Noir zugerechnet werden. Besonders die Filme von Quentin Tarantino wie »Death Proof« oder »Kill Bill« sind voll von intertextuellen Bezügen, Verweisen und Anspielungen auf andere Filme und andere Medienformen (vgl. Steltz 2006). Unvergessen der intertextuelle Verweis in »Pulp Fiction« auf »Saturday Night Fever« durch die Tanzeinlagen von John Travolta.

Wie diese Bezugnahmen in der Aneignung von Filmen aussehen können, ist im Film »Scream 2« zu beobachten, wenn dort die Studenten darüber diskutieren, welche Teile eines Serials die besseren Filme seien, und dabei zahlreiche Beispiele anführen. Der erste Teil des Serials, »Scream«, beginnt mit einer Szene, in der der Täter ein junges Mädchen per Telefon bedroht und nach Titeln von Horrorfilmen sowie darin auftauchenden Figuren befragt. Mit der richtigen Antwort würde sie sich angeblich retten können. Im Kino veranlasste dieser

275

Filmbeginn immer wieder Besucher, die Antworten laut durch den Saal zu rufen. Diese Eröffnungssequenz macht ein Feld intertextueller Referenzen auf. Durch das Quiz, das der unsichtbare Täter mit dem Mädchen durchführt, wird explizit auf andere Filme des Horrorgenres Bezug genommen, nämlich auf die Filmserials »Halloween«, »Nightmare on Elm Street« und »Freitag, der Dreizehnte«. Damit ordnet sich der Film »Scream« selbst in das Genre ein. Die Bezüge zu einem einzelnen Film können auch als Einzeltextreferenz bezeichnet werden, die zum ganzen Genre als Textsortenreferenz. So werden Interpretationsfolien für die Zuschauer geschaffen, die das aktuelle Filmverstehen und -erleben auf zweierlei Weise vorstrukturieren: Einerseits wird den Zuschauern die Möglichkeit gegeben, den Film mit den Referenzfilmen zu vergleichen. Die Intertextualität erfüllt hier eine komparative Funktion (vgl. Holthuis 1993, S. 209 ff.). Andererseits erfüllt sie eine konstruktive Funktion, da die intertextuellen Bezüge auch eingesetzt werden können, um dem Film »Scream« einen kohärenten Sinn zu geben. Nicht immer haben die intertextuellen Bezüge so offensichtlich eine dramaturgische Funktion, um das Publikum einzubinden, wie in den »Scream«-Filmen. Zugleich lässt sich der Film als eine Parodie auf andere Horrorfilme lesen, denn Parodie kann nur im Kontext von Intertextualität verstanden werden (vgl. Hutcheon 2000, S. 21).

Filme lassen sich aber nicht nur innerhalb des Genres verorten, sondern auch innerhalb von Stilrichtungen, wie z.B. dem deutschen Expressionismus, der französischen Nouvelle Vague oder der dänischen Dogma-Bewegung. Wie über Genre- und Stileigenarten so können auch über Schauspieler Bezüge hergestellt werden. Ein Film wie »Red Corner«, in dem Richard Gere einen amerikanischen Geschäftsmann spielt, der unter Mordverdacht in einem chinesischen Gefängnis sitzt, steht in Beziehung zu allen anderen Filmen mit ihm, wie z.B. »Pretty Woman«. In beiden Filmen steht zudem die Beziehung zu einer Frau im Mittelpunkt. Vor allem in der Werbung werden solche Verweise deutlich, wo Prominente aus Film und Fernsehen gezielt eingesetzt werden. So verweisen die Spots mit Verona Pooth auf ihre ehemaligen und aktuellen eigenen Sendungen »Veronas Welt«, »Peep!« und »Engel im Einsatz«, und der Auftritt von Thomas Gottschalk mit seinem Bruder in den Spots der Deutschen Post verweist ebenso auf die Sendung »Wetten, dass ..?« wie die Kaffeewerbung mit Harald Schmidt auf dessen Late-Night-Show oder die Milchwerbung mit Bernard Hoëcker auf Shows wie »Genial daneben« oder «Switch«, in denen er mitwirkt.

Bedeutsamer als diese recht offensichtlichen Bezüge sind für die Kommunikation der Film- und Fernsehtexte mit den Zuschauern die Verweise auf andere mediale Texte, die z.B. gleichen Erzählmustern folgen oder sogar den gleichen Stoff bearbeiten. Als Beispiel mag mal wieder »Pretty Woman« dienen. Der Film verweist auf George Bernard Shaws Theaterstück »Pygmalion« und dessen Musical-Bearbeitung »My Fair Lady«, auf die »Kameliendame« von Alexandre Dumas und die Oper »La Traviata« von Giuseppe Verdi. Diese Bezüge sind alle vorhanden, dennoch erzählt der Film eine eigene Geschichte und ist nicht nur eine Adaption der »Kameliendame«. Eine Analyse kann sich unter dem Gesichtspunkt der Intermedialität mit der Verarbeitung eines Stoffes oder Themas in verschiedenen Medien befassen. Das ist z.B. bei der filmischen Umsetzung eines literarischen Werkes so. Literaturverfilmungen oder -adaptionen (vgl. Albersmeier/Roloff 1989; Boyum 1985; Cahir 2006; Cartmell/Whelehan 1999; Hutcheon 2006) sind ebenso wie Remakes von Filmen (vgl. Garncarz 1992; Horton/McDougal 1998; Kühle 2006) ein Sonderfall oder Typus von Intertextualität. Vor dem Hintergrund der Entwicklung komplementärer Angebote im Internet zu Filmen und Fernsehen sowie weiterer konvergenter Verwertungsformen bietet es sich zunehmend an, intermediale Vergleiche zwischen den einzelnen Film- und Fernsehtexten und den entsprechenden Texten in anderen Medien, zu denen ein direkter Bezug besteht, durchzuführen (vgl. Hess-Lüttich/ Posner 1990; Paech/Schröter 2008). Gerade populäre Film- und Fernsehtexte weisen jenseits der Verwertung in konvergenten Medienumgebungen (vgl. Kapitel Ausblick) in der Regel nicht nur eindimensionale Bezüge zu einem anderen Text auf, sondern sind in ein vielfältiges Netz von Bezügen verstrickt.

Das zeigt sich besonders bei Musikvideoclips. Madonnas Video zu dem Song »Express Yourself« stellt nicht nur Bezüge zum Film »Metropolis« her, sondern auch zu anderen Popgrößen wie Michael Jackson. Zudem bezieht es sich auf konventionelle Darstellungsweisen von Pornofilmen (vgl. Curry 1993; Grigat 1995, S. 58 ff.; Schmiedke-Rindt 1998, S. 65 ff.). Viele Videoclips von sogenannten Gangsta-Rappern kultivieren einen Verweisungszusammenhang zu den Figuren und Charakteren der Blaxploitation-Filme der siebziger Jahre sowie zu den klassischen Gangster-Filmen Hollywoods und damit auch zum G-Funk à la George Clinton, in dem ebenfalls diese Muster aufgegriffen wurden (vgl. Mikos 2000, S. 114 f.). Das Bild des Gangsters ist aufgrund der Verwendung in zahlreichen populären Medien zu einer »kulturellen Bewegung« geworden, die sich auf die Medien Musik, Film, Videoclip, Fernsehen und Literatur erstreckt (vgl. dazu auch Boyd 1997, S. 65). Gerade die Beispiele der Musikvideos zeigen, wie sehr in einzelnen populärkulturellen Produkten ein Verweissystem aufgebaut wird, das von der Rock- und Popmusik über Filme und Fernsehen bis hin zu

Comics und Literatur alle Medien umfasst. Das wird aber auch in Filmen deutlich, in denen die eingesetzte Musik häufig auf andere mediale Erfahrungs- und Erlebnisfelder verweist. In seinem Film »Pulp Fiction« eröffnet Quentin Tarantino durch die eingesetzten Songs ein ganzes Universum von Erlebnisweisen populärer Musik: von der Surf-Musik Dick Dales über den Disco-Funk von Kool & The Gang bis hin zu Soul- und R & B-Klassikern wie »Let's Stay Together« von Al Green oder »Son of a Preacher Man« von Dusty Springfield. Das ist zu einem Stilmerkmal der Tarantino-Filme wie »Death Proof«, »Jackie Brown« und »Kill Bill« geworden.

Nicht nur über die Verwendung populärer Musik wie in diesem Fall, sondern auch über ein ganzes System von Verweisen und Bezügen auf alle Medien verorten sich Filme und Fernsehsendungen in einem kulturellen Referenzsystem, das von den Rezipienten auf unterschiedliche Weise während der Rezeption und Aneignung realisiert wird. Dabei spielen die bisherigen Erlebnisse und Erfahrungen mit medialen Produkten, sozusagen die »Lektüreerfahrungen«, eine wesentliche Rolle. Sie sind Bestandteil der enzyklopädischen »intertextuellen Kompetenz« (Eco 1987, S. 95) der Rezipienten. Gerade bei sogenannten postmodernen Filmen spielt das eine große Rolle, wie Sabine Müller (1995) am Beispiel von »Diva«, einem der Ersten dieser Filme, gezeigt hat, sowie bei sogenannten Kultfilmen, wie Larissa Vogt (1997) am Beispiel der Filme von John Waters, Christian Steltz (2006) am Beispiel von »Kill Bill«, Laurent Jullier (2007, S. 129 ff.) anhand der »Star Wars«-Filme und Michael S. Duffy (2008) am Beispiel der »Star Trek«-Filme untersucht haben. Die Faszination von Fernsehserien wie »Die Simpsons« geht wesentlich von deren intertextuellem Verweissystem aus (vgl. Gray 2006, S. 43 ff.). Wichtig ist, dass Intertextualität nicht nur Wissensbestände der Zuschauer aktiviert, sondern eben auch Erlebnisweisen, die u.a. emotional gebunden sind.

Besonders deutlich wird dies bei den sogenannten »Herz-Schmerz«-Filmen, in denen romantisches Liebesglück oder melodramatische Tragik im Mittelpunkt stehen. Jede Inszenierung einer Liebesgeschichte, mag sie nun einen glücklichen Ausgang nehmen wie in »Pretty Woman« oder einen tragischen wie in »Die Hochzeit meines besten Freundes«, spricht Gefühlsstrukturen der Zuschauer an, die auf familialen Interaktionsstrukturen basieren. In den Familienserien und Daily Soaps des Fernsehens ist dies gar das vorherrschende Element (vgl. Mikos 1994). Hier werden alle nur erdenklichen Formen von Gefühlsstrukturen inszeniert, die das Publikum aus eigener Erfahrung kennt. Damit wird Bezug auf die alltäglichen Erlebnisweisen der Zuschauer genommen, die

Filme und Serien verbinden sich mit den lebensweltlichen Erfahrungen. Während in einer romantischen Komödie entsprechend romantische Gefühle dominieren, spielen in tragischen Filmen wie z.B. »Breaking the Waves« entsprechend tragische eine Rolle. Allerdings können melodramatische Gefühlsstrukturen auch komisch gebrochen sein, wie dies oft in den Filmen von Pedro Almodóvar der Fall ist, z.B. »Frauen am Rande des Nervenzusammebruchs« oder »Volver«.

Für die Analyse der Intertextualität in Filmen und Fernsehsendungen ist ein weiterer Aspekt wichtig: die Adressierung von bestimmten Publikumssegmenten oder Zielgruppen. Ein Horrorfilm wendet sich in erster Linie an die Horrorliebhaber im Publikum, an die anderen nicht bzw. unter anderen Vorzeichen. Zwar werden auch Novizen angesprochen, doch werden die intertextuellen Bezüge und Verweise sowie die im Horrorerlebnis generierten Erlebnisweisen, zu denen u.a. der Umgang mit der eigenen Angst gehört, vor allem von der anvisierten Zielgruppe der Horrorfans realisiert. Sie sind auch in der Lage, die komödiantischen Effekte dieser Filme wahrzunehmen. Denn in vielen Horrorfilmen ist gerade die Komik für die Rezeption wichtig: »Offensichtlich hat sie großen Anteil daran, daß aus dem Grauen ein Vergnügen wird« (Konrad 1994, S. 5; vgl. auch Gerbode 2004). Vor solch einem Hintergrund wird dann das Blutvergießen in einem Film wie »Tanz der Teufel II« »zum Lacherfolg, weil sich das Opfer durch den gesamten Kontext als eine komische Figur identifizieren läßt« (ebd., S. 84). Gerade aus solchen Elementen ziehen die Fans die Lust am Zuschauen, eine Lust, die anderen Teilen des Publikums oft genug verborgen bleibt, wie auch das Beispiel des indizierten Films »From Dusk Till Dawn« zeigt, dessen Popularität vor allem in den komischen Elementen gründet (vgl. Mikos 1999b).

Mit der Verwendung von bestimmten populären Hits oder Musikstilen in Filmen wird ein Publikum angesprochen, bei dem diese Musik und ihre Interpreten als Erlebnisweise eine Rolle spielen. Das zeigt sich nicht nur an den Filmen, die in den Schwarzen-Ghettos amerikanischer Großstädte situiert sind und in denen Hip-Hop- und Rap-Künstler mitspielen bzw. deren Musik einen großen Stellenwert einnimmt, sondern generell an allen Filmen oder Fernsehsendungen, in denen Rockstars als Schauspieler agieren. So verweisen alle Filme, in denen Blondie, Tom Waits oder Madonna mitwirken, zum einen auf ihre Musik, zum anderen auf ihr aus der Presse bekanntes Image. Das kann im konkreten Film zu Konflikten führen, weil das Image der Musiker nicht mit der Rolle im Film konform geht bzw. weil das Wissen des Publikums über den Star sich von dem unterscheidet, was der Film in der konkreten Filmrolle aufbaut (vgl. Mikos 1997). Über die intertextuellen Verweise und über die inszenierten Erlebnisstrukturen verankern sich die Filme und Fernsehsendungen in den symbolischen Sinnwelten der Zuschauer, sie lassen ebenso ein Gemeinschaftsgefühl zu Gleichgesinnten wie Abgrenzungsgefühle zu den »anderen« entstehen. Intertextualität und Erlebnisstrukturen konstituieren in ihrer ästhetischen Vergegenständlichung Bezüge, die als Hinweise für spezifische soziale Gruppen oder soziale Milieus dienen. Sie aktivieren auf der kognitiven Ebene Wissenselemente der »intertextuellen Enzyklopädie« (Eco) und auf der emotionalen Ebene Gefühls- und Interaktionsstrukturen, die Teil des Gefühlshaushalts der Zuschauer sind. Auf diese Weise werden gruppenspezifisch bedeutsame Erfahrungen angesprochen.

Da Filme und Fernsehsendungen grundsätzlich zum Wissen und den Emotionen der Zuschauer hin geöffnet sind, können in der Analyse nicht alle möglichen intertextuellen Bezüge und Erlebnisstrukturen herausgearbeitet werden, sondern nur die, die gewusst werden – und die noch recherchiert werden können. Das entspricht auch der Rezeption und Aneignung in der Alltagswelt der Zuschauer. Denn auch da werden nur die intertextuellen Bezüge realisiert, die aufgrund der Lektüreerfahrungen in der intertextuellen Enzyklopädie vorhanden sind, und die Erlebnisstrukturen, die den eigenen handlungsleitenden Themen entsprechen und aus dem eigenen Alltag bekannt sind. Es gibt daher auch keine allwissende Interpretations- und Analysemacht, die einen Film oder eine Fernsehsendung quasi erschöpfend analysieren und interpretieren könnte. Das hat eine entscheidende Konsequenz für die Analyse: Sie ist als kommunikativer Prozess zu gestalten, bei dem die verschiedenen Lesarten eines Films oder einer Fernsehsendung sich ergänzen und als ein Beitrag zur Rezeptionsgeschichte des jeweiligen Films oder der Fernsehsendung zu sehen sind. Denn die intertextuellen Bezüge kontextualisieren die Film- und Fernsehtexte in doppelter Weise: im Universum der Texte und im Wissen, den Erfahrungen und Erwartungen der Zuschauer. Daher muss sich die Analyse sowohl auf die Inszenierung und Darstellung in den konkreten Film- und Fernsehtexten selbst beziehen als auch auf die Zuschauer und die möglichen adressierten Zuschauergruppen.

Analyseleitende Fragen

- Welche Filme hat der Regisseur oder die Regisseurin noch gemacht?
- In welcher Beziehung steht der aktuelle Film dazu?
- In welchen anderen Filmen oder TV-Movies haben die Schauspieler mitgespielt?
- In welchem Verhältnis steht die aktuelle Rolle zu den vorangegangenen?

- Aus welchen anderen Sendungen sind die in einer Fernsehsendung auftretenden Moderatoren, Künstler oder Gäste bekannt?
- Welche Genres oder Gattungen sind mit dem Film oder der Sendung verbunden, welche Erlebnisweisen?
- Wie positioniert sich der Film innerhalb seines Genres oder die Fernsehsendung innerhalb ihrer Gattung?
- Geschieht dies mehr über inhaltliche oder gestalterische Mittel?
- Welche anderen Filme werden zitiert oder parodiert?
- Greift der Film oder die Fernsehsendung Motive und Stoffe auf, die aus anderen Medien bekannt sind?
- Welches spezifische Publikum wird adressiert?
- Welche inhaltlichen und gestalterischen Mittel des Films oder der Fernsehsendung sprechen dieses spezifische Publikum an?
- Welche Rolle spielen die eingesetzten Musikstile: Sollen sie Handlung und Charaktere illustrieren und unterstützen, oder dienen sie der Adressierung eines bestimmten Publikums?
- Was können die Zuschauer über den Film oder die Fernsehsendung aus Ankündigungen, Kritiken und anderen Presseartikeln wissen?

5.3 Diskurse

Diskurse spielen in der Film- und Fernsehanalyse als Kontexte eine wichtige Rolle, weil Film- und Fernsehtexte in die diskursiven Praktiken einer Gesellschaft eingebunden sind. Wenn hier von Diskursen die Rede ist, dann ist damit nicht der Diskurs des Film- oder Fernsehtextes gemeint, wie er in Kapitel II.2.1 beschrieben wurde. Es geht also nicht um die ästhetische Gestaltung des Plots, sondern um Filme und Fernsehsendungen als Diskursereignisse, die für Produzenten und Rezipienten Sinn machen. Diskurse können als Formationen von Aussagen begriffen werden (vgl. Foucault 1988, S. 58), durch die eine Perspektivierung von Bedeutungen stattfindet. Sie bestehen im kontinuierlichen Prozess der Sinnstiftung und der sozialen Zirkulation dieses Sinns (vgl. Fiske 1994, S. 6). Sie sind soziale Tatsachen, die sich aus der Ordnung des Wissens in der Sozialstruktur einer Gesellschaft formieren.

»Der Diskurs, die diskursive Praxis ist nicht gleichzusetzen mit einem Textkorpus oder einer Menge von Aussagen. In Texten und anderen sinntragenden Materialien findet die diskursive Praxis nur ihren materiellen Niederschlag. Unter ›Diskurs‹ wird nicht die Sprechtätigkeit von Individuen verstanden, sondern das in einem Aussagensystem enthaltene Regelsystem, das die Formation der Diskurselemente bewirkt. Es ist die diskursive Praxis, die die Produktion von Aussagen reglementiert und so eine (durch Regeln) strukturierte Praxis und (das Wissen) strukturierende Praxis ist« (Diaz-Bone 2002, S. 129).

In der Gesellschaft zirkulieren verschiedene Diskurse und Diskurstypen, die es für die handelnden Subjekte erst möglich machen, Aussagen über die Realität zu treffen. Das gilt sowohl für Produzenten als auch für Rezipienten von Film- und Fernsehtexten. Sie können nur über die audiovisuellen Texte kommunizieren, weil die in den diskursiven Praktiken der Gesellschaft verankert sind. Aus dieser Sicht sind Diskurse semiotische Handlungen. Sie bezeichnen den Ort, an dem sich soziale Praktiken mit Zeichensystemen in der Produktion von Texten verbinden und dadurch die Bedeutungen und Werte einer Kultur reproduzieren und verändern (vgl. Hodge/Kress 1988, S. 6). Sie stehen damit immer im Zusammenhang mit sozialen Prozessen der Bedeutungsbildung und der Realitätswahrnehmung (vgl. Tolson 1996, S. 192). Sie sind daher nicht neutral oder objektiv, denn ihre Produktion unterliegt spezifischen sozialen Bedingungen und sie repräsentieren damit Macht (vgl. Fiske 1993, S. 15; Fiske 1994, S. 7). Es gehen Wertungen in sie ein, wobei konkurrierende Diskurse produziert werden: »Der dominante Diskurs setzt sich schließlich durch und gilt dann als wahr« (Niekisch 2002, S. 29). Verschiedene soziale Gruppen können diesen dominanten Diskurs aber in ihrem Interesse gebrauchen. Es geht nicht nur darum, wie Aussagen gemacht werden, sondern wer welche Aussagen von einem bestimmten Ort im sozialen Feld macht und welche Aussagen machtbedingt ausgegrenzt werden (vgl. Winter 1997, S. 55).

Es können verschiedene Formen von Diskursen unterschieden werden: institutionalisierte Diskurse wie Recht, Medizin, Politik, Sport, Wissenschaft; mediale Diskurse wie Film, Fernsehen, Zeitungen; populäre Diskurse wie Esoterik, Popkultur, Fitness usw. (vgl. Hayward 1996, S. 69). Während die Diskursanalyse in einem weiteren Sinn »die sozialen, politischen und kulturellen Funktionen des Diskurses innerhalb von Institutionen, Gruppen oder Gesellschaft und Kultur« untersucht (van Dijk 1997, S. 5), geht es in der Film- und Fernsehanalyse darum, zu zeigen, wie sich die gesellschaftlichen Diskurse in den Film- und Fernsehtexten materialisieren und wie die diskursiven Praktiken in der Produktion und Rezeption wirksam werden können.

Bereits Anfang der siebziger Jahre hat der britische Kulturwissenschaftler Stuart Hall (1999) in seinem »Encoding/Decoding«-Modell grundlegend auf die Rolle von Diskursen in der Fernsehkommunikation hingewiesen (vgl. Abb. 36). Das Fernsehprogramm, aber auch Filme werden danach als ein »sinntragender Diskurs« gesehen. Damit eine Fernsehsendung Teil des sinntragenden Diskurses werden kann, muss auf der Produktionsseite im Rahmen der Bedeutungsstrukturen 1 ein kohärenter Fernsehtext entstehen, der sich in die zirkulierenden Diskurse einfügt und interpretiert werden kann (vgl. Bruhn Jensen 1995, S. 135). Bevor die Sendung einen Effekt haben kann, »muß sie zunächst als ein sinntragender Diskurs angenommen und entsprechend dekodiert werden« (Hall 1999, S. 96). Allerdings – und darauf legt Hall besonderen Wert – müssen die Bedeutungsstrukturen 1 und die Bedeutungsstrukturen 2 nicht identisch sein, »der Kodierungsvorgang kann nicht festlegen, welche Dekodierungen zur Anwendung kommen« (ebd., S. 106). Die Sendung kann von den Zuschauern in einer anderen Weise dekodiert werden, als sie von den Produzenten enkodiert wurde: »Der Fernsehzuschauer kann je nach sozialem Hintergrund oder kultureller Kompetenz eine Botschaft gänzlich falsch oder einfach anders verstehen, als das Produktionsteam sie bei der Encodierung beabsichtigt hatte« (Winter 2001, S. 131). Generell nimmt Hall an, dass sich in den sinntragenden Diskursen des Fernsehens die dominanten oder bevorzugten Bedeutungen zeigen, die in einer Gesellschaft zirkulieren.

Die Freiheit der Interpretation ist zwar »durch diskursive Praxisformen vorgezeichnet« (Diaz-Bone 2002, S. 129), doch haben die Zuschauer in der Rezeption die Möglichkeit, eine Sendung mit Hilfe konkurrierender diskursiver Praxisformen wahrzunehmen. So können sie einerseits die dominanten Bedeutungen übernehmen. Sie können aber auch – und das ist in der Fernsehkommunikation die Regel – die Bedeutung aushandeln. Das kann allein dadurch geschehen, dass sie die Darstellungen des Fernsehens auf ihren eigenen Lebensalltag beziehen. Die dritte Möglichkeit besteht darin, dass sie eine oppositionelle Lesart entwickeln. Sie nehmen das Fernsehprogramm zwar im Rahmen des dominanten Diskurses wahr, bewerten es aber aus einer anderen, gegensätzlichen Position heraus. Wenn z.B. ein Nachrichtenbeitrag über Tarifverhandlungen gezeigt wird, in dem die Forderungen der Gewerkschaft und der Arbeitgeber Thema sind, mag sich dieser Bericht im dominanten Diskurs über die Rolle der Gewerkschaften in den Tarifauseinandersetzungen und der betrieblichen Mitbestimmung bewegen. Ein Zuschauer hat die Möglichkeit diesen Beitrag auch auf diese Weise zu dekodieren. Möglicherweise wird er ihn aber mit eigenen Erfah-

rungen und seinem historischen Wissen über die Ergebnisse vergangener Tarifverhandlungen anreichern – dann handelt er die Bedeutung aus. Er kann den
Beitrag aber auch im Rahmen der dominanten Lesart dekodieren, um ihn aus
einer oppositionellen Perspektive zu bewerten, indem er beispielsweise die Tarifverhandlungen als ein hohles Ritual, das nicht mehr zeitgemäß ist, ansieht.

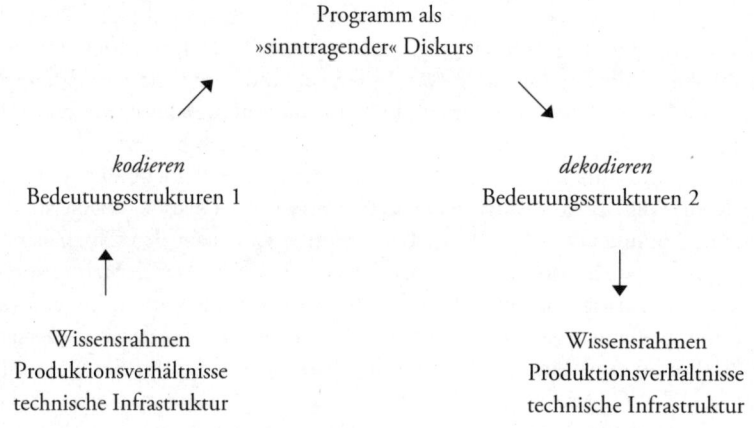

Abb. 36

Das Modell von Stuart Hall hat den Blick dafür geschärft, dass die Zuschauer
durchaus eigene Bedeutungen entwickeln können, die allerdings an die sozialen
Kontexte gebunden sind, in denen sie die Film- und Fernsehtexte rezipieren. In
diesen Kontexten »kommt es dann zu temporären Fixierungen von Bedeutungen« (Winter 1998, S. 41). Das »Encoding/Decoding«-Modell in der vorgestellten Urform unterstellt, dass die Film- und Fernsehtexte den dominanten Diskurs aufgreifen und dieser zur Folie der Lesarten für die Zuschauer wird. John
Fiske (1987, S. 63 ff.) hat zu Recht daran kritisiert, dass in der Gesellschaft auch
konkurrierende Diskurse zirkulieren, die in einem Film- und Fernsehtext repräsentiert sein können. Der Text folgt in dem Fall keiner dominanten Ideologie,
sondern bietet aufgrund seiner Vielstimmigkeit verschiedene Lesarten an, von
denen er durchaus eine bevorzugen kann (vgl. Kapitel II.1). Damit ordnen sie
sich nicht ausschließlich in den dominanten Diskurs ein, sondern sind in die
verschiedenen in der Gesellschaft zirkulierenden Diskurse eingebunden. Der
bereits erwähnte Nachrichtenbeitrag über die Tarifverhandlungen mag zwar auf
der Ebene des Inhalts den dominanten Diskurs aufgreifen, aber die Gestaltung

mit Kamera und Montage kann dies bereits durchbrechen und eine oppositionelle Lesart nahelegen. In dem Fall wäre die oppositionelle Lesart im Text selbst angelegt. In diesem Sinn werden Film- und Fernsehtexte zu einem Feld diskursiver Auseinandersetzung, in dem es um die Durchsetzung von Bedeutungen geht (vgl. Fiske 1994, S. 5 ff.). Da die Diskurse aber an die sozialen Strukturen und damit an die ungleiche Verteilung von Macht und Ressourcen gebunden sind, werden die Filme und Fernsehsendungen auch zu einem Feld sozialer Auseinandersetzungen. Die Analyse kann die in einem Film- oder Fernsehtext vorhandenen Diskurse freilegen. Dabei geht sie von einer anfänglichen »Hypothese über die Existenz einer in einem Textkorpus freizulegenden, kohärenten diskursiven Praxis« aus (Diaz-Bone 2002, S. 132; Diaz-Bone 2005, S. 544 ff.), ist sich aber bewusst, dass es sich dabei immer um mehrere diskursive Praktiken, um Diskursstränge handelt, die in ihrem Verhältnis zueinander bestimmt werden müssen. Im Fall des Nachrichtenbeitrags über die Tarifverhandlungen ginge es dann darum, die verschiedenen diskursiven Praktiken, die der Fernsehtext anbietet, herauszuarbeiten (z.B. Lohnerhöhungen als Ritual, Streik als Mittel zur Durchsetzung von Interessen). Außerdem wäre zu untersuchen, auf welchen Ebenen des Textes sie angesiedelt sind, z.B. auf der Inhalts- und Repräsentationsebene, der Akteursebene oder der Ebene der ästhetischen Gestaltung.

Film- und Fernsehtexte repräsentieren nicht nur diskursive Praktiken, sondern sie sind selbst Diskursereignisse, über die Realität erst verfügbar wird (vgl. Fiske 1994, S. 4). Zugleich enthalten sie »immer Spuren von anderen, konkurrierenden Diskursen« (Winter 1997, S. 56). Die Texte sind grundsätzlich doppelt in Diskursen verankert: Einerseits sind sie als Diskursereignisse Teil der medialen Diskurse über Film oder Fernsehen, andererseits sind sie Teil der institutionalisierten und populären Diskurse, die in der Gesellschaft zirkulieren. Das gilt nicht nur für den Zeitpunkt ihrer Produktion und Erstaufführung, sondern auch für die späteren Rezeptionen, die ihren Beitrag zur Rezeptionsgeschichte des Films oder der Fernsehsendung leisten. Wenn ein Zuschauer im Jahr 2002 die Wiederholungen der Fernsehserie »Dallas« auf dem Sender Kabel 1 gesehen hat, wird er sie aufgrund anderer diskursiver Praktiken dekodieren, als es ein Zuschauer im Jahr 1981 getan hat, als die Serie in der ARD lief. Das liegt unter anderem daran, dass sie in einer anderen *Reading Formation* (vgl. Bennett/Woollacott 1987, S. 60 ff.) situiert sind. Der gesellschaftliche und kulturelle Kontext hat sich gewandelt.

Am Beispiel des Films »Metropolis« hat der Amsterdamer Filmwissenschaftler Thomas Elsaesser (2001) gezeigt, wie der Film im Verlauf seiner Rezeptionsgeschichte in verschiedene diskursive Praktiken integriert wurde. In den ersten Kritiken zu dem Film wurde deutlich, dass er vor allem in den zeitgenössischen Diskurs um die Moderne eingebunden war. Dabei waren die soziale Frage und die Rolle der Technik ebenso zentral wie der damalige Architektur-Diskurs.

> »›Metropolis‹ enthüllt sich als präzise Erwiderung auf die architektonischen und stadtgestalterischen Debatten der 20er Jahre, […]. Diese Debatten konzentrierten sich auf die Wünschbarkeit von Wolkenkratzern, die von modernistischen Stadtplanern befürwortet, von Kommunisten, Sozialisten und Sozialreformern jedoch abgelehnt wurden. Damit greift ›Metropolis‹ eine weitere Dialektik der Moderne auf« (ebd., S. 97).

Die Debatten zwischen Gegnern und Befürwortern der Wolkenkratzer hatten nach dem Hochhausboom in den amerikanischen Städten Chicago und Manhattan zu Beginn des 20. Jahrhunderts eingesetzt (vgl. Weihsmann 1988, S. 165). Die Produktion von »Metropolis« fiel in eine Zeit, als diese Debatten verstärkt in Deutschland geführt wurden. Hier hatte gerade ein Ideenwettbewerb um den Bau eines Hochhauses am Bahnhof Friedrichstraße in Berlin stattgefunden, der als »Schrei nach dem Turmhaus« gewürdigt wurde (vgl. Bauhaus-Archiv 1988). Die in »Metropolis« entworfene Stadt stellte eine urbane Vision dar, die in den aktuellen Diskurs über die Wolkenkratzer und »Turmhäuser« in den zwanziger Jahren eingebunden war (vgl. Abb. 37).

Abb. 37

Während die Kommunisten den Film als ein Stück bürgerlich-kapitalistischer Ideologie sahen, der die Unterdrückung der Arbeiter darstellte, sahen die Konservativen in ihm ein Vehikel, um soziale Spannungen zu befördern und den Klassenkampf zu propagieren. Je nach sozialem Kontext wurde die diskursive Praxis des Films anders interpretiert und in die eigene Diskurspraxis integriert. Das setzte sich in der späteren Rezeption des Films fort. In der Zeit des Nationalsozialismus wurde der Film wegen seiner »bolschewistischen« Tendenzen kritisiert und in Italien sogar verboten. Nach dem Zweiten Weltkrieg kritisierte der Soziologie Siegfried Kracauer (1979, S. 159) den Film als Vorläufer der ornamentalen Inszenierung von Massen in der Nazi-Ästhetik und sah in ihm »eine rechtsgerichtete Utopie, die dem politischen Körper der Weimarer Republik die Form einer sozialfaschistischen Allegorie gab« (Elsaesser 2001, S. 66). In den achtziger und neunziger Jahren des 20. Jahrhunderts war »Metropolis« mit seiner Inszenierung von Technologie und Architektur das Vorbild für zahlreiche Science-Fiction-Filme wie »Blade Runner«, »Brazil«, »Batmans Rückkehr« oder »Das fünfte Element« sowie für die Ausstattung von Videoclips wie »Express Yourself« von Madonna oder »Radio Gaga« von Queen. Möglich ist dies, weil die Diskurse über Architektur und Urbanität, Technik und Entfremdung als institutionalisierte Diskurse der Bedeutungsproduktion von Film- und Fernsehtexten vorgelagert sind. Die Rezeptionsgeschichte von »Metropolis« und anderen Filmen und Fernsehsendungen zeigt aber auch, dass in den unterschiedlichen *Reading Formations*, den sozialen und kulturellen Kontexten der Rezeption, jeweils andere Bedeutungen favorisiert werden können und verschiedene Lesarten möglich sind.

Film- und Fernsehtexte sind nicht unabhängig von den diskursiven Praktiken in einer Gesellschaft zu sehen. Sie sind in die institutionalisierten und populären Diskurse eingebettet. Jeder Film ist zudem Teil des filmischen Diskurses, in dem es z.B. um das Verhältnis von Kunstfilm zu Genrefilm, um die Bedeutung des Films für die nationale Kultur oder um seine Einordnung in filmtheoretische Erkenntnisse geht. Jede Fernsehsendung ist Teil eines televisuellen Diskurses, in dem die Verfasstheit des dualen Rundfunksystems mit der Konkurrenz zwischen öffentlich-rechtlichen und privat-kommerziellen Rundfunksendern ebenso eine Rolle spielt wie der kulturelle Auftrag des Fernsehens oder im populären Diskurs die mögliche Verdummung, die auf zu viel Fernsehkonsum basieren soll. Im Zusammenhang mit dem Fernsehen spielen medienpädagogische Diskurse und die Debatten um den Jugendschutz ebenfalls eine nicht unerhebliche Rolle. Institutionalisierte Diskurse über Gentechnologie sind z.B. solchen Filmen wie »Jurassic Park« vorgelagert, der Medizindiskurs spielt eine Rolle bei den Arzt- und Krankenhausserien wie »St. Angela«, »Emergency Room«, »Der Landarzt«, »In aller Freundschaft«, »Grey's Anatomy« oder »Praxis Bülowbogen«, aber auch bei Filmen wie »Anatomie« oder »Flatliners – Heute ist ein schöner Tag zum Sterben«. In den Filmen, in denen es wie in den zahlreichen »Frankenstein«-Filmen um wissenschaftliche Experimente geht, stehen Wissenschaftsdiskurse ebenso im Mittelpunkt wie in den Serien, in denen Pathologen und die Mitarbeiter der Kriminaltechnik wie »Crossing Jordan«, »CSI: Miami« oder «CSI: New York« ermitteln. Ein Film wie »Trainspotting« klinkt sich zwar primär in einen Diskurs über Jugend, Drogen und Kriminalität ein, doch bedient er auch Diskurse wie den des Neoliberalismus, der sich als dominante Ideologie der Kritiker dieses Films herausstellt (vgl. Winter 1998, S. 46). Gerade dadurch, dass der Film versucht einen genauen, ethnografischen Blick auf einen spezifischen gesellschaftlichen Randbereich zu werfen, bleibt er vielstimmig und legt Lesarten nahe, die in ihm sowohl eine Verherrlichung des Junkiedaseins sehen lassen als auch eine kritische Stellungnahme zur Situation der Jugend in Großbritannien in den neunziger Jahren des 20. Jahrhunderts. Über seinen Soundtrack, der eine wesentliche Funktion in der Konstruktion des Plots hat (vgl. Smith 2002, S. 60 ff.), verortet sich »Trainspotting« auch im populären Popdiskurs. Detektiv- und Gangsterfilme, Kriminalfilme und -serien und Anwaltsserien treten in die Diskurse über Recht und Gesetz, Kriminalität und Verbrechen sowie die Rolle von staatlichen Kontroll- und Ordnungsinstanzen ein. Reality-Shows wie »Big Brother« und die täglichen Talkshows greifen Diskurse über Privatheit und Öffentlichkeit auf. In Shows wie »Ich bin ein Star – Holt mich hier raus!« und anderen Shows, in denen Prominente auftreten, werden die Diskurse über das Leben der *Celebrities* aufgegriffen. Weder ihre Produktion noch ihre Rezeption sind davon zu trennen.

Für die Film- und Fernsehanalyse sind die Diskurse als Kontexte wichtig, weil kein Film und keine Fernsehsendung außerhalb der gesellschaftlichen Diskurse Sinn macht. Diese Diskurse sind der Produktion und Rezeption vorgelagert. Die Film- und Fernsehtexte selbst können allerdings durch ihren Inhalt und ihre Repräsentation, ihre Narration und ihre Dramaturgie, ihre Konstruktion von Figuren und Akteuren und ihre ästhetischen Gestaltungsmittel bestimmte Diskurse in den Mittelpunkt rücken und tendenziell auch konkurrierende Diskurse ausschließen. In populären Film- und Fernsehtexten, die sich an ein Massenpublikum richten, ist das jedoch nur selten der Fall. Stattdessen finden die diskursiven Auseinandersetzungen in den Texten selbst statt. Die Analyse kann die verschiedenen Diskurse in den Filmen oder Fernsehsendungen offenlegen. Dazu müssen einerseits die Textstrategien untersucht werden, andererseits können zeitgenössische Kritiken (oder bei historischen Filmen auch filmhistorische und -wissenschaftliche Literatur) herangezogen werden, weil sich in ihnen mögliche Lesarten offenbaren.

Analyseleitende Fragen

- Lässt sich im Rahmen eines bestimmten Diskurses eine eindeutige Botschaft des Films oder der Fernsehsendung feststellen?
- Wie verhält sich der Film- oder Fernsehtext zum dominanten Diskurs in der Gesellschaft?
- Favorisiert er eine bestimmte Lesart?
- Wie würden eine idealtypische dominante und eine idealtypische oppositionelle Lesart aussehen?
- Sind die verschiedenen Ebenen des Films oder der Fernsehsendung (Inhalt und Repräsentation, Narration und Dramaturgie, Figuren und Akteure, Ästhetik und Gestaltung) einem Diskurs zuzuordnen, oder zeigen sich auf ihnen unterschiedliche Diskurse?
- Welche verschiedenen Diskurse und diskursiven Praktiken sind in den textuellen Strukturen angelegt?
- Welche Diskurse werden in den zeitgenössischen Kritiken zu dem Film angesprochen?
- Hat die Fernsehsendung bei ihrer Ausstrahlung Debatten ausgelöst? Welche waren das, und wie sind sie am Text festzumachen?

5.4   Lebenswelten

Filme und Fernsehsendungen können nur dann ihre Funktion als Kommunikationsmedien erfüllen, wenn die Plotstrukturen im Zusammenhang mit dem Wissen, den Emotionen und dem praktischen Sinn der Zuschauer die Geschichte im Kopf ergeben. Die sozialen Strukturen, in denen die Rezipienten leben, haben einen wesentlichen Einfluss auf ihren Umgang mit den Plotstrukturen. Ihre Erfahrungen, aus denen sich ihr Wissen, ihre Emotionen und ihr praktischer Sinn speisen, können die Rezipienten nur innerhalb der sozialen Strukturen ihrer Lebenswelt machen. Lebenswelt kann begriffen werden als ein auf Kommunikation und damit auf Prozesse symbolischer Verständigung gründender Handlungs- und Erfahrungsraum, in dessen Rahmen die handelnden Menschen die Welt interpretieren (vgl. Mikos 2001a, S. 44 ff.). Das soziale Handeln wird mit Hilfe von gesellschaftlich vermittelten Sinndeutungen strukturiert, in denen die für das Handeln relevanten Normen und Werte repräsentiert sind. Die Lebenswelt umfasst den Wissens- und Sinnhorizont, der die verschiedenen

Wirklichkeitsbereiche überlagert, in denen die Menschen handeln (vgl. auch Luckmann 2007). Sie ist der Bezugs- und Orientierungsrahmen der alltäglichen Lebenspraxis: »Die Lebenswelt ist somit vor allem eine intersubjektive Welt vertrauter Wirklichkeit, in der die Subjekte als Handelnde in einer täglichen Lebenspraxis gefordert und auf diese intentional ausgerichtet sind« (Greverus 1978, S. 100). Aufgrund der Ausdifferenzierung der Gesellschaft kann nicht mehr nur von *der* Lebenswelt gesprochen werden, sondern die Menschen leben in verschiedenen Lebenswelten, die sich an unterschiedlichen Sinnhorizonten orientieren.

An die Lebenswelten ist der Wissensvorrat gebunden, den die Menschen benötigen, um in alltäglichen Situationen aufgrund von Relevanzstrukturen handeln zu können (vgl. Schütz/Luckmann 1979, S. 224 ff.). Die Subjekte bewegen sich immer innerhalb des Horizonts ihrer Lebenswelt, »aus ihm können sie nicht heraustreten« (Habermas 1988, S. 192; vgl. auch Berger/Luckmann 1980, S. 103). Film- und Fernsehtexte können daher nur im Rahmen des lebensweltlichen Horizonts der Zuschauer Sinn machen, weil sie hier als sinntragende Diskurse dekodiert werden. Dabei spielt das Wissen der Zuschauer, das in seiner Gesamtheit »die Bedeutungs- und Sinnstruktur, ohne die es keine menschliche Gesellschaft gäbe« (ebd., S. 16), bildet, eine ebenso wichtige Rolle wie ihre Emotionen, ihr praktischer Sinn und ihr sozial-kommunikatives Netz. Die Lebenswelt regelt mit ihren strukturellen und funktionalen Zusammenhängen den »sinnhaften Aufbau der sozialen Welt« (Schütz 1991), der über die subjektiven Erlebnisse und Erfahrungen der Menschen hergestellt wird (ebd., S. 100 ff.). Damit ein Film- oder Fernsehtext subjektiv Sinn macht, müssen die Zuschauer ihr Wissen – sowohl ihr Weltwissen als auch ihr narratives Wissen und ihr Wissen um filmische Gestaltungsmittel (vgl. Kapitel I.1.1) – anwenden, sie müssen Gefühlsstrukturen und ihren praktischen Sinn aktivieren, und sie müssen die Texte in der sozialen Kommunikation verwenden können. Fernsehen als Tätigkeit kann als Handeln in den Strukturen der Lebenswelt begriffen werden (vgl. Mehling 2007, S. 143 ff.).

In der Film- und Fernsehanalyse können die lebensweltlichen Bezüge der Filme und Fernsehsendungen herausgearbeitet werden. Dies geschieht über die Analyse der Wissensformen und -strukturen, die vom Plot aufgebaut werden, über die Analyse der empathischen Felder, der Interaktionsstrukturen und der situativen Rahmungen, die im Plot auftauchen, und über die Analyse der diskursiven Praktiken und der handlungsleitenden Themen, die im Rahmen des Plots eine Rolle spielen. Vor allem die handlungsleitenden Themen, die eng mit der

subjektiven Lebenspraxis der Zuschauer verbunden sind, verankern die Film-
und Fernsehtexte in der Lebenswelt. Diese Themen können sich auf die gesamte
Lebenssituation eines Zuschauers beziehen, sie können Aspekte des Lebens zum
Gegenstand haben, sie können aber auch für Gruppen von Zuschauern relevant
sein. Die Gruppen eint eine gemeinsame Lebenssituation, die aus einer sozial-
strukturellen Lage resultiert. So ist z.B. für alle Mütter die Sorge um ihre Kinder
ein handlungsleitendes Thema. Kinder in einem bestimmten Alter beschäftigt
dagegen das Thema der Ablösung vom Elternhaus – und damit auch von der
Mutter. Filme oder Fernsehsendungen, in denen Interaktionsstrukturen zwischen Müttern und Kindern eine Rolle spielen, greifen beide Themen auf. Die
Mütter und die Kinder unter den Zuschauern integrieren die Film- und Fernsehtexte jedoch jeweils vor dem Hintergrund ihrer handlungsleitenden Themen
in ihren Alltag. Nur so machen die Texte für sie Sinn. Zuschauer entwickeln
eine Nähe zu den Themen, die sie in der alltäglichen Praxis ihrer Lebenswelt
betreffen. Das ist bereits bei Kindern so, die sich Themen zuwenden, »die die
eigene Lebenssituation in modifizierter Form nacherzählen oder zu einer Lösung
gebracht haben« (Charlton/Neumann-Braun 1992, S. 96). Empirische Rezepti-
onsstudien haben z.B. gezeigt, dass für Zuschauer von Familienserien und Daily
Soaps die aktuellen Lebensthemen eine besondere Rolle bei der Rezeption gespielt haben (vgl. Ang 1986, S. 65 ff.; Götz 1999, S. 255 ff.; Götz 2002, S. 251 ff.;
Mikos 1994, S. 309 ff.; Rogge 1988). Voraussetzung ist aber, dass diese Lebensthemen im Rahmen der Plotstrukturen in den Serien auftauchen. Dabei ist es
unerheblich, ob die sozialen Strukturen, in denen die Akteure in den Serien
handeln, mit denen der Zuschauer korrespondieren. Wichtiger ist, dass die
Themen über die gezeigten Interaktionsverhältnisse mit einem »emotionalen
Realismus« einhergehen (vgl. Ang 1986, S. 57) und der Plot ein empathisches
Feld (Wulff 2002) aufbaut (vgl. Kapitel II.3.3). Auf diese Weise können die
Familienserien im eigenen Alltag Sinn machen. Filme und Fernsehformate fun-
gieren daher auch als symbolischer Ausdruck, Zuschauer finden in ihnen die
Bedingungen und Strukturen ihrer Lebenswelt wieder (vgl. Götz 2002; Wierth-
Heining 2004), für Kinder und Jugendliche übernehmen diese Funktion vor
allem Helden und Stars aus der Popkultur (vgl. Fritzsche 2003; Götz/Hannawald
2007; Wegener 2008).

   Wie die sozialen Strukturen, in denen Menschen leben, auch das Filmerlebnis
beeinflussen und zur Sinnbildung beitragen, hat John Fiske (1993, S. 124 ff.)
am Beispiel der Rezeption des Films »Stirb langsam« in einem Obdachlosenasyl
gezeigt. In dem Film besetzt eine Gangsterbande das 30. Stockwerk eines Büro-

hochhauses und versucht Geld aus dem Safe eines Konzerns zu erbeuten. Ein zufällig anwesender Polizist – gespielt vom Actionstar Bruce Willis – nimmt den aussichtslosen Kampf gegen die Gangster, die Geiseln genommen haben, auf. Für die Obdachlosen macht der Film auf zwei eng mit ihrer Lebenssituation verbundenen Ebenen Sinn: Einerseits erfreuen sie sich an der Illegitimität der Gewalt, die von den Gangstern ausgeübt wird, weil sie ebenfalls gern die Macht hätten, sich der gesellschaftlichen Ord-nung, die sie unterdrückt und marginali-siert, zu widersetzen. Die Gangster neh-men gewissermaßen stellvertretend für sie Rache am System. Andererseits ste-hen sie aber auch auf der Seite des Ac-tionhelden, der gegen die übermächtig erscheinenden Gangster kämpft, und sie empfinden Sympathie für einen schwar-zen Polizisten, der sich gegen seinen weißen Chef durchsetzt. Bevor der Film endet und im Plot die Ordnung wieder-

Abb. 38

hergestellt wird, schalten die Obdachlosen jedoch ab. Fiske (ebd., S. 129) sieht darin den Versuch, die begrenzten Siege der Schwachen verstetigen zu wollen. Gegen Ende des Films ist der Held bereits arg zerschunden und mit blutigen Kratzern übersät, hält aber durch (vgl. Abb. 38). Damit befindet er sich in einem physischen Zustand, der dem sozialen Zustand der Obdachlosen vergleichbar ist.

> »Die symbolische Gewalt ermöglicht den Marginalisierten nicht nur die Artikulation ihrer Ressentiments gegenüber der sozialen Ordnung, son-dern wird von ihnen auch als Repräsentation ihres eigenen Durchhaltever-mögens und ihrer eigenen Kraft wahrgenommen« (Winter 2001, S. 265).

Die Lesart des Films durch die Obdachlosen ist zwar durch den Plot motiviert, sie integrieren ihn jedoch in die Bezüge ihrer Lebenswelt. Nur so kann der Film für sie Sinn machen und im Rahmen der Rezeption zu einem Moment der Selbstermächtigung werden. Das Beispiel zeigt, dass Medienerleben »einen Bei-trag zur ›Wirklichkeitserhaltung‹ im Sinn von Berger und Luckmann« leistet. »Die Akteure können sich im Zuge des Medienerlebens symbolisch vergewis-sern, dass ihr subjektiver Lebensentwurf Sinn macht« (Weiß 2000, S. 58 f.). Der Film greift handlungsleitende Themen der Obdachlosen auf, über die sie ihn in ihren Alltag integrieren können. Zugleich eröffnet er die Möglichkeit der sozia-len Kommunikation unter »Gleichgesinnten«.

Zu Beginn des 21. Jahrhunderts nähern sich die »audiovisuellen Medien dem Alltag der Menschen« an:

> »Sie stiften neue Beziehungen und offerieren Sinnzusammenhänge, setzen alte Handlungsregeln außer Kraft, stellen neue Bedingungen für Alltag her und beziehen immer mehr Alltagspraktiken auf Medien und mediale Operationen« (Krotz 2001, S. 29).

Der Alltag der Menschen ist von Medien durchdrungen, ein Leben ohne Medien scheint kaum noch möglich (vgl. Krotz 2007, S. 25 ff.; Mikos 2005). Die Entdeckung der Lebenswelt vor allem durch das Fernsehen zeigt sich in zahlreichen Lebenshilfeformaten wie »Einsatz in vier Wänden«, »Engel im Einsatz«, »Raus aus den Schulden«, »Die Super Nanny« oder »We are Family«.

Lebenswelten als Kontext der Film- und Fernsehtexte sind daher nicht nur in der Rezeption von Bedeutung, sondern auch in den textuellen Strukturen selbst verankert. Die Erzählung und die Handlungen der Figuren sind in der Regel in spezifischen lebensweltlichen Zusammenhängen angesiedelt. Die Filme und Fernsehsendungen legen dabei je nach Genre unterschiedlichen Wert auf die Repräsentation dieser Lebenswelten. In Familienserien und Daily Soaps, in denen der emotionale Realismus im Vordergrund steht, spielen die Gestaltung der Interaktionsverhältnisse und der Aufbau eines empathischen Feldes die wichtigste Rolle. Andere Sendungen und Filme tauchen tief in die Lebenswelten ihrer dargestellten Figuren und Akteure ein. So wird z.B. in »Trainspotting« die Lebenswelt Heroinabhängiger sehr eindringlich mit einem quasi ethnografischen Blick gezeigt, sowohl die alltägliche Versorgung mit Heroin als auch die Strapazen des Entzugs. Die Darstellung wird ästhetisch dadurch unterstützt, dass die Erzählung die Perspektive der Junkies einnimmt. Die genaue Zeichnung lebensweltlicher Zusammenhänge geht mit der Darstellung handlungsleitender Themen einher, die zu dem Wissen, den Emotionen und dem praktischen Sinn der Zuschauer bzw. bestimmter Zuschauergruppen geöffnet sind (vgl. Kapitel III.1).

In der Analyse können die handlungsleitenden Themen, wie sie in einem Film- oder Fernsehtext vom Plot organisiert sind, herausgearbeitet werden. Dadurch kann einerseits die Faszination, die diese Texte auf bestimmte Gruppen von Zuschauern ausüben, erklärt werden, andererseits können in Verbindung mit dem lebensweltlichen Wissen die verschiedenen Lesarten untersucht werden, die im Film oder der Fernsehsendung angelegt sind. Bezogen auf Rezeptionsprozesse wird es so möglich, aus den Plotstrukturen bereits die differierenden Geschichten im Kopf herauszuarbeiten.

Analyseleitende Fragen

- Lässt sich ein konkreter lebensweltlicher Zusammenhang feststellen, in dem die Handlung des Films oder der Fernsehsendung lokalisiert ist?
- Wie kann diese Lebenswelt beschrieben werden?
- Welche handlungsleitenden Themen spielen dort für die Hauptfiguren eine Rolle?
- An welche sozialen Strukturen sind diese Themen gebunden?
- Welches Wissen und welche Emotionen spielen dabei eine Rolle?
- Wie wird in den dargestellten Interaktionen ein emotionaler Realismus hergestellt?
- Wie sind die aufgebauten empathischen Felder gestaltet, wie stellt sich darüber ein Bezug zu lebensweltlichen Kontexten der Zuschauer her?
- Wie ist das Wissen, das über die Plotstrukturen aufgebaut wird, mit lebensweltlichen Kontexten verbunden?

5.5   Produktion und Markt

Filme und Fernsehformate, die auf den Bildschirmen zu sehen sind, bilden als zu analysierende Texte lediglich die Oberfläche des medialen Kommunikationsprozesses. Sie zielen auf die Rezeption und Aneignung durch die Zuschauer und können als bedeutungsvolle Diskurse gesehen werden (vgl. Kapitel II.5.3), hinter denen technische, ökonomische, politische und juristische Strukturen stehen, die historisch gewachsen sind. Für die Analyse sind diese Strukturen bedeutsam. Es geht dabei nicht um die Abläufe der Produktion von Filmen und Fernsehformaten, sondern um die Bedingungen und Strukturen des Film- und Fernsehmarktes. Diese können sich in den konkreten Produkten zeigen, denn sie haben teilweise Auswirkungen auf die Dramaturgie, die Figurenkonstruktion und die Ästhetik. In der Analyse können diese Auswirkungen als Kontexte der Filme und Fernsehformate herausgearbeitet werden.

Seit sich das Fernsehen in den fünfziger Jahren des 20. Jahrhunderts als Alltagsmedium auszubreiten begann, hat es aufgrund technischer Entwicklungen zahlreiche Veränderungen in der Medienlandschaft gegeben. Multinationale Medienkonzerne entstanden, in denen Filmindustrie, Fernsehindustrie, Telekommunikationsindustrie und Informationstechnologieindustrie zusammengewachsen sind (vgl. Artz/Kamalipour 2007; Hachmeister/Rager 2005; Kunz 2007;

McPhail 2006; Thussu 2007a; Wasko 1994; Wasko 2003). Sie sind auf dem internationalen Markt aktiv. Globalisierung der Medienindustrie ist hier das Stichwort (vgl. Barker 1997; Havens 2006; Hepp u.a. 2005; Miller u.a. 2001; Straubhaar 2007; Wasko 2003). Das klassische Studiosystem Hollywoods (vgl. Schatz 1988) hat sich unter diesen Bedingungen verändert (vgl. Blanchet 2003, S. 79 ff.; Gomery 2005), vor allem weil nicht mehr nur für das Kino, sondern auch für das Fernsehen produziert wurde. Die Weiterentwicklung der Satellitentechnologie hat den Prozess der Globalisierung vorangetrieben. Bereits Ende der sechziger Jahre waren neue, leistungsstärkere Satelliten in die Erdumlaufbahn geschossen worden. »Damit eröffnete sich die Möglichkeit, flächendeckend Fernsehprogramme über Satellitensender direkt an Heimempfänger mit angeschlossenem Sat-Receiver auszustrahlen« (Abramson 2002, S. 340). Es dauerte allerdings bis in die achtziger Jahre, bis technische und medienpolitische Regelungen für eine weltweite Popularisierung des Satellitenfernsehens sorgten. Die damit verbundene Liberalisierung der nationalen Fernsehmärkte und die Einführung des privat-kommerziellen Fernsehens in zahlreichen Ländern führten zu einer weitgehenden Veränderung der Fernsehlandschaft in den meisten westlichen Ländern. Das duale Rundfunksystem, das aus einem Nebeneinander von öffentlich-rechtlichen und privat-kommerziellen Sendern besteht, setzte sich durch. Das führte zu einer Ausweitung der Anzahl von Fernsehkanälen in den meisten Ländern. Mit der Digitalisierung der Übertragungswege nahm dies noch weiter zu. Je mehr Fernsehkanäle es gibt, umso mehr Inhalte, also Fernsehsendungen, müssen produziert werden. Programminhalte werden zu einer Ressource, die zunehmend weltweit gehandelt wird (vgl. Havens 2006; Moran/ Malbon 2006; Steemers 2004).

Die Globalisierung des Mediensystems geht jedoch nur teilweise mit einer Standardisierung und Nivellierung einher. Der Prozess ist von zahlreichen Widersprüchen gekennzeichnet. Globalisierung meint die weltweite Verbindung von Ökonomie, Politik und Kultur in transnationalen Räumen von Lebensformen und Lebensstilen (vgl. Robertson 1992). Begünstigt werden diese Prozesse durch die elektronischen Medien, die eine transkulturelle Kommunikation (vgl. Hepp 2004; Hepp 2006) und eine »neue Form globaler Massenkultur« ermöglichen, »die sich stark von derjenigen unterscheidet, die mit der englischen Identität oder anderen, in einer frühen Phase mit dem Nationalstaat verknüpften kulturellen Identitäten verbunden war« (Hall 1994, S. 52). Inbegriff dieser neuen Form ist für Stuart Hall das Satellitenfernsehen:

> »Nicht, weil es das einzige Beispiel wäre, sondern weil das Satellitenfernsehen nicht ohne seine Verankerung in einer bestimmten hochentwickel-

ten nationalen Ökonomie und Kultur verstanden werden kann, während sein eigentlicher Zweck gleichzeitig darin besteht, daß es nicht länger durch nationale Grenzen eingeschränkt werden kann« (ebd.).

Über Satellit lassen sich fast alle Fernsehsender grenzüberschreitend überall auf der Welt empfangen. Das indische ZEE-TV ist in England zu empfangen, der deutsche Sender RTL in der Sahara, das chinesische CCTV in Australien. Zugleich ist der Fernsehmarkt jedoch vor allem durch nationale Gesetze geregelt, auch wenn die Europäische Fernsehrichtlinie einen Rahmen vorgibt. Die Globalisierung stößt auf nationale, lokale Grenzen.

Das zeigt sich auch in der lokalen Aneignung von international vermarkteten Filmen und Fernsehformaten (vgl. Thussu 1998). So haben Tamar Liebes und Elihu Katz (1993) bereits Ende der 1980er Jahre in einer Studie zeigen können, wie die Serie »Dallas« in Israel, Japan und Marokko unterschiedlich rezipiert und angeeignet wurde. Nach Auffassung von Andreas Hepp (2004, S. 381) ist es nicht möglich, im Zusammenhang mit der Globalisierung von Deterritorialisierung zu sprechen. Denn die Rezeption und Aneignung von globalen Filmen und Fernsehformaten findet grundsätzlich im lokalen Kontext statt.

> »Geht man von einem solchen Verständnis von Medienaneignung als einem Prozess der kulturellen Lokalisierung aus, so ist *die Medienaneignung in dem Gesamtzusammenhang der Globalisierung von Medienkommunikation das Moment, durch das kommunikative Konnektivitäten mit dem Lokalen in Beziehung gebracht werden.* Oder anders ausgedrückt: Medienaneignung ist der Prozess, durch den translokale Repräsentationen mit dem Alltag in ›direkte Verbindung‹ gebracht werden« (ebd., S. 361; H.i.O.).

Die globale Vermarktung von Filmen und Fernsehformaten stößt hier an lokale und nationale Grenzen. Der Fernsehwissenschaftler Joseph D. Straubhaar (1991; 2007, S. 91 f.) hat in diesem Zusammenhang den Begriff der »kulturellen Nähe« (*cultural proximity*) geprägt. Danach tendieren Länder und Kulturen dazu, ihre eigenen lokalen und nationalen Filme und Fernsehformate zu präferieren. Für den Fernsehmarkt gilt in diesem Zusammenhang:

> »Sowohl bei fiktionalen wie bei non-fiktionalen Fernsehproduktionen stellen Formatadaptionen vor diesem Hintergrund einen Weg dar, importierte Konzepte in einheimische Produktionen zu verwandeln und damit deren Erfolgschancen deutlich zu verbessern« (Hallenberger 2004, S. 162).

Das trifft jedoch in den fragmentierten Märkten des beginnenden 21. Jahrhunderts lediglich auf manche Milieus und Zielgruppen zu und kann nicht generalisiert werden. Das Konzept bezieht sich u.a. auch auf linguistische Sprachräume.

Die Verbreitung von Filmen und Fernsehformaten fällt danach in Ländern, die dem gleichen Sprachraum angehören, leichter. Bei Filmen aus anderen Sprachräumen erfolgt die lokale Adaption über Synchronisation oder Untertitelung. Mit der Einführung der DVD ist es möglich, sich Filme in verschiedenen Sprachversionen anzuschauen. Für die Untertitel kann in der Regel aus einer ganzen Reihe von Sprachen ausgewählt werden. Auf diese Weise können die Filme kulturell angepasst werden.

Die Veränderungen auf dem internationalen, globalen Film- und Fernsehmarkt haben auch zu einer Neuformierung medialer Macht geführt. Die USA sind zwar nach wie vor »der führende Exporteur von kulturellen Produkten« (Thussu 2007b, S. 15) und die Unterhaltungsindustrie erzielt mit die größten Exporterlöse. Europa stellt dabei den größten Markt für die amerikanische Medienindustrie dar. Amerikanische Fernsehprogramme werden jedoch weit darüber hinaus vermarktet, sie sind in mehr als 125 Ländern zu sehen (vgl. ebd., S. 16). Hollywood-Filme werden weltweit in mehr als 150 Ländern gezeigt und dominieren dort meist den Kinomarkt. Der Marktanteil einheimischer Filme ist dagegen gering. Auf dem Fernsehmarkt sind die USA zwar weiterhin im weltweiten Vertrieb von Fernsehprogrammen dominant (mit einem Marktanteil von etwa 70 Prozent an allen Verkäufen), doch das trifft vor allem auf fiktionale Serien zu. Im Bereich der Showformate ist Großbritannien mittlerweile zum größten Exporteur geworden. Formate wie »Ich bin ein Star – Holt mich hier raus!«, »Die Super Nanny« oder »Deutschland sucht den Superstar« haben ihren Ursprung in Großbritannien. Auf diesem Markt haben auch die Niederlande einen relativ hohen Marktanteil erobert, vor allem dank der Firma ENDEMOL, deren weltweiter Erfolg mit dem Format »Big Brother« begann. In der weltweiten Vermarktung von Telenovelas sind Brasilien und Mexiko führend.

In Bezug auf den internationalen Formathandel im globalen Fernsehmarkt kann man drei Varianten der Vermarktung unterscheiden (vgl. Mikos 2002a):

1) Einerseits werden die Senderechte für komplett produzierte Serien (meist jedoch nur für einzelne Staffeln) verkauft. Diese Serien treten mit ihrem Titel als Markenlabel den Weg auf die Fernsehschirme fremder Länder an. Es werden also die Senderechte für ein fertiges Produkt verkauft, das von den jeweiligen Käufern mit Ausnahme von Untertiteln oder Synchronisation nicht mehr verändert wird. Die Verkäuflichkeit hängt u.a. von der Dominanz der Formatierung und von der »Offenheit« der Erzählung ab (vgl. Jurga 1999, S. 139 ff.). Diese Offenheit ist allerdings strukturell über verschiedene Erzählmuster formal in den Fernsehserien angelegt. Die Serie »Dallas«

ist wohl das bekannteste Beispiel für den Verkauf von Rechten an einem komplett produzierten Format. Als Beispiele jüngeren Datums mögen Dramaserien und Situation Comedys wie »Ally McBeal«, »CSI: Miami«, »Emergency Room«, »Grey's Anatomy«, »Lost«, »Sex and the City«, »Eine schrecklich nette Familie« und »King of Queens« dienen. Allerdings werden nicht nur fiktionale Serien auf diese Weise gehandelt, sondern auch Doku-Serien wie »Die Osbournes« und Shows wie die »Ali G. Show«. Das sind jedoch Ausnahmen, da sie vor allem für sehr spezifische Zielgruppen vermarktet werden.

2) Andererseits werden die Rechte für Serienkonzepte und einen formatierten Rahmen verkauft. Es werden hier also keine Rechte für ein fertiges Produkt verkauft, sondern jeder Käufer hat die Möglichkeit, die Serie innerhalb des vereinbarten Rahmens den lokalen Gegebenheiten anzupassen. So wurde die deutsche Daily Soap »Gute Zeiten, schlechte Zeiten« nach der niederländischen Adaption der australischen Originalserie produziert (vgl. Moran 1998, S. 109 ff.; O'Donnell 1999). Auch die Soap »Verbotene Liebe« wurde von einer australischen Serie adaptiert. Die wohl bekannteste deutsche Telenovela »Verliebt in Berlin« basiert auf dem kolumbianischen Original »Yo soy Betty, la fea«.

3) Die dritte Variante ist der Verkauf von Lizenzrechten an Quiz- und Gameshows sowie Reality-Shows. Die einzelnen Shows wie »Big Brother« (Original: »Big Brother« in den Niederlanden), »Germany's Next Topmodel« (Original: »America's Next Topmodel« in den USA), »Ich bin ein Star – Holt mich hier raus!« (Original: »I'm a Celebrity – Get Me Out of Here!« in Großbritannien), »The Swan – Endlich schön!« (Original: »The Swan« in den USA) oder »Wer wird Millionär?« (Original: »Who Wants To Be a Millionaire?« in Großbritannien) werden als internationale Marke aufgebaut. Sie haben überall auf der Welt ein wiedererkennbares Logo, die Inszenierung folgt von der Dramaturgie über die Figurenkonstellation und die Gestaltung den gleichen Regeln. Lediglich die Kandidaten und die Spiele bzw. Quizfragen sind lokalen Gegebenheiten angepasst. Für die Formate wird eine sogenannte Formatbibel angefertigt, die alle dramaturgischen und ästhetischen Mittel festlegt. Die Shows werden in den verschiedenen Ländern von unterschiedlichen Produktionsfirmen hergestellt. So wird »Wer wird Millionär?« in Großbritannien von CELADOR, in Deutschland von ENDEMOL und in Irland von TYRONE produziert (vgl. Taddicken 2003, S. 80 ff.). Für die weltweite Vermarktung von »Big Brother« hat die Firma

ENDEMOL entweder Tochterfirmen in den jeweiligen Ländern gegründet oder Kooperationsverträge mit lokalen Produktionsfirmen geschlossen.

Im globalen Fernsehmarkt werden Serien und Shows weltweit vermarktet. Je kleiner der Fernsehmarkt, in dem eine Serie oder Show erfunden wurde, umso mehr ist die Produktionsfirma auf eine internationale Vermarktung angewiesen. Inzwischen haben sich neben den großen Medienkonzernen, die ihre Formate selbst vermarkten, weitere Firmen etabliert, die ausschließlich mit Lizenzen für Fernsehformate handeln (vgl. Moran/Malbon 2006, S. 71 ff.).

Welches Ausmaß die internationale Vermarktung angenommen hat, verdeutlichen die Beispiele von »Big Brother«, »Wer wird Millionär?« und »Verliebt in Berlin« . Der Prototyp der Reality-Show »Big Brother« ist in 42 Ländern und Regionen adaptiert worden, von Argentinien über Finnland, Nigeria und Russland bis Venezuela. In Afrika, dem Nahen Osten, dem pazifischen Raum, dem Balkan und Skandinavien gab es sogar panregionale Versionen, in denen Kandidaten aus mehreren Ländern im »Big Brother«-Haus lebten. Die Quizshow »Wer wird Millionär?« wird in mehr als 50 Ländern in lokalen Varianten ausgestrahlt. Die Adaptionen wurden in den Fragen kulturell angepasst, die Struktur ist jedoch überall gleich. Die Fragen in den niedrigen Gewinnklassen basieren auf lokalen bzw. nationalen Sprachspielen, in den mittleren Gewinnklassen eher auf der lokalen Kultur und nur bei den höheren Gewinnen geht es um internationales Bildungsgut.

Während bei den non-fiktionalen Formaten die Adaptionen besonders leicht durch lokale Kandidaten und Moderatoren gelingen, ist es bei fiktionalen Stoffen schwieriger. Hier müssen alle Schauspieler im lokalen Kontext gecastet werden, und die Geschichten müssen der lokalen Kultur angepasst werden. Ein außergewöhnlich erfolgreiches Beispiel für eine internationale Vermarktung stellt hier die kolumbianische Telenovela »Yo soy Betty, la fea« dar. Das Format wurde in mehr als 15 fast ausschließlich spanischsprachigen Ländern von Argentinien über Guatemala bis Spanien, ausgestrahlt, in synchronisierter oder untertitelter Form in weiteren 17 Ländern von Bulgarien über China, Indonesien und Japan bis Ungarn und die Türkei. Daneben gab es zwölf lokale Adaptionen, bei denen der Titel geändert wurde und die Heldin einen lokalen Namen verpasst bekam, so hieß Betty, die in Kolumbien eigentlich Beatriz heißt, in Deutschland Lisa, in Russland Katya und in den USA eben Betty (vgl. Abb. 39 bis 42).

Interessanterweise wurde das Format zuerst in Indien unter dem Titel »Jassi Jaissi Koi Nahin« mit der Hauptfigur Jasmeet adaptiert. Es folgten Belgien mit Sara unter dem gleichnamigen Titel, Deutschland mit Lisa in »Verliebt in Berlin«, Griechenland mit Maria in »Maria, i Aschimi«, Israel mit Esti in »Esti Ha'mechoeret«, Mexiko mit Leticia in »La Fea más Bella«, die Niederlande mit Lotte unter dem gleichen Titel, Russland mit Katya in »Ne Rodis' Krasivoy«, Spanien mit Beatriz in »Yo soy Bea«, die Türkei mit Gönül in »Sensiz Olmuyor«, die USA mit Betty in »Ugly Betty« sowie eine gemeinsame bosnische, kroatische und serbische Version mit Nina in »Ne daj se, Nina«. Die kulturellen Anpassungen erfolgten nicht nur über die Namen der Heldin, sondern auch über die lokalen Settings sowie die Geschichten, die auf den jeweiligen kulturellen Kontext abgestimmt wurden.

Abb. 39 Beatriz   Abb. 40 Lisa   Abb. 41 Katya   Abb. 42 Betty

Neben der internationalen Vermarktung von Filmen und Fernsehformaten spielt im globalen Medienmarkt die multimediale Auswertung von Inhalten eine immer größere Rolle. Geschichten wie »Der Herr der Ringe« existieren nicht nur als Buch und Film, sondern auch als Comic und Computerspiel, sie werden mit zusätzlichem Material versehen auf DVDs vermarktet und in zahlreichen Internetforen diskutiert (vgl. Kapitel Ausblick). Zunehmend setzen sich Formen transmedialen Erzählens durch, die auf ein additives Verstehen zielen (vgl. Mikos u.a. 2007, S. 131 ff.). Der internationale Medienmarkt setzt auf ökonomische, technische, inhaltliche und ästhetische Konvergenz (vgl. Jenkins 2006; Keane 2007), denn das Publikum nutzt alle Verbreitungswege, um sich mit Geschichten und Shows zu vergnügen. Serien und Shows, die auf dem globalen Markt bestehen wollen, müssen spezifische dramaturgische und ästhetische Strukturen haben, denn sie müssen für lokale Adaptionen offen sein. Zudem bieten die lokalen Adaptionen für die Analyse die Möglichkeit, internationale Vergleiche durchzuführen (vgl. Mikos u.a. 2001; Perrotta 2007; Taddicken 2003). Komparative Studien bieten den Vorteil, dass die lokalen Besonderheiten und die internationalen Gemeinsamkeiten gut herausgearbeitet werden können.

Analyseleitende Fragen

- Lässt sich der kulturelle Kontext des Herstellungslandes in der erzählten Geschichte erkennen?
- Ist das zu analysierende Format eine Originalversion oder eine lokale Adaption?
- Welches sind die unveränderbaren Strukturen eines Formats?
- Für welche Zielgruppe wurde die Serie oder die Show produziert?
- Lässt sich die Zielgruppe nur lokal oder auch international bestimmen?
- Gibt es dramaturgische und/oder ästhetische Strukturen, die der lokalen Aneignung im Wege stehen?
- Lassen sich in einer Serie oder Show dramaturgische und/oder ästhetische Strukturen erkennen, die auf globalen Konventionen beruhen?
- Auf welchen medialen Verbreitungswegen wird der Film, die Serie oder die Show vermarktet?
- Wie konvergieren diese verschiedenen Plattformen miteinander?
- Welche Gemeinsamkeiten und Unterschiede gibt es in zwei oder mehreren lokalen Adaptionen von Serien oder Shows?

5.6 Zitierte Literatur

Abramson, Albert (2002): Die Geschichte des Fernsehens. München

Albersmeier, Franz-J./Roloff, Volker (Hrsg.) (1989): Literaturverfilmungen. Frankfurt a.M.

Allen, Graham (2000): Intertextuality. London/New York

Altman, Rick (1999): Film/Genre. London

Ang, Ien (1986): Das Gefühl »Dallas«. Zur Produktion des Trivialen. Bielefeld (Originalausgabe 1985)

Ang, Ien (1997): Radikaler Kontextualismus und Ethnographie in der Rezeptionsforschung. In: Hepp, Andreas/Winter, Rainer (Hrsg.): Kultur, Medien, Macht. Cultural Studies und Medienanalyse. Opladen, S. 85–102

Armbruster, Stefanie (2007): Innovation im Fernsehen. Eine Untersuchung des Neuen am Beispiel von Quizshow-Formaten. Diplomarbeit an der Hochschule für Film und Fernsehen »Konrad Wolf« in Potsdam-Babelsberg

Artz, Lee/Kamalipour, Yahya R. (Hrsg.) (2007): The Media Globe. Trends in International Mass Media. Lanham u.a.

Barker, Chris (1997): Global Television. An Introduction. Oxford/Malden, MA

Bauhaus-Archiv (Hrsg.) (1988): Der Schrei nach dem Turmhaus. Der Ideenwettbewerb Hochhaus am Bahnhof Friedrichstraße Berlin 1921/22. Berlin

Bennett, Tony/Woollacott, Janet (1987): Bond and Beyond. The Political Career of a Popular Hero. London

Berger, Arthur Asa (1992): Popular Culture Genres. Theories and Texts. Newbury Park u.a.

Berger, Peter L./Luckmann, Thomas (1980): Die gesellschaftliche Konstruktion der Wirklichkeit. Eine Theorie der Wissenssoziologie. Frankfurt a.M. (Originalausgabe 1966)

Berry, Sarah (1999): Genre. In: Miller, Toby/Stam, Robert (Hrsg.): The Blackwell Companion to Film Theory. Malden, MA, S. 25–44

Blanchet, Robert (2003): Blockbuster. Ästhetik, Ökonomie und Geschichte des postklassischen Hollywoodkinos. Marburg

Boyd, Todd (1997): Am I Black Enough For You. Popular Culture From the 'Hood and Beyond. Bloomington, IN

Boyum, Joy Gould (1985): Double Exposure. Fiction into Film. New York/Ontario

Brauer, Sabrina (2007): Gerichtsshow als Hybridgenre. Dramaturgie, Inszenierung und Rezeptionsmuster. In: Döveling, Katrin/Mikos, Lothar/Nieland, Jörg-Uwe (Hrsg.): Im Namen des Fernsehvolkes. Neue Formate für Orientierung und Bewertung. Konstanz, S. 33–82

Bruhn Jensen, Klaus (1995): The Social Semiotics of Mass Communication. London u.a.

Cahir, Linda Costanzo (2006): Literature into Film. Theory and Practical Approaches. Jefferson, NC/London

Cartmell, Deborah/Whelehan, Imelda (Hrsg.) (1999): Adaptations. From Text to Screen, Screen to Text. London/New York

Casetti, Francesco (2001): Filmgenres, Verständigungsvorgänge und kommunikativer Vertrag. In: Montage/AV, 10/2, S. 155–173

Casey, Bernadette/Casey, Neil/Calvert, Ben/French, Liam/Lewis, Justin (2002): Television Studies. The Key Concepts. London/New York

Charlton, Michael/Neumann-Braun, Klaus (1992): Medienkindheit – Medienjugend. Eine Einführung in die aktuelle kommunikationswissenschaftliche Forschung. München

Curry, Ramona (1993): Madonna von Marilyn zu Marlene. Pastiche oder Parodie? In: Neumann, Barbara (Hrsg.): Vom Doppelleben der Bilder. Bildmedien und ihre Texte. München, S. 219–247

Diaz-Bone, Rainer (2002): Diskursanalyse und Populärkultur. In: Göttlich, Udo/Gebhardt, Winfried/Albrecht, Clemens (Hrsg.): Populäre Kultur als repräsentative Kultur. Die Herausforderung der Cultural Studies. Köln, S. 125–150

Diaz-Bone, Rainer (2005): Diskursanalyse. In: Mikos, Lothar/Wegener, Claudia (Hrsg.): Qualitative Medienforschung. Ein Handbuch. Konstanz, S. 538–552

Dijk, Teun A. van (1997): Discourse as Interaction in Society. In: Ders. (Hrsg.): Discourse as Social Interaction. Discourse Studies 2. A Multidisciplinary Introduction. London u.a., S. 1–37

Duffy, Michael S. (2008): »Blow Up the Damn Ship!« Production Redesign and Special Effects Reuse in the »Star Trek« Films. In: Geraghty, Lincoln (Hrsg.): The Influence of »Star Trek« on Television, Film and Culture. Jefferson, NC/London, S. 137–152

Eco, Umberto (1987): Lector in fabula. Die Mitarbeit der Interpretation in erzählenden Texten. München/Wien (Originalausgabe 1979)

Elsaesser, Thomas (2001): Metropolis. Ein Filmklassiker von Fritz Lang. Hamburg/Wien (Originalausgabe 2000)

Fiske, John (1987): Television Culture. London/New York

Fiske, John (1993): Power Plays Power Works. London/New York

Fiske, John (1994): Media Matters. Everyday Culture and Political Change. Minneapolis/London

Foucault, Michel (1988): Archäologie des Wissens. Frankfurt a.M. (Erstausgabe 1973; Originalausgabe 1969)

Fritzsche, Bettina (2003): Pop-Fans. Studie einer Mädchenkultur. Opladen

Garncarz, Joseph (1992): Filmfassungen. Eine Theorie signifikanter Filmvariation. Frankfurt a.M. u.a.

Gerbode, Dirk (2004): Komik und Gewaltdarstellung. Distanzierende und dissonante Bedeutungs- und Gefühlsangebote in Filmtexten. Diplomarbeit an der Hochschule für Film und Fernsehen »Konrad Wolf« in Potsdam-Babelsberg

Götz, Maya (1999): Mädchen und Fernsehen. Facetten der Medienaneignung in der weiblichen Adoleszenz. München

Götz, Maya (2002): Typische Aneignungsmuster der Soaps. In: Dies. (Hrsg.): Alles Seifenblasen? Die Bedeutung von Daily Soaps im Alltag von Kindern und Jugendlichen. München, S. 251–301

Götz, Maya/Hannawald, Sebastian (2007): New York – Johannesburg – Bangalore – München. Facetten der Bedeutung von Medienfiguren für Jugendliche. Eine internationale Studie. In: Neuß, Norbert/Große-Loheide, Mike (Hrsg.): Körper. Kult. Medien. Inszenierungen im Alltag und in der Medienbildung. Bielefeld, S. 50–61

Gomery, Douglas (2005): The Hollywood Studio System. A History. London

Gray, Jonathan (2006): Watching with »The Simpsons«. Television, Parody, and Intertextuality. New York/London

Greverus, Ina-Maria (1978): Kultur und Alltagswelt. Eine Einführung in Fragen der Kulturanthropologie. München

Grigat, Nicoläa (1995): Madonnabilder. Dekonstruktive Ästhetik in den Videobildern Madonnas. Bern u.a.

Grossberg, Lawrence (1999): Was sind Cultural Studies? In: Hörning, Karl H./Winter, Rainer (Hrsg.): Widerspenstige Kulturen. Cultural Studies als Herausforderung. Frankfurt a.M., S. 43–83

Habermas, Jürgen (1988): Theorie des kommunikativen Handelns. Band 2: Zur Kritik der funktionalistischen Vernunft. Frankfurt a.M. (Erstausgabe 1981)

Hachmeister, Lutz/Rager, Günther (2005): Wer beherrscht die Medien? Die 50 größten Medienkonzerne der Welt. Jahrbuch 2005. München

Hall, Stuart (1994): Das Lokale und das Globale: Globalisierung und Ethnizität. In: Ders.: Rassismus und kulturelle Identität. Hamburg/Berlin, S. 44–65

Hall, Stuart (1999): Kodieren/Dekodieren. In: Bromley, Roger/Göttlich, Udo/Winter, Carsten (Hrsg.): Cultural Studies. Grundlagentexte zur Einführung. Lüneburg, S. 92–110 (Originalausgabe 1973)

Hallenberger, Gerd (2004): Fernsehformate und internationaler Formathandel. In: Hans-Bredow-Institut (Hrsg.): Internationales Handbuch Medien 2004/2005. Baden-Baden, S. 159–167

Havens, Timothy (2006): Global Television Marketplace. London

Hayward, Susan (1996): Key Concepts in Cinema Studies. London/New York

Hepp, Andreas (1999): Cultural Studies und Medienanalyse. Eine Einführung. Opladen/Wiesbaden

Hepp, Andreas (2004): Netzwerke der Medien. Medienkulturen und Globalisierung. Wiesbaden

Hepp, Andreas (2006): Transkulturelle Kommunikation. Konstanz

Hepp, Andreas/Krotz, Friedrich/Winter, Carsten (Hrsg.) (2005): Globalisierung der Medienkommunikation. Eine Einführung. Wiesbaden

Hess-Lüttich, Ernest W.B./Posner, Roland (Hrsg.) (1990): Code-Wechsel: Texte im Medienvergleich. Opladen

Hickethier, Knut (1999): Genre oder Format? Veränderungen in den Fernsehprogramm-formen der Unterhaltung und Fiktion. In: Gottberg, Joachim von/Mikos, Lothar/Wiedemann, Dieter (Hrsg.): Mattscheibe oder Bildschirm. Ästhetik des Fernsehens. Berlin, S. 204–215

Hickethier, Knut (2002): Genretheorie und Genreanalyse. In: Felix, Jürgen (Hrsg.): Moderne Film Theorie. Mainz, S. 62–96

Hodge, Robert/Kress, Gunther (1988): Social Semiotics. Ithaka/New York

Holthuis, Susanne (1993): Intertextualität. Aspekte einer rezeptionsorientierten Konzeption. Tübingen

Horton, Andrew/McDougal, Stuart Y. (Hrsg.) (1998): Play It Again, Sam. Retakes on Remakes. Berkeley u.a.

Hutcheon, Linda (2000): A Theory of Parody. The Teachings of Twentieth-Century Art Forms. Urbana/Chicago (Erstausgabe 1985)

Hutcheon, Linda (2006): A Theory of Adaptation. New York/London

Jenkins, Henry (2006): Convergence Culture. Where Old and New Media Collide. New York/London

Jullier, Laurent (2007): »Star Wars«. Anatomie einer Saga. Konstanz (Originalausgabe 2005)

Jurga, Martin (1999): Fernsehtextualität und Rezeption. Opladen

Keane, Stephen (2007): CineTech. Film, Convergence and New Media. Basingstoke/New York

Kilborn, Richard (2003): Staging the Real. Factual TV Programming in the Age of »Big Brother«. Manchester/New York

Kilborn, Richard (2006): »Mixing and Matching«: The Hybridising Impulse in Today's Factual Television Programming. In: Dowd, Garin/Stevenson, Lesley/Strong, Jeremy (Hrsg.): Genre Matters. Essays in Theory and Criticism. Bristol/Portland, OR, S. 109–121

Koch-Gombert, Dominik (2005): Fernsehformate und Formatfernsehen. TV-Angebotsentwicklung in Deutschland zwischen Programmgeschichte und Marketingstrategie. München

Konrad, Christoph (1994): Widerliche Filme – liederliche Menschen. Eine rezipientenorientierte Analyse von Splatter-Movies. Berlin: Diplomarbeit an der Hochschule der Künste

Kracauer, Siegfried (1979): Von Caligari zu Hitler. Eine psychologische Geschichte des deutschen Films. Frankfurt a.M. (Originalausgabe 1947)

Krotz, Friedrich (2001): Die Mediatisierung kommunikativen Handelns. Der Wandel von Alltag und sozialen Beziehungen, Kultur und Gesellschaft durch die Medien. Wiesbaden

Krotz, Friedrich (2007): Mediatisierung: Fallstudien zum Wandel von Kommunikation. Wiesbaden

Kühle, Sandra (2006): Remakes. Amerikanische Versionen europäischer Filme. Remscheid

Kunz, William N. (2007): Culture Conglomerates. Consolidation in the Motion Picture and Television Industries. Lanham u.a.

Lacey, Nick (2000): Narrative and Genre. Key Concepts in Media Studies. New York

Lachmann, Renate (1984): Ebenen des Intertextualitätsbegriffs. In: Stierle, Karlheinz/Warning, Rainer (Hrsg.): Das Gespräch. München, S. 133–138

Langford, Barry (2005): Film Genre. Hollywood and Beyond. Edinburgh

Liebes, Tamar/Katz, Elihu (1993): The Export of Meaning. Cross-cultural Readings of »Dallas«. Oxford/Cambridge, MA (Erstausgabe 1990)

Luckmann, Thomas (2007): Lebenswelt, Identität und Gesellschaft. Schriften zur Wissens- und Protosoziologie. Konstanz

McPhail, Thomas L. (2006): Global Communication. Theories, Stakeholders, and Trends. Malden, MA u.a. (2. Auflage; Erstausgabe 2002)

Meckel, Miriam (1997): Die neue Übersichtlichkeit. Zur Entwicklung des Format-Fernsehens in Deutschland. In: Rundfunk und Fernsehen, 45/4, S. 475–485

Mehling, Gabriele (2007): Fernsehen mit Leib und Seele. Eine phänomenologische Interpretation des Fernsehens als Handeln. Konstanz

Meinhof, Ulrike H./Smith Jonathan (2000): The Media and their Audience. Intertextuality as Paradigm. In: Dies. (Hrsg.): Intertextuality and the Media. From Genre to Everyday Life. Manchester/New York, S. 1–17

Mikos, Lothar (1994): Es wird dein Leben! Familienserien im Fernsehen und im Alltag der Zuschauer. Münster

Mikos, Lothar (1997): Stars vs. Plot and Story: Narrative Systems in Competition. In: IRIS, 24, S. 137–153

Mikos, Lothar (1999a): Zwischen den Bildern – Intertextualität in der Medienkultur. In: Ammann, Daniel/Moser, Heinz/Vaissière, Roger (Hrsg.): Medien lesen. Der Textbegriff in der Medienwissenschaft. Zürich, S. 61–85

Mikos, Lothar (1999b): »From Dusk Till Dawn« – ein Film als Geschmacks- und Generationenproblem. Anmerkungen zur Prüfpraxis bei einem indizierten Film. In: tv diskurs, 8, S. 45–52

Mikos, Lothar (2000): Vergnügen und Widerstand. Aneignungsformen von HipHop und Gangsta Rap. In: Göttlich, Udo/Winter, Rainer (Hrsg.): Politik des Vergnügens. Zur Diskussion der Populärkultur in den Cultural Studies. Köln, S. 103–123

Mikos, Lothar (2001a): Fern-Sehen. Bausteine zu einer Rezeptionsästhetik des Fernsehens. Berlin

Mikos, Lothar (2001b): Ästhetik der Gewaltdarstellung in Film und Fernsehen. Genrespezifik und Faszination für Zuschauer. In: tv diskurs, 16, S. 16–21

Mikos, Lothar (2002a): Lokale Orientierung des globalen Fernsehmarktes am Beispiel »Big Brother«. In: Hepp, Andreas/Löffelholz, Martin (Hrsg.): Grundlagentexte zur transkulturellen Kommunikation. Konstanz, S. 436–455

Mikos, Lothar (2002b): Monster und Zombies im Blutrausch. Ästhetik der Gewaltdarstellung im Horrorfilm. In: tv diskurs, 19, S. 12–17

Mikos, Lothar (2005): Alltag und Mediatisierung. In: Ders./Wegener, Claudia (Hrsg.): Qualitative Medienforschung. Ein Handbuch. Konstanz, S. 80–94

Mikos, Lothar/Eichner, Susanne/Prommer, Elizabeth/Wedel, Michael (2007): Die »Herr der Ringe«-Trilogie. Attraktion und Faszination eines populärkulturellen Phänomens. Konstanz

Mikos, Lothar/Haible, Evelin/Töpper, Claudia/Verspohl, Lars (2001): »Big Brother« als globales Fernsehformat. Ein Vergleich länderspezifischer Inszenierungen. In: Medien Praktisch Texte, Heft 4, S. 57–64

Miller, Daniel (1995): The Consumption of Soap Opera. »The Young and the Restless« and Mass Consumption in Trinidad. In: Allen, Robert C. (Hrsg.): To be continued ... Soap Operas around the World. London/New York, S. 213–233

Miller, Toby u.a. (2001): Global Hollywood. London

Mittell, Jason (2004): Genre and Television. From Cop Shows to Cartoons in American Culture. New York/London

Moran, Albert (1998): Copycat TV. Globalisation, Program Formats and Cultural Identity. Luton

Moran, Albert/Malbon, Justin (2006): Understanding the Global TV Format. Bristol/Portland, OR

Müller, Sabine (1995): Intertextualität im Kultfilm am Beispiel »Diva«. Berlin: M.A.-Arbeit an der Freien Universität Berlin

Neale, Stephen (1981): Genre and Cinema. In: Bennett, Tony/Boyd-Bowman, Susan/Mercer, Colin/Woollacott, Janet (Hrsg.): Popular Television and Film. London, S. 6–25

Neale, Steve (2000): Genre and Hollywood. London/New York

Niekisch, Sibylle (2002): Kolonisation und Konsum. Kulturkonzepte in Ethnologie und Cultural Studies. Bielefeld

O'Donnell, Hugh (1999): Good Times, Bad Times. Soap Operas and Society in Western Europe. London/New York

Paech, Joachim/Schröter, Jens (Hrsg.) (2008): Intermedialität Analog/Digital. Theorien – Methoden – Analysen. München

Perrotta, Marta (2007): Il Format Televisivo. Caratteristiche, Circolazione Internazionale, Usi e Abusi. Urbino

Robertson, Roland (1992): Globalization. Social Theory and Global Culture. London u.a.

Rößler, Elke (1999): Intertextualität und Rezeption. Linguistische Untersuchungen zur Rolle von Text-Text-Kontakten im Textverstehen aktueller Zeitungstexte. Frankfurt a.M. u.a.

Rogge, Jan-Uwe (1988): Gefühl, Verunsicherung und sinnliche Erfahrung. Zur Aneignung von populären Medien im Prozeß der Zivilisation. In: Publizistik, 33/2–3, S. 243–263

Schatz, Thomas (1981): Hollywood Genres. Formulas, Filmmaking, and the Studio System. New York u.a.

Schatz, Thomas (1988): The Genius of the System. Hollywood Filmmaking in the Studio Era. New York

Schmiedke-Rindt, Carina (1998): »Express Yourself – Madonna Be With You«. Madonna-Fans und ihre Lebenswelt. Augsburg

Schütz, Alfred (1991): Der sinnhafte Aufbau der sozialen Welt. Eine Einleitung in die verstehende Soziologie. Frankfurt a.M. (Erstausgabe 1932)

Schütz, Alfred/Luckmann, Thomas (1979): Strukturen der Lebenswelt. Band 1. Frankfurt a.M.

Schweinitz, Jörg (1994): »Genre« und lebendiges Genrebewusstsein. Geschichte eines Begriffs und Probleme seiner Konzeptualisierung in der Filmwissenschaft. In: Montage/AV, 3/2, S. 99–118

Schweinitz, Jörg (2002): Von Filmgenres, Hybridformen und goldenen Nägeln. In: Sellmer, Jan/Wulff, Hans J. (Hrsg.): Film und Psychologie – nach der kognitiven Phase? Marburg, S. 79–92

Schweinitz, Jörg (2006): Film und Stereotyp. Eine Herausforderung für das Kino und die Filmtheorie. Zur Geschichte eines Mediendiskurses. Berlin

Simon, Ron (2005): The Changing Definition of Reality Television. In: Edgerton, Gray R./Rose, Brian G. (Hrsg.): Thinking Outside the Box. A Contemporary Television Genre Reader. Lexington, KY, S. 179–200

Smith, Murray (2002): Trainspotting. London

Steemers, Jeanette (2004): Selling Television. British Television in the Global Marketplace. London

Steltz, Christian (2006): Wer mit wem abrechnet: Intertextualität in »Kill Bill«. In: Geisenhanslüke, Achim/Ders. (Hrsg.): Unfinished Business. Quentin Tarantinos »Kill Bill« und die offenen Rechnungen der Kulturwissenschaften. Bielefeld, S. 53–78

Still, Judith/Worton, Michael (1990): Introduction. In: Dies. (Hrsg.): Intertextuality: Theories and Practices. Manchester, S. 1–44

Straubhaar, Joseph D. (1991): Beyond Media Imperialism: Asymmetrical Interdependence and Cultural Proximity. In: Critical Studies in Mass Communication, 8, S. 39–59

Straubhaar, Joseph D. (2007): World Television. From Global to Local. Los Angeles u.a.

Taddicken, Monika (2003): Fernsehformate im interkulturellen Vergleich. »Wer wird Millionär?« in Deutschland und »Who Wants To Be a Millionaire?« in England/Irland. Berlin

Thussu, Daya Kishan (Hrsg.) (1998): Electronic Empires. Global Media and Local Resistance. London u.a.

Thussu, Daya Kishan (Hrsg.) (2007a): Media on the Move. Global Flow and Contra-Flow. London/New York

Thussu, Daya Kishan (2007b): Mapping Global Media Flow and Contra-Flow. In: Ders. (Hrsg.): Media on the Move. Global Flow and Contra-Flow. London/New York, S. 11–32

Tolson, Andrew (1996): Mediations. Text and Discourse in Media Studies. London u.a.

Viehoff, Reinhold (2002): Gattung/Genre. In: Schanze, Helmut (Hrsg.): Metzler Lexikon Medientheorie/Medienwissenschaft. Stuttgart/Weimar, S. 125–127

Vogt, Larissa (1997): Camp als populärkulturelles Phänomen am Beispiel der Filme von John Waters. Berlin: M.A.-Arbeit an der Freien Universität Berlin

Wasko, Janet (1994): Hollywood in the Information Age. Cambridge

Wasko, Janet (2003): How Hollywood Works. London u.a.

Wegener, Claudia (2008): Medien, Aneignung und Identität. »Stars« im Alltag jugendlicher Fans. Wiesbaden

Weihsmann, Helmut (1988): Gebaute Illusionen. Architektur im Film. Wien

Weiß, Ralph (2000): »Praktischer Sinn«, soziale Identität und Fern-Sehen. Ein Konzept für die Analyse der Einbettung kulturellen Handelns in die Alltagswelt. In: Medien & Kommunikationswissenschaft, 48/1, S. 42–62

Wierth-Heining, Mathias (2004): Filmrezeption und Mädchencliquen. Medienhandeln als sinnstiftender Prozess. München

Winter, Rainer (1997): Cultural Studies als kritische Medienanalyse. Vom »encoding/decoding«-Modell zur Diskursanalyse. In: Hepp, Andreas/Ders. (Hrsg.): Kultur – Medien – Macht. Cultural Studies und Medienanalyse. Opladen, S. 47–63

Winter, Rainer (1998): Dekonstruktion von »Trainspotting«. Filmanalyse als Kulturanalyse. In: Medien Praktisch, Sonderheft Texte 1, S. 38–49

Winter, Rainer (2001): Die Kunst des Eigensinns. Cultural Studies als Kritik der Macht. Weilerswist

Wulff, Hans J. (1985): Die Erzählung der Gewalt. Untersuchungen zu den Konventionen der Darstellung gewalttätiger Interaktion. Münster

Wulff, Hans J. (1999): Darstellen und Mitteilen. Elemente einer Pragmasemiotik des Films. Tübingen

Wulff, Hans J. (2002): Das empathische Feld. In: Sellmer, Jan/Ders. (Hrsg.): Film und Psychologie – nach der kognitiven Phase? Marburg, S. 109–121

Wuss, Peter (1999): Filmanalyse und Psychologie. Strukturen des Films im Wahrnehmungsprozeß. Berlin (2., durchgesehene und erweitere Auflage; Erstausgabe 1993)

Teil III: Beispielanalysen

1. Handlungsleitende Themen und Effekte

Filme wie »Terminator 2 – Judgement Day«, »Jurassic Park«, »I, Robot« oder »Der Herr der Ringe« sind bei Kindern und Jugendlichen sehr beliebt. Das liegt vor allem daran, dass sie einerseits handlungsleitende Themen ihrer Zielgruppe aufgreifen und andererseits mit Spezialeffekten die Schaulust erhöhen, indem sie mehr bieten als das alltägliche Fernsehen. Kinder und Jugendliche gehen ins Kino, weil ihnen dort visuelle und akustische Attraktionen geboten werden und die erzählten Geschichten etwas mit ihrem eigenen Leben zu tun haben.

Im Folgenden liegt der Schwerpunkt der Darstellung bei »Terminator 2 – Judgement Day« auf den handlungsleitenden Themen, die für Jugendliche eine Nähe zu ihrer eigenen alltäglichen Praxis im lebensweltlichen Kontext herstellen (vgl. Kapitel II.5.4). Die Fragestellung lautet: Welche handlungsleitenden Themen von Kindern und Jugendlichen greift der Film auf? Am Beispiel von »Jurassic Park« wird die besondere Attraktionskraft der Spezialeffekte (vgl. Kapitel II.4.7) herausgestellt. Hier wird dieser Frage nachgegangen: Worin liegt die besondere Attraktion der Spezialeffekte vor dem Hintergrund historischer Saurierdarstellungen? Beide Filme wurden aus einem Korpus populärer Action- und Science-Fiction-Filme der neunziger Jahre des 20. Jahrhunderts ausgewählt und dienen als Beispiele. Im Kino zu Beginn des 21. Jahrhunderts stellen vor allem computergenerierte Figuren eine besondere Attraktion dar. Sie sind zwar den Spezialeffekten (vgl. Kapitel II.4.7) zuzurechnen, haben jedoch jenseits der allein auf Schauwert zielenden Effekte auch eine narrative Funktion, sie sind in die Erzählung eingebunden und nehmen zum Teil im Figurenensemble der Filme eine bedeutende Position ein. Der Roboter Sonny in »I, Robot« und Gollum in »Der Herr der Ringe« sind solche computergenerierten Figuren. In der Analyse wird der Frage nachgegangen, wie diese Figuren in die Narration integriert werden, ohne als Effekt aus der Handlung herauszufallen. Für die Analysen stand als Hilfsmittel ein DVD-Player zur Verfügung

1.1 Handlungsleitende Themen in »Terminator 2 – Judgement Day«

War schon der erste »Terminator«-Film auf starken Zuspruch vor allem beim jugendlichen Publikum gestoßen, sollte der zweite Teil diesen Erfolg noch bei weitem übertreffen. »Terminator 2 – Judgement Day« genießt einen ähnlichen Kultstatus wie die ersten beiden Filme der »Alien«-Trilogie, »Alien –Das unheimliche Wesen aus einer fremden Welt« und »Aliens – Die Rückkehr« und der Klassiker »Blade Runner«. Der zweite »Terminator«-Film steht sowohl inhaltlich als auch formal in der Tradition der genannten Filme und schließt inhaltlich an den ersten »Terminator«-Film an (vgl. Telotte 2001, S. 108 ff.). Zwar hat er nicht das Genre des Science-Fiction-Films revolutioniert – dafür orientiert er sich zu sehr an klassischen Motiven –, zum Zeitpunkt seiner Entstehung hob »Terminator 2« jedoch die Spezialeffekte durch den exzessiven Einsatz des computeranimierten Morphing-Verfahrens auf ein qualitativ neues Niveau (vgl. Bordwell/Thompson 1993, S. 181). Erst zwei Jahre später wurde dieser Attraktionswert der Effekte von »Jurassic Park« übertroffen. Beide Filme können daher auch dem Attraktionskino zugerechnet werden, das nicht so sehr auf Narration, sondern auf Schaulust setzt. Die audiovisuellen Attraktionen machen einen wesentlichen Teil des Rezeptionsvergnügens aus.

Dennoch gibt es in »Terminator 2 – Judgement Day« und »Jurassic Park« auch eine Erzählung, in der Spannung und Suspense erzeugt werden und handlungsleitende Themen von Kindern und Jugendlichen eine Rolle spielen. Die Hauptfigur, um die sich in »Terminator 2« alles dreht, ist weder die Erzählerin Sarah Connor noch der von Arnold Schwarzenegger verkörperte T-800-Terminator, sondern der zehnjährige John Connor, dessen Aufgabe es in der Zukunft sein wird, die Menschheit zu retten (vgl. Mikos 1995, S. 50). Aus dieser Zukunft wurde der T-1000-Terminator geschickt, um John zu vernichten. Das ältere Terminatormodell, der T-800, soll John beschützen. Damit sind die wesentlichen Figuren benannt, die für die Dramaturgie der Spannung in »Terminator 2 – Judgement Day« verantwortlich sind: Hightech-Terminator verfolgt Jungen, der von älterem Terminator beschützt wird, welcher zusammen mit der Mutter des Jungen bestrebt ist, den Verfolger unschädlich zu machen. John Connor lebt bei einer Pflegefamilie, weil seine leibliche Mutter in einer psychiatrischen Anstalt festgehalten wird. Zusammen mit »seinem« Terminator gelingt es ihm, seine Mutter zu befreien. Gemeinsam nehmen sie den Kampf gegen den T-1000 auf.

Der gesamte Film ist durchzogen von handlungsleitenden Themen, die für Kinder und Jugendliche in ihrer kognitiven, emotionalen und sozial-ethischen Entwicklung bedeutsam sind. Die Tatsache, dass John von seinen Pflegeeltern zur Rede gestellt wird, damit er sein Zimmer aufräumt, ist noch ein eher narrativ motivierter Verweis auf die lebensweltlichen Zusammenhänge, in denen Kinder und Jugendliche leben. Hier wird eine allgemeine Erfahrung zum Thema gemacht, die viele Kinder und Jugendliche kennen. Im Film dient die Szene der Charakterisierung von John, der unzufrieden ist und sich gegen die Lebensverhältnisse im pflegeelterlichen Haushalt auflehnt. Dadurch wird die Attraktion, die das Leben (und der moralisch motivierte Kampf) mit seiner leiblichen Mutter und dem Terminator bietet, hervorgehoben. Dort hat er die Möglichkeit, Kompetenz und Stärke zu zeigen, und zwar gewissermaßen unter der Obhut des T-800-Terminators. Zugleich wechselt John die Rolle vom lernenden zum lehrenden Kind, das versucht, der Maschine »Terminator« menschliche Regungen beizubringen. Aus psychoanalytischer Sicht lässt sich daher feststellen: Indem

> »der Film von einem Jungen erzählt, der dadurch imponiert, daß er mit dem Terminator über einen Superhelden verfügt, der ihn vor allen Gefahren schützt und ihm hilft, andere Menschen zu retten, greift er auch die ödipalen Triebimpulse heranwachsender Kinder und Jugendlicher auf« (König 1994, S. 52).

Allerdings steht dem jungen John ein Terminator zur Seite, der viel von ihm lernen kann, z.B. welche Bedeutung Tränen und Lachen haben. Für den Jungen ist vor allem interessant, dass sein maschineller Beschützer auf seine Befehle hört. Das muss ihm aber erst vom Terminator gesagt werden. John probiert es anschließend aus, indem er den T-800 bittet, auf einem Bein zu stehen. Kurze Zeit später, als es beinahe zu einer gewalttätigen Auseinandersetzung mit zwei Männern kommt und der Terminator aufgrund seiner Programmierung diese automatisch erschießen will, hält John ihn davon ab und belehrt ihn, dass man Menschen nicht einfach so erschießen dürfe.

In einer späteren Szene, als die bewaffnete Sarah in das Haus des Computerspezialisten Dyson eindringt und dessen Familie bedroht, kommen John und der T-800 hinzu, und John hält seine Mutter davon ab, Dyson zu töten. Sarah ahnte das bereits bei Johns Erscheinen und empfängt ihn mit den Worten: »Du kommst, um mich zu stoppen?« Anschließend bricht sie weinend in den Armen ihres Sohnes zusammen. Auch wenn es übertrieben erscheint, John aufgrund derartiger Handlungen in einer Vaterrolle zu sehen (vgl. Pfeil 1993, S. 246), so tritt er doch als humaner Erzieher auf, der den Terminator ebenso wie seine Mutter zu ethisch-moralischen Handlungsweisen anhält. Damit offenbart er auch einen Sinn für Gerechtigkeit, der gerade bei Jugendlichen sehr ausgeprägt ist. Außerdem erfolgt eine Umkehrung von Statuspositionen und der Hierarchie sozialer Rollen, indem der eigentlich Lernende zum Lehrer wird, während die eigentlich Lehrenden zu Lernenden werden. Damit stellt John im Funktionszusammenhang der Filmerzählung Identifikationsfigur und Projektionsfläche für das jugendliche Publikum des Films dar. Im Verhältnis zum Terminator werden die Unterschiede zwischen Mensch und Maschine vertieft, indem der Film die »moralischen und ethischen Prinzipien einer humanen Erziehung gegen die bedrohliche Autonomie einer mutierbaren Technologie« stellt (vgl. Pyle 1993, S. 239). Denn der Cyborg ist nur durch den Kontakt mit Menschen lernfähig – und was er lernt, ist die Entwicklung menschlicher Subjektivität. Die Humanisierung des T-800 wird so weit getrieben, dass er sich am Ende des Films für die Menschheit opfert, eine Handlung, die von einer Maschine nicht erwartet werden kann – es sei denn, es ist in ihrem Programm vorgesehen.

In der Rolle des Lehrers und Erziehers kann der zehnjährige John Connor Kompetenz und Wissen zeigen, wozu auch eine ethische Haltung gehört, die sich an den moralischen Imperativen einer humanen Gesellschaft orientiert. Mit dem Terminator wird er von einer zunehmend humanisierten Maschine unterstützt, die alle Eigenschaften eines Actionhelden verkörpert und zugleich in ihrer Beschützerfunktion eine Vaterrolle annimmt (vgl. Hoberman 2000, S. 33). Actionhelden werden von Kindern und Jugendlichen bewundert, weil sie souverän und kompetent, stark und furchtlos sind. Sie verkörpern alle Eigenschaften, die ihnen selbst fehlen oder nur rudimentär entwickelt sind. In Actionfilmen wie »Terminator 2 – Judgement Day« können Kinder und Jugendliche die »vielen diffusen Gefühle von Minderwertigkeit, Verlassensein, Allmachtsphantasien, Selbstdiskrepanzgefühlen usw.« wiederfinden, denn die Filme geben diesen Gefühlen und Fantasien »einen narrativen Rahmen« (Wierth-Heining 2000, S. 59). In diesem Sinn greifen Filme wie »Terminator 2« lebens- und entwicklungsgeschichtlich bedeutsame Themen von Kindern und Jugendlichen auf und können in der Rezeption leicht in deren lebensweltliche Kontexte integriert werden. Das wird oft durch intertextuelle Bezüge unterstützt, die auf alltägliche populärkulturelle Praktiken verweisen, so auch in »Terminator 2« (vgl. Mikos 1995, S. 51 f.). Die Filme stehen dadurch in enger Verbindung zur Lebenspraxis von Kindern und Jugendlichen. Zudem faszinieren sie durch ihre audiovisuelle Attraktion.

314

1.2 Spezialeffekte in »Jurassic Park«

Auch in »Jurassic Park« spielen handlungsleitende Themen von Kindern und Jugendlichen eine Rolle. Als Identifikationsangebote für die jungen Zuschauer fungieren hier die dreizehnjährige Alexis und der neunjährige Tim. Das Mädchen tritt als Beschützerin des Jungen auf, indem es in einigen Situationen Kompetenz und Stärke zeigt, während der Junge vor allem seine Angst überwinden muss. Die handlungsleitenden Themen, die denen in »Terminator 2 – Judgement Day« ähnlich sind, ziehen sich ebenfalls durch den gesamten Film. Gefühle von Ohnmacht und Ausgeliefertsein werden ebenso inszeniert wie Fantasien von der souveränen Beherrschung bedrohlicher Situationen und der Überlegenheit gegenüber Erwachsenen. In dem Film wird wie auch schon in »Terminator 2« eine der zentralen Kindheitsfantasien aufgegriffen und bearbeitet: die Rettung der eigenen Eltern vor monströsen Angreifern (vgl. Wollen 1993). Darüber werden die Kinder und Jugendlichen narrativ und dramaturgisch eingebunden. In »Jurassic Park« stehen jedoch die Dinosaurier im Mittelpunkt und lassen die Handlung mit den für Kinder und Jugendliche wichtigen Themen in den Hintergrund treten.

Mit Hilfe zahlreicher alter und neuer Techniken werden in »Jurassic Park« die Dinosaurier in Szene gesetzt. Dabei spielen vor allem digitale Effekte und Bilder eine Rolle (vgl. Elsaesser/Buckland 2002, S. 195 ff.; King 2000, S. 41 ff.; Prince 2002, S. 119 ff.). Im Gegensatz zu Filmen wie »Die Maske« oder »Matrix« werden die Effekte nicht ausgestellt, sondern zielen darauf ab, die prähistorischen Wesen der Dinosaurier möglichst realistisch erscheinen zu lassen. Das wird besonders deutlich in den Szenen, in denen die computergenerierten Dinosaurier zusammen mit den Akteuren der Handlung in einer Szene agieren bzw. in einem Bild zu sehen sind. Dieser realistische Eindruck, dem die Spezialeffekte in »Jurassic Park« dienen, steht dem Eindruck der audiovisuellen Schaulust gegenüber, der mit Spezialeffekten erzeugt werden kann. Ermöglicht wird das erst durch die Perfektionierung der Effekte im Rahmen der Digitalisierung. Führend auf diesem Gebiet ist die von George Lucas gegründete Firma INDUSTRIAL LIGHT & MAGIC (ILM), die zum Sammelbecken kreativer Tricktechniker wurde. Sie zeichnet inzwischen für die Mehrzahl der Spezialeffekte in populären Hollywood-Filmen verantwortlich, wie den »Star Wars«-Filmen, »Indiana Jones und der Tempel des Todes«, »Der Tod steht ihr gut«, »Terminator 2 – Judgement Day«, »Forrest Gump«, »Space Cowboys«, »Pearl Harbor« oder eben »Jurassic Park«.

Computer wurden zunächst lediglich zur Steuerung von Kameras eingesetzt – wie die Motion-Control-Kamera in »Krieg der Sterne«, mit der die Flugbewegungen der statischen Raumschiffmodelle simuliert werden konnten. Stuart Ziff, Techniker bei ILM, entwickelte das Go-Motion-Verfahren, bei dem das Stop-Motion-Modell von einem Computer gesteuert in leichte Bewegung versetzt wird. Die Computertechnik wurde auch zur Verfeinerung bereits vorhandener optischer Tricks eingesetzt. Computer waren im Wesentlichen ein Mittel, um die ästhetischen Qualitäten des Films zu verfeinern. Inzwischen entsteht jedoch eine eigene ästhetische Qualität durch Computeranimation. So wurde zunächst in Filmen wie »Abyss« oder »Terminator 2 – Judgement Day« das Morphing-Verfahren eingesetzt, bei dem Personen und Objekte sich sukzessive in andere Personen und Objekte verwandeln. Die Faszination dieses Verfahrens besteht unter anderem darin, dass die Grenzen der Personalen Identität der Filmfiguren fließend werden. Das schafft für die Zuschauer bedrohliche Situationen, denn sie können nicht mehr sicher sein, hinter welcher äußeren Form sich ein als gut oder böse eingeführter Charakter verbirgt. Gerade in »Terminator 2« erzielte das Verfahren seine besondere rezeptionsästhetische Wirkung, weil es nicht um seiner selbst willen eingesetzt wurde, sondern als integraler Bestandteil von Handlung und Erzählung. Dadurch konnte bei den Zuschauern ein Realitätseindruck erzielt werden, der die Verformungen einer Figur, dem aus Flüssigmetall bestehenden Terminator T-1000, als ein Element einer als möglich erscheinenden Welt plausibel machte.

In »Jurassic Park« wurde nun eine weitere Stufe der Computeranimation erreicht. Prähistorische Wesen wurden computergeneriert und in die Filmbilder hineinkopiert. Dinosaurier verdankten ihre Existenz im Film bis dahin verschiedenen tricktechnischen Verfahren. In »Tumak, der Herr des Urwalds« wurde 1940 noch mit Aufnahmen lebender Reptilien gearbeitet, die überlebensgroß auf eine Rückprojektionsleinwand projiziert wurden. Vor dieser Leinwand agierten dann die Schauspieler. Die Animation des Tyrannosaurus Rex und des Gorillas in »King Kong« erfolgte 1933 im Stop-Motion-Verfahren. Das Stop-Motion-Verfahren wurde vor allem auch dank des Erfindungsreichtums der Modellbauer perfektioniert. Die Dinomodelle wurden immer beweglicher und erschienen dadurch realistischer, wie man z.B. an dem Brontosaurus in »Eine Million Jahre vor unserer Zeit« (1965) sehen konnte. In »Jurassic Park« (1993) nun wurden die bisher üblichen Verfahren mit Computeranimationen kombiniert. Dazu wurden vier der versiertesten Trickspezialisten angeheuert. Stan Winston, der für seine optischen Effekte bei »Terminator 2« einen Oscar bekommen hatte, und sein Studio bauten für die Actionszenen Sauriermodelle, die lebensgroß und beweglich sein mussten. Allein ein zwölfköpfiges Team arbeitete an dem etwa sechs Meter großen Tyrannosaurus-Rex-Modell. Es bestand aus einem Fiberglasrahmen und 1500 Kilogramm Ton; dieser »Rohling« wurde mit einer dünnen Latexschicht bespannt und in verschiedenen Farbschattierungen bemalt, die den Saurierdarstellungen in paläontologischen Fachbüchern entsprachen (vgl. Shay/Duncan 1993, S. 36 ff.). Das Modell wurde dann auf einen sogenannten »Dino-Simulator« gestellt, eine Plattform, auf der man das Tier mittels Computer-Fernsteuerung bewegen konnte. Zugleich wurde eine Zweitversion des Tyrannosaurus Rex im Verhältnis 1:5 gebaut. Die Bewegungen dieses Modells wurden manuell von vier Puppenspielern ausgeführt. Nachdem man mit dem kleinen Saurier alle Aktionen einer bestimmten Szene geprobt hatte, wurden die Bewegungen in einem Computer gespeichert. Mit Hilfe einer speziellen Software konnte dann das Sechs-Meter-Modell so programmiert werden, dass es sich entsprechend verhielt. Während das Team um Stan Winston die Dinomodelle baute und animierte, waren Michael Lantieri und seine Mitarbeiter für mechanische Abläufe zuständig, sie konstruierten die hydraulischen Anlagen zur Bewegung der Saurier. Phil Tippett entwickelte die Go-Motion-Effekte für »Jurassic Park«, während Dennis Muren mit einem Stab von Computerexperten bei INDUSTRIAL LIGHT & MAGIC an einer Software arbeitete, die »lebensechte« Saurier animieren und in die Filmbilder einmontieren sollte.

Aus der Zusammenarbeit dieser Spezialisten und ihrer Teams und der Kombination verschiedener Trickverfahren entstanden die Effekte in »Jurassic Park«. In der Szene, in der die Safari-Autos mit den Protagonisten vom Tyrannosaurus Rex bedroht werden, wurden drei Verfahren benutzt: Das Sauriermodell musste selbst bewegt werden, das Go-Motion-Verfahren wurde angewendet, und es wurde ein computergenerierter Saurier, der den flüchtenden Paläontologen Grant verfolgt, in das Filmbild einmontiert (vgl. Abb. 43). Nach dem gleichen Muster ist die Sequenz entstanden, in der die beiden Kinder Tim und Alexis von den Velociraptoren in der Küche des Besucherzentrums angegriffen werden. Während es sich bei dem kranken Triceratops, den die Protagonisten während ihrer Besichtigungstour bestaunen, um ein klassisch animiertes, abgefilmtes Modell handelt, wurde die Stampede der Gallimimus-Saurier per Computer in das Filmbild einmontiert. Die Bewegungen dieser Saurier wurden nach einem Modell von Winston berechnet und programmiert. Aus der Kombination dieser Effekte, die auf einem hohen Maß an technischem, paläontologischem und biologischem Wissen bei der Konstruktion der Saurier beruhen, entsteht der für das Publikum überwältigende Realitätseindruck der Dinos.

In »Jurassic Park« agieren computergenerierte Dinosaurier ebenso realistisch wie die »realen« Schauspieler im Rahmen der erzählten möglichen Welt. Darin

liegt die neue Qualität der Spezialeffekte, die in »Terminator 2 – Judgement Day« erstmals in größerem Umfang eingesetzt wurden. Diese Effekte werden nicht um ihrer selbst willen besonders herausgestellt, sondern in die Erzählung und Handlung des Films integriert. Auf diese Weise sind sie enger an die visuellen und sozialen Erfahrungen der Zuschauer gebunden (vgl. Prince 2002, S. 121).

Abb. 43

Ermöglicht wird dies auch durch die ästhetischen Mittel des Films. Wenn die Akteure z.B. aus ihrem Jeep heraus einen Dinosaurier entdecken und im nächsten Bild deren Sichtweise übernommen wird, werden die Zuschauer in die erzählte Welt des Films eingebunden, weil sie die subjektiven Sichtweisen der Akteure übernehmen können. Die Saurier erscheinen neben der technischen Raffinesse auch so »echt«, weil sie integraler Bestandteil der Handlung sind. Sie korrespondieren dadurch auf der Ebene der Repräsentation mit den mentalen Modellen der Zuschauer, in denen Vorstellungen von Dinosauriern repräsentiert sind. Auf diese Weise arbeiten in solchen Filmen die Ebenen des Inhalts und der Repräsentation, der Narration und der Dramaturgie, der Figuren und Akteure, der Ästhetik und Gestaltung (nicht nur in Form der Spezialeffekte, sondern vor allem auch durch die Kameraarbeit und die Montage) und die Kontexte zusammen. Das zeigt sich zu Beginn des 21. Jahrhunderts noch deutlicher bei den menschenähnlichen, computergenerierten Figuren.

1.3 Computergenerierte Figuren in »I, Robot« und »Der Herr der Ringe«

Bei computergenerierten Figuren besteht die Gefahr, dass sie aus der Narration herausfallen, insbesondere dann, wenn sie zusammen mit Schauspielern, also Realfiguren, in einem Film agieren. Sie dürfen sich nicht als Spezialeffekt ausstellen, denn dann stören sie die Erzählung und werden von den Zuschauern nicht als Bestandteil der vom Film aufgebauten möglichen Welt akzeptiert. In einem Science-Fiction-Film wie »I, Robot« lassen sich die computergenerierten

Figuren sehr gut in die Handlung integrieren, da die Zuschauer bei diesem Genre, dessen Erzählungen in der Zukunft angesiedelt sind, eher bereit sind, auch tendenziell unrealistische Darstellungsweisen zu akzeptieren. Das gilt auch für Fantasy-Filme wie »Der Herr der Ringe«, da das Genre sich dadurch auszeichnet, dass die Überwindung von Raum und Zeit ebenso wenig an eine realistische Darstellung gebunden ist wie die Fantasiegestalten, die solche Welten bevölkern. Daher können computergenerierte Figuren in diesen fiktionalen Welten neben Realpersonen eine bedeutsame Rolle in der visuellen und narrativen Gestaltung spielen.

Dabei geht es nicht ausschließlich darum, durch digitale Effekte die körperlichen Fähigkeiten von Actionhelden zu erweitern (vgl. Purse 2007), auch wenn der Einstieg des Roboters Sonny in »I, Robot« in die Handlung des Films actionreich anmutet. Sonny springt aus einem Kasten mit Ersatzteilen für Roboter und fliegt effekthaschend durch die Luft, während die Ersatzteile sich im Raum zerstreuen. Im weiteren Verlauf des Films wird er jedoch als »eine handelnde, denkende und fühlende Figur« (Krug 2005, S. 104) eingeführt. Denn neben seinem positronischen Gehirn besitzt er auch ein – fühlendes – Herz. Der Roboter erhält so menschliche Züge und ist zu emotionalen Gesichtsausdrücken und Handlungen fähig (vgl. Abb. 44 und Abb. 45) Dadurch kann er einerseits als nahezu gleichberechtigter Partner neben den Realfiguren agieren und andererseits als Gegenspieler der »herzlosen« Roboter, die sich gegen die Menschheit wenden. Aufgrund von Sonnys Emotionalität kann in den Szenen, in denen er agiert, ein empathisches Feld aufgebaut werden (vgl. Kapitel II.3.3), das den Zuschauern ermöglicht, eine emotionale Beziehung zu der Figur aufzubauen.

Die Roboter-Figur wurde mit Hilfe des *Motion-Capture-Verfahrens* erzeugt. Der Schauspieler Alan Tudyk diente als Masterfigur, deren Bewegungen dann für den Roboter aufbereitet wurden (vgl. Krug 2005, S. 104). Für die anderen Roboter, die NS4 und NS5, dienten andere Schauspieler als Vorbild. Krug stellt dazu fest:

> »Durch Tudyks Schauspielstil ergibt sich so ein Unterschied im Verhalten zwischen Sonny und den optisch verwechselbaren NS5. Im Gegensatz zu den anderen Robotern wird bei ihm verstärkt auf die Animation der Mimik geachtet, wofür auch Tudyks Gesichtsbewegungen als Grundlage dienten. […] In der Darstellung der Mimik animierter Figuren sind drei Entwicklungsstufen im Film zu beobachten. Die NS4 haben keine Mimik und können lediglich über Kopf- und Körperbewegungen ihre geistige Haltung signalisieren, die NS5 und Viki haben Mimik,

nutzen sie aber nur zum Sprechen, und Sonny kann seine emotionale Gefühlslage mit seiner Mimik ausdrücken. So weist der Unterschied in der Charakteranimation deutlich auf Unterschiede in der Persönlichkeit der Figuren hin« (ebd.).

Die computergenerierten Figuren in »I, Robot« zeigen so Abstufungen, die an die Abstufungen von Realfiguren in fiktionalen Filmen erinnern (vgl. Kapitel II.3). Dadurch werden sie stärker in die erzählte mögliche Welt integriert und sind vor allem zu den Emotionen der Zuschauer hin geöffnet. Sonny zeigt dabei als Roboter mit Herz die emotionalsten Reaktionen. Seine emotionale Perfomance »ist der wichtigste Spezialeffekt des Films, da die Gefühlsdarstellung diese besondere Figur glaubhaft macht« (Krug 2005, S. 104). Neben der Möglichkeit, dadurch empathische Felder aufzubauen, fügt sich die Figur in den gesellschaftlichen Diskurs über Künstliche Intelligenz ein, mit einem Fokus auf Emotionalität. Außerdem stellt der Film zahlreiche intertextuelle Bezüge zu anderen Science-Fiction-Filmen wie »Blade Runner« oder »Terminator« her und positioniert seine computergenerierten Figuren im weiten Feld der künstlichen Charaktere, die in diesem Genre eine große Rolle spielen.

 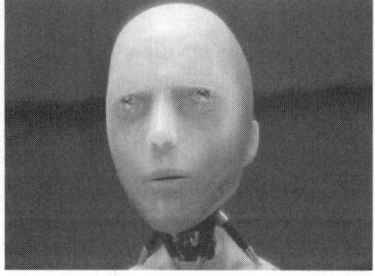

Abb. 44   Abb. 45

Aufgrund seiner Emotionalität kann Sonny eine deutliche Präsenz auf der Leinwand zeigen. Im Zusammenspiel mit der von Will Smith verkörperten Realfigur Spooner fügt sich dieses Figurenensemble in die Buddy-Konventionen zahlreicher Hollywood-Filme ein. Die Figur Gollum in »Der Herr der Ringe« weist dagegen mehr Eigenständigkeit auf. Sie tritt nicht nur als Helfer und Führer der beiden Helden Frodo und Sam nach Mordor auf, sondern auch als deren Feind, der selbst nach dem Ring, seinem »Schatz« trachtet. Auch hier überzeugt das Zusammenspiel von animierter Figur und Realfiguren. Im ersten Teil der Trilogie, »Die Gefährten«, bleibt Gollum als Figur im Hintergrund. Der zweite Teil,

»Die zwei Türme«, beginnt mit seiner Geschichte, der Verwandlung von Smeagol in Gollum. Im Folgenden wird er zu einer der tragenden Figuren im Film, die in einen Wettstreit mit Frodo um den Ring und dessen Macht tritt, zugleich aber auch in einen Zweikampf mit seinen beiden Persönlichkeiten als guter Smeagol und böser Gollum. Diese innere Auseinandersetzung um die Persönlichkeit verleiht dieser computergenerierten Figur eine emotionale Tiefe, die sie für die Zuschauer interessant macht.

Auch Gollum wurde wie Sonny mit dem Motion-Capture-Verfahren erzeugt (vgl. Mikos u.a. 2007, S. 103 ff.). Grundlage waren die Bewegungen des Schauspielers Andrew Serkis. Um die emotionale Intensität der Szenen umzusetzen, war es erforderlich, ihn mit den anderen Schauspielern proben und die Situation ausarbeiten zu lassen. Dann wurde die Szene in drei Durchgängen aufgenommen: einem Durchgang mit Serkis, um eine Referenz für die anschließenden Motion-Capture-Aufnahmen zu haben, einem ohne ihn und einem, bei dem nur der Hintergrund zu sehen ist. Realaufnahmen und Motion-Capture-Aufnahmen konnten so in den neutralen Hintergrund eingearbeitet werden.

Vor allem die Szenen, in denen Gollum körperlich mit anderen, realen Figuren interagiert, verleihen der Figur eine starke physische Leinwandpräsenz. Hier wurde das sogenannte Rotoskopieverfahren eingesetzt. Man nahm die Szenen mit Serkis, der einen *keyfähigen* Anzug trug, auf und ersetzte ihn in der Postproduktion mit dem Motion-Capture-Modell von Gollum: »Auf der Bühne spielte Serkis mit Frodo und Sam. Er steckte in seinem Kostüm, und wir drehten, wie Andy mit ihnen spielte, und er vertiefte sich soweit er konnte in Gollums geistige Verfassung« (Fran Walsh, Co-Autorin; zitiert in Serkis 2003, S. 49). Um die anschließenden Motion-Capture-Aufnahmen optimal dirigieren zu können, wurde eine niedrig auflösende und damit schneller zu berechnende Gollum-Figur entworfen. Die Bewegungen von Serkis konnten so in Echtzeit auf einem Monitor wiedergegeben und aufgezeichnet werden. Diese Aufzeichnungen dienten dann im Schnitt als Referenz. Änderungen konnten auf diese Weise vorgenommen und nahtlos integriert werden. Einen weiteren großen Vorteil von *Motion Capturing* in der Herstellung einer lebensecht wirkenden Figur beschreibt Motion-Capture-Supervisor Remington Scott:

> »Das Tolle an Motion Capture ist ihre Genauigkeit: man kann jede einzelne kleine Bewegung erfassen, Atem, Schluchzen oder gar so zufällige Dinge wie stolpern, was der Arbeit, eine Figur in ihre Umgebung einzupassen, noch mehr Realität verleiht« (zitiert ebd., S. 84).

Eine Szene in »Die Rückkehr des Königs«, die diese Charaktertiefe der Figur gut wiedergibt, ist die, in der die widerstreitenden Aspekte der Persönlichkeit Gollums zum Tragen kommen. Während Frodo und Sam schlafen, hadert Gollum/ Smeagol mit seinen beiden Persönlichkeiten. Als Ergebnis eines Zwiegesprächs mit sich selbst fasst er den Entschluss, die beiden Hobbits zu töten. In einer Schuss-Gegenschuss-Auflösung zwischen Smeagol und seinem im Wasser gespiegeltem Antlitz als Alter Ego fallen die minimalen Unterschiede im Ausdruck besonders auf. Während Smeagol mit weit aufgerissenen Augen einen kindlich-verträumten Eindruck macht (vgl. Abb. 46), hat die Gollum-Seite seiner Persönlichkeit einen scharfen, konzentrierten Blick (Abb. 47). Seine Augen sind zu einem bösen Blick zusammengekniffen. Kleine Variationen wie die Größe der Pupillen unterstützen diesen Eindruck. Smeagols Pupillen sind weit geöffnet, als stehe er hilflos unter dem Einfluss des Ringes. Gollums Pupillen hingegen sind klein und erzeugen einen aggressiven, berechnenden Ausdruck. Smeagol gerät bei der Aussicht auf den Ring in eine kindliche Ekstase, sein Blick schweift in die Ferne:

> »Schauspielerische Darstellung, visuelle Konzeption der Figur und Keyframe-Animation verdeutlichen das gespaltene Ich der Figur. Wenn Gollum Selbstgespräche führt, erlangt die Montage besondere Bedeutung. Gollum bzw. Smeagol wurden mit wechselnden Halbprofileinstellungen aufgenommen, die als Achsensprünge montiert sind. Dadurch werden die zwei Seiten seiner Persönlichkeit deutlich: Durch die unterschiedlichen Einstellungen entsteht beim Zuschauer der Eindruck, es handle sich um zwei Figuren, die sich hier gegenüber treten« (Krug 2005, S. 120).

Aufgrund der Kombination von schauspielerischer Leistung von Andrew Serkis und dem Detailreichtum der digitalen Effekte erreicht die gespaltene Figur Gollum/Smeagol eine psychologische Tiefe und phänomenologische Präsenz, die die Geschichte der letzten beiden Teile der Trilogie über weite Strecken trägt. In dieser Figur gelingt es, Narration und Spezialeffekte auf eine Weise zu verbinden, die das Filmerleben insgesamt konturiert (ebd., S. 212). Denn die Charaktertiefe der Figur mit ihren unterschiedlich gelagerten Persönlichkeitsanteilen schafft ein Beziehungsangebot für die Zuschauer, die so nicht nur mit der Figur mitfiebern, sondern sich auch moralisch mit ihr auseinandersetzen können. An der Figur Gollums lässt sich damit auch zeigen, dass Spezialeffekte in ihrer Realitätsnähe einen Perfektionsgrad erreicht haben, der die Zuschauer umso mehr in die filmische Welt hineinzieht.

Die Faszination, die Filme wie »Jurassic Park«, »Terminator 2 – Judgement Day«, »I, Robot« und »Der Herr der Ringe« auf das vorwiegend junge Publikum ausüben, gründet einerseits in dem mit der Perfektionierung der Spezialeffekte durch Computeranimation erzeugten Realitätseindruck sowie andererseits in der Verarbeitung handlungsleitender Themen von Kindern und Jugendlichen. Das gilt auch für Figuren wie Sonny und Gollum, die im Rahmen der Geschichte eine Entwicklung durchmachen, die ihnen emotionale Tiefe verleiht. Sie erleben ähnlich wie die kindlichen Figuren eine Emanzipationsgeschichte. Gerade dadurch, dass sich die kindlichen und jugendlichen Akteure in den Filmen auch in bedrohlichen Situationen als kompetent und handlungsmächtig erweisen, nehmen sie Wünsche und Fantasien ihres Publikums auf und fügen sie in einen narrativen Rahmen. Die Filme stellen so symbolische Objektivationen der kollektiven, entwicklungsbedingten Wünsche und Sehnsüchte von Kindern und Jugendlichen dar. Auf diese Weise verknüpfen sie sich mit deren lebensweltlichen Kontexten. Die Spezialeffekte ermöglichen zugleich ein erweitertes Vergnügen in der Rezeption. Vor allem die Integration der computergenerierten Figuren in Realaufnahmen und das Zusammenspiel mit Realfiguren schaffen einen erweiterten Handlungsraum, der für die Zuschauer attraktiv ist.

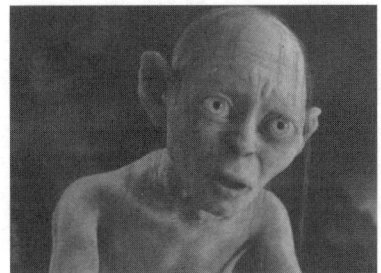
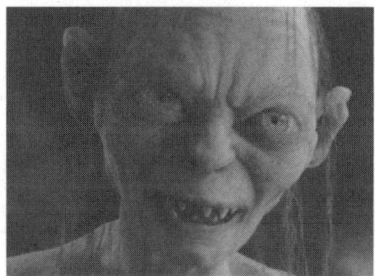

Abb. 46   Abb. 47

1.4 Zitierte Literatur

Bordwell, David/Thompson, Kristin (1993): Film Art. An Introduction. New York u.a. (4. Auflage; Erstausgabe 1979)

Elsaesser, Thomas/Buckland, Warren (2002): Studying Contemporary American Film. A Guide to Movie Analysis. London

Hoberman, J. (2000): Nietzsche's Boy. In: Arroyo, José (Hrsg.): Action/Spectacle Cinema. A Sight and Sound Reader. London, S. 29–34

King, Geoff (2000): Spectacular Narratives. Hollywood in the Age of the Blockbuster. London/New York

König, Hans-Dieter (1994): Mutter und Sohn und ein Mann aus Stahl. Tiefenhermeneutische Rekonstruktion von »Terminator 2«. Dritter Teil. In: Medien Praktisch, 18/3, S. 52–60

Krug, Jörn (2005): Innovation im populären Kinofilm untersucht am Beispiel computervisualisierter Figuren. Diplomarbeit an der Hochschule für Film und Fernsehen »Konrad Wolf« in Potsdam-Babelsberg

Mikos, Lothar (1995): Die Faszination des Cyborgs im Actionkino. Kritische Anmerkungen zur tiefenhermeneutischen Rekonstruktion von »Terminator 2«. In: Medien Praktisch, 19/1, S. 47–53

Mikos, Lothar/Eichner, Susanne/Prommer, Elizabeth/Wedel, Michael (2007): Die »Herr der Ringe«-Trilogie. Attraktion und Faszination eines populärkulturellen Phänomens. Konstanz

Pfeil, Fred (1993): Home Fires Burning. Family »Noir« in »Blue Velvet« und »Terminator 2«. In: Copjec, Jane (Hrsg.): Shades of Noir. London/New York, S. 227–259

Prince, Stephen (2002): True Lies. Perceptual Realism, Digital Images and Film Theory. In: Turner, Graeme (Hrsg.): The Film Cultures Reader. London/New York, S. 115–128

Purse, Lisa (2007): Digital Heroes in Contemporary Hollywood: Exertion, Identification, and the Virtual Action Body. In: Film Criticism, 32/1, S. 5–25

Pyle, Forest (1993): Making Cyborgs, Making Humans: Of Terminators and Blade Runners. In: Collins, Jim/Radner, Hilary/Collins, Ava Preacher (Hrsg.): Film Theory Goes to the Movies. New York/London, S. 227–241

Serkis, Andy (2003): »Der Herr der Ringe«. Gollum auf die Leinwand gezaubert. Stuttgart

Shay, Don/Duncan, Jody (1993): »Jurassic Park«. Wie aus dem Bestseller »Dino Park« der Kinoerfolg von Steven Spielberg wurde. München

Telotte, J.P. (2001): Science Fiction Film. Cambridge u.a.

Wierth-Heining, Mathias (2000): Filmgewalt und Lebensphase Jugend. Ein Beitrag zur Faszination Jugendlicher an medialer Gewalt. München

Wollen, Peter (1993): Theme Park and Variations. In: Sight and Sound, 7, S. 6–9

2. Meta-Genre und hybride TV-Formate

Die Deregulierung und die Digitalisierung des Fernsehmarktes in Europa seit den achtziger Jahren haben zu einer Ausweitung der privaten Fernsehprogramme geführt. Der Bedarf an Programminhalten, die für das Zielpublikum der Sender attraktiv sind, ist stark angestiegen. Im Filmsektor ist vor allem die Hollywood-Industrie immer abhängiger vom Export ihrer Filme geworden, die auf möglichst vielen Märkten erfolgreich sein müssen, um die Produktionskosten wieder einzuspielen. Diese Veränderungen im Film- und Fernsehmarkt haben auch dazu geführt, dass sich die Filme und Fernsehsendungen, die seit den neunziger Jahren produziert wurden, verändert haben. Die Film- und Fernsehindustrie vertraut zwar nach wie vor auf die klassischen Genres, aber zugleich weisen Innovationen über Genregrenzen hinaus. Konventionen einzelner Genres werden neu gemischt, um so einerseits etwas Neues entstehen zu lassen und andererseits neue Publika zu gewinnen. Die Blockbuster aus Hollywood benutzen verschiedene Genrekonventionen, um das Zielgruppenspektrum der Filme zu erweitern. Ebenso wird in der Formatentwicklung für das Fernsehen auf Strategien der Hybridisierung gesetzt (vgl. Kapitel II.5.1). Im Mittelpunkt der folgenden Analysen stehen die Strategien der Mischung von Genrekonventionen in Blockbuster-Filmen und in Fernsehformaten wie Reality-Shows. Als Hilfsmittel stand ein DVD-Player zur Verfügung.

2.1 Blockbuster als Meta-Genre am Beispiel von »Der Herr der Ringe«

Ein Blockbuster ist ökonomisch definiert als aktuelles Spitzenprodukt des kommerziellen Filmwesens, das entweder einen außerordentlichen Kassenerfolg bereits darstellt oder zu diesem aufgrund der investierten Mittel verurteilt ist (Hall 2002, S. 11). Er ist Teil einer auf einen weit überdurchschnittlichen finanziellen Erfolg abzielenden, umfassenden »industriellen Geschäftsstrategie« (Gomery 2003, S. 72). Diese beinhaltet nicht allein Produktion, Vermarktung und Vertrieb des Films, sondern ebenso zahlreiche Maßnahmen zu seiner Wieder- und Weiterverwertung: Entlang eines sorgfältig geplanten und in seinem zeitlichen Ablauf genau gestaffelten »release line-up« wird er durch mehrere Produkt-kanäle und verschiedene Auswertungsfenster hindurch in Umlauf gebracht (vgl. Mikos u.a. 2007, S. 19 ff.). Vor dem Hintergrund dieser Verwertungskette wird deutlich, dass das rein ökonomisch definierte Format des Blockbusters nicht ein einzelnes Produkt – den aufwändig produzierten und intensiv beworbenen Ki-nofilm – beschreibt, sondern im Zentrum einer breiter angelegten kommerziel-len Strategie steht, mit denen multinationale, vertikal und horizontal integrierte Medienkonglomerate gegenwärtig operieren (Gomery 2003, S. 81). Der Block-buster-Kinofilm entfaltet daher sein finanzielles Potenzial niemals im Allein-gang, sondern wird ganz gezielt in einem größeren ökonomischen Bezugsfeld positioniert, das seit Ende der siebziger Jahre zunehmend entlang der horizonta-len Integration von Mega-Konzernen organisiert ist. Insofern oszilliert das Leit-produkt der internationalen Filmindustrie bereits auf der Ebene seiner ökonomi-schen Funktion zwischen einer Vielzahl von Bezugsebenen. Wie Thomas Schatz (1993, S. 9 f.) schon vor geraumer Zeit festgestellt hat, greifen Blockbuster-Filme als Gravitationszentren einer vielseitigen »Mehrzweck-Unterhaltungsmaschinerie« längst über eine rein industrielle oder ökonomische Beschreibungslogik hinaus und stellen multidimensionale Forschungsgegenstände dar, deren Reichweite ästhetisch, kulturell, gesellschaftlich und politisch reflektiert werden muss.

Ein integrativ-pragmatischer Ansatz verfolgt die Formation eines Filmgenres bzw. Fernsehformats als historisch und kulturell spezifischen Aushandlungspro-zess zwischen Film und Publikum, der Produktion, Marketing, den Filmtext selbst, die kritische Rezeption (Filmkritiken) und Fandiskurse umfasst (Berry-Flint 2004; Casetti 2001; Lacey 2000, S. 132 ff.; Neale 2000). Ihm liegt die Überzeugung zugrunde, dass nur ein Verständnis, das Genres »als einen Ort des Kampfes und der Ko-Operation zwischen verschiedenen Nutzern« (Altman 1999, S. 211) betrachtet, relevante Einsichten in kulturspezifische Muster von Adressierungs- und Vermittlungsstrategien, Aneignungen und symbolischen Deutungen ermöglicht. Als eine Kategorie, die klassische Genreformationen abgelöst bzw. sich ihnen übergeordnet hat, operieren Blockbuster somit als Chiffren eines neuartigen Diskurssystems, das – analog zu klassischen Genre-funktionen – Richtlinien der Produktion, Textualität und Vermarktung wie der Publikumsorientierung aufstellt und formelhaft tradiert (Neale 1981, S. 6).

Als Modi der Regulierung von Produktion und Rezeption bzw. Interpretati-on sind Blockbuster wie klassische Genrestrukturen zu verstehen. Genres als historische und gesellschaftliche Sinnstrukturen bilden eines der Hauptelemente des sogenannten »kommunikativen Vertrags«, der zwischen einem spezifischen Medienprodukt und seinen Nutzern, Konsumenten oder Rezipienten geschlossen wird (Casetti 2001). Sie organisieren die Kommunikation im Kontext von spezifischen situativen Relevanzstrukturen und können in diesem Sinne als privilegierte Form einer kulturellen Praxis angesehen werden, durch die das weite Feld von Texten und Bedeutungen, die in einer Gesellschaft zirkulieren, geordnet und kontrolliert wird.

Wie lassen sich nun vor diesem Hintergrund die Filme der »Herr der Ringe«-Trilogie als Blockbuster verstehen und einordnen? Neuere Versuche, das Phänomen der Blockbuster mit kritischen Genrekonzeptionen in Verbindung zu bringen, haben dafür den Begriff »Meta-Genre« eingeführt, da solche Filme traditionelle Genreformationen durchschneiden und letztlich transzendieren. Mit dem Blockbuster als »big movie« hat sich ein eigenständiges Meta-Genre etabliert, dessen schiere Opulenz und Größe allein es rechtfertigt, es als Blockbuster zu klassifizieren (vgl. Stringer 2003, S. 3). Jenseits von ökonomischen Kriterien sind es bestimmte ästhetische Merkmale, die die »Herr der Ringe«-Trilogie aus der Masse des kommerziellen Filmangebots herausgehoben und ihren Erfolg ausgemacht haben. Eine Reihe dieser Merkmale teilt sie mit anderen Blockbustern jüngeren Datums, etwa den »Harry Potter«- und »Spiderman«- oder den »Tomb Raider«-Filmen mit Lara Croft, die ebenfalls ästhetisch als Meta-Genre funktionieren. In Bezug auf »Der Herr der Ringe« wird dies vor allem an den heterogenen Genreelementen und der Diversifikation der Erzählung entlang der verschiedenen Auswertungsebenen deutlich. Blockbusters als Meta-Genre zu verstehen, hat daher verschiedene Vorteile gegenüber einem Beschreibungsmodell, das die kulturelle Bedeutung des Formats rein technisch, ökonomisch oder ästhetisch fasst und diese Aspekte isoliert voneinander betrachtet.

Allein der weltweite Erfolg der »Herr der Ringe«-Trilogie wirft die Frage nach dem Genrestatus der drei Filme auf. Sie basieren auf einer literarischen Vorlage, werden durch Computerspiele ergänzt, von zahlreichen Merchandising-Produkten begleitet und auf DVD mit speziellen Features ausgewertet. Auf diese Weise sprechen sie mit den Fans der Bücher, Computerspiele und Merchandising-Produkte ein bereits existierendes breites Publikum an. Darüber hinaus positionieren sich die Blockbuster-Filme mit intertextuellen Verweisen ganz bewusst in einem potenziell unbegrenzten Feld kulturellen Wissens, das in der Gesellschaft zirkuliert. Filmische Adaptionen existierender Medienprodukte garantieren als sogenannte *Tie-Ins* einen gewissen Erfolg, weil die Figuren und Geschichten der Filme bereits Teil der kulturellen Praxis des Publikums sind (vgl. Whiteside 1981, S. 80 ff.). Dieses für den Blockbuster charakteristische Phänomen lässt sich unter dem Aspekt einer kulturell »abgesicherten Rezeption« verstehen. Blockbuster müssen kein neues Publikum generieren, sondern können auf ein vorgeprägtes kulturelles Wissen und bereits etablierte kulturelle Praktiken zurückgreifen.

Neben der abgesicherten Rezeption garantieren ästhetische Alleinstellungsmerkmale den Erfolg von Blockbustern an Kinokassen. Geoff King zufolge zählen dazu extravagantes Sounddesign, dynamische Kamera- und Montageführung sowie eine besondere Qualität audiovisueller Sensation (vgl. King 2003, S. 114). Außerdem sind Blockbuster in der Regel zwar spezifischen Genres wie Action, Fantasy und Science-Fiction zuzuordnen, die vor allem ein junges männliches Publikum ansprechen. Um aber ein größeres Publikum zu erreichen, kombinieren sie die Konventionen dieser Genres mit Elementen anderer Genres, z.b. einer romantischen Liebesgeschichte (Arwen und Aragorn in »Der Herr der Ringe«). Blockbuster praktizieren daher bewusst ein eklektisches Genre-Sampling, um möglichst viele Zuschauer anzuziehen und ihren Vorlieben gemäß »abzuholen«. Sie beuten eine Vielzahl existierender Genres aus, um einen mehrfach kodierten Genrefilm herzustellen, der ohne emotionale Distanzierung genossen werden kann. Diese Genre-Multiplizität dient einer möglichst unbegrenzten Zirkulation des Blockbusters in verschiedenen sozialen und diskursiven Kontexten, weil jedes Genreelement ein anderes Publikum adressiert. Daher ist es das erklärte Ziel der Multi-Genre-Blockbuster, den ökonomischen Erfolg durch die Anziehung möglichst vieler Publika zu optimieren.

In solchen Blockbustern, die als Meta-Genre fungieren, werden wie in »Der Herr der Ringe« die narrativen Handlungselemente reduziert. Dialoge beschränken sich oft auf ein Minimum, allein um Szenen in ihrer Deutungsweise offenzuhalten und damit ein mehrmaliges Sehen zu ermöglichen. Ein Beispiel hierfür ist der abschließende Kampf zwischen Frodo und Gollum im Schicksalsberg. Als Frodo nur noch mit einer Hand am Felsvorsprung hängt, wirft er einen Blick zurück in Richtung des Ringes. Ob er in diesem Moment darüber nachdenkt, hinterherzuspringen oder eher erleichtert ist, ist Interpretationssache. Das Zurücktreten eines klassischen narrativen Aufbaus mag einerseits den Konventionen des Blockbusters als Meta-Genre geschuldet sein, kann aber auch im Werdegang des Regisseurs seine Ursache haben. Als ehemaliger Splatter- und Horrorfilmregisseur bewegte Peter Jackson sich bisher in Genres, in denen klassische Erzählprinzipien sowieso nur eine untergeordnete Rolle spielen.

In den Methoden des Spannungsaufbaus erinnern viele Szenen in »Der Herr der Ringe« an Elemente aus Horror- und Splatterfilmen. So lassen Orks und Uruk-hais an Splatterfilme denken, »die Schwarzen Reiter [...] sind ebenfalls aus Konventionen des Horrorfilms ausgeliehen« (Thompson 2003, S. 49). Zudem wird oft mit Überraschungsmomenten gearbeitet, die sogar Figuren, die an sich auf der Seite des Guten stehen, zunächst eine bedrohliche Aura geben. Arwen etwa scheint bei ihrem ersten Auftritt in »Die Gefährten« Aragorn mit einem Schwert zu bedrohen, denn nur die Klinge ist sichtbar, die Elbin selbst nicht. Eine ähnliche Szene gibt es bei Gandalfs Rückkehr ins Auenland, nachdem er sich über die Bedeutung des Rings informiert hat. Als Frodo das Haus betritt ist Gandalf zunächst nicht zu sehen, es herrscht nur eine düstere Atmosphäre, bis er plötzlich wie aus dem Nichts auftaucht. Und auch Aragorns erstes Erscheinen in »Die Gefährten« ist wenig vertrauenerweckend, zumal er von einem Wirt im »Tänzelnden Pony« als gefährlicher Waldläufer beschrieben wird.

Blockbuster verwenden außerdem klassischen Erzählstil mit Elementen, die bestimmte Erwartungen der Zuschauer an die Narration erfüllen. So ist in den »Herr der Ringe«-Filmen im Gegensatz zur Buchvorlage zum einen die Liebesgeschichte von Arwen und Arargorn verstärkt und zum anderen die von Eowyn und Aragorn neu eingeführt. Für den Plot sind diese Nebenhandlungen nicht weiter relevant, sie bringen die Haupthandlung nicht voran. Erst am Ende von »Die Rückkehr des Königs« erhält Erstere eine dramatische Funktion, weil Arwen aufgrund des Vorrückens von Saurons Armeen ins Reich der Schatten zu fallen droht, wie es im Film heißt. Noch unmotivierter ist die angedeutete Beziehung von Eowyn und Aragorn in der Kinofassung von »Die zwei Türme«. Nur einzelne, bewundernde Blicke von Eowyn bringen hier eine mögliche Liebesbeziehung ins Spiel. Die Einführung dieser kurzen Romanze lässt sich nur damit begründen, dass Arwen in »Die zwei Türme« nur in kurzen Rückblenden vorkommt und deshalb hier eine »Ersatz-Liebesgeschichte« für den zweiten Teil der Trilogie angeboten wird. Eine Erklärung für diese Aufwertung der Liebesgeschichten liegt darin, dass Handlungsstränge, in denen heterosexuelle Liebe eine Rolle spielt, in nahezu allen Filmen mit klassischem Erzählstil vorkommen. Ein Großteil dieser Filme zeigt in den Schlusseinstellungen das Bild eines vereinigten Paares (vgl. Blanchet 2003, S. 25). Auch »Die Rückkehr des Königs« endet mit mehreren solcher Schlusseinstellungen. So werden neben Arwen und Aragorn (Abb. 48) sowie Sam und Rosie sogar Eowyn und Faramir andeutungsweise als vereinigtes Paar gezeigt, wobei gerade die Letzteren eher unmotiviert zusammenkommen. Letztlich zählt aber, dass die Einführung dieser Nebenhandlungen weniger dem Plot als narrativen Konventionen geschuldet ist.

Die »Herr der Ringe«-Trilogie basiert auf Konventionen des Fantasy-Genres, diese werden aber von Motiven und Genresignalen des romantischen Liebesfilms, des Melodrams, des Horror- und Splatterfilms, des Historiendramas, des

Samurai- und Martial-Art-Films, des Roadmovies, des Western, des Kriegsfilms, der Komödie und des Märchenfilms überlappt. Jedes dieser verschiedenen Genreelemente hat auf den Ebenen der Narration und der ästhetischen Gestaltung den Status punktuell aktivierter Interpretationsrahmen, die unter sich spezifische Muster ausbilden. So wird das Publikum die »Herr der Ringe«-Filme zwar dominant als Fantasy rezipieren, einzelne Szenen und Sequenzen kann es aber auch den bekannten Konventionen anderer Genres zuordnen. So ist es z.B. möglich, die Schlachtszenen sowohl als Kriegsfilm wie auch als Splatterfilm, Martial-Arts-Film oder Historiendrama zu sehen. Auf diese Weise generiert die Genremixtur von »Der Herr der Ringe« eine multiple kommunikative Perspektive zur Aushandlung einer Vielfalt von Bedeutungen.

Da die meisten Szenen Genrekonventionen unterschiedlicher Herkunft integrieren, etablieren die Filme ein komplexes Netz verschiedener Genreebenen; entsprechend breit gefächert sind die zwischen Text und Rezipient zustande kommenden kommunikativen Verträge. Jede einzelne Szene der drei Filme handelt gewissermaßen ihren ästhetischen und narrativen Status durch verschiedene sich ablösende und überlagernde Genrekonventionen aus, von denen einige zeitweise dominieren können. Die Zuschauer sind als Adressaten der Genremerkmale in diesen Prozess involviert, da sie auf der Grundlage der Genrekonventionen, die ihnen als Interpretationsrahmen dienen, ihre Erwartungen an die Handlung, die Ästhetik und die Narration aufbauen. So findet ein permanentes Wechselspiel zwischen textuellen Aushandlungsprozessen einerseits und zwischen Publikumserwartungen und -interpretationen andererseits statt.

Abb. 48

Blockbuster wie »Der Herr der Ringe« fungieren als Artikulationen eines Meta-Diskurses um Genrekonventionen, der letztlich wieder ökonomischen Erwägungen und Gesetzmäßigkeiten folgt. Denn nicht zuletzt rechnet das tendenziell mehrdeutige Textangebot mit einer wiederholten Lektüre der Filme entlang ihrer Verwertungskette auf DVD, im Fernsehen und als Computerspiel. Derartige Formen der strategischen Remediatisierung und medienübergreifenden Serialisierung übernehmen immer mehr die traditionell von Genrekonventionen erfüllte Funktion, Publikumserwartungen zu fixieren und den zukünftigen Erfolg des filmischen Produkts zu garantieren. Vermarktungskampagnen für Blockbuster-Filme antizipieren divergierende Publikumserwartungen und Rezeptionsstrategien. Indem sie die hybriden Genreidentitäten der Filme herausstellen, versuchen sie, eine maximale Publikumsreichweite für ihre Produkte zu erzielen (Altman 1998, S. 9).

2.2 Reality-Shows als Hybridformate am Beispiel von »Big Brother«

Seit »Big Brother« im Jahr 2000 das Licht der Bildschirme in aller Welt erblickte, hat sich in der Medien- und Kommunikationswissenschaft zunehmend die Kategorie der Hybridformate vor allem für Reality-Shows durchgesetzt. »Big Brother« gehört ebenso wie »Ich bin ein Star – Holt mich hier raus!« zu den Formaten, die nicht nur verschiedene Genreelemente aneinanderreihen (additiver Modus), sondern mehrere Stile und unterschiedliche Genrekonventionen integrieren (integrierter Modus) (vgl. Kilborn 2003, S. 12 f. sowie Kapitel II.5.1). Jedes Genre, das in den Genremix der Reality-Shows eingeht, kann als eigener Interpretationsrahmen für die Zuschauer fungieren, da mit seinen Elementen jeweils andere Publika adressiert werden. In der Analyse kann das Verhältnis der verschiedenen Genreelemente zueinander bestimmt werden, z.B. um festzustellen, ob eine Show einen dominanten Genrerahmen hat. Da die meisten erfolgreichen Reality-Shows seriell produziert werden, lassen sich in der Analyse auch Veränderungen in der Genremischung herausarbeiten, wenn verschiedene Staffeln der Show miteinander verglichen werden. Im Folgenden wird zunächst die deutsche Ausgabe des Formats »Big Brother«, die es bis zum Jahr 2008 auf acht Staffeln mit zahlreichen Veränderungen gebracht hat, in ihren wesentlichen Strukturen beschrieben. Anschließend werden in einem Vergleich zwischen den ersten beiden Staffeln, die im Jahr 2000 beim Publikum auf große Resonanz stießen, und der dritten Staffel, die im Jahr 2001 erheblich sinkende Zuschauerzahlen zu verzeichnen hatte, die veränderten Strukturen herausgearbeitet.

Ein Grund des großen Erfolges von »Big Brother« bei den Zuschauern liegt in der besonderen medialen Konstellation dieses Formats. Dazu zählen die tägliche Zusammenfassung der Ereignisse im Haus vom Vortag, die wöchentlichen Entscheidungs- und Nominierungssendungen sowie zusätzliche Live-Sendungen mit Talkelementen und Schaltungen ins Haus, die einmal wöchentlich ausgestrahlt wurden. Das Format wurde von der niederländischen Produktionsfirma Endemol entwickelt. Die erste Ausgabe lief vom 16. September bis zum 30. Dezember 1999 in den Niederlanden auf dem Sender Veronica, der damit sehr hohe Marktanteile von bis zu 60 Prozent erzielte. Die Lizenz für das Format wurde in zahlreiche Länder verkauft. In Deutschland erwarb der Sender RTL II die Rechte. Die erste Staffel mit zehn Kandidaten lief vom 1. März bis zum 9. Juni 2000, die zweite Staffel mit zwölf Kandidaten vom 16. September bis zum 30. Dezember 2000 zeitgleich mit der zweiten Staffel in den Niederlanden. Die dritte Staffel wurde vom 27. Januar bis zum 12. Mai 2001 gesendet, die vierte Staffel mit verändertem Konzept als »Big Brother – The Battle« vom 31. März bis zum 7. Juli 2003. Die fünfte Staffel, bei der die Bewohner in Arme, Normale und Reiche eingeteilt wurden, lief vom 2. März 2004 bis zum 1. März 2005. Die sechste Staffel wurde am 26. Februar 2006 nach knapp einem Jahr (Beginn: 1. März 2005) beendet, obwohl sie als »Big Brother – Das Dorf« auf Endlosigkeit angelegt war. Die siebte Staffel orientierte sich dann wieder an der ersten Staffel, denn die Bewohner lebten für die Zeit vom 5. Februar bis zum 2. Juli 2007 nur in einem gemeinsamen Bereich. Am 7. Januar 2008 startete die achte Staffel, bei der die Bewohner wieder in Arme und Reiche eingeteilt wurden und es bis zum 7. Juli 2008 im neu gestalteten Container aushalten müssen.

In den Programmzeitschriften des Jahres 2000 wurde »Big Brother« als »Real Life Soap« oder »Reality-Show« angekündigt (vgl. Mikos u.a. 2000, S. 28). Diese Zuschreibungen trafen den Charakter des Formats jedoch nur teilweise. Denn weder geht es in den Sendungen um das wirkliche Leben noch wird Realität quasi dokumentarisch abgebildet. Das Format ist vielmehr ein typisches Produkt der Fernsehunterhaltung, die sich bei ihren Sendungen schon immer aus verschiedenen Sendeformen des Fernsehens und verschiedener Genreformen anderer Medien bedient hat. »Big Brother« vereint Elemente aus Gameshows, Doku-Soaps, Soapoperas bzw. Familienserien, Talkshows, Boulevardmagazinen, Webcam-Angeboten im Internet und nicht zuletzt der sozialen Realität (vgl. ebd., S. 14 ff.). In diesem Sinn kann die Sendung als ein Hybridformat bezeichnet werden (vgl. Kilborn 2003, S. 18 f.; Schanze 2000, S. 7 f.). Darin liegt einer der Gründe, warum das Format von der Kritik aufmerksam verfolgt wurde und warum die Zuschauer auf es aufmerksam wurden. Es erklärt aber noch nicht die Faszination. Dafür ist bedeutend, dass »Big Brother« auf insgesamt sieben Ebenen funktioniert, die in der konkreten Sendung miteinander verwoben sind. Das Format vereint die Ebenen (1) Spiel, (2) Spiele im Spiel, (3) Spielshow, (4) Soapopera, (5) soziale Wirklichkeit, (6) Selbstreflexivität und (7) Selbstreferentialität (vgl. Mikos u.a. 2000, S. 14 ff und S. 109 ff.).

Zunächst einmal ist »Big Brother« ein Spiel, bei dem zehn oder zwölf Kandidaten, je zur Hälfte Frauen und Männer, für 100 Tage bis zu einem Jahr in einem Wohncontainer leben. Zu Beginn geschah dies ohne großen Luxus nach dem Motto »back to the basics«. Erst mit der Einführung des Bereiches der Reichen wurde dieses Motto aufgegeben. Den Kandidaten ist jeder Kontakt zur Außenwelt untersagt. Ihr Treiben im Haus wird von zahlreichen Kameras rund um die Uhr beobachtet, und ebenso viele Mikrofone liefern den Ton dazu. Hinzu kommen die Körpermikrofone der Kandidaten. Alle zwei Wochen müssen die Kandidaten aus ihrer Mitte zwei Personen nominieren, die zur Abwahl durch die Zuschauer freigegeben sind. Wer nach 100 Tagen oder einem Jahr übrig bleibt, erhält eine Gewinnsumme im sechsstelligen Bereich. Gibt es im Haus mehrere Bereiche (z.B. Arm und Reich), treten die Kandidaten aus den jeweiligen Bereichen in sogenannten »Battles« oder »Challenges« gegeneinander an. Das sind die grundlegenden Regeln des Spiels, das als ein Ausscheidungsspiel inszeniert ist. Daneben gibt es als zweite Ebene weitere Spiele im Spiel. Dazu zählen die Tages- und Wochenaufgaben sowie die »Battles« und »Challenges«, die die Kandidaten zu bewältigen haben, um sich ihr Wochenbudget sowie besondere Leistungen zu »verdienen«. Auf der dritten Ebene ist »Big Brother« eine Spielshow, denn das Spiel und die Spiele im Spiel werden nicht zum Vergnügen der Kandidaten inszeniert, sondern für ein Fernsehpublikum. Daher folgt das Spiel nicht nur den Spielregeln, sondern auch den Inszenierungspraktiken des Fernsehens.

Eine dieser Praktiken ist in »Big Brother« dominant vertreten. Die tägliche Sendung, in der die Ereignisse des Vortags zusammengefasst sind, wird nach den Regeln von Soapoperas inszeniert (vierte Ebene). Das heißt, die Ereignisse werden dramatisiert und verdichtet. Auf der fünften Ebene hat das Format Auswirkungen auf die soziale Wirklichkeit der Kandidaten, und zwar in einem doppelten Sinn: Einerseits stellt das Leben im Container für die Dauer des Aufenthaltes ihre subjektive soziale Wirklichkeit dar, da sie keinen Kontakt zur Außenwelt haben, andererseits hat ihre Teilnahme an »Big Brother« Auswirkungen auf ihr späteres Leben in der sozialen Wirklichkeit außerhalb des Containers. Auf der sechsten Ebene ist die Show selbstreflexiv, indem sie auf die ersten fünf Ebenen verweist und sie thematisiert. Das ist z.B. der Fall, wenn Kandidaten sich bei Konflikten darauf berufen, dass alles ja nur ein Spiel sei, oder wenn sie sich direkt an das Publikum wenden. Die siebte und letzte Ebene der Selbstreferentialität zeigt sich darin, dass sich »Big Brother« durch Zitate, Anspielungen und Darstellungskonventionen aus anderen Formaten und Genres in Beziehung zum Mediensystem und zur Popkultur setzt.

Die besondere Faszination des Formats liegt in diesen sieben Ebenen begründet, denn jede Ebene schafft einen anderen Interpretationsrahmen für die Zuschauer ebenso wie für die Kandidaten. Es liegt an der Aushandlung und kommunikativen Konstruktion der Interpretation, ob Zuschauer oder Kandidaten einen Augenblick als Spiel, als Show, als soziale Wirklichkeit, als Verweis auf die Ebenen der Show, als Soap oder als Verweis auf die Popkultur interpretieren. Dadurch entsteht eine Unsicherheit in der Zuweisung von Bedeutung und Sinn, die kommunikativ bearbeitet werden muss.

Eine besondere Rolle kommt dabei der Inszenierung der täglichen Sendung nach den Konventionen von Soapoperas und Familienserien zu. Sie zeigt sich in mehreren Elementen. Zunächst einmal verläuft die Zeitstruktur von »Big Brother« parallel zum Alltagsleben der Zuschauer. Wenn eine abendliche Sendung beginnt, ist im Leben der Zuschauer wie in dem der Kandidaten ein Tag vergangen. Zugleich ergibt sich für die Dauer des Spiels und der Sendung eine Art fortlaufende Erzählung. Das Leben im Container geht ebenso weiter wie das der Zuschauer. Es zielt nicht auf endliche Episoden ab. Zwar könnten die Nominierungen und die Abwahl von Kandidaten als Ende einer Episode angesehen werden, doch hat jede Nominierung und jede Abwahl neue Konflikte und Probleme zur Folge, die nun bewältigt werden müssen. In den einzelnen Sendungen werden mehrere Handlungsstränge parallel erzählt und miteinander verwoben. Es gibt immer zwei bis drei Geschichten, die sich um Beziehungen zwischen einzelnen Kandidaten drehen oder aber besondere Aspekte einzelner Kandidaten zum Gegenstand haben, die in einer Art Zopfdramaturgie miteinander verwoben sind. Die Darstellung der einzelnen Handlungsstränge erfolgt aus der subjektiven Sicht der Betroffenen, die bei »Big Brother« mit einer Beobachterperspektive verbunden wird. Das heißt, die Zuschauer sehen den Kandidaten bei ihren subjektiven Äußerungen zu. Im Mittelpunkt der Darstellung stehen die Dialoge: Die Kandidaten teilen ihre Befindlichkeiten ebenso wie die Darsteller in Soaps und Familienserien verbal mit. Die persönlichen Beziehungen der

Bewohner werden häufig in den Gesprächen im Haus thematisiert. Am Ende jeder Folge gibt es einen Cliffhanger, um den Spannungsbogen zur nächsten Folge aufzubauen. Hier werden Darsteller oder Kandidaten in einer für sie besonders dramatischen, konfliktgeladenen Situation gezeigt. In den ersten beiden Staffeln von »Big Brother« wurde diese Situation von der Erzählerstimme im Off hervorgehoben. Allerdings zeigte sich, dass diese Spannungsbögen anders als bei den fiktionalen Soaps häufig ins Leere liefen. Denn das Leben und die Gespräche der Kandidaten im Container verliefen nicht nach den Plänen eines Drehbuches, sondern nach Lust und Laune »echter« Menschen, sie entwickelten sich aufgrund der Gruppendynamik der Bewohner. Deren Aktionen im Haus entzogen sich immer wieder der Soapstruktur. Dadurch wurde der Charakter des Authentischen unterstrichen, der dem Leben der Kandidaten im Haus anhaftete. Ein Stilmittel von Soapoperas, das bei »Big Brother« häufig verwendet wurde, waren Nah- und Großaufnahmen von Kandidaten. Diese Darstellungskonvention zielt auf Emotionalität. Die gefühlsmäßigen Regungen der Bewohner sollen damit den Zuschauern nähergebracht werden. Das verweist auf ein letztes Element, das bei »Big Brother« eine wichtige Rolle spielt. Im Mittelpunkt der Inszenierung standen die persönlichen Beziehungen der Bewohner untereinander. Aus diesen Beziehungen wurden dank der Soapkonventionen erzählbare Geschichten, die dem Publikum dargeboten wurden. Daraus lässt sich ableiten, dass die Inszenierung von »Big Brother« sich vorhandener Inszenierungsmuster eines anderen Genres bedient und sich so den Sehgewohnheiten der Zuschauer anpasst. Darin dürfte ein weiterer Grund für die Faszination des Formats liegen.

Nach diesem Muster funktionierten die ersten beiden Staffeln von »Big Brother«, nicht jedoch die dritte Staffel. In ihr wurden mehrere Elemente, die zum Erfolg der ersten beiden Staffeln beitrugen, aufgegeben. Während die ersten beiden Staffeln einen starken Soapcharakter aufwiesen, war davon in der dritten Staffel kaum noch etwas übrig. Das lag unter anderem daran, dass nicht mehr die Beziehungen zwischen den Kandidaten im Mittelpunkt der Erzählung standen, sondern vorwiegend einzelne Charaktere, die sich weder richtig auf Konflikte noch auf Freundschaften im Container einließen.

Gehörten in den ersten beiden Staffeln die Liebesbeziehungen zwischen Kerstin und Alex sowie Daniela und Karim zu den Höhepunkten der Inszenierung, blieb das in der dritten Staffel ins Haus geschickte, bereits existierende Paar Katja und Cornelius blass. Das wiederum lag auch daran, dass sich die beiden an den für die dritte Staffel typischen Gesprächen beteiligten, in denen es vor allem darum ging, dass die Kandidaten im Haus »anders« seien als draußen. Statt des

Lebens im Container wurde das Leben »draußen« thematisiert. Da die Kandidaten in der dritten Staffel permanent betonten, dass es einen Unterschied zwischen dem Leben im Container und dem Leben »draußen« gebe, erübrigte es sich für die Zuschauer, genau diesen Unterschied interpretativ und kommunikativ auszuhandeln. Die Kandidaten gingen nicht in ihren Rollen als Bewohner des »Big Brother«-Hauses auf, sondern übten sich in Rollendistanz, machten sich selbst zu Beobachtern ihres uneigentlichen Tuns. Dadurch wurden sie für die Zuschauer uninteressant. Zugleich wurde in der dritten Staffel die Betonung des Alltagslebens im Container – auch wenn es sich nur um die Inszenierung eines Alltags für Publikum handelte – aufgegeben zugunsten eines stärkeren Eventcharakters. Neben den täglichen Zusammenfassungen gab es in dieser Staffel eine zusätzliche wöchentliche Sendung am Dienstag, in der live aus dem Haus berichtet wurde. In diesen Liveschaltungen wurden besondere Events gezeigt, wie z.B. ein Essen, bei dem die Kandidaten geröstete Insekten und lebende Maden verschlangen, oder der Besuch eines Hypnotiseurs, der die Kandidaten in Trance versetzte. Die Vernachlässigung der Elemente, die den Erfolg der ersten beiden Staffeln ausgemacht hatten, führte dazu, dass die dritte Staffel von »Big Brother« einen großen Zuschauerschwund zu beklagen hatte. Der Vergleich der ersten drei Staffeln macht die Veränderung der Genremischung – von der Dominanz der Soapelemente hin zu einer Dominanz von Eventelementen, die eher für Spielshows typisch sind – deutlich. Dadurch lässt sich auch die Veränderung in der Faszination für das Publikum erklären. Für den Erfolg bei den Zuschauern sind jedoch noch weitere Faktoren verantwortlich (vgl. Mikos u.a. 2000, S. 105 ff.).

Die verschiedenen Genreelemente von Reality-Shows adressieren unterschiedliche Publika. Jedes Element stellt einen eigenen Interpretationsrahmen für die Zuschauer dar. Allerdings gibt es im hybriden Genre- und Stilmix Rahmungen, die dominant sein können, wie der Soaprahmen in den ersten beiden Staffeln von »Big Brother« und dann wieder ab der vierten Staffel, auch wenn er sich, wie in der sechsten Staffel zu sehen, abnutzen kann. In der Show »Ich bin ein Star – Holt mich hier raus!« dominieren die Elemente Boulevard und Comedy, während der Spiel- und Soapcharakter eher im Hintergund läuft und nur in einzelnen Episoden in den Vordergrund rückt (vgl. Mikos 2007, S. 212 ff.). Es kommt in der Analyse darauf an, die Mischung der verschiedenen Stile und Genrekonventionen, die für integrierte Hybridformate typisch sind, herauszuarbeiten, weil sich daraus die Faszination für die verschiedenen Publika erklären lässt. Indem Hybridformate verschiedene Interpretationsrahmen bieten, müssen sich die Zuschauer in ihrem Alltag und ihrer Lebenswelt ihrer eigenen Interpretationen versichern. Dadurch setzen sich diese Formate in der sozialen Kommunikation der Zuschauer fort.

2.3 Zitierte Literatur

Altman, Rick (1998): Reusable Packaging. Generic Products and the Recycling Process. In: Browne, Nick (Hrsg.): Refiguring American Film Genres. Theory and History. Berkeley, CA, S. 1–41

Altman, Rick (1999): Film/Genre. London

Berry-Flint, Susan (2004): Genre. In: Miller, Toby/Stam, Robert (Hrsg.): A Companion to Film Theory. Oxford, S. 25–44

Blanchet, Robert (2003): Blockbuster. Ästhetik, Ökonomie und Geschichte des postklassischen Hollywoodkinos. Marburg

Casetti, Francesco (2001): Filmgenres, Verständigungsvorgänge und kommunikativer Vertrag. In: Montage/AV 10/2, S. 155–173

Gomery, Douglas (2003): The Hollywood Blockbuster. Industrial Analysis and Practice. In: Stringer, Julian (Hrsg.): Movie Blockbusters. London/New York, S. 72–83

Hall, Sheldon (2002): Tall Revenue Features. The Genealogy of the Modern Blockbuster. In: Neale, Steve (Hrsg.): Genre and Contemporary Hollywood. London, S. 11–25

Kilborn, Richard (2003): Staging the Real. Factual TV Programming in the Age of »Big Brother«. Manchester/New York

King, Geoff (2003): Spectacle, Narrative, and the Spectacular Hollywood Blockbuster. In: Stringer, Julian (Hrsg.): Movie Blockbusters. London/New York, S. 114–127

Lacey, Nick (2000): Narrative and Genre. Key Concepts in Media Studies. New York

Mikos, Lothar (2007): »Ich bin ein Star – Holt mich hier raus!« Eine Formatbeschreibung und Bewertung. In: Döveling, Katrin/Ders./Nieland, Jörg-Uwe (Hrsg.): Im Namen des Fernsehvolkes. Neue Formate für Orientierung und Bewertung. Konstanz, S. 211–239

Mikos, Lothar/Eichner, Susanne/Prommer, Elizabeth/Wedel, Michael (2007): Die »Herr der Ringe«-Trilogie. Attraktion und Faszination eines populärkulturellen Phänomens. Konstanz

Mikos, Lothar/Feise, Patricia/Herzog, Katja/Prommer, Elizabeth/Veihl, Verena (2000): Im Auge der Kamera. Das Fernsehereignis »Big Brother«. Berlin (2., neu bearbeitete und erweiterte Auflage)

Mikos, Lothar/Prommer, Elizabeth (2002): Das Fernsehereignis »Big Brother«. Analyse und Vergleich der drei Staffeln in Deutschland. In: Baum, Achim/Schmidt, Siegfried J. (Hrsg.): Fakten und Fiktionen. Über den Umgang mit Medienwirklichkeiten. Konstanz, S. 325–337

Neale, Steve (1981): Genre and Cinema. In: Bennett, Tony u.a. (Hrsg.): Popular Television and Film. London, S. 6–25.

Neale, Steve (2000): Genre and Hollywood. New York

Schanze, Helmut (2000): »Big Brother« oder die Erfindung des Nebenbeifernsehens. In: Weber, Frank (Red.): »Big Brother«. Inszenierte Banalität zur Prime Time. Münster, S. 3–9

Schatz, Thomas (1993): The New Hollywood. In: Collins, Jim/Radner, Hillary/Collins, Ava Preacher (Hrsg.): Film Theory Goes to the Movies. London/New York, S. 8–36

Stringer, Julian (2003): Introduction. In: Ders. (Hrsg.): Movie Blockbusters. London/New York, S. 1–14

Thompson, Kristin (2003): Fantasy, Franchises, and Frodo Baggins: »The Lord of the Rings« and Modern Hollywood. In: The Velvet Light Trap, 52, S. 45–63

Whiteside, Thomas (1981): The Blockbuster Complex. Conglomerates, Show Business and Book Publishing. Middletown

3. Dichte Erzählung: Spannungsinszenierung in »24«

Zu Beginn des 21. Jahrhunderts haben sich neue Erzählformen in Fernsehserien etabliert, die eine neue Qualität hervorgebracht haben. Serien wie »Heroes«, »Lost« und »24« verändern auch die Sehgewohnheiten (vgl. Chamberlain/ Ruston 2007). Sie sind bereits für die Vermarktung auf DVD produziert, da die Dichte der Erzählung einen Sog erzeugt, dem sich die Zuschauer kaum entziehen können und der wiederholtes Ansehen erforderlich macht. Um der komplexen Struktur der Serien folgen zu können, ist ein tiefes Eintauchen in die Geschichte notwendig, das nicht auf eine wöchentliche »Häppchen«-Rezeption einzelner Episoden zielt, sondern auf eine durchgängige Rezeption von möglichst ganzen Staffeln. Im Folgenden werden die Strukturen der Spannungsinszenierung in der Serie »24« untersucht. Analysiert wurden die 24 Folgen der ersten Staffel, die auf DVD zur Verfügung standen.

Die amerikanische Fernsehserie »24«, deren erste Staffel im September 2003 auf RTL II lief, wurde im Rahmen einer groß angelegten Werbeaktion als innovatives, formal und konzeptionell neue Maßstäbe setzendes Serienhighlight angekündigt. Dabei wurde vor allem der Echtzeitcharakter der Serie als neuartig herausgestellt: 24 Stunden im Leben des Protagonisten Jack Bauer entsprechen genau 24 Stunden im Leben der Zuschauer (vgl. Furby 2007; Peacock 2007). Die Analyse zeigt jedoch, dass das Echtzeitprinzip eher unwesentlich für die Faszination und Attraktivität von »24« ist, da die »Echtzeit« für die Zuschauer nicht wirklich erlebbar ist – einerseits wegen der Werbepausen, andererseits wegen der Programmierung, die nicht Jack Bauers Tagesverlauf entspricht. Der Echtzeiteffekt hat daher auch keinen maßgeblichen Einfluss auf Spannung und Dramatik.

In der Presse wurde die Serie als »ungemein spannend« und »temporeich« beschrieben (NEW YORK TIMES). Die Inszenierung von Spannung in einer dichten Erzählung scheint *das* herausstechende Merkmal von »24« zu sein, das die Serie für die Zuschauer besonders attraktiv macht. Der Fokus der Analyse liegt daher auf den dramaturgischen Mitteln, die zur Erzeugung von Spannung eingesetzt werden.

Jede Folge von »24« beginnt mit den Worten: »I'm Federal Agent Jack Bauer and today is the longest day of my life.« Jack Bauer, Chef einer Spezialeinheit der CIA zur Bekämpfung von Terroristen, erlebt den längsten Tag seines Lebens – und die Zuschauer mit ihm. Innerhalb von 24 Stunden muss Jack Bauer mit seinem Team ein geplantes Attentat auf den Präsidentschaftskandidaten David Palmer verhindern. Dieser Tag und seine 24 Stunden geben die formale Struktur der Serie vor. Die 24 Folgen der Serie entsprechen den 24 Stunden dieses einen Tages. Folglich erzählen sie keine in sich abgeschlossenen Geschichten, sondern eine übergeordnete zukunftsorientierte Geschichte, die auf den finalen Schlusspunkt, nämlich das Ende des Tages und damit entweder (hoffentlich nicht) das Attentat, das verübt werden soll, oder (hoffentlich) seine Vereitelung zustrebt – »und die Uhr tickt …« (RTL II, Presseheft zur Serie, S. 2). Bereits über diese formale *Countdown*-Struktur wird Spannung aufgebaut, und zwar nach dem gängigen Muster »Schafft er's oder schafft er's nicht?«.

Die formal-dramaturgische Struktur von »24« ähnelt der einer Serie (vgl. Celko u.a. 2005, S. 75 ff.). Verschiedene Handlungsstränge werden miteinander verwoben und alternierend erzählt, wobei am Ende einer Folge jeweils ein Handlungsstrang seinen Höhepunkt erreicht. Über das klassische Serienmerkmal des *Cliffhangers* wird Spannung erzeugt und über die einzelne Folge hinaus verlängert. Auf die Serie trifft die Definition des Mehrteilers zu, denn »in Mehrteilern werden abgeschlossene Geschichten erzählt, die auf mehrere Folgen aufgeteilt sind« (Mikos 2001, S. 228). Im Haupthandlungsstrang von »24« wird die in sich abgeschlossene Geschichte der Vereitelung eines geplanten Attentats auf den amerikanischen Präsidentschaftskandidaten Palmer erzählt. Auch sämtliche Nebenhandlungen werden spätestens in der letzten Folge abgeschlossen. An den Anfang jeder neuen Folge wird, auch dies charakteristisch für einen Mehrteiler, eine Zusammenfassung der bisherigen Ereignisse gestellt, den Schluss jeder Folge bildet ein Ausblick auf kommende Ereignisse. Diese Mischung aus Serienmerkmalen wie dem *Cliffhanger* einerseits und der inhaltlichen Abgeschlossenheit nach einer bestimmten Anzahl von Folgen andererseits folgt dem konventionellen Schema lateinamerikanischer Telenovelas.

Darüber hinaus könnte man die einzelnen Staffeln aus einer Art Makroperspektive heraus auch als Reihe betrachten, mit in sich abgeschlossenen Geschichten. Ähnlich wie bei einer Krimireihe wird bei »24« der Fall bzw. die Aufgabe, die der Agent Jack Bauer erledigen muss, innerhalb einer Staffel abgeschlossen. Jede Staffel entspräche dabei einer Folge, die »eine einzelne Episode aus dem Leben der Protagonisten erzählt, die auch innerhalb der Folge abgeschlossen wird« (ebd.). Aus dieser Makrosicht heraus ist »24« trotz ihrer determinierten Laufzeit von 24 Folgen pro Staffel durchaus auf Endlosigkeit angelegt – eben so lange, wie sie beim Zuschauer genügend Interesse weckt.

Inhaltlich bietet die Serie dem Zuschauer eine Genremischung aus Agenten-thriller, Actionfilm und Drama. Sie vereint dementsprechend sowohl formale als auch inhaltliche Merkmale unterschiedlicher Gattungen und Genres und schafft so ein erhöhtes Attraktivitätspotenzial für die Zuschauer (vgl. Peacock 2007).

Die Erzählweise von »24« basiert zum großen Teil auf Stereotypen der Span-nungserzeugung, die nicht originär und neu sind, sondern die der Zuschauer bereits aus anderen Filmen bzw. Fernsehserien kennt. In dem Thriller »Gegen die Zeit« entspricht die Länge des Films, genau wie bei »24«, dem zeitlichen Ablauf der Handlung. Ein Versicherungsangestellter, gespielt von Johnny Depp, wird von Entführern gezwungen, ein Attentat zu verüben. Er hat 90 Minuten Zeit, um das Attentat auf eine Senatorin auszuführen; schafft er es nicht, wird seine Tochter umgebracht, schafft er es, wird er selbst getötet. Er muss also in den 90 Minuten eine Lösung finden, bei der weder seiner Tochter noch ihm, noch der Senatorin Schaden zugefügt wird.

Über diese Erzählkonvention wird auch in »24« Spannung aufgebaut. Die Zuschauer fiebern mit, ob Jack Bauer es schafft, in den 24 Stunden das Attentat auf Senator Palmer zu verhindern und seine Frau und Tochter aus der Gewalt der Entführer zu befreien. Die Zuschau-er werden durch die Einblendung der Uhr (vgl. Abb. 49) immer wieder daran erinnert, dass die Zeit läuft, für Jack Bauer abläuft. Neben diesem die Serie rahmenden zentralen *Countdown* gibt es eine Vielzahl kleinerer Spannungsmo-mente, die nach demselben Prinzip kon-struiert sind. In Episode 7 beispielsweise soll Jack Bauer, der von Gaines über Kameras und ein Funkgerät im Ohr kontrolliert wird, eine Keycard vertau-

Abb. 49

schen: »Jack, Sie haben drei Minuten Zeit, um das zu erledigen.« Schafft Jack es nicht, droht Gaines seine Tochter umzubringen. Der Wettlauf gegen die Zeit ist bei »24« ein zentrales und stereotypes Muster zur Erzeugung von Spannung.

Dem Konflikt um die Entführung seiner Tochter Kim und später seiner Frau Teri liegt eine Thrillerstruktur zugrunde, die hier näher betrachtet werden soll.

Kim und Teri geraten völlig unerwartet in die Hände der Entführer. Dies ist ein ganz klassisches Genremerkmal, mit dem viele Thriller arbeiten. Aufgrund der speziellen Konfliktkonstellation ist der Zuschauer durch empathische Prozesse emotional besonders stark am Schicksal der Figuren beteiligt und das Spannungserleben wird durch diese emotionale Beteiligung intensiviert. Die Gefahr in Thrillern baut sich immer mehrfach, sich steigernd, auf. Nach dem für Thriller typischen Muster des »untoten Toten« geraten auch Kim und Teri nach der vermeintlichen Rettung in Episode 13, die mit einer Entspannung für den Zuschauer einhergeht, immer wieder aufs Neue in die Hände der Entführer und damit in große Gefahr. Dieses Einbrechen der Gefahr in vermeintlich sichere Refugien der Protagonisten (z.B. das »Schutzhaus« oder die CTU, die Zentrale der Antiterror-Einheit von Jack Bauer) nimmt sowohl den Figuren als auch den Zuschauern das Vertrauen in ihre Umwelt. Nachdem Teri mehrere Stunden mit dem vermeintlichen Vater von Janet York verbracht und sogar ein Vertrauensverhältnis zu ihm aufgebaut hat, muss sie feststellen, dass dieser sie in Wirklichkeit entführen will. Sie schafft es, ihrem Entführer zu entkommen, und bittet über Handy eine Arbeitskollegin ihres Mannes, sie abholen zu lassen. Doch in dem Wagen, der kurz darauf zur vermeintlichen Rettung erscheint, sitzen Drazens Männer, die sie schließlich in das Versteck bringen, in dem sie die nächsten Stunden gefangen gehalten wird. Im Laufe der Serie lernt der Zuschauer diese Konvention, nämlich, dass die Figur selbst dort, wo es sicher *erscheint,* nicht sicher *ist.* Das Gefühl der Sicherheit und das Vertrauen, die im Alltag von Figuren und Zuschauern besonders wichtig sind, gehen verloren. Misstrauen wird zu einer festen Größe für die Figuren (vgl. Calef 2008). Die Unsicherheit erzeugt eine permanente Bedrohung und damit Spannung.

In Episode 16 wird durch Teris vorübergehende Amnesie das verlorene Vertrauen in die alltägliche Wirklichkeit noch weiter potenziert zu einem quasi totalen Kontrollverlust, da Teri nun nicht einmal mehr weiß, wer sie ist, *wovor* sie eigentlich Angst hat und wem sie trauen kann. Dieser ständige Wechsel von Gefahrensituation und (vermeintlicher) Sicherheit und Rettung verlängert nicht nur den Konflikt und die Spannung der Entführungsgeschichte um Kim und Teri über die gesamte Staffel, sondern bringt den Zuschauer wie die Figur Teri zudem an den Rand des Kontrollverlusts. »24« verdichtet hier konventionelle Muster zur Erzeugung von Unsicherheit und Bedrohung (vgl. Kapitel II.2.4), wie sie im Thriller und im Horrorfilm (vgl. Grixti 1989, S. 147 ff.) eingesetzt werden.

Dieses Spiel um Vertrauen und Misstrauen ist ein ganz zentrales Element der Spannungserzeugung bei »24«. In der ersten Folge wird Jack Bauer von Walsh gebrieft, dass möglicherweise ein Mitarbeiter seines Teams in den geplanten Anschlag verwickelt ist: »Don't trust anybody, not even your own people.« Die Spannung wird so noch weiter erhöht, denn der Verdächtige kommt nicht von außen, sondern aus dem unmittelbaren (wie sich später herausstellt, intimen) Umfeld des Protagonisten. Jack Bauer kann niemandem trauen – und der Zuschauer ebenso wenig (vgl. Calef 2008). Der Zuschauer kann nur versuchen, die Informationen, die ihm der Fernsehtext bietet, seien es Blicke zwischen Toni und Nina oder Nina und Jamey, zu deuten und dementsprechende Vermutungen darüber anzustellen. Wirklich *wissen* wird er es erst in der letzten Folge.

Die bereits erwähnten subtilen Hinweise wie Blicke und Beobachtungen der Figuren untereinander erzeugen ein latentes Misstrauen unter den CTU-Mitarbeitern und ein eher unbestimmtes Spannungsgefühl beim Zuschauer. Daneben werden auch ganz gezielt Informationen gegeben, die letztendlich aber fast immer auf die falsche Fährte führen. Bevor Walsh erschossen wird, schafft er es noch, Jack eine Chipkarte mit wichtigen Informationen zu geben. Jack solle sie Jamey zum Entschlüsseln geben, ihr könne man vertrauen. Aus dem Mund von Walsh, der Jack zuvor einschärfte, niemandem in der CTU zu trauen, klingt dies wenig vertrauenerweckend. Tatsächlich stellt sich später heraus, dass Jamey der Maulwurf in der CTU ist.

Oder aber die Fährte war richtig, wird aber im Laufe der Serie immer wieder umgeleitet: Nach Auswertung besagter Chipkarte stellt sich heraus, dass sie an Ninas Computer erstellt wurde. Nina kann jedoch glaubhaft belegen, dass sie in der fraglichen Zeit nicht an ihrem Computer gearbeitet hat: Hier gibt es dann eine Andeutung, dass sie mit Jack ein Liebeswochenende verbracht hat. Zwei Dinge sind an dieser Szene dramaturgisch bemerkenswert: Die enge (intime) Beziehung, die Jack und Nina verband, wird deutlich, und das Vertrauen in Nina wird wiederhergestellt. Jack dagegen steht plötzlich in schlechtem Licht da, weil er Nina eine Tätigkeit als Maulwurf nicht nur zugetraut, sondern auch vor anderen unterstellt hat. Diese Szene bereitet dramaturgisch die Erschießungsszene Ninas vor, die durch das wiederhergestellte Vertrauen des Zuschauers in Nina auf den Zuschauer emotional viel stärker wirken kann.

Auch zu dem falschen Alan York wird über mehrere Folgen ein Vertrauensverhältnis aufgebaut. Teri hat bereits vier Stunden mit ihm verbracht, sie haben gemeinsam ihre beiden Töchter gesucht, sich über die Probleme mit den Teenagern ausgetauscht, und Jack hat sogar mit Alan York telefoniert und ihm für seine Hilfsbereitschaft gedankt. Der falsche Alan York nimmt damit fast eine Stellvertreterrolle von Jack ein. Nach einer solchen Vorbereitung ist die Tatsache, dass der Mann, den Teri und die Zuschauer die ganze Zeit für den Vater von Janet York gehalten haben, Janet schließlich nach all dem, was sie in den letzten vier Stunden durchgemacht hat, im Krankenhaus, dem vermeintlichen Ort der Rettung, kaltblütig umbringt, ein Schock für den Zuschauer. Solche Schockmomente, werden durch die Dramaturgie der Serie evoziert, indem die Zielsituation emotional aufgeladen wird und durch einen Vertrauensbruch eine plötzliche Wendung entsteht.

Die Serie schafft es auf bemerkenswerte Weise, den Zuschauer emotional am Schicksal der Figuren teilhaben zu lassen und dadurch das Spannungserleben zu intensivieren. Je sympathischer und verletzlicher eine Figur auf den Zuschauer wirkt, desto eher versetzt er sich in ihre (bedrohliche und gefährliche) Lage und desto stärker nimmt er Anteil an ihrem Schicksal. In dem oben gezeigten Beispiel wird Nina dem Zuschauer durch das Unrecht, das ihr von einem ihr nahestehenden Menschen zugefügt wurde, sympathisch. Teri, Kim und auch ihre Freundin Janet sind dagegen die klassischen Opfer: unschuldige, wehrlose Frauen, die in die Hände von Entführern geraten.

Besonders erleichtert wird der Zugang zu den Figuren durch ihre persönlichen, meist familiären Probleme. Die Charaktere wirken dadurch glaubhafter, und Glaubhaftigkeit ist für das Spannungserleben eine wichtige Voraussetzung. Die Gesichter der Figuren werden in »24« außerdem häufig in Nahaufnahmen gezeigt, was die Emotionen für die Zuschauer erlebbar macht. Verbunden mit der Unvorhersehbarkeit des Handlungsausgangs erzeugen die Konflikte der Figuren beim Zuschauer Spannung. Alle Protagonisten der Serie haben ein Problem, einen Konflikt, den sie lösen müssen, und auf ihrem Weg dorthin tauchen ungeahnte Hindernisse auf. Der Ausgang bzw. jedwede Lösung des Konflikts stellt für den Zuchauer das Spannung auslösende Moment dar. Die Serie weist ein hohes Maß an Konflikthaftigkeit auf, was charakteristisch für Spannungsfilme ist. Interessant ist dabei die Vielfalt der Konflikte, die sich im Laufe der Serie entwickeln und die sowohl latente als auch zielgerichtete und normierte, also an Erzählkonventionen gebundene Spannung erzeugen (vgl. Wuss 1999, S. 105 ff.).

Der Zuschauer baut auf der Grundlage von Informationen, die er dem Fernsehtext entnimmt, ständig Hypothesen und Erwartungshaltungen in Bezug auf den weiteren Verlauf der Handlung auf. »Spannung im weitesten Sinne entsteht generell im Umgang mit Unbestimmtheit, als Folge filmischer Problemsituationen« (ebd., S. 115). Im Haupthandlungsstrang steht der eindeutigen, für den Zuschauer schnell und einfach nachzuvollziehenden Problemsituation neben der allgemeinen Unsicherheit über den Fortgang der Handlung zusätzlich die Unsicherheit über die Identität der Attentäter gegenüber. Die Spannung wird hier über ein klassisches Rätselschema erzeugt: Wer steckt hinter dem geplanten Anschlag und warum, und wann und wie und wo wird der Anschlag stattfinden?

Naturgemäß stellen sich Jack Bauer und den anderen Protagonisten bei der Bewältigung ihrer Aufgaben und Probleme Hindernisse in den Weg. Sonst würde die Spannung weder über zwei, geschweige denn über 24 Stunden aufrechterhalten werden können. Die Handlung nimmt im Verlauf der 24 Stunden immer wieder für den Zuschauer unerwartete Wendungen. Diese *Plotpoints* oder Wendepunkte führen durch erneute Verunsicherung beim Zuschauer zu einer Spannungssteigerung. Anstelle der erwarteten Zielsituation eines Handlungsabschnitts tritt etwas gänzlich Unerwartetes ein. Der Zuschauer muss sich ganz plötzlich umorientieren.

Charakteristisch für »24« ist die Vielzahl der in relativ kurzen Abständen folgenden Wendepunkte. Dies ergibt sich zum einen aus der Vielzahl der Handlungsstränge und zum anderen aus der extrem kleinteiligen, dichten und vor allem sehr temporeichen Erzählweise. Keine Szene dauert länger als drei Minuten, die durchschnittliche Szene zwei Minuten, kurze Szenen häufig nur ein bis anderthalb Minuten. Die Spannungshöhepunkte der einzelnen Handlungsstränge sind häufig gegeneinander versetzt, in einigen Fällen treten sie aber zur Potenzierung der Spannung auch gleichzeitig auf. Der Zuschauer kommt so kaum zum Luftholen und wird förmlich an den Bildschirm gefesselt.

Auch innere Konflikte erzeugen Spannung, wenn auch auf anderer Ebene als die äußeren Konflikte um die Entführung und das Attentat. Senator Palmer erhält beispielsweise in der ersten Folge einen Anruf von einer Journalistin. Er wirkt danach bedrückt und ernst, rückt aber auf Nachfragen seiner Frau nicht mit der Sprache heraus. Später erfährt der Zuschauer, dass ihm in dem Telefonat mitgeteilt wurde, dass sein Sohn Keith möglicherweise in den Tod des Vergewaltigers seiner Schwester verwickelt ist und die Journalistin diese Geschichte an die Öffentlichkeit bringen will. Damit wird um Senator Palmer ein innerer Konflikt etabliert: Einerseits möchte Palmer seinem Sohn und seiner Tochter eine Aussage in der Öffentlichkeit ersparen, andererseits kann er es sich als Präsidentschaftskandidat am Tag vor den Vorwahlen nicht leisten, einen solchen Vorfall zu verschweigen oder gar abzustreiten. Dieser innere Konflikt wird wiederum externalisiert in der Beziehung zu seiner Frau, die ihn drängt, den Vorfall zu verschweigen. Wie also wird sich Senator Palmer verhalten? Wie kommt er aus dieser Situation heraus? Und wie wird die Öffentlichkeit darauf reagieren? Die Spannung ergibt sich für den Zuschauer aus der Reaktion und den weiteren Handlungsschritten Palmers zur Lösung seines Problems. Zugleich kann dieser Anruf, dessen Inhalt dem Zuschauer zunächst verborgen bleibt, als »kataphorisches Textelement« (Wulff 1996, S. 2) begriffen werden. Darunter werden Textstrukturen verstanden, die dazu dienen, künftige Ereignisse, Entwicklungen und Konflikte anzuzeigen bzw. heraufzubeschwören. Kataphorische Textelemente gelten als ein wesentliches Mittel, um Erwartungen der Zuschauer auf den Fortgang der Handlung zu wecken (vgl. ebd.). Sie bauen Spannung auf.

Auch Jack Bauer hat einen für die Geschichte zentralen inneren Konflikt. Er steht durch die Ereignisse zwischen seinem Beruf und seiner Familie und möchte doch beides: im Beruf sein Bestes geben, für seine Familie da sein und sie beschützen. Letztlich scheitert er, seine Frau Teri und das ungeborene Kind sterben. Verbunden mit Teris Tod und den damit einhergehenden Schuldgefühlen bildet dieser Konflikt eine wichtige *Backstory* für die folgenden Staffeln. Für alle Beteiligten der Geschichte steht im Falle eines Scheiterns viel auf dem Spiel. Schafft es Jack Bauer nicht, den Anschlag zu verhindern, prognostiziert Walsh in der ersten Folge: »It will tear this country apart.« Außerdem steht Jacks Familie auf dem Spiel. Für Palmer steht sein Leben und seine Kandidatur auf dem Spiel, für Teri und Kim ebenfalls nicht weniger als ihr Leben, für Nina ihre Freiheit usw. Dadurch wird das Spannungserleben der Zuschauer intensiviert.

Diese Mischung aus inneren und familiären Konflikten der Figuren und genrekonventionellen äußeren Konflikten und damit einhergehend eine Mischung unterschiedlicher Spannungseffekte bieten dem Zuschauer ganz verschiedene Spannungserlebnisse, von latenter Angespanntheit über diffuse Erwartungen bis hin zu zielgerichteten Hypotheseformulierungen.

> »Wie in allen zeitlichen Künsten hat der Rezipient grundsätzlich eine Erwartung gegenüber dem, was folgt. Er will wissen, wie es weitergeht, welchen Verlauf die angekündigten Ereignisse nehmen. Diese psychische Aktivität ist zwangsläufig. Sie entstammt dem menschlichen Bedürfnis nach praktischer Beherrschung von Lebenssituationen, das die Bestrebung einschließt, künftiges Geschehen besser vorauszusehen, um darauf angemessen reagieren zu können. Dabei durchdringen sich kognitive und emotionale Beziehungen« (Wuss 1999, S. 102).

Der Zuschauer versucht demnach gegenüber dem Handlungsverlauf der Geschichte eine passive Kontrollkompetenz zu erlangen. Um diese Kontrollkompetenz aufbauen zu können, benötigt er Informationen. Eine Strategie von »24« zur Erzeugung von Spannung besteht im dramaturgischen Aufbau von Situationen, in denen dem Zuschauer wichtige, für die Prognose des weiteren Geschehens notwendige Informationen fehlen.

Das Spannungserleben des Zuschauers resultiert dabei zum einen aus der Unsicherheit den kommenden Ereignissen gegenüber, zum anderen kann es durch Überraschung zu einem plötzlichen, kurzen Spannungsempfinden mit anschließender Unsicherheit über den weiteren Handlungsverlauf kommen. Der *Surprise*-Effekt zwingt den Zuschauer, sich in kürzester Zeit neu zu orientieren. Eine andere, ganz klassische Strategie der Spannungserzeugung besteht darin, dem Zuschauer durch Informationen einen Wissensvorsprung gegenüber einer Figur zu verschaffen. Ein häufiges Spannungsmittel bei »24« ist das dramaturgische Prinzip: Hilfe ist nah, bleibt aber (teilweise von beiden Seiten) unbemerkt bzw. erreicht die Person nicht. Der Van mit der entführten Kim nimmt dem Auto, mit dem Teri und der falsche Alan York auf der Suche nach ihr sind die Vorfahrt (vgl. Abb. 50 und Abb. 51).

Abb. 50   Abb. 51

In Episode 4 klingelt von Teri unbemerkt ihr Handy, das sie beim Aussteigen auf dem Beifahrersitz liegengelassen hat. Am anderen Ende ist Jack, der ihr in der momentanen Situation helfen könnte (eine Polizeikontrolle hält Teri und Alan bei ihrer Suche nach Kim auf; ein klärendes Gespräch zwischen Polizist und Jack könnte sie schnell aus der Lage befreien). Natürlich fährt auch hier der Van mit Kim an der Verkehrskontrolle vorbei, zum Greifen nah. Diese Situationen werden häufig über das ästhetische Mittel des Splitscreens realisiert (vgl. auch Allen 2007; Jermyn 2007). In einem Fenster sieht der Zuschauer Jack Bauers Hand auf seinem Handy, im Display ist Teris Name zu lesen; er drückt die Verbindungstaste. In einem anderen Fenster sitzt Teri im Auto, sie schaut sich um, löst den Sicherheitsgurt, um auszusteigen (vgl. Abb. 52). In der Folge wird die Szene mittels Parallelmontage weitergeführt. Man sieht Teri aus dem Auto steigen, das auf dem Beifahrersitz liegende, klingelnde Handy und schließlich Jack, der wieder auflegt, weil Teri nicht ans Handy geht. Teri und Alan stehen mit dem Polizisten auf dem Standstreifen, während der Van mit Kim an ihnen vorbeifährt (vgl. Abb. 53). In diesen Momenten erfüllen der Splitscreen und die Parallelmontage eine dramaturgische Funktion, die die Spannung steigert, indem dem Zuschauer ein Wissensvorsprung verschafft wird. Der Zuschauer hat dadurch den dringenden Wunsch, in das Geschehen einzugreifen, um den Protagonisten zu helfen. Diese Spannungsmomente sind relativ kurz und dramaturgisch nicht durch einen großen Spannungsbogen motiviert. Solche kleinen Suspense-Effekte sind allerdings sehr charakteristisch für »24«.

Abb. 52   Abb. 53

Anhand der folgenden Szene lassen sich größere dramaturgische Strukturen darstellen, mit denen in der Serie sowohl Suspense- als auch Surprise-Effekte erzeugt werden: Elisabeth Nash, eine Mitarbeiterin aus Palmers Wahlkampfteam, erkennt in ihrem momentanen Liebhaber den vermeintlichen Attentäter Alexis Drazen. Als Lockvogel soll sie ihm einen Sender ins Jackett schmuggeln. Das Hotelzimmer, in dem das Treffen stattfindet, ist von Jack und seinem Team mit versteckten Kameras und Mikrofonen präpariert worden, um die Situation aus einem Nebenzimmer beobachten und gegebenenfalls eingreifen zu können. Mit Elisabeth ist der genaue Ablauf der Operation abgesprochen. Dadurch ist auch der Zuschauer über die zu erwartende Zielsituation in Kenntnis gesetzt. Er ist über den geplanten Ablauf genauestens informiert und wird dadurch in eine antizipatorische Sorge um Elisabeth verwickelt, denn sollte Alexis die Falle entdecken, steht Elisabeths Leben auf dem Spiel. Alexis' Leben ist wiederum für Jack wichtig, da er nur über ihn an wichtige Informationen kommen kann, die zur Verhinderung des Attentats führen könnten. Die Spannung besteht für den Zuschauer vorrangig in der Frage, ob Alexis die versteckten Kameras und damit die Falle entdeckt. Der Sender ist nach einigen brenzligen Situationen endlich platziert, und Elisabeths Handy klingelt, als Zeichen dafür, dass sie nun unter einem Vorwand den Raum verlassen kann. Eigentlich ist die Situation durch das klingelnde Handy entschärft. Es kann so gut wie nichts mehr schiefgehen. Dramaturgisch wird die Spannung aber sofort wieder aufgenommen, indem Elisabeth nicht wie verabredet an ihr Handy geht. Sie startet einen Alleingang, und weder Jack noch der Zuschauer wissen, was Elisabeth tun wird.

Diese Unsicherheit über den Handlungsfortgang ist eine andere als in den zwei Minuten zuvor, in denen der Zuschauer durch die Informationen, die er bekommen hat, eine Zielsituation vor Augen hatte und gespannt war, ob sie erreicht werden würde oder nicht. Die letzten Sekunden des Handlungsabschnitts sind dagegen durch eine Unsicherheit gekennzeichnet, die durch Nichtwissen entsteht. Das Wissen hat sich plötzlich verschoben: Elisabeth weiß zu diesem Zeitpunkt mehr als die Zuschauer (und Jack). Schließlich endet die Situation mit einer finalen Aktion Elisabeths, die für alle Beteiligten inklusive der Zuschauer überraschend kommt: Elisabeth zückt ein Messer und sticht Alexis Drazen nieder. Anders als in Hitchcocks berühmtem Suspense-Beispiel (vgl. Kapitel II.2.2) hofft der Zuschauer in dieser Situation nicht, dass Alexis die »Bombe«, sprich die Falle, entdeckt, sondern er bangt darum, dass er sie bloß *nicht* entdeckt, da nicht Alexis Sympathieträger der Szene ist, sondern Elisabeth. Welche Überraschung für den Zuschauer, als sich die Situation dann ganz plötzlich wandelt und nicht von Alexis die Gefahr und vermutete Gewalt ausgeht, sondern von Sympathieträgerin Elisabeth. Emotional aufgeladen wird die Szene zudem durch die Tatsache, dass Elisabeth und Alexis eine intime Beziehung miteinander haben. In dieser kurzen Szene finden sich alle klassischen Spannungsmomente des Thrillers wieder: Suspense (der Zuschauer weiß mehr als eine der Figuren) und Surprise (der Zuschauer weiß weniger als die Figur) mit der danach folgenden Unsicherheit über den Fortgang der Ereignisse durch eine unvorhersehbare Wendung in der Handlung und sofortige Aufnahme der Spannung durch das Klingeln von Drazens Handy. Die dramaturgisch geschickte Verknüpfung dieser beiden Spannungsformen ist ganz charakteristisch für die Spannungsdramaturgie von »24«.

Die Hinweise, die der Zuschauer durch den Fernsehtext bekommt, erhalten oft erst zu einem späteren Zeitpunkt aufgrund seiner kognitiven Mitarbeit eine Bedeutung. Die Spannung, die eine solche dramaturgisch ausgeklügelte »Informationspolitik« erzeugt, wird in »24« vor allem noch durch die große emotionale Anteilnahme des Zuschauers am Schicksal der Figuren gesteigert. Über die Dramaturgie wird die Zielsituation emotional vorbereitet. In ihr findet die Bedeutungskonstruktion statt, die häufig mit einer plötzlichen Wendung einhergeht. Das geschieht auf eine Weise, dass das Surprise-Moment nicht allein durch die Überraschung über diese Wendung zustande kommt, sondern auch durch die Konsequenzen für die Figuren. In der Regel ist die Konsequenz entweder der Verlust oder aber das Wiedererlangen von Vertrauen.

Ein Beispiel mag dies verdeutlichen: Nina sagt Jack auf den Kopf zu, dass er die Chipkarte, an deren Entschlüsselung sie gerade arbeiten, vertauscht hat, und droht damit, den Vorfall zu melden. Sie weiß nicht, dass Jack »ferngesteuert« von Gaines erpresst wird. Um das Leben seiner Tochter nicht zu gefährden, bringt Jack Nina in seine Gewalt. Die Pistole, mit der er sie bedroht, versteckt er unter einer Jacke, die er Nina umlegt, bevor er sie aus der CTU zu seinem Wagen lotst. Sie fahren zu einem Industriegebiet, wo Jack von Gaines die Order bekommt, Nina zu erschießen. Nach kurzem Zögern schießt er Nina, die sich verzweifelt wehrt, aus kürzester Entfernung vier Kugeln in den Oberkörper. Nina stürzt einen Abhang hinunter und bleibt reglos liegen. Der Zuschauer ist fassungslos. Der Schock wird durch die vorhergehende Szene, in der das Vertrauen in Nina wiederhergestellt wurde, verstärkt. Nina ist wieder eine sympathische Figur, der zudem durch Jacks Verdächtigung Unrecht angetan wurde. Durch die Erschießungsszene wird gleichzeitig das Vertrauen in Jack als guten, alles unter Kontrolle habenden Agenten und vor allem Freund untergraben. In der folgenden Episode stellt sich heraus, dass Nina nicht tot ist, weil sie eine schusssichere Weste anhatte. Toni lässt sich das Band der Überwachungskamera aus Jacks Büro bringen, weil er wissen will, was dort ablief – er sieht (und teilt das dem Zuschauer laut mit), dass Jack Nina eine schusssichere Weste überzieht. Den Hinweis auf die Schutzweste hat der Zuschauer in der vorhergehenden Folge bekommen. Das Vertrauen in Jack ist nicht nur wiederhergestellt, seine weise Voraussicht beeindruckt den Zuschauer und lässt Jack in seiner Gunst noch weiter steigen.

Technische Geräte wie Überwachungskameras und insbesondere Handys werden in der Serie häufig eingesetzt (vgl. Schuchardt 2008), um Informationen in kürzester Zeit an die Figuren und die Zuschauer zu verteilen. Diese Form der Informationsvergabe trägt ebenfalls zur temporeichen Erzählweise der Serie bei.

Spannung wird in »24« auf sehr unterschiedliche Arten erzeugt und bietet den Zuschauern ein Spannungserleben auf ganz verschiedenen Ebenen, von latenter, unterschwelliger Spannung, über lang anhaltende Spannung bei Suspense-Effekten bis zu kurzen, hohen Erregungszuständen bei Surprise-Effekten. Dieses Spannungserleben wird einerseits durch die ausgeklügelte Informationsvergabe möglich, andererseits durch die starke Emotionalisierung der Zielsituationen und der Figuren gesteigert und schließlich durch die Splitscreen-Ästhetik verstärkt. Genretypische Muster zur Erzeugung von Spannung und Bedrohung (vgl. Kapitel II.2.2 und II.2.4), die auf äußeren Konflikten beruhen werden ebenso eingesetzt wie Spannungsmuster, die sich aus den persönlichen und inneren Konflikten der Figuren ergeben. Die »kleinteilige« Erzählweise und die Vielzahl der Handlungsstränge ermöglichen außerdem einen schnellen Wechsel Spannungsreicher Wendepunkte. Charakteristisch für das Spannungserleben ist aber vor allem die starke emotionale Bindung des Zuschauers an die Protagonisten der Serie. Durch diese Bindung werden empathische Prozesse intensiviert. Man kann bei »24« von einer dichten Erzählung sprechen, bei der mit dramaturgischen und ästhetischen Mitteln permanent Spannung erzeugt wird, um die Zuschauer in das Geschehen auf dem Bildschirm hineinzuziehen. Das Format hat sich in dieser Hinsicht als innovativ erwiesen, indem es die verschiedenen beschriebenen Möglichkeiten zur Spannungserzeugung einsetzt, um ein dichtes Netz von Ereignissen zu schaffen, die auf Unsicherheit und Bedrohung basieren.

Zitierte Literatur

Allen, Michael (2007): Divided Interests: Split-Screen Aesthetics in »24«. In: Peacock, Steven (Hrsg.): Reading »24«. TV Against the Clock. London/New York, S. 35–47

Calef, Scott (2008): Living in a World of Suspicion: The Epistemology of Mistrust. In: Weed, Jennifer Hart/Davis, Richard/Weed, Ronald (Hrsg.): »24« and Philosophy. The World According to Jack. Malden, MA u.a., S. 129–141

Celko, Max u.a. (2005): Die Serie »24« als innovatives Fernsehformat. Geschichte, Programmierung und ästhetisch-dramaturgische Strukturen. Seminararbeit an der Hochschule für Film und Fernsehen »Konrad Wolf« in Potsdam-Babelsberg

Chamberlain, Daniel/Ruston, Scott (2007): »24« and Twenty-First-Century Qualitiy Television. In: Peacock, Steven (Hrsg.): Reading »24«. TV Against the Clock. London/New York, S. 13–24

Furby, Jacqueline (2007): The Demands »24«'s Real-Time Makes on its Audience. In: Peacock, Steven (Hrsg.): Reading »24«. TV Against the Clock. London/New York, S. 59–70

Grixti, Joseph (1989): Terrors of Uncertainty. The Cultural Conetxts of Horror Fiction. London/New York

Jermyn, Deborah (2007): Reasons to Split up. Interactivity, Realism and the Multiple-Image Screens in »24«. In: Peacock, Steven (Hrsg.): Reading »24«. TV Against the Clock. London/New York, S. 49–57

Mikos, Lothar (2001): Fern-Sehen. Bausteine zu einer Rezeptionsästhetik des Fernsehens. Berlin

Peacock, Steven (2007): »24«: Status and Style. In: Ders. (Hrsg.): Reading »24«. TV Against the Clock. London/New York, S. 25–34

Schuchardt, Read Mercer (2008): How the Cell Phone Changed the World and Made »24«. In: Weed, Jennifer Hart/Davis, Richard/Weed, Ronald (Hrsg.): »24« and Philosophy. The World According to Jack. Malden, MA u.a., S. 169–180

Wulff, Hans J. (1996): Suspense and the Influence of Cataphora on Viewer's Expectations. In: Voderer, Peter/Ders./Friedrichsen, Mike (Hrsg.): Suspense. Conceptualizations, Theoretical Analyses, and Empirical Explorations. Mahwah, NJ, S. 1–17

Wuss, Peter (1999): Filmanalyse und Psychologie. Strukturen des Films im Wahrnehmungsprozess. Berlin (2., durchgesehene und erweiterte Auflage; Erstausgabe 1993)

Ausblick: Film- und Fernsehanalyse in Zeiten zunehmender Medienkonvergenz

Filme und Fernsehsendungen können grundsätzlich als einzelne Werke oder Gruppen einer Analyse unterzogen werden. Sie werden zwar in ihre Komponenten zerlegt, müssen aber auch im Rahmen der Kontexte gesehen werden, die in der Kommunikation zwischen Film bzw. Fernsehsendung und Zuschauer wirksam sind. Sie müssen in die individuellen Medienmenüs der Konsumenten integrierbar sein. Das heißt aber, dass sie als einzelne Film- und Fernsehtexte im Kontext der gesamten Mediennutzung der Zuschauer gesehen werden müssen. Aus der Sicht der Produzenten bedeutet dies, dass versucht werden muss, mit verschiedenen Angeboten, die sich auf ein Produkt beziehen, verschiedene Nutzungsweisen der Zuschauer anzusprechen. Die Entwicklung digitaler und mobiler Medien hat neue Möglichkeiten entstehen lassen, die Angebote auf verschiedene mediale Plattformen zu verteilen, um so das Publikum über verschiedene Nutzungsformen einzubinden. Dabei ist nicht nur am Beispiel des Fernsehens, sondern auch am Beispiel des Films zu beobachten, dass es »verschwimmende Grenzen zwischen verschiedenen Medien- und Kommunikationsanwendungen« (Hasebrink 2001, S. 105) gibt.

Diese Grenzen verschwimmen sowohl in technischer, ökonomischer, inhaltlicher und ästhetischer Hinsicht als auch mit Blick auf die Nutzung von Medienangeboten. Menschen handeln in »konvergierenden Medienumgebungen« (Hasebrink u.a. 2004, S. 10). Damit ist »die Gesamtheit der Phänomene der Konvergenz auf den verschiedenen Ebenen sowie der zunehmend ausdifferenzierten Formen von Crossmedialität« (ebd.) gemeint. In ökonomischer Hinsicht kann Konvergenz als eine »Ausweitung der kommerziellen Reichweite einzelner Filme oder Unterhaltungsangebote durch die Verbindung mit anderen Absatzmärkten« (Keane 2007, S. 2) gesehen werden, »deren ultimatives Ziel es ist, den gleichen Markeninhalt über verschiedene Medien zu verbreiten« (ebd.). Auf der Seite der Mediennutzer kommt dem das Bedürfnis entgegen, beliebte Inhalte auf verschiedenen Medienplattformen zu suchen. Das gilt offenbar besonders für Angebote, die der Unterhaltung dienen, wie Henry Jenkins bemerkt:

>»Unter Konvergenz verstehe ich die Ausbreitung von Inhalten über verschiedene Medienplattformen, die Kooperation zwischen verschiedenen Medienindustrien und das nomadische Verhalten von Medienpublika, die auf der Suche nach den Unterhaltungserlebnissen, die sie wünschen, nahezu überall hingehen« (Jenkins 2006, S. 2).

Dabei zeigen sich allerdings unterschiedliche Muster der konvergenten Medienaneignung (vgl. Wagner u.a. 2006; siehe auch Göttlich 2006, S. 194 ff.). Die Verbindung zwischen den Angeboten und der Mediennutzung wird durch eine Ästhetik transmedialen Erzählens hergestellt. In den einzelnen Medien wird der Inhalt ästhetisch unterschiedlich aufbereitet (vgl. Jenkins 2006, S. 95 ff.). »Narrative und ästhetische Querverweise fördern dabei eine hohe Markenloyalität auf Seiten der Nutzer- und Rezipientengruppen« (Mikos u.a. 2007, S. 133). Für solche auf mehreren medialen Plattformen verbreiteten Erzählungen hat sich inzwischen der Begriff »Franchise« durchgesetzt und ist am Beispiel von »Der Herr der Ringe« (Mikos u.a. 2007; Thompson 2007; Wasko 2008), »Matrix« (Jenkins 2006, S. 101 ff.) und »Star Wars« (Kapell/Lawrence 2006) untersucht worden. Bei solchen Franchise-Produkten können zwar noch die einzelnen Filme analysiert werden, doch müssen sie im Kontext der anderen medialen Ausprägungen gesehen werden.

Der Erfolg eines Thrillers wie »Blair Witch Project« muss im Zusammenhang mit dem Internetauftritt zum Film gesehen werden. Das Internet spielte eine wesentliche Rolle, denn hier wurde nicht nur für den Film geworben (vgl. Owczarski 2007, S. 5 f.; Telotte 2003; Tudor 2002, S. 107), sondern es wurde ein Rahmenplot erzählt, der den Film selbst in einen anderen Zusammenhang stellte (vgl. Schreier u.a. 2002, S. 272 f.). Der fiktionale Film wurde in einen dokumentarischen Kontext gestellt, indem auf der Internetseite bereits die Geschichte der drei Studenten erzählt wurde, die sich auf den Weg machten, um in Maryland einen Film über die legendäre Blair-Hexe zu drehen. Das im Film zu sehende Material wurde als Zusammenschnitt des von den Studenten aufgenommenen Videomaterials angepriesen. Die Ästhetik des Films versucht mit grobkörnigen Aufnahmen, die mit einer verwackelnden Handkamera gemacht wurden, einen Eindruck von Authentizität zu erzeugen, der dem Publikum durch den Realismus der Repräsentation Angst einjagt (vgl. Smith 2001, S. 333). Dieser realistische Eindruck wird durch die Internetseite verstärkt. Dort sind »Fotos der vermissten Personen, Aufnahmen von Interviews mit Verwandten und Freunden, Ausschnitte aus dem angeblich gefundenen Material, ›Fernseh‹-Informationen zum Fortgang der Fahndung« und weiteres Material zu finden (vgl. Schreier u.a. 2002, S. 273). In der Analyse kann der Film zwar weiterhin als ein Werk betrachtet werden, dessen Strukturen im Hinblick auf Wissen, Emotionen, praktischen Sinn und sozial-kommunikative Aneignung untersucht werden können. Doch kann »Blair Witch Project« als mediales Phänomen nur untersucht werden, wenn die intertextuellen Bezüge zum Internetauftritt in den Blick genommen werden. Denn die Geschichte im Kopf ergibt sich erst aus beidem, dem Film und dem Internetangebot.

Im Kontext der Medienkonvergenz werden Filme und Fernsehformate als medienübergreifende Marken etabliert. Die Geschichte im Kopf der Zuschauer entsteht dann nicht mehr allein über einen Film oder eine Fernsehsendung, sondern die verschiedenen Angebote, die sich um einen Film- oder Fernsehtext gruppieren, tragen ihren Teil dazu bei. Trailer im Kino, Fernsehen, Internet und in mobilen Endgeräten, Fanseiten, Merchandising-Artikel, Comics, Computerspiele, Bücher, Film- und Fernsehkritiken, Presseberichterstattung usw. formen die aktuelle Rezeption vor. In diesem Sinn kann bei all diesen Ausprägungen auf verschiedenen Plattformen in Bezug auf einen einzelnen Film oder ein spezifisches Fernsehformat von »präfigurativem Material« gesprochen werden (vgl. Biltereyst u.a. 2008).

Doch es geht in der Film- und Fernsehanalyse unter den Bedingungen konvergierender Medienumgebungen um mehr als lediglich den Verweis auf intertextuelle Beziehungen zu sekundären oder tertiären Texten (vgl. Kapitel II.5.2). Filme werden nicht mehr nur im Kino gezeigt und in Internetauftritten beworben oder mit Rahmenerzählungen versehen. Sie werden auf DVD für den »Home Entertainment«-Bereich vermarktet. Die DVD bietet den Zuschauern verschiedene Möglichkeiten, den Film anders zu sehen als im Kino. Sie enthält häufig zusätzliche Einstellungen und Szenen, die in den Kinofassungen nicht zu sehen waren, oder Schnittfehler werden beseitigt, wie das bei der DVD-Ausgabe von »Pretty Woman« der Fall ist. Manche DVD-Versionen bieten zusätzliches Material wie ein »Making of« des Films oder in den Kinos gelaufene Trailer zu dem Film. Insbesondere Filme, deren Zielgruppe Kinder und Jugendliche sind, werden von zahlreichen Merchandising-Artikeln begleitet.

Die DVDs zur »Herr der Ringe«-Trilogie gibt es z.B. in unterschiedlichen Versionen, als einfache Kinofassung, aber auch als »Extended Edition«. Der zweite Teil, »Die zwei Türme«, ist mit den ergänzten Szenen 42 Minuten länger als die Kinoversion, und beim dritten Teil, »Die Rückkehr des Königs«, ging es nicht mehr nur um eine Verlängerung der Kinoversion um weitere Szenen. Im Booklet heißt es:

»Für die erweiterte Fassung des Films haben Jackson und seine Cutter nicht einfach die Szenen angeflickt, die in der Originalfassung keine Verwendung fanden. Bei dieser Spezialedition gingen sie so vor, als ob sie einen völlig neuen Film machen würden.«

In der Kapitelübersicht wird daher zwischen neuen Szenen und erweiterten Szenen unterschieden. Für die DVD wurde der dritte Teil in 78 Kapitel unterteilt, von denen 15 neu und 24 im Vergleich zur Kinoversion erweitert sind. Außerdem wird dem Nutzer reichhaltiges Zusatzmaterial wie verschiedene »Making-of-Features«, Interviews mit Peter Jackson, Karten von Mittelerde etc. zugänglich gemacht. »In den Spezialeditionen von ›Der Herr der Ringe‹ auf den DVDs erfüllt jeder Teil des ergänzenden Materials verschiedene Funktionen. Individuell angeeignet erlauben diese Extraangebote verschiedene, sich aber überlappende Formen des Erlebnisses für die Nutzer« (Hight 2005, S. 12). Auf der Extended DVD von »Die Rückkehr des Königs« hat der Nutzer z.B. die Möglichkeit, eine Karte von Mittelerde anzuwählen und sich für die Routen bestimmter Helden zu entscheiden: für (1) Frodo und Sam, (2) Merry, (3) Aragorn, Legolas und Gimli, (4) Gandalf und Pippin. Hat er sich für eine Route entschieden, kann er mehrere Schauplätze anwählen und sieht die Helden dort agieren. »Ein entscheidender Unterschied zum Film ist, dass man, wenn man eine Route gewählt hat, den Abenteuern der Protagonisten folgen kann, ohne dass sie durch parallel montierte Passagen der anderen Mitstreiter unterbrochen werden« (Böhnke 2005, S. 220 f.). Der Zuschauer kann sich gewissermaßen seinen eigenen Film zusammenstellen. Allerdings wird er dies erst tun, nachdem er die Kinoversion und/oder die Extended-DVD-Version gesehen hat. DVDs laden zum wiederholten Sehen ein, da vor allem die Zusatzmaterialien je eigene spezifische Sichtweisen auf die Story und die Gestaltung des Films eröffnen (vgl. Klinger 2006, S. 156 ff.).

Die Special-Extended-DVD-Editionen von »Der Herr der Ringe« machen deutlich, wie sich die Präsentation von Filmen durch die Einführung der DVD verändert hat. Das alles beeinflusst die Kommunikation zwischen eigentlichem Film und Zuschauer. Für die Analyse stellt sich dann die Frage, welches denn nun der zu analysierende Text ist: Die Kinoversion? Die »Extended Edition« mit den zusätzlichen Szenen? Die »Extended Edition« inklusive des Zusatzmaterials? Einerseits können die unterschiedlichen Fassungen selbst Gegenstand der Analyse sein, indem z.B. untersucht wird, wie sich die zusätzlichen Szenen in der DVD-Edition auf die Wissensverteilung im Rahmen der Narration auswirken. Andererseits kann die Analyse sich einem einzelnen der drei Filme zuwenden und diesen in seinen Strukturen untersuchen, muss ihn aber zugleich im Kontext der anderen beiden Filme und des präfigurativen Materials sehen. Daher wird es in der Analyse noch wichtiger, die ästhetischen, dramaturgischen und narrativen Strukturen der Filme und Fernsehformate in ihrer Funktion für die Prozesse der Rezeption und Aneignung zu untersuchen. Denn nur so kann der Status des Film- bzw. Fernsehtextes in der medialen Kommunikation bestimmt werden (vgl. Mikos 2008; Owczarski 2007).

Populäre Fernsehformate werden in einem Produktverbund vermarktet. Daily Soaps und Telenovelas lassen sich nicht mehr auf die Plotstrukturen der täglichen Sendungen allein reduzieren. Zu jeder Soap gibt es einen Internetauftritt. Der Zeitschriftenmarkt bietet die entsprechenden Hefte zur Serie, in denen einerseits Themen aus dem Fernsehplot aufgegriffen werden, andererseits Personality-Storys zu den Schauspielern neben Artikeln mit Ratgeberfunktion zu finden sind. Kalender, Poster, Romane, Musik-CDs sowie Merchandising-Produkte von der Kaffeetasse bis zur Bettwäsche vervollständigen das Angebot. Soapoperas werden auf diese Weise zu »Lifestyle-Inszenierungen«, die ihre Klientel rundum versorgen (vgl. Göttlich 2007; Göttlich/Nieland 1998, S. 43 ff.; Mikos 1997, S. 18 f.). Zudem können Kinder und Jugendliche anhand des gleichen Produkts ihre mit den unterschiedlichen Medien verbundenen Bedürfnisse befriedigen.

Die Reality-Shows ziehen im Fall des Erfolgs beim Fernsehpublikum ebenfalls zahlreiche Merchandising-Produkte sowie eine weitergehende Vermarktung der Akteure nach sich (vgl. Stadik 2001). Das Beispiel »Big Brother« hat gezeigt, wie bei einem Format verschiedene Medien zusammenwirken. Die Show, die im Jahr 2008 in der achten Staffel im deutschen Fernsehen zu sehen war, bestand aus verschiedenen Fernsehsendungen, von denen die täglichen Zusammenfassungen des Geschehens im Wohncontainer sowie die wöchentlichen Nominierungs- und Entscheidungsshows zentral waren. Daneben konnten sich die Zuschauer bei der zweiten Staffel das Warten auf die abendlichen Zusammenfassungen durch zwei Formen der Beobachtung der Ereignisse im Container verkürzen. Sie konnten sich beim Sender SINGLE TV zuschalten, der jeden Tag 20 Stunden über die Kameras im Container das Leben der Kandidaten zeigte. Außerdem konnten sie in allen Staffeln auf der »Big Brother«-Website im Internet einzelne Kameras im Haus »anklicken«, um so live dabei zu sein (vgl. Mikos u.a. 2000, S. 15 f.). Die Website bot zudem die Möglichkeit, die Lieblingskandidaten zu wählen, ein Haus-Tagebuch zu studieren oder sich im Chat anzumelden und mit Gleichgesinnten Eindrücke auszutauschen (vgl. Hack 2001; Krebs 2001). Außerdem gab es Links zu den »Big Brother«-Varianten in anderen Ländern, in denen es Websites mit ähnlichen Inhalten gab (vgl. Hack 2003, S. 255 ff.). Auf diese Weise wurde »Big Brother« weltweit vernetzt. Das Online-Angebot wurde jedoch für jede Staffel variiert. In der achten Staffel gab es einen Blog von »Hausmeister Heinz« und eine Rubrik »Online-Casting«, in der die Bewerbungsvideos von Kandidaten angeschaut und in einem Forum kommentiert werden konnten. Mit den Fernsehsendungen und dem Webangebot wurden jedoch unterschiedliche Bedürfnisse des Publikums angesprochen, so dass nicht von einer Konkurrenz der beiden Angebote ausgegangen werden kann. Stattdessen konnten in einer Nutzungsstudie komplementäre Beziehungen zwischen dem Fernseh- und dem Online-Angebot festgestellt werden (vgl. Trepte u.a. 2000). In diesem komplementären Zusammenwirken wird generell das Potenzial der spezifischen Funktionen von Fernsehen und Online-Medien gesehen. Das trifft nicht nur auf Reality-Shows wie »Big Brother«, »Bauer sucht Frau«, »Germany's Next Topmodel«, »Ich bin ein Star – Holt mich hier raus!« oder »Deutschland sucht den Superstar« zu, sondern ebenso auf Nachrichten, Sport, Politik- und Kulturmagazine, insbesondere aber auf Ratgebersendungen. Zu Serien wie »24« gibt es Computerspiele und ein sogenanntes Spin-Off, »24: The Conspiracy«, für mobile Endgeräte, zu dem eine Kooperation zwischen Fox Entertainment und Vodafone vereinbart wurde. Die Serie besteht aus 24 einminütigen Episoden, sogenannten Mobisodes (vgl. Knies 2007). Die Geschichte dieser Episoden spielt parallel zu den gerade im Fernsehen ausgestrahlten Staffeln.

In der Film- und Fernsehanalyse können einzelne Filme und Fernsehsendungen dennoch in ihre Komponenten zerlegt werden, um die ästhetischen Strukturen und kommunikativen Strategien offenzulegen. Die komplementären Medienangebote müssen jedoch zunehmend als Kontextfaktoren berücksichtigt werden, denn auch sie sind zum Wissen, den Emotionen, dem praktischen Sinn und der sozial-kommunikativen Aneignung der Rezipienten hin geöffnet. Filme und Fernsehformate können unter Einbeziehung der komplementären Texte als große Medienerzählungen gesehen werden. Die Analyse hat dann die Aufgabe, die verschiedenen medialen Ausprägungen eingehend zu untersuchen. Ein Film wie »Tomb Raider« mit der Heldin Lara Croft spricht neben dem Weltwissen, dem Wissen um Narrationsmuster und filmische Gestaltungsmittel auch das Wissen der Zuschauer um das gleichnamige Computerspiel an. Außerdem ist der Film zu den Erfahrungen der Computerspieler hin geöffnet, ihren kognitiven und emotionalen ebenso wie den auf den praktischen Sinn und die sozial-kommunikative Aneignung bezogenen. Diese Erfahrungen können nur dann berücksichtigt werden, wenn als Kontext des Films das Computerspiel mit seiner

Struktur in die Analyse einbezogen wird. In ähnlicher Weise muss mit Filmen umgegangen werden, die nach literarischen Vorlagen entstanden sind – von »Der Tod in Venedig« über »Homo Faber« bis hin zu den »Harry Potter«-Verfilmungen und den nach Comic-Vorlagen entstandenen Filmen wie »Sin City« oder den »Spiderman«-Filmen. Ein Film wie »Sin City« spricht auch das Wissen um die Comics an. Letztlich bedeutet das für die Analyse von Film- und Fernsehtexten, dass ihre textuellen Strategien verstärkt darauf hin zu untersuchen sind, wie mit den unterschiedlichen Wissensbeständen und Gefühlsstrukturen sowie dem an konkrete lebensweltliche Kontexte gebundenen praktischen Sinn und der sozial-kommunikativen Aneignung verschiedener Publika unterschiedliche Lesarten gebildet werden können. Wenn Filme und Fernsehsendungen sinntragende Diskurse sind, dann muss die Analyse ihr Sinnpotenzial entfalten und es in die Kontexte der Film- und Fernsehkommunikation einbinden, auch und gerade wegen der zunehmenden Bedeutung konvergierender Medienumgebungen. Film- und Fernsehtexte stellen nach wie vor symbolisches Material bereit, mit dem die Zuschauer in soziokulturellen Kontexten den sinnhaften Aufbau ihrer Lebenswelt betreiben. Sie sind aber zunehmend als transmediale Erzählungen in ein Netz verschiedener Medien eingebunden. Gegenstand der Analyse müssen die strukturellen Bedingungen der Texte und der Kontexte sein, welche die Geschichten in den Köpfen der Zuschauer entstehen lassen. Nur wenn es der Film- und Fernsehanalyse gelingt, die Film- und Fernsehtexte im Hinblick auf ihre soziale und gesellschaftliche Bedeutung zu untersuchen, setzt sie sich nicht der Gefahr aus, sich von den gesellschaftlichen Kommunikationsprozessen abzukoppeln und in den philologischen Tiefen der »Scientific Community« zu verlieren. Die Film- und Fernsehanalyse trägt dazu bei, an einzelnen Werken die Strukturen offenzulegen, die in der gesellschaftlichen Zirkulation von Bedeutung eine Rolle spielen.

Zitierte Literatur

Bildereyst, Daniel/Mathijs, Ernest/Meers, Phillippe (2008): An Avalanche of Attention: The Prefiguration and Reception of »The Lord of the Rings«. In: Barker, Martin/Mathijs, Ernest (Hrsg.): Watching »The Lord of the Rings«. Tolkien's World Audiences. New York u.a., S. 37–57

Böhnke, Alexander (2005): Mehrwert DVD. In: Navigationen, 5/1–2, S. 213–223

Göttlich, Udo (2006): Die Kreativität des Handelns in der Medienaneignung. Konstanz

Göttlich, Udo (2007): Moden, Marken und Sternchen. Zur Verkörperung von Lifestyle: Revisited. In: Neuß, Norbert/Große-Loheide, Mike (Hrsg.): Körper. Kult. Medien. Inszenierungen im Alltag und in der Medienbildung. Bielefeld, S. 134–142

Göttlich, Udo/Nieland, Jörg-Uwe (1998): Alltagsdramatisierung und Daily Soaps. Öffentlichkeitswandel durch Lifestyle-Inszenierung. In: Dies./Schatz, Heribert (Hrsg.): Kommunikation im Wandel. Zur Theatralität der Medien. Köln, S. 36–53

Hack, Günter (2001): Die Websites der Gebrüder Big. Eine Analyse der internationalen Online-Auftritte zu »Big Brother«. In: Böhme-Dürr, Karin/Sudholt, Thomas (Hrsg.): Hundert Tage Aufmerksamkeit. Das Zusammenspiel von Medien, Menschen und Märkten bei »Big Brother«. Konstanz, S. 99–111

Hack, Günter (2003): Synchronisierte Verbundformate. Taktgeber Internet: Verteilte Medienprodukte am Beispiel »Big Brother«. München

Hasebrink, Uwe (2001): Fernsehen in neuen Medienumgebungen. Befunde und Prognosen zur Zukunft der Fernsehnutzung. Berlin

Hasebrink, Uwe/Mikos, Lothar/Prommer, Elizabeth (2004): Mediennutzung in konvergierenden Medienumgebungen: Eine Einführung. In: Dies. (Hrsg.): Mediennutzung in konvergierenden Medienumgebungen. München, S. 9–17

Hight, Craig (2005): Making-of Documentaries on DVD. The »Lord of the Rings« Trilogy and Special Editions. In: The Velvet Light Trap, 56, S. 4–17

Jenkins, Henry (2006): Convergence Culture. Where Old and New Media Collide. New York/London

Kapell, Matthew William/Lawrence, John Shelton (Hrsg.) (2006): Finding the Force of the »Star Wars« Franchise. New York u.a.

Keane, Stephen (2007): CineTech. Film, Convergence and New Media. Basingstoke/New York

Klinger, Barbara (2006): Beyond the Multiplex. Cinema, New Technologies, and the Home. Berkeley, CA u.a.

Knies, Marco (2007): Programmierung und Marktauswertung von »24«. Seminararbeit an der Hochschule für Film und Fernsehen »Konrad Wolf« in Potsdam-Babelsberg

Krebs, Cornelia (2001): Nutzungsmotive von Chattern auf der »Big Brother«-Website – Mit guten Freunden live in den Container. In: Böhme-Dürr, Karin/Sudholt, Thomas (Hrsg.): Hundert Tage Aufmerksamkeit. Das Zusammenspiel von Medien, Menschen und Märkten bei »Big Brother«. Konstanz, S. 171–176

Mikos, Lothar (1997): Die tägliche Dosis Identität. Daily Soaps und Sozialisation. In: Medien Praktisch, 21/4, S. 18–22

Mikos, Lothar (2008): Understanding Text as Cultural Practice and as Dynamic Process of Making Meaning. In: Barker, Martin/Mathijs, Ernest (Hrsg.): Watching »The Lord of the Rings«. Tolkien's World Audiences. New York u.a., S. 207–212

Mikos, Lothar/Eichner, Susanne/Prommer, Elizabeth/Wedel, Michael (2007): Die »Herr der Ringe«-Trilogie. Attraktion und Faszination eines populärkulturellen Phänomens. Konstanz

Mikos, Lothar/Feise, Patricia/Herzog, Katja/Prommer, Elizabeth/Veihl, Verena (2000): Im Auge der Kamera. Das Fernsehereignis »Big Brother«. Berlin (2., neu bearbeitete und erweiterte Auflage)

Owczarski, Kimberly A. (2007): The Internet and Contemporary Entertainment: Rethinking the Role of the Film Text. In: Journal of Film and Video, 59/3, S. 3–14

Schreier, Margrit/Navarra, Christine/Groeben, Norbert (2002): Das Verschwinden der Grenze zwischen Realität und Fiktion. Eine inhaltsanalytische Untersuchung zur Rezeption des Kinofilms »The Blair Witch Project«. In: Baum, Achim/Schmidt, Siegfried J. (Hrsg.): Fakten und Fiktionen. Über den Umgang mit Medienwirklichkeiten. Konstanz, S. 271–282

Smith, Paul (2001): Terminator Technology: Hollywood, History, and Technology. In: Tinkcom, Matthew/Villarejo, Amy (Hrsg.): Keyframes. Popular Cinema and Cultural Studies. London/New York, S. 333–342

Stadik, Michael (2001): Die Merchandising-Maschinerie – »Big Brother« und die Lizenzprodukte. In: Böhme-Dürr, Karin/Sudholt, Thomas (Hrsg.): Hundert Tage Aufmerksamkeit. Das Zusammenspiel von Medien, Menschen und Märkten bei »Big Brother«. Konstanz, S. 243–251

Telotte, J.P. (2003): »The Blair Witch Project« Project: Film and the Internet. In: Highley, Sarah L./Weinstock, Jeffrey Andrew (Hrsg.): Nothing That Is. Millennial Cinema and the »Blair Witch« Controversies. Detroit, MI, S. 37–51

Thompson, Kristin (2007): The Frodo Franchise. »The Lord of the Rings« and Modern Hollywood. Berkeley, CA u.a.

Trepte, Sabine/Baumann, Eva/Borges, Kai (2000): »Big Brother«: Unterschiedliche Nutzungsmotive des Fernseh- und Webangebots? Ergebnisse einer Studie zu Substitutions- und Komplementärbeziehungen der Fernseh- und Onlinenutzung. In: Media Perspektiven, 12, S. 550–561

Tudor, Andrew (2002): From Paranoia to Postmodernism? The Horror Movie in Late Modern Society. In: Neale, Steve (Hrsg.): Genre and Contemporary Hollywood. London, S. 105–116

Wagner, Ulrike/Gebel, Christa/Eggert, Susanne (2006): Muster konvergenzbezogener Medienaneignung. In: Wagner, Ulrike/Theunert, Helga (Hrsg.): Neue Wege durch die konvergente Medienwelt. München, S. 83–124

Wasko, Janet (2008): »The Lord of the Rings« Selling the Franchise. In: Barker, Martin/Mathijs, Ernest (Hrsg.): Watching »The Lord of the Rings«. Tolkien's World Audiences. New York u.a., S. 21–36

Anhang

1. Literatur

Das folgende Literaturverzeichnis ist thematisch geordnet. Aus Platzgründen wurden nur Bücher berücksichtigt, die seit dem Jahr 2000 erschienen sind. Eine Ausnahme bilden Grundlagenwerke, die früher erschienen sind und nicht in einer Neuauflage vorliegen. Der geneigten Leserin und dem geneigten Leser sollen weiterführende Hinweise gegeben werden, die zu einem tieferen theoretischen Verständnis von Film und Fernsehen beitragen können. Im Wesentlichen wird auf Monografien und Sammelbände hingewiesen. Einzelne Aufsätze aus Büchern und Fachzeitschriften wurden nur dann aufgenommen, wenn sie wichtige, neue Aspekte behandeln.

1.1   Film- und Fernsehanalyse

Armer, Alan A. (2000): Lehrbuch der Film- und Fernsehregie. Frankfurt a.M. (Erstausgabe 1997; Originalausgabe 1986)

Barker, Martin (2000): From Antz to Titanic. Reinventing Film Analysis. London/ Sterling, VA

Bellour, Raymond (2000): The Analysis of Film. Hrsg. v. Constance Penley. Bloomington u.a. (Originalausgabe 1979)

Bellour, Raymond/Penley Constance (2002): The Analysis of Film. Indiana

Bergala, Alain (2006): Kino als Kunst. Filmvermittlung in der Schule und anderswo. Bonn (Originalausgabe 2002)

Bienk, Alice (2006): Filmsprache. Einführung in die interaktive Filmanalyse. Marburg (mit DVD)

Bignell, Jonathan (2004): An Introduction to Television Studies. London/New York

Bildhauer, Katharina (2007): Drehbuch reloaded. Erzählen im Kino des 21. Jahrhunderts. Konstanz

Bordwell, David/Thompson, Kristin (2001): Film Art. An Introduction. New York u.a. (6. Auflage; Erstausgabe 1979)

Cassetti, Francesco/di Chio, Federico (1994): Analisi del Film. Milano (6. Auflage; Erstausgabe 1990)

Cassetti, Francesco/di Chio, Federico (1998): Analisi della Televisione. Milano (2. Auflage; Erstausgabe 1997)

Elsaesser, Thomas/Buckland, Warren (2002): Studying Contemporary American Film. A Guide to Movie Analysis. London

Ewerth, Ralph/Freisleben, Bernd (2007): Computerunterstützte Filmanalyse mit »Videana«. In: Augen-Blick, 39, S. 54–66

Faulstich, Werner (2002): Grundkurs Filmanalyse. München

Frederking, Volker (Hrsg.) (2006): Filmdidaktik und Filmästhetik. Jahrbuch Medien im Deutschunterricht 2005. München

Geiger, Jeffrey/Rutsky, R.L. (2005): Film Analysis. A Norton Reader. New York

Geraghty, Christine/Lusted, David (Hrsg.) (1998): The Television Studies Book. London/ New York

Gibbs, John (2002): Mise-en-scène. Film Style and Interpretation. London u.a.

Gibbs, John/Pye, Douglas (2005): Style and Meaning: Studies in the Detailed Analysis of Film. Manchester

Gledhill, Christine/Williams, Linda (Hrsg.) (1998): Reinventing Film Studies. London/ New York

Gunning, Tom (2003): The Work of Film Analysis: Systems, Fragments, Alternation. In: Semiotica 144-1/4, S. 343–357

Hickethier, Knut (2007): Film- und Fernsehanalyse. Stuttgart/Weimar (4., aktualisierte und erweiterte Auflage; Erstausgabe 1993)

Jullier, Laurent (2002): L'Analyse des séquences. Paris

Kanzog, Klaus (2007): Grundkurs Filmsemiotik. München

Katz, Steven D. (2002): Shot by Shot: Die richtige Einstellung. Zur Bildsprache des Films. Frankfurt a.M. (4. Auflage; Erstausgabe 1998; Originalausgabe 1991)

Keppler, Angela (2006): Die Einheit von Bild und Ton. Zu einige Grundlagen der Filmanalyse. In: Mai, Manfred/Winter, Rainer (Hrsg.): Das Kino der Gesellschaft – die Gesellschaft des Kinos. Interdisziplinäre Positionen, Analysen und Zugänge. Köln, S. 60–78

Korte, Helmut (2004): Einführung in die Systematische Filmanalyse. Ein Arbeitsbuch. Berlin (3., überarbeitete und erweiterte Auflage; Erstausgabe 1999)

Kuchenbuch, Thomas (2005): Filmanalyse. Theorien – Modelle – Kritik. Wien u.a. (2. Auflage; Erstausgabe 1978)

Kühnel, Jürgen (2004): Einführung in die Filmanalyse: Teil 1: Die Zeichen des Films. Siegen

Kühnel, Jürgen (2004): Einführung in die Filmanalyse: Teil 2: Dramaturgie des Spielfilms. Siegen

Lury, Karen (2005): Interpreting Television. London/New York

Marotzki, Winfried/Niesyto, Horst (Hrsg.) (2006): Bildinterpretation und Bildverstehen. Methodische Ansätze aus sozialwissenschaftlicher, kunst- und medienpädagogischer Perspektive. Wiesbaden

McKee, Alan (2003): Textual Analysis. A Beginner's Guide. London u.a.

Mikos, Lothar (2005): Der Faszination auf der Spur. Zur Bedeutung der Film- und Fernsehanalyse in der Medienpädagogik. In: Medien Concret, 9, S. 64–67

Mitry, Jean (2000): Semiotics and the Analysis of Film. Bloomington

Phillips, Patrick (2000): Understanding Film Texts. Meaning and Experience. London

Pongratz, Gregor (Hrsg.) (2006): Spielfilm-Interpretation und ›spielerische‹ Film-Gestaltung mit Musik. Filmpädagogik aus hermeneutisch-phänomenologischer Perspektive. Hildesheim

Salt, Barry (2006): Moving into Pictures. More on Film History, Style, and Analysis. London

Steinmetz, Rüdiger (2005): Filme sehen lernen. Frankfurt a.M.

Thompson, Kristin (1995): Neoformalistische Filmanalyse. Ein Ansatz, viele Methoden. In: Montage/AV, 4/1, S. 23–62

Vonderau, Patrick (2002): Filmanalyse, Filmgeschichte und Neue Medien. In: Filmblatt 19/20, S. 61–72

Wharton, David/Grant, Jeremy (2007): Teaching Analysis of Film Language. London

Winter, Rainer (1997): Cultural Studies als kritische Medienanalyse. Vom »Encoding/Decoding«-Modell zur Diskursanalyse. In: Hepp, Andreas/Ders. (Hrsg.): Kultur – Medien – Macht. Cultural Studies und Medienanalyse. Opladen, S. 47–63

Wohlrab, Lutz (Hrsg.) (2006): Filme auf der Couch. Psychoanalytische Filminterpretationen. Gießen

Wulff, Hans J. (1998): Semiotik der Filmanalyse. Ein Beitrag zur Methodologie und Kritik filmischer Werkanalyse. In: Kodikas/Code, 21/1–2, S. 19–36

Wuss, Peter (1998): Originalität und Stil. Zu einigen Anregungen der Formalen Schule für die Analyse von Film-Stilen. In: Montage/AV, 7/1, S. 145–167

1.2 Filmtheorie

Aaron, Michele (2007): Spectatorship. The Power of Looking On. London

Acland, Charles R. (2003): Screen Traffic. Movies, Multiplexes, and Global Culture. Durham, NC

Aitken, Ian (2001): European Film Theory and Cinema. A Critical Introduction. Edinburgh

Aitken, Ian (2006): Realist Film Theory and Cinema. The Nineteenth-Century Lukácsian and Intuitionist Realist Traditions. Manchester

Alford, Terry L./Feldman, L./Mayer, James W. (2006): Fundamentals of Nanoscale Film Analysis. Berlin

Arnheim, Rudolf (2002): Film als Kunst. Frankfurt a.M. (Erstausgabe 1932)

Ast, Michaela S. (2002): Geschichte der narrativen Filmmontage. Theoretische Grundlagen und ausgewählte Beispiele. Marburg

Aumont, Jacques/Marie, Michel (2001): Dictionnaire théorique et critique du cinéma. Paris

Austin, Thomas (2002): Hollywood hype and audiences. Selling and watching popular film in the 1990s. Manchester

Balázs, Béla (2001): Der Geist des Films. Artikel und Aufsätze 1926–1931. Mit einem Nachwort von Hanno Loewy und zeitgenössischen Rezensionen von Siegfried Kracauer und Rudolf Arnheim. Frankfurt a.M.

Balázs, Béla (2001): Der sichtbare Mensch. Oder die Kultur des Films. Mit einem Nachwort von Helmut H. Diedrichs und zeitgenössischen Rezensionen von Robert Musil, Andor Kraszna-Krausz, Siegfried Kracauer und Erich Kästner. Frankfurt a.M. (Erstausgabe 1924)

Beilenhoff, Wolfgang (Hrsg.) (2005): Poetika Kino. Theorie und Praxis des Films im russischen Formalismus. Frankfurt a.M.

Bennett, Tony/Woollacott, Janet (1987): Bond and Beyond. The Political Career of a Popular Hero. London

Bisky, Lothar/Wiedemann, Dieter (1985): Der Spielfilm. Rezeption und Wirkung. Berlin (DDR)

Böhnke, Alexander (2007): Paratexte des Films. Über die Grenzen des filmischen Universums. Bielefeld

Boggs, Joseph M./Petrie, Dennis W. (2004): The Art of Watching Films. New York (Erstausgabe 1985)

Bordwell, David (1990): Narration in the Fiction Film. London (Erstausgabe 1985)

Bordwell, David (1997): On the History of Film Style. Cambridge, MA

Bordwell, David (2001): Visual Style in Cinema. Vier Kapitel Filmgeschichte. Hrsg. von Andreas Rost. Frankfurt a.M.

Bordwell, David (2006): The Way Hollywood Tells It. Story and Style in Modern Movies. Berkeley

Bordwell, David/Staiger, Janet/Thompson, Kristin (1988): The Classical Hollywood Cinema. Film Style & Mode of Production to 1960. London

Bordwell, David/Thompson, Kristin (2003): Film History. An Introduction. Boston

Branigan, Edward (1992): Narrative Comprehension and Film. London u.a.

Braudy, Leo/Cohen, Marshall (Hrsg.) (2004): Film Theory and Criticism. New York

Brütsch, Matthias u.a. (Hrsg.) (2005): Kinogefühle: Emotionalität und Film. Marburg

Carroll, Noël/Choi, Jin Hee (Hrsg.) (2005): Philosophy of Film: An Anthology. New York

Chatman, Seymour (1990): Coming to Terms. The Rhetoric of Narrative in Fiction and Film. Ithaca/London

Chatman, Seymour (1993): Story and Discourse. Narrative Structure in Fiction and Film. Ithaca u.a. (Erstausgabe 1978)

Chaudhuri, Shohini (2006): Feminist Film Theorists. London/New York

Diederichs, Helmut (2004): Geschichte der Filmtheorie. Kunsttheoretische Texte von Méliès bis Arnheim. Frankfurt am Main

Doane, Mary Ann (2002): The Emergence of Cinematic Time. Modernity, Contingency, the Archive. Cambridge

Eder, Jens (2008): Die Figur im Film. Grundlagen der Figurenanalyse. Marburg

Elsaesser, Thomas (2005): European Cinema. Face to Face with Hollywood. Amsterdam

Elsaesser, Thomas/Hagener, Malte (2007): Filmtheorie zur Einführung. Hamburg

Felix, Jürgen (Hrsg.) (2002): Moderne Film Theorie. Mainz

Frieß, Jörg/Hartmann, Britta/Müller, Eggo (Hrsg.) (2001): Nicht allein das Laufbild auf der Leinwand. Strukturen des Films als Erlebnispotentiale. Berlin

Fullerton, John (Hrsg.) (2003): Reception Studies in Film, Television and Digital Culture. Sydney

Gerstner, David A./Staiger, Janet (2003): Authorship and Film. New York

Gibbs, John (2002): Mise-en-scène: Film Style and Interpretation. London

Hackenberg, Achim (2004): Filmverstehen als kognitiv-emotionaler Prozess: Zum Instruktionscharakter filmischer Darstellungen und dessen Bedeutung für die Medienrezeptionsforschung. Berlin

Haines, Richard W. (2003): The Moviegoing Experience, 1968–2001. London

Harbord, Janet (2002): Film Cultures. London

Hayward, Susan (2000): Cinema Studies. The Key Concepts. London u.a. (2. Auflage)

Hediger, Vinzenz/Vonderau, Patrick (Hrsg.) (2005): Demnächst in Ihrem Kino. Grundlagen der Filmwerbung und Filmvermarktung. Marburg

Hohenberger, Eva (Hrsg.) (2006): Bilder des Wirklichen. Berlin

Højbjerg, Lennard/Scheperlem, Peter (Hrsg.) (2003): Film Style and Story. Kopenhagen

Hollows, Joanne/Hutchings, Peter/Jancovich, Mark (Hrsg.) (2000): The Film Studies Reader. London/New York

Hölzer, Henrike (2005): Geblendet. Psychoanalyse und Kino. Wien

Jancovich, Mark/Faire, Lucy (2003): The Place of the Audience. Cultural Geographies of Film Consumption. London

Jaspers, Kristina/Unterbergs, Wolf (Hrsg.) (2006): Kino im Kopf. Psychologie und Film seit Sigmund Freud. Berlin

Jerslev, Anne (2002): Realism and ›Reality‹ in Film and Media. Northern Lights. Kopenhagen

Kaplan, E. Ann (Hrsg.) (2000): Feminism and Film. Oxford

Koebner, Thomas/Meder, Thomas (Hrsg.) (2005): Bildtheorie und Film. München

Korte, Helmut (1998): Der Spielfilm und das Ende der Weimarer Republik. Ein rezeptionshistorischer Versuch. Göttingen

Kracauer, Siegfried (1979): Theorie des Films. Die Errettung der äußeren Wirklichkeit. Frankfurt a.M. (3. Auflage; Erstausgabe 1964)

Krämer, Felix (2006): SpielFilmSpiel. München

Krützen, Micheala (2004): Dramaturgie des Films. Wie Hollywood erzählt. Frankfurt a.M.

Lange, Sigrid (2007): Einführung in die Filmwissenschaft. Geschichte, Theorie, Analyse. Darmstadt

Lebeau, Vicky (2002): Psychoanalysis and Cinema. The Play of Shadows. London

Liebsch, Dimitri (Hrsg.) (2005): Philosophie des Films. Grundlagentexte. Bonn

Lippert, Renate (2002): Vom Winde verweht. Film und Psychoanalyse. Frankfurt a.M./ Basel

Lohmeier, Anke-Marie (1996): Hermeneutische Theorie des Films. Tübingen

Lotman, Jurij M. (1977): Probleme der Kinoästhetik. Einführung in die Semiotik des Films. Frankfurt a.M.

Lowry, Stephen/Korte, Helmut (2000): Der Filmstar. Stuttgart/Weimar

Mayne, Judith (1993): Cinema and Spectatorship. London/New York

McCabe, Janet (2004): Feminist Film Studies. Writing the Women into Cinema. London

Meder, Thomas (2006): Produzent ist der Zuschauer. Prolegomena zu einer historischen Bildwissenschaft des Films. Berlin

Metz, Christian (1972): Semiologie des Films. München (Originalausgabe 1968)

Metz, Christian (1997): Die unpersönliche Enunziation oder der Ort des Films. Münster (Originalausgabe 1991)

Metz, Christian (2000): Der imaginäre Signifikant. Psychoanalyse und Kino. Münster (Originalausgabe 1977)

Mikos, Lothar/Eichner, Susanne/Prommer, Elizabeth/Wedel, Michael (2007): Die »Herr der Ringe«-Trilogie. Attraktion und Faszination eines populärkulturellen Phänomens. Konstanz

Montfort, Nick (2003): Twisty Little Passages. An Approach to Interactive Fiction. Cambridge, MA/London

Nichols, Bill (2001): Introduction to Documentary. Bloomington

O'Connor, John E. (2007): Image as Artifact: The Historical Analysis of Film and Television. Melbourne

Odin, Roger (2002): Kunst und Ästhetik bei Film und Fernsehen. Elemente zu einem semio-pragmatischen Ansatz. In: Montage/AV, 11/2, S. 42–57

Ohler, Peter (1994): Kognitive Filmpsychologie. Verarbeitung und mentale Repräsentation narrativer Filme. Münster

Persson, Per (2003): Understanding Cinema. A Psychological Theory of Moving Imagery. Cambridge, MA

Schanze, Helmut (2002) (Hrsg.): Medientheorie – Medienwissenschaft. Ansätze – Personen – Grundbegriffe. Stuttgart/Weimar

Schick, Thomas/Ebbrecht, Tobias (Hrsg.) (2008): Emotion – Empathie – Figur: Spielformen der Filmwahrnehmung. Berlin

Schnell, Ralf (2000): Einführung in die Medienästhetik. Zu Geschichte und Theorie audiovisueller Wahrnehmungsformen. Stuttgart/Weimar

Schwan, Stephan (2001): Filmverstehen und Alltagserfahrung. Grundzüge einer kognitiven Psychologie des Mediums Film. Wiesbaden

Schweinitz, Jörg (2006): Film und Stereotyp. Eine Herausforderung für das Kino und die Filmtheorie. Zur Geschichte eines Mediendiskurses. Berlin

Sellmer, Jan/Wulff, Hans J. (Hrsg.) (2002): Film und Psychologie – nach der kognitiven Phase? Marburg

Simpson, Philip/Utterson, Andrew/Shepherdson K.J. (Hrsg.) (2003): Film Theory. Critical Concepts in Media and Cultural Studies. London

Smith, Greg M (2003): Film Structure and the Emotion System. Cambridge

Staiger, Janet (2000): Perverse Spectators. The Practices of Film Reception. New York

Stam, Robert (2000): Film Theory. An Introduction. Malden, MA

Stam, Robert/Miller, Toby (Hrsg.) (2000): Film and Theory. An Anthology. Malden, MA

Tan, Ed. S. (1996): Emotion and the Structure of Narrative Film. Film as an Emotion Machine. Mahwah, NJ

Thompson, Kristin (2007): The Frodo Franchise: »The Lord of the Rings« and Modern Hollywood. Berkeley

Tredell, Nicolas(Hrsg.) (2002): Cinema of the Mind. A Critical History of Film Theory. Cambridge

Tröhler, Margrit (2007): Offene Welten ohne Helden. Plurale Figurenkonstellationen im Film. Marburg

Turner, Graeme (1993): Film as Social Practice. London/New York (2. Auflage; Erstausgabe 1988)

Turner, Graeme (2002) (Hrsg.): The Film Cultures Reader. London u.a.

Wierth-Heining, Mathias (2004): Filmrezeption und Mädchencliquen. Medienhandeln als sinnstiftender Prozess. München

Wulff, Hans J. (1999): Darstellen und Mitteilen. Elemente der Pragmasemiotik des Films. Tübingen

Wuss, Peter (1986): Die Tiefenstruktur des Filmkunstwerks. Zur Analyse von Spielfilmen mit offener Komposition. Berlin

Wuss, Peter (1999): Filmanalyse und Psychologie. Strukturen des Films im Wahrnehmungsprozeß. Berlin (2., durchgesehene und erweiterte Auflage; Erstausgabe 1993)

Zika, Anna (Hrsg.) (2004): The Moving Image. Beiträge zu einer Medientheorie des bewegten und bewegenden Bildes. Weimar

Zimmermann, Peter/Hoffmann, Kay (2006): Dokumentarfilm im Umbruch. Kino – Fernsehen – Neue Medien. Konstanz

1.3   Fernseh- und Medientheorie

Adelmann, Ralf u.a (Hrsg.) (2002): Grundlagentexte zur Fernsehwissenschaft. Theorie – Geschichte – Analyse. Konstanz

Allen, Robert C./Hill, Annette (Hrsg.) (2004): The Television Studies Reader. London/ New York

Bonfadelli, Heinz (1999): Medienwirkungsforschung I. Grundlagen und theoretische Perspektiven. Konstanz

Bonfadelli, Heinz (2000): Medienwirkungsforschung II. Anwendungen in Politik, Wirtschaft und Kultur. Konstanz

Borstnar, Nils/Pabst, Eckhard/Wulff, Hans Jürgen (2002): Einführung in die Film- und Fernsehwissenschaft. Konstanz

Burton, Graeme (2000): Talking Television. An Introduction to the Study of Television. London/New York

Casey, Bernadette/Casey, Neil/Calvert, Ben u.a. (2002): Televison Studies. The Key Concepts. London u.a.

Curran, James/Morley, David (2005): Media and Cultural Theory. New York

Danesi, Marcel (2002): Understanding Media Semiotics. London/New York

Dorer, Johanna/Geiger, Brigitte (Hrsg.) (2002): Feministische Kommunikations- und Medienwissenschaft. Ansätze, Befunde und Perspektiven der aktuellen Entwicklung. Wiesbaden

Fiske, John (1987): Television Culture. London/New York

Fiske, John (1994): Media Matters. Everyday Culture and Political Change. Minneapolis/London

Früh, Werner (2002): Unterhaltung durch das Fernsehen. Eine molare Theorie. Konstanz

Gauntlett, David (2002): Media, Gender and Identity. An Introduction. London/New York

Gauntlett, David/Hill, Annette (1999): TV Living. Television, Culture and Everday Life. London/New York

Göttlich, Udo (2006): Die Kreativität des Handelns in der Medienaneignung. Zur handlungstheoretischen Kritik der Wirkungs- und Rezeptionsforschung. Konstanz

Hasebrink, Uwe (2001): Fernsehen in neuen Medienumgebungen. Befunde und Prognosen zur Zukunft der Fernsehnutzung. Berlin

Hasebrink, Uwe/Mikos, Lothar/Prommer, Elizabeth (Hrsg.) (2004): Mediennutzung in konvergierenden Medienumgebungen. München

Haubl, Rolf (1994): Psychoanalytische Medientheorie. Ein Beitrag zu einer interdisziplinären kritischen Medienwissenschaft und Medienpädagogik. In: Medien Praktisch, 18/1, S. 4–11

Helmes, Günter/Köster, Werner (2002): Texte zur Medientheorie. Stuttgart

Helsby, Wendy (Hrsg.) (2006): Understanding Representation. London.

Hippel, Klemens (1992): Parasoziale Interaktion. Bericht und Bibliographie. In: Montage/AV, 1/1, 1992, S. 135–150

Hippel, Klemens (1993): Parasoziale Interaktion als Spiel. Bemerkungen zu einer interaktionistischen Fernsehtheorie. In: Montage/AV, 2/2, S. 127–145

Hippel, Klemens (1998): Prolegomena zu einer pragmatischen Fernsehtheorie. Dissertation an der Freien Universität Berlin

Holly, Werner/Püschel, Ulrich/Bergmann, Jörg (Hrsg.) (2001): Der sprechende Zuschauer. Wie wir uns Fernsehen kommunikativ aneignen. Wiesbaden

Horton, Donald/Wohl, R. Richard (1956): Mass Communication and Para-Social Interaction. Observations on Intimacy at a Distance. In: Psychiatry, 19, 1956, S. 215–229

Jäckel, Michael (2005): Medienwirkungen. Ein Studienbuch zur Einführung. Wiesbaden (3., überarbeitete und erweiterte Auflage; Erstausgabe 1999)

Jäckel, Michael (Hrsg.) (2005): Mediensoziologie. Grundfragen und Forschungsfelder. Wiesbaden

Keppler, Angela (2006): Mediale Gegenwart. Eine Theorie des Fernsehens am Beispiel der Darstellung von Gewalt. Frankfurt a.M.

Klaus, Elisabeth/Röser, Jutta/Wischermann, Ulla (2001) (Hrsg.): Kommunikationswissenschaft und Gender Studies. Wiesbaden

Kleiner, Marcus S. (2006): Medien-Heterotopien. Diskursräume einer gesellschaftskritischen Medientheorie. Duisburg/Essen

Klemm, Michael (2000): Zuschauerkommunikation. Formen und Funktionen der alltägichen kommunikativen Fernsehaneignung. Frankfurt a.M. u.a.

Kreuzer, Helmut/Prümm, Karl (Hrsg.) (1979): Fernsehsendungen und ihre Formen. Stuttgart

Krotz, Friedrich (2001): Die Mediatisierung kommunikativen Handelns. Der Wandel von Alltag und sozialen Beziehungen, Kultur und Gesellschaft durch die Medien. Wiesbaden

Krotz, Friedrich (2007): Mediatisierung: Fallstudien zum Wandel von Kommunikation. Wiesbaden

Laughey, Dan (2007): Key Themes in Media Theory. Maidenhead

Leschke, Rainer (2003): Einführung in die Medientheorie. Stuttgart

Luhmann, Niklas (1996): Die Realität der Massenmedien. Opladen

Mehling, Gabriele (2007): Fernsehen mit Leib und Seele. Eine phänomenologische Interpretation des Fernsehens als Handeln. Konstanz

Meyen, Michael (2004): Mediennutzung. Mediaforschung, Medienfunktionen, Nutzungsmuster. Konstanz (2., überarbeitete Auflage; Erstausgabe 2001)

Meyrowitz, Joshua (1987): Die Fernseh-Gesellschaft. Weinheim/Basel

Mikos, Lothar (2001): Fern-Sehen. Bausteine zu einer Rezeptionsästhetik des Fernsehens. Berlin

Neumann, Klaus/Charlton, Michael (1988): Massenkommunikation als Dialog. In: Communications, 14/3, S. 7–37

Newcomb, Horace (Hrsg.) (2007): Television. The Critical View. New York/Oxfrod (7. Auflage; Erstausgabe 1976)

Newcomb, Horace M./Hirsch, Paul M. (1986): Fernsehen als kulturelles Forum. Neue Perspektiven für die Medienforschung. In: Rundfunk und Fernsehen, 34/2, S. 177–190

Reichertz, Jo (2000): Die Frohe Botschaft des Fernsehens. Kulturwissenschaftliche Untersuchung medialer Diesseitsreligion. Konstanz

Roesler, Alexander/Stiegler, Bernd (2005): Grundbegriffe der Medientheorie. Stuttgart

Rössler, Patrick/Hasebrink, Uwe/Jäckel, Michael (Hrsg.) (2001): Theoretische Perspektiven der Rezeptionsforschung. München

Rusch, Gebhard (2002): Einführung in die Medienwissenschaft. Konzeptionen, Methoden, Anwendungen. Opladen

Schanze, Helmut (2002): Lexikon Medientheorie und Medienwissenschaft. Ansätze – Personen – Grundbegriffe. Stuttgart

Schweiger, Wolfgang (2007): Theorie der Mediennutzung. Eine Einführung. Wiesbaden

Silverstone, Roger (2007): Anatomie der Massenmedien. Ein Manifest. Frankfurt a.M. (Originalausgabe 1999)

Staiger, Janet (2005): Media Reception Studies. New York

Stevenson, Nicholas (2002): Understanding Media Cultures: Social Theory and Mass Communication. London u.a.

Storey, John (2005): Cultural Theory and Popular Culture: An Introduction. New Jersey

Sutter, Tilmann/Charlton, Michael (Hrsg.) (2001): Massenkommunikation, Interaktion und soziales Handeln. Wiesbaden

Valdivia, Angharad N. (Hrsg.) (2006): A Companion to Media Studies. Malden, MA/ Oxford

Wardrip-Fruin, Noah/Harrigan, Pat (Hrsg.) (2004): First Person. New Media as Story, Performance and Game. Cambridge

Wasko, Janet (Hrsg.) (2005): A Companion to Television. Malden, MA/Oxford

Watson, James (2003): Media Communication: An Introduction to Theory and Process. Hampshire

Wegener, Claudia (2008): Medien, Aneignung und Identität. »Stars« im Alltag jugendlicher Fans. Wiesbaden

Weiß, Ralph (2001): Fern-Sehen im Alltag. Zur Sozialpsychologie der Medienrezeption. Wiesbaden

Williams, Kevin (2003): Understanding Media Theory. Maidenhead

Wilson, Tony (2004): The Playful Audience. From Talk Show Viewers to Internet Users. Cresskill

Winter, Carsten/Hepp, Andreas/Krotz, Friedrich (Hrsg.) (2008): Theorien der Kommunikations- und Medienwissenschaft. Grundlegende Diskussionen, Forschungsfelder und Theorieentwicklungen. Wiesbaden

Winter, Rainer (2001): Die Kunst des Eigensinns. Cultural Studies als Kritik der Macht. Weilerswist

Winter, Rainer/Mikos, Lothar (2001) (Hrsg.): Die Fabrikation des Populären. Der John Fiske-Reader. Bielefeld

Wolf, Mark/Perron, Bernard (Hrsg.) (2003): The Video Game Theory. New York

Ziemann, Andreas (2006): Soziologie der Medien. Bielefeld

Ziemann, Andreas (Hrsg.) (2006): Medien der Gesellschaft – Gesellschaft der Medien. Konstanz

1.4   Genretheorie

Altman, Rick (1999): Film/Genre. London

Casetti, Francesco (2001): Filmgenres, Verständigungsvorgänge und kommunikativer Vertrag. In: Montage/AV, 10/2, S. 155–173

Codell, Julie F. (Hrsg.) (2006): Genre, Gender, Race, and World Cinema: An Anthology. Malden, MA

Creeber, Glen (Hrsg.) (2001): The Television Genre Book. London

Edgerton, Gray R./Rose, Brian G. (Hrsg.) (2005): Thinking Outside the Box. A Contemporary Television Genre Reader. Lexington,KY

Gehrau, Volker (2001): Fernsehgenres und Fernsehgattungen. Ansätze und Daten zur Rezeption, Klassifikation und Bezeichnung von Fernsehprogrammen. München

Lacey, Nick (2000): Narrative and Genre. Key Concepts in Media Studies. London u.a.

Langford, Barry (2005): Film Genre: Hollywood and Beyond. Edinburgh

Mittell, Jason (2004): Genre and Television. From Cop Shows to Cartoons in American Culture. New York/London

Neale, Steve (2000): Genre and Hollywood. London/New York

Neale, Steve (Hrsg.) (2002): Genre and Contemporary Hollywood. London

Prase, Tilo (2006): Dokumentarische Genres. Gattungsdiskurs und Programmpraxis im DDR-Fernsehen. Leipzig

Schweinitz, Jörg (2006): Film und Stereotyp. Eine Herausforderung für das Kino und die Filmtheorie. Zur Geschichte eines Mediendiskurses. Berlin

1.5 Intertextualität

Allan, Graham (2000): Intertextuality. London/New York

Andrzejewski, Matthias (2007): Intertextualität des Internets. München

Baumann, Richard (2004): A World of Others' Words: Cross-cultural Perspectives on Intertextuality. Malden, MA

Eco, Umberto (1987): Lector in fabula. Die Mitarbeit der Interpretation in erzählenden Texten. München/Wien (Originalausgabe 1979)

Essmeyer, Anna (2004): Das Phänomen der Intertextualität im Medium Film. München

Genette, Gérard (1993): Palimpseste. Die Literatur auf zweiter Stufe. Frankfurt a.M. (Originalausgabe 1982)

Gymnich, Marion/Neumann, Birgit/Nünning, Ansgar (2006): Kulturelles Wissen und Intertextualität: Theoriekonzeptionen und Fallstudien zur Kontextualisierung von Literatur. Gießen

Kline, T. Jefferson (2002): Screening the Text: Intertextuality in New Wave French Cinema. Baltimore

Luginbühl, Martin u.a. (2002): Medientexte zwischen Autor und Publikum. Intertextualität in Presse, Radio und Fernsehen. Zürich

Meinhof, Ulrike H./Smith Jonathan (Hrsg.) (2000): Intertextuality and the Media. From Genre to Everyday Life. Manchester/New York

Orr, Mary (2003): Intertextuality: Debates and Contexts. Cambridge

Rose, Margaret A. (2006): Parodie, Intertextualität, Interbildlichkeit. Bielefeld

Sombroek, Andreas (2005): Eine Poetik des Dazwischen. Zur Intermedialität und Intertextualität bei Alexander Kluge. Bielefeld

Stegmann, Annegret (2006): Intertextualität, Performativität und Transmedialität kollektiver Erinnerung. Trier

1.6 Diskurstheorie

Baumann, Antje (2005): Von Kopf bis Fuß auf Bilder eingestellt – Zur Darstellung von Marlene Dietrich und Leni Riefenstahl in deutschen Zeitungen von 1946 bis 2002. Eine linguistische Diskursanalyse. Tönning

Diaz-Bone, Rainer (2002): Kulturwelt, Diskurs und Lebensstil. Eine diskurstheoretische Erweiterung der bourdieuschen Distinktionstheorie. Opladen

Eder, Franz X. (2006): Das Gerede vom Diskurs – Diskursanalyse und Geschichte. Köln

Fairclough, Norman (1995): Media Discourse. London u.a.

Foucault, Michel (1977): Die Ordnung des Diskurses. Frankfurt a.M. (Originalausgabe 1971)

Foucault, Michel (1988): Archäologie des Wissens. Frankfurt a.M. (Erstausgabe 1973; Originalausgabe 1969)

Fraas, Claudia/Klemm, Michael (Hrsg.) (2005): Mediendiskurse: Bestandsaufnahme und Perspektiven. Frankfurt a.M. u.a.

Gruber, Helmut/Kaltenbacher, Martin/Muntigl, Peter (Hrsg.) (2007): Empirical Approaches to Discourse Analysis – Empirieorientierte Ansätze in der Diskursanalyse. Frankfurt a.M

Hansen, Hendrik (2007): Wissenssoziologische Diskursanalyse. Grundlegung eines Forschungsprogramms. Wiesbaden

Hoffmann, Alexander (2004): Die dunklen Seiten der Gesellschaft. Michel Foucaults Diskurstheorie. München

Jäger, Margarete/Jäger, Siegfried (2007): Deutungskämpfe Theorie und Praxis Kritischer Diskursanalyse. Wiesbaden

Keller, Reiner (2005): Wissenssoziologische Diskursanalyse. Grundlegung eines Forschungsprogramms. Wiesbaden

Keller, Rainer (2007): Diskursforschung. Wiesbaden (3., aktualisierte Auflage; Erstausgabe 2004)

Keller, Reiner/Hirseland, Andreas/Schneider, Werner (Hrsg.) (2006): Handbuch Sozialwissenschaftliche Diskursanalyse Theorien und Methoden. Band 1. Wiesbaden (2., aktualisierte Auflage; Erstausgabe 2001)

Keller, Reiner/Hirseland, Andreas/Schneider, Werner (Hrsg.) (2004): Handbuch Sozialwissenschaftliche Diskursanalyse. Forschungspraxis. Band 2. Wiesbaden (2. Auflage; Erstausgabe 2003)

Kutzner, Ann-Katrin (2002): Diskursanalyse am Beispiel Trainspotting. München

1.7 Lebenswelt

Berger, Peter L./Luckmann, Thomas (1980): Die gesellschaftliche Konstruktion der Wirklichkeit. Eine Theorie der Wissenssoziologie. Frankfurt a.M. (Originalausgabe 1966)

Bremer, Helmut/Lange-Vester, Andrea (2006): Soziale Milieus und Wandel der Sozialstruktur. Wiesbaden

Eberle, Thomas S. (2000): Lebensweltanalysen und Handlungstheorie. Beiträge zu einer Verstehenden Soziologie. Konstanz

Matthias Grundmann (2006): Handlungsbefähigung und Milieu: Zur Analyse milieuspezifischer Alltagspraktiken und ihrer Ungleichheitsrelevanz. Münster u.a.

Haas, Alexander (2007): Medienmenüs. Der Zusammenhang zwischen Mediennutzung, SINUS-Milieus und Soziodemographie. München

Habermas, Jürgen (1988): Theorie des kommunikativen Handelns. 2 Bände. Frankfurt a.M. (Erstausgabe 1981)

Husserl, Edmund (1986): Phänomenologie der Lebenswelt. Ausgewählte Texte II. Stuttgart

Luckmann, Thomas (2002): Wissen und Gesellschaft. Ausgewählte Aufsätze 1981–2002. Konstanz

Luckmann, Thomas (2007): Lebenswelt, Identität und Gesellschaft. Schriften zur Wissens- und Protosoziologie. Konstanz

Mau, Steffen (2007): Transnationale Vergesellschaftung. Die Entgrenzung sozialer Lebenswelten. Frankfurt a.M./New York

Preyer, Gerhard (2006): Soziologische Theorie der Gegenwartsgesellschaft II. Lebenswelt – System – Gesellschaft. Wiesbaden

Rämisch, Doris (2007): Kommunikation in der Lebenswelt. Möglichkeiten der Kommunikation innerhalb der Alltagswelt und ihre Voraussetzungen nach A. Schütz. München

Rössel, Jörg (2007): Sozialstruktur Deutschlands. Strukturierte soziale Ungleichheit, Lebensstile und Milieus. Wiesbaden

Schütz, Alfred (2004): Der sinnhafte Aufbau der sozialen Welt. Eine Einleitung in die verstehende Soziologie. Konstanz (Erstausgabe 1932)

Schütz, Alfred/Luckmann, Thomas (1979): Strukturen der Lebenswelt. Band 1. Frankfurt a.M.

Schütz, Alfred/Luckmann, Thomas (1984): Strukturen der Lebenswelt. Band 2. Frankfurt a.M.

Schütz, Alfred (2003): Theorie der Lebenswelt 2. Die kommunikative Ordnung der Lebenswelt. Band 5/2. Konstanz

1.8   Film- und Fernsehmarkt

Alison, Alexander/Owers, James/Carveth, Rod (Hrsg.) (2003): Media Economics: Theory and Practice. Mahwah, NJ

Artz, Lee/Kamalipour, Yahya R. (Hrsg.) (2007): The Media Globe. Trends in International Mass Media. Lanham u.a.

Bettig, Ronald V./Hall, Jeanne Lynn (2003): Big Media, Big Money. Cultural Texts and Political Economics. Lanham, MD u.a.

Blanchet, Robert (2003): Blockbuster. Ästhetik, Ökonomie und Geschichte des postklassischen Hollywoodkinos. Marburg

Brown, David (2003): European Pay-TV Forecasts: An Analysis of the Macroeconomic Environment for European Pay-TV. London

Casper, Drew (2007): Postwar Hollywood 1946–1962. Malden, MA u.a.

Chung, Doo-Nam (2001): Legitimationsgrundlagen und Zukunftschancen des öffent-lich-rechtlichen Fernsehens in Deutschland: Technologische und ökonomische Aspekte und ein Leistungsvergleich im westeuropäischen Kontext. Frankfurt a.M.

Clevé, Bastian (2004): Von der Idee zum Film. Produktionsmanagement für Film und Fernsehen. Konstanz

Collie, Craig (2007): The Business of TV Production. Cambridge u.a.

Cury, Ivan (2002): Directing & Producing for Television. A Format Approach. Boston u.a. (2. Auflage; Erstausgabe 1998)

Eick, Dennis (2007): Programmplanung. Die Strategien deutscher TV-Sender. Konstanz

Gawlinski, Mark (2003): Interactive Television Production. Oxford u.a.

Gentz, Natascha/Kramer, Stefan (Hrsg.) (2006): Globalization, Cultural Identities, and Media Representations. New York

Goldsmith, Ben/O'Regan, Tom (2005): The Film Studio. Film Production in the Global Economy. Lanham MD u.a.

Gomery, Douglas (2005): The Hollywood Studio System. A History. London

Hartmann, Frank (2006): Globale Medienkultur. Technik, Geschichte, Theorien. Wien

Havens, Timothy (2006): Global Television Marketplace. London

Hediger, Vinzenz/Vonderau, Patrick (Hrsg.) (2005): Demnächst in Ihrem Kino. Grund-lagen der Filmwerbung und Filmvermarktung. Marburg

Hepp, Andreas (2004): Netzwerke der Medien. Medienkulturen und Globalisierung. Wiesbaden

Hepp, Andreas (2006): Transkulturelle Kommunikation. Konstanz

Hepp, Andreas/Krotz, Friedrich/Winter, Carsten (Hrsg.) (2005): Globalisierung der Medienkommunikation. Eine Einführung. Wiesbaden

Hermanns, Frank (2006): Der digitale Fernsehmarkt in Deutschland. Bisherige Markt-entwicklung und Chancen für die Zukunft. Saarbrücken

Iosifidis, Petros/Steemers, Janette/Wheeler, Mark (2005): European Television Industries. London

Jäckel, Anne (2003): European Film Industries. London

Kannen, Tobias (2007): Fernsehübertragungsrechte als Marktzutrittsschranken auf dem deutschen Fernsehmarkt. München

Katz, Yaron (2005): Media Policy for the 21st Century in the United States and Western Europe. New York

Krömler, Heidi/Klimsa, Paul (Hrsg.) (2005): Handbuch Medienproduktion. Produktion von Film, Fernsehen, Hörfunk, Print, Internet, Mobilfunk und Musik. Wiesbaden

Kunz, William N. (2007): Culture Conglomerates. Consolidation in the Motion Picture and Television Industries. Lanham, MD u.a.

Lash, Scott/Lury, Celia (2007): Global Culture Industry. Cambridge/Malden, MA

Marich, Robert (2005): Marketing to Moviegoers. A Handbook of Strategies Used by Major Studios and Independents. Boston u.a.

McPhail, Thomas L. (2006): Global Communication. Theories, Stakeholders, and Trends. Malden, MA u.a. (2. Auflage; Erstausgabe 2002)

Miller, Toby u.a. (2001): Global Hollywood. London

Moran, Albert/Malbon, Justin (2006): Understanding the Global TV Format. Bristol/Portland, OR

Morris, Nancy/Waisbord, Silvio (Hrsg.) (2001): Media and Globalization. Why the State Matters. Lanham, MD u.a.

Rantanen, Terhi (2005): The Media and Globalization. London u.a.

Rohn, Ulrike (2004): Media Companies and Their Strategies in Foreign Television Markets. Köln

Rott, Armin (2003): Werbefinanzierung und Wettbewerb auf dem deutschen Fernsehmarkt. Berlin

Sinclair, John/Jacka, Elizabeth/Cunningham, Stuart (Hrsg.) (2002) New Pattern in Global Television. Peripheral Vision. Oxford/New York (Erstausgabe 1996)

Steemers, Jeanette (2004): Selling Television. British Television in the Global Marketplace. London

Straubhaar, Joseph D. (2007): World Television. From Global to Local. Los Angeles u.a.

Stringer, Julian (Hrsg.) (2003): Movie Blockbusters. London/New York

Stritzl, Peter/Stoll, Stefan (2002): Der deutsche TV-Kabelmarkt. Berlin

Thussu, Daya Kishan (Hrsg.) (2007): Media on the Move. Global Flow and Contra-Flow. London/New York

Urban, Sandra (2003): Angebotsvielfalt und Anbieterkonzentration auf dem deutschen Fernsehmarkt. München

Wasko, Janet (2001): Understanding Disney. The Manufacture of Fantasy. Cambridge

Wasko, Janet (2003): How Hollywood Works. London u.a.

Wyatt, Justin (Hrsg.) (2005): Marketing. The Film Reader. London/New York

2. Index

2.1 Abbildungen

Bei allen Abbildungen aus Filmen und Fernsehsendungen handelt es sich um Screenshots.

2.2 Filme und Fernsehsendungen

2.3 Sachregister

H

Handkamera 202, 244 ff., 354
Handlung 32 f., 47 ff., 117, 129–151,
 163, 168–178, 196 ff., 200 ff., 209,
 215–220, 226, 236–242, 311,
 315 ff., 330, 341, 346
handlungsleitende Themen 34, 100,
 141, 280, 290 ff., 311–23
Handlungsort 196, 200, 202, 205,
 212, 219, 221, 225, 232, 233, 234
Handlungsraum 194, 195, 196, 205,
 226, 232, 323
Handlungsrolle 268
Handlungssituation 32, 33, 151, 154,
 169, 179, 180, 183
Handlungsstrang 140, 175, 220, 340
Hilfsmittel (der Analyse) 15, 80, 83,
 89, 95–99, 102, 246, 311, 325
Hintergrund 191, 211, 222, 230, 245,
 249, 321
Hollywood 59, 64 f., 80, 205, 210,
 216, 271, 297, 315, 320, 325
Horrorfilm 152, 195, 202, 232, 263,
 267, 279, 342
Hybridformat 271, 325–38
Hybridgenre 271

I

Identifikation 163, 174–78, 184, 192
Identität 22, 46, 51 f., 163, 168, 249,
 259, 316
Ideologie 79, 107, 284 ff.
Immersion 184–85
Inhalt 15, 22, 30, 42–48, 54 ff., 61,
 65, 107–28, 130, 134, 184, 191,
 213, 221, 240, 242, 270, 284 f.,
 288, 300, 318
Inhaltsanalyse 44
Interaktionsverhältnis 21, 101, 119 ff.,
 173, 175, 291 f.
Interdisziplinarität 15, 41
Intermedialität 61, 277
Internet 89, 277, 332, 354 ff.

Interpretation 32, 52, 78 f., 82 f., 90,
 99 ff., 112, 150, 214, 283, 326, 334
Intertextualität 28, 58–63, 85, 261,
 264, 272–81
– horizontale 274
– intertextuelle Kompetenz 278
– vertikale 274
Italo-Western 118

J

Jugend *Siehe* Kinder u. Jugendliche
Jugendschutz 62, 287
Jump Cut 219

K

Kadrage, Kadrierung 193
Kamera 192–207
Kamerabewegung 96, 194, 202 ff.,
 222
Kamerablick 55, 175, 192, 204
Kamerafahrt 202 ff., 237
Kamerahandlung 96
Kameraperspektive 29, 91–96, 167,
 194, 199–202, 206, 215, 219, 226
Kameraschwenk 202 ff.
Kausalkette *Siehe* PKS-Modell
Kinder u. Jugendliche 113, 140 f.,
 176, 242, 287, 291, 311 ff., 323,
 355 ff.
Kino 15, 30 ff., 64, 77, 80, 131, 175,
 192, 202 f., 242 ff., 260, 275, 311,
 355
Kognition 21, 31 ff., 50 ff., 63, 108,
 120, 137, 154, 173 f., 178, 184,
 205, 224, 250 ff., 268, 275, 280,
 313, 346 ff., 349, 358
Komik 50, 59, 125, 147–51, 267, 279
Kommunikationsmedien 12, 15,
 21 ff., 42, 46, 53, 77, 100, 110, 289
Komödie 60, 212, 263, 268, 279
Konnotation 110 ff., 116, 151, 200
Kontext 11, 13 ff., 24 f., 30, 33, 35,
 42 f., 52, 57–66, 78, 111, 114, 124,
 174, 179, 220 ff., 230 ff., 259–309,
 311, 314, 318, 327, 353–59

Weiterlesen

Weiterlesen

Anette Kaufmann
Der Liebesfilm
Spielregeln eines Filmgenres
2007, 364 Seiten, broschiert
ISBN 978-3-86764-029-9

Klicken + Blättern

Leseprobe und Inhaltsverzeichnis unter

www.uvk.de

Erhältlich auch in Ihrer Buchhandlung.

UVK UTB

Weiterlesen

Laurent Jullier
Star Wars
Anatomie einer Saga
Aus dem Französischen
von Rüdiger Hillmer
2007, 344 Seiten, broschiert
ISBN 978-3-89669-557-4

Klicken + Blättern

UVK UTB